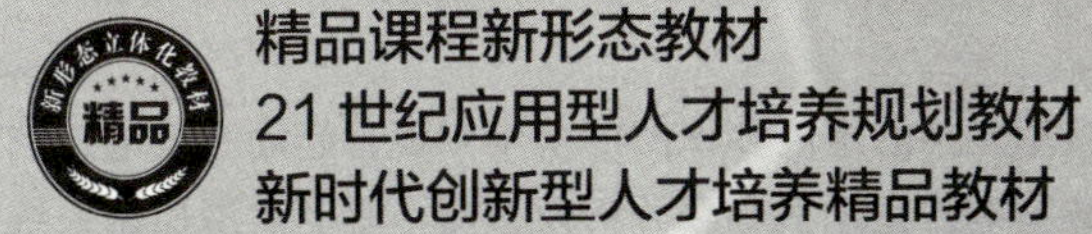

精品课程新形态教材
21世纪应用型人才培养规划教材
新时代创新型人才培养精品教材

汽车电路分析与检测

QICHE DIANLU FENXI YU JIANCE

主　编　谢娟烘　庞小兰　罗晓军
副主编　黄春梅　邝家凯　杨济军
　　　　黄明慧　刘贻华

西北工業大學出版社
西　安

【内容简介】 本书共13章，主要介绍了汽车电路的组成和识图的基本知识、起动系统电路的分析及检测、微机控制点火系统电路分析与检测、典型电控发动机电路分析及检测、驱动防滑控制系统分析与检测、汽车电子防盗控制系统分析与检测以及汽车主要电气系统部件的电路分析和电路检测方法。

本书可作为院校应用型及汽车类各专业的专业教材，也可供从事汽车维修与服务的技术人员参考。

图书在版编目（CIP）数据

汽车电路分析与检测 / 谢娟烘，庞小兰，罗晓军主编. —西安：西北工业大学出版社，2019.10（2024.3 重印）
ISBN 978-7-5612-6598-7

Ⅰ.①汽… Ⅱ.①谢… ②庞… ③罗… Ⅲ.①汽车-电路分析 ②汽车-电气设备-检测 Ⅳ.①U463.6 ②U472.41

中国版本图书馆 CIP 数据核字（2019）第241751号

QICHE DIANLU FENXI YU JIANCE
汽 车 电 路 分 析 与 检 测

责任编辑：王 蓁　　策划编辑：付高明
责任校对：张 友　　装帧设计：尤 岛
出版发行：西北工业大学出版社
通信地址：西安市友谊西路127号　　邮编：710072
电　　话：（029）88491757，88493844
网　　址：www.nwpup.com
印 刷 者：涿州汇美亿浓印刷有限公司
开　　本：787 mm×1 092 mm　　1/16
印　　张：17
字　　数：446千字
版　　次：2019年10月第1版　　2024年3月第2次印刷
书　　号：ISBN 978-7-5612-6598-7
定　　价：49.00元

前　言

随着我国汽车保有量的激增，汽车新技术的不断涌现，特别是电子控制技术在汽车上日益广泛的应用，带来保养、维修等诸多方面的问题，许多汽车维修人员缺乏对汽车电路的分析、检测能力，以至于检修时不能准确及时进行故障诊断，不但维修成本高，也带来事故隐患。为了使汽车专业的学生及有关人员能更全面、系统地掌握和理解有关汽车电路的分析与检测方法，特编写了本书。党的二十大报告中提出：“教育、科技、人才是全面建设社会主义现代化国家的基础性、战略性支撑”。

编写本书时，考虑了以下方面的内容：汽车电路是一个完整而系统的技术产品，需要进行较全面的介绍和说明；汽车电子技术不断更新，新技术不断产生，因此在基本功能的基础上，增加了更多的新技术。

在编写本书的过程中参阅了大量的书籍、网络文献和维修手册，在此谨向其作者表示感谢。

由于水平有限，书中疏漏之处在所难免，恳请广大读者批评指正。

此外，编者还为广大一线教师提供了服务于本教材的教学资源库，有需要者可致电13810923652 或发邮件至 1173355836@ qq. com 获取。

编　者

目　　录

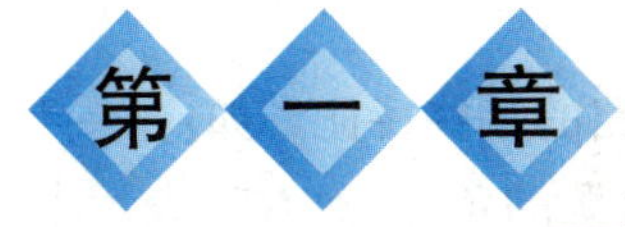

识读汽车电路图

第一节　汽车电路图常用符号

一、图形符号

图形符号是用于电气图或其他文件中的表示项目或概念的一种图形、标记或字符，是电气技术领域中最基本的工程语言。因此，为了看懂汽车电路图，必须要掌握并熟练地运用它。常用的图形符号见表 1-1。

表 1-1　常用的图形符号

一、常用基本符号					
序号	名称	图形符号	序号	名称	图形符号
1	直流		6	中性点	N
2	交流		7	磁场	F
3	交直流		8	搭铁	
4	正极	+	9	交流发电机输出接柱	B
5	负极	-	10	场二极管输出端	D+
二、导线端子和导线连接					
11	接点		18	插头和插座	
12	端子		19	多极插头和插座（示出的为三极）	
13	导线的连接				
14	导线的分支连接				
15	导线的交叉连接		20	接通的连接片	
16	插座的一个极		21	断开的连接片	
17	插头的一个极		22	屏蔽导线	
三、触点开关					
23	动合（常开）触点		26	凸轮控制	
24	动断（常闭）触点		27	联动开关	
25	先断后合的触点		28	手动开关	

图形符号分为基本符号、一般符号和明细符号 3 种。

1. 基本符号

基本符号不能单独使用，不表示独立的电器元件，只说明电路的某些特征。如："—"表示直流，"~"表示交流，"+"表示电源的正极，"-"表示电源的负极，"N"表示中性线。

2. 一般符号

一般符号是用于表示一类产品和此类产品特征的一种简单符号。如：⊛表示指示仪表，⊠表示传感器。一般符号广义上代表各类元器件，也可以表示没有附加信息或功能的具体元件，如一般电阻、电容等。

3. 明细符号

明细符号表示某一种具体的电器元件。它是由基本符号、一般符号、物理量符号、文字符号等组合派生出来的。如：⊛是指示仪表的一般符号，当要表示电流、电压的种类和特点时，将"＊"处换成"A""V"，就成为明细符号。Ⓐ表示电流表，Ⓥ表示电压表。

另外，对标准中没有规定的符号，可以选取标准中给定的基本符号、一般符号和明细符号，按规定的组合原则进行派生，以构成完整的元件或设备的图形符号，但在图样的空白处必须加以说明，见表 1-2。将天线的一般符号和直流电动机的一般符号进行组合，就构成了电动天线的图形符号。

表 1-2　电动天线图形符号的组合示例

图形符号	说　明
Y	天线的一般符号
Ⓜ	直流电动机的一般符号
Ⓜ	电动机天线的派生符号

二、文字符号

文字符号由电气设备、装置和元器件的种类（名称）字母代码与功能（状态、特征）字母代码组成。文字符号用于电气技术领域中技术文件的编制，也可标注在电气设备、装置和元器件上或其近旁，以表明电气设备、装置和元器件的名称、功能、状态和特征。此外，还可与基本图形符号和一般图形符号组合使用，以派生新的图形符号。

文字符号分为基本文字符号和辅助文字符号两大类，基本文字符号又分为单字母符号和双字母符号。

1. 基本文字符号

（1）单字母符号。单字母符号是按拉丁字母将各种电气设备、装置和元器件划分为 23 大类，每大类用一个专用单字母符号表示，如"C"表示电容器类，"R"表示电阻类等。

（2）双字母符号。双字母符号是由一个表示种类的单字母符号与另一字母组成，其组合形式应以单字母符号在前而另一字母在后的次序列出，如："R"表示电阻，"RP"就表示电位器，“RT”表示热敏电阻；“G”表示电源、发电机、发生器，“GB”就表示蓄电池，“GS”表示同步发电机、发生器，“GA”表示异步发电机。

常用基本文字符号见表1-3。

表1-3　常用基本文字符号

设备、装置元器件种类	举例	基本文字符号	
		单字母	双字母
组件 部件	分离元件放大器调节器	A	
	电桥		AB
	晶体管放大器		AD
	集成电路放大器		AJ
非电量到电量变换器或 电量到非电量变换器	送话器 扬声器 晶体换能器	B	
	压力变换器		BP
	温度变换器		BT
电容器	电容器	C	
其他元器件	发热器件	E	EH
	照明灯		EL
保护器件	熔断器	F	FU
	限压保护器件		FV
发生器 发电机 电源	振荡器	G	
	发生器		GS
	同步发电机		GA
	异步发电机		GB
	蓄电池		
信号器件	声响指示	H	HA
	光指示器		HL
	指示灯		HL
继电器 接触器	交流继电器	K	KA
	簧片继电器		KR
电动机	电动机	M	
	同步电动机		MS
	力矩电动机		MT
电阻器	电阻器	R	
	电位器		RP
	热敏电阻器		RT
	压敏电阻器		RV

2. 辅助文字符号

辅助文字符号表示电气设备、装置和元器件以及线路的功能、状态和特征。如“SYN”表示同步，“L”表示限制、左或低，“RD”表示红色，“ON”表示闭合，“OFF”表示断开，等等。

常用辅助文字符号见表 1-4。

表 1-4　常用辅助文字符号

序号	文字符号	名称	序号	文字符号	名称
1	A	电流	19	ASY	异步
2	AC	交流	20	B/BRK	制动
3	A/AUT	自动	21	P	保护
4	ACC	加速	22	PE	保护搭铁
5	ADD	附加	23	PEN	保护搭铁与中性线共用
6	DC	直流	24	PU	不搭铁保护
7	E	接地	25	R	右
8	FB	反馈	26	R/RST	复位
9	GN	绿	27	RUN	运转
10	H	高	28	S	信号
11	IN	输入	29	ST	起动
12	L	左	30	STP	停止
13	L	限制	31	T	温度
14	L	低	32	T	时间
15	N	中性线	33	V	速度
16	OFF	断开	34	V	电压
17	ON	闭合	35	P	压力
18	OUT	输出			

三、图形符号、文字符号的识读

对于基本的元器件，其图形符号、文字符号都是相同的，如电阻、电容、照明灯、蓄电池等。

由于目前国际上还没有汽车电气设备图形符号、文字符号的统一标准，各个汽车生产厂家对某些汽车电器所采用的图形符号、文字符号有所不同，与标准规定有一些差异，这给识读电路图造成一定困难，但图形符号基本结构的组成是相似的，只要了解它们的区别，就能避免识读错误。下面，通过具体示例来说明不同车型在表示同一元器件的图形符号时，在汽车电路图中的差异。

如图 1-1 所示，表示导线连接的两种形式。上海桑塔纳、南京依维柯采用如图 1-1（a）所示的形式，神龙富康、天津夏利则采用如图 1-1（b）所示的形式。

图 1-1　导线连接的两种表示形式

汽车都装有硅整流发电机和电压调节器，不同的是有的采用内装式，有的采用外装式，即使是同一结构形式，不同的车型所采用的电路图形符号也有所不同。

如图 1-2 所示为富康汽车内装调节器硅整流发电机的图形符号，如图 1-3 所示为夏利汽车内装调节器硅整流发电机的图形符号（国家标准规定的符号）。

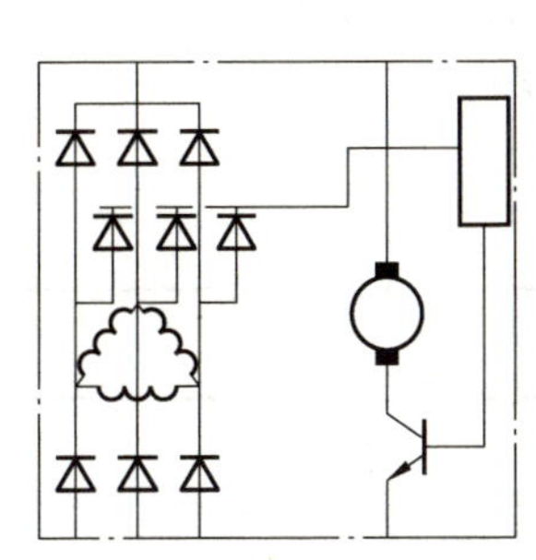

图 1-2　富康汽车硅整流发电机图形符号

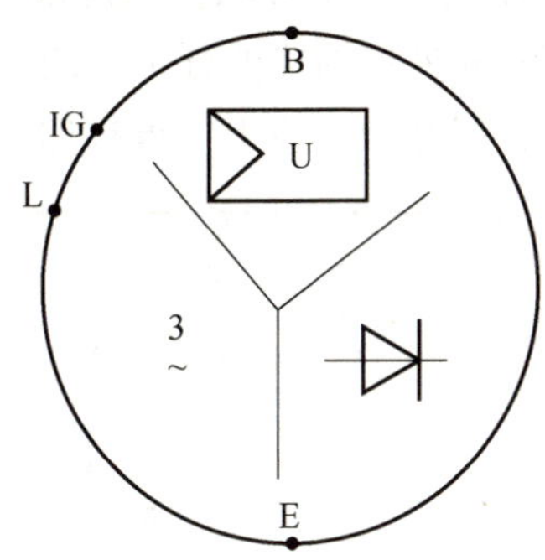

图 1-3　夏利汽车硅整流发电机图形符号

四、电路制图的一般规则

为了便于识读电路图，需了解电路制图的一般规则。

1. 箭头和指引线

在电路制图中，信号线和连接线上的箭头必须开口，如图 1-4（a）所示，而指引线上的箭头必须是实心的，如图 1-4（b）所示，以区别不同的含义。

图 1-4　信号线和连接线的箭头表示方法

指引线用细实线表示，且指向被注释处，并根据不同情况在指引线的末端用黑点、实心箭头、短斜线加以标记。

指引线末端在轮廓线内，用一黑点标记，如图 1-5（a）所示。

指引线末端在轮廓线上，用一实心箭头标记，如图 1-5（b）所示。

指引线末端在回路线上，用一短斜线标记，如图 1-5（c）所示。

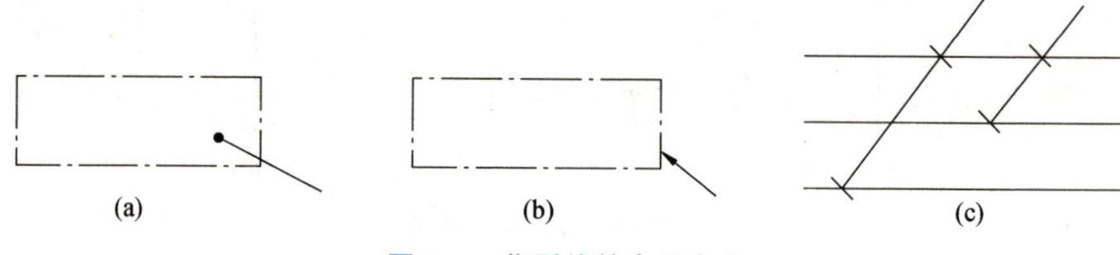

图 1-5　指引线的表示方法

2. 连接线

（1）一般要求。连接线应采用实线，而计划扩展的内容用虚线。有时为了突出或区分某些电路功能，可采用不同粗细的连接线。连接线应避免在与另一条连接线的交叉处改变方向，避免穿过其他连接线的连接点。

（2）中断线的表示方法。当连接线穿越画面或穿越较为稠密的图面时，允许将连接线中断，并在中断处加相应的标记。图 1-6 所示为中断线的表示方法。另外，去向相同的线组也可中断，但必须在线组的末端加注适当的标记，如图 1-7 所示。

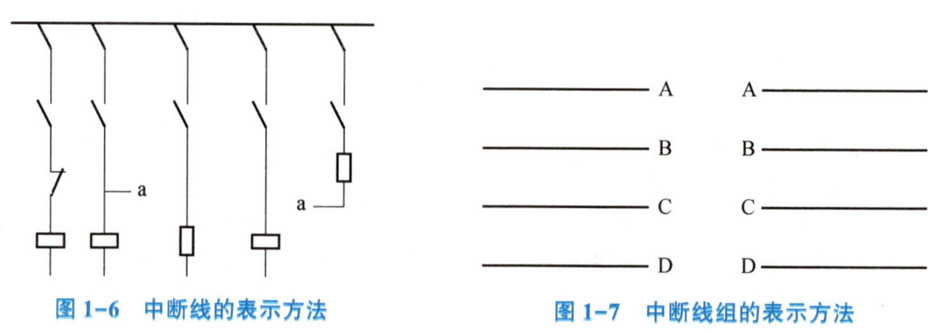

图 1-6　中断线的表示方法　　图 1-7　中断线组的表示方法

（3）单线表示法。为了避免平行线过多，造成图面复杂，可采用单线表示法。图 1-8 表示两端处于相同位置的平行线。在一组导线中，当连接线两端处于不同位置时，为避免交叉太多，也可用单线表示，但每根连接线两端应标以相同的编号，如图 1-9 所示。

图 1-8　两端处于相同位置的平行线的单线表示法　　图 1-9　两端处于不相同位置的平行线的单线表示法

第二节　汽车电路图中的接线端子

德国是世界上汽车工业发达国家中使用接线端子标记最早，也是最成熟的国家，许多接线端子标记已列入德国工业标准（DIN72552）。这些接线端子标记经过多次修改与补充，不仅在我国和欧洲推广，也在日本、美国的汽车电器产品中被大量引用。我国 1989 年参照德国工业标准制定了《汽车电器接线端子标记》国家标准（ZBT 36 009—1989），该标准 1999 年被国家汽车行业标准（QC/T423—1999）所替代。

一、接线端子的标记原则

接线端子的标记原则有以下几点：

（1）接线端子标记采用阿拉伯数字代号为主、英文字母为辅的基本原则。

（2）产品上有两个或三个相互绝缘的，且在其上的连接导线可以互换的接线端子，允许不编制标记。

（3）某些产品根据需要可用于不同用途或电路中，仍按自身的特点编制接线端子标记，不另外编制标记。

（4）接线端子标记应清晰、耐久地保存在产品上。

二、接线端子标记的含义

1. 发电机与调节器的接线柱标记

发电机与调节器的接线柱标记见表 1-5。

表 1-5　发电机与调节器的接线柱标记

<table>
<tr><th rowspan="2">电器</th><th colspan="2">接线柱标记</th><th rowspan="2">接线柱标记的含义</th><th rowspan="2">曾经使用过的标记</th></tr>
<tr><th>基本标记</th><th>辅助标记</th></tr>
<tr><td rowspan="8">发电机装置</td><td>61</td><td></td><td>交流发电机调节器上接充电指示灯的接线柱</td><td>L</td></tr>
<tr><td>A</td><td></td><td>直流发电机上电枢输出的接线柱，调节器上的相应接线柱</td><td>AS</td></tr>
<tr><td>B</td><td></td><td>交流发电机上输出的接线柱，直流发电机调节器上接蓄电池正极的接线柱，交流发电机上接点火开关或电源开关的接线柱</td><td>B、A
B
–</td></tr>
<tr><td>D</td><td>D+</td><td>交流发电机上场二极管接线柱，调节器上相应接线柱，当无 61 接线柱时，用于充电指示灯的接线柱</td><td>D+
S</td></tr>
<tr><td>F</td><td></td><td>发电机上的磁场接线柱，调节器上相应的接线柱</td><td></td></tr>
<tr><td>N</td><td></td><td>交流发电机上的中性点，调节器上相应的接线柱</td><td>N</td></tr>
<tr><td>S</td><td></td><td>交流发电机上调节器接蓄电池电压检测点的接线柱</td><td></td></tr>
<tr><td>W</td><td></td><td>交流发电机上相应电流的接线柱</td><td></td></tr>
</table>

整体式发电机的充电电路如图 1-10 所示，带充电指示灯的充电电路如图 1-11 所示。

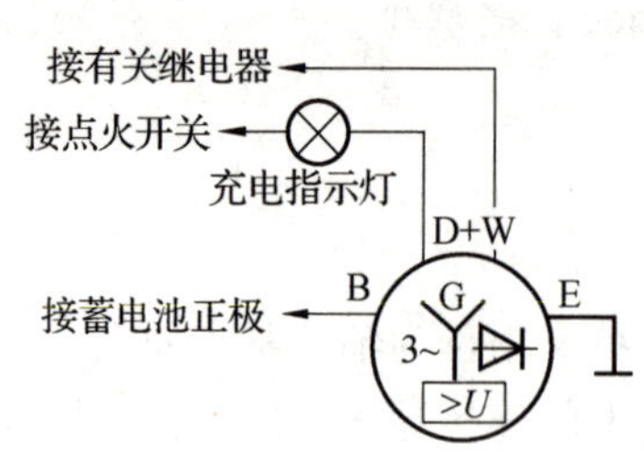

图 1-10　整体式发电机的充电电路

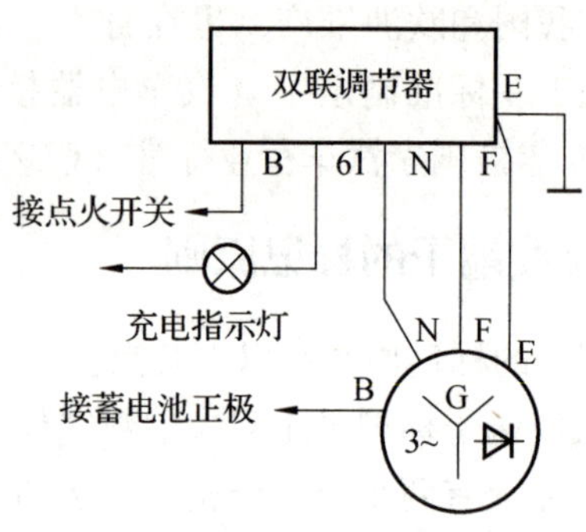

图 1-11　带充电指示灯的充电电路

2. 点火装置接线柱标记

点火装置接线柱标记见表 1-6。

表 1-6　点火装置接线柱标记

电器	接线柱标记		接线柱标记的含义
	基本标记	辅助标记	
点火装置	1		点火线圈和分电器上互相连接的低压接线柱，电子点火装置中，点火线圈上输入信号低压接线柱
		1a	带有两个分立电路的分电器 I 的低压接线柱（自点火线圈 I 的低压接线柱）
		1b	带有两个分立电路的分电器 II 的低压接线柱（自点火线圈 II 的低压接线柱）
		1e	电子组件上输入信号接线柱
	7		无触点分电器上输出信号的接线柱，电子组件上输出信号接线柱
	15		点火开关和点火线圈上互相连接的接线柱 电子点火装置中，点火线圈分电器电子组件上的电源接线柱

磁电式电子点火系统如图 1-12 所示。霍尔式电子点火系统如图 1-13 所示。

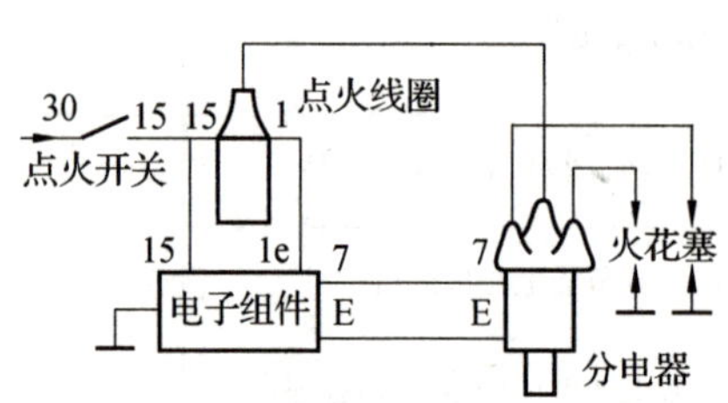

图 1-12　磁电式电子点火系统

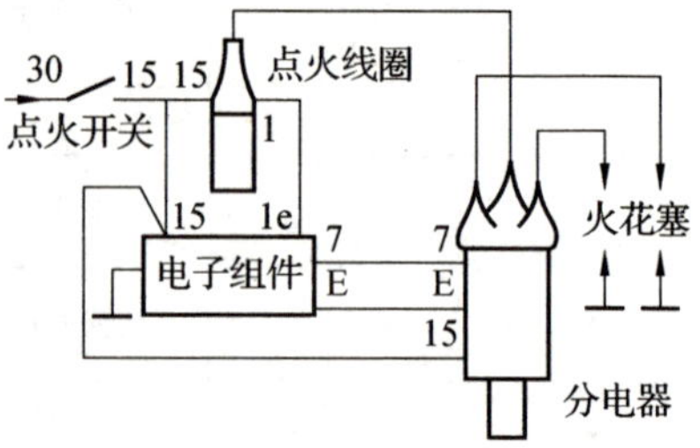

图 1-13　霍尔式电子点火系统

3. 起动系统的接线柱标记

起动系统的接线柱标记见表 1-7。

表 1-7　起动系统的接线柱标记

电器	接线柱标记		接线柱标记的含义	曾经使用过的标记
	基本标记	辅助标记		
起动装置		15a 30a	起动机开关上接点火线圈的接线柱 带有 12V/24V 电压转换开关时，电压转换开关上接蓄电池正极的接线柱	
	31		12V/24V 电压转换开关上接蓄电池负极的接线柱	
	48		起动继电器上或 12V/24V 电压转换开关上，控制起动机电压开关上的输出接线柱，起动机电压开关上相应的接线柱	
	50		点火开关上，预热起动开关上用于起动输出的接线柱，起动按钮输出的接线柱，机械式起动开关上的相应接线柱 带有 12V/24V 电压转换开关时，电压转换开关上控制车身输入的接线柱	
		61a	复合起动继电器上，接充电指示灯的接线柱	L
	86		起动继电器上绕组始端的接线柱	S、SW
	A		起动继电器上接交流发电机 A 的接线柱	
	N		复合起动继电器上，接交流发电机或类似作用的接线柱	

一般起动系统如图 1-14 所示。带 12V/24V 电压转换开关的起动系统如图 1-15 所示。

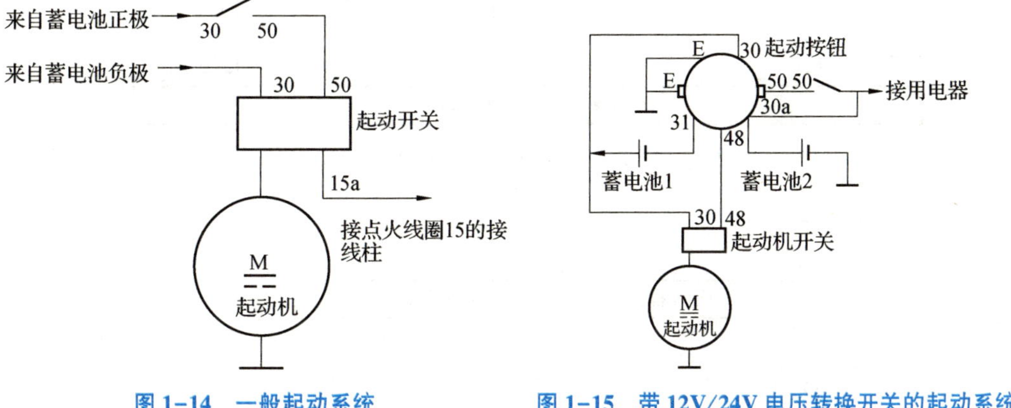

图 1-14　一般起动系统　　图 1-15　带 12V/24V 电压转换开关的起动系统

第三节　汽车电路的种类

汽车电路图是用国家标准规定的线路符号，对汽车电器的构造组成、工作原理、工作过程及安装要求所作的图解说明，也包括图例及简单的结构示意图。电路图中表示的是不同电路相互之间的关系及彼此之间的连接。通过对电路图的识读，可以认识并确定电路图上所画电器元件的名称、型号和规格，清楚地掌握汽车电器系统的组成、相互关系、工作原理和安装位置，便于对汽车电路进行维修、检查、安装、配线等工作。

因为汽车电器元件的外形和结构比较复杂，所以采用国家统一规定的图形符号和文字符号来表示电器元件的不同种类、规格及安装方式。另外，根据汽车电路图的不同用途，可绘制成不同形式的电路图，主要有原理框图、电路原理图和线束图。

一、原理框图

汽车电路比较复杂，为概略表示汽车电器系统或分系统的基本组成及其相互关系和主要特征，常采用原理框图。所谓原理框图是指用符号或带注释的框，概略表示汽车电器基本组成、相互关系及其主要特征的一种简图。原理框图所描述的对象是系统或分系统的主要特征，它对内容的描述是概略的，用来表示系统或分系统基本组成的是图形符号和带注释的框。

原理框图是从总体上来描述系统或分系统的，它是系统或分系统设计初期的产物，是依据系统或分系统按功能依次分解的层次绘制的。

图 1-16 是汽车全车电器系统的原理框图，图 1-17 是汽车信号系统展开的原理框图。

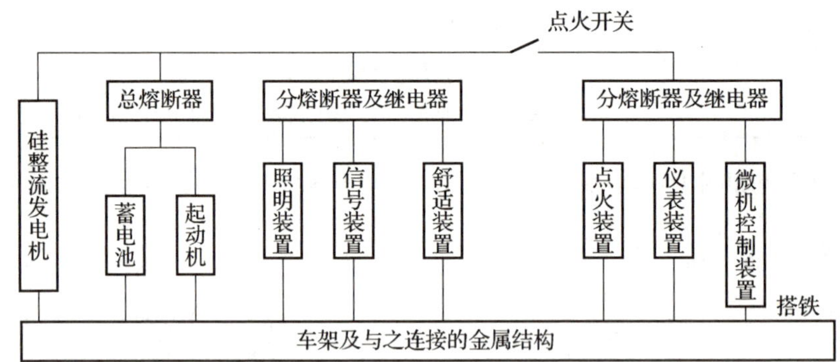

图 1-16　汽车全车电器系统的原理框图

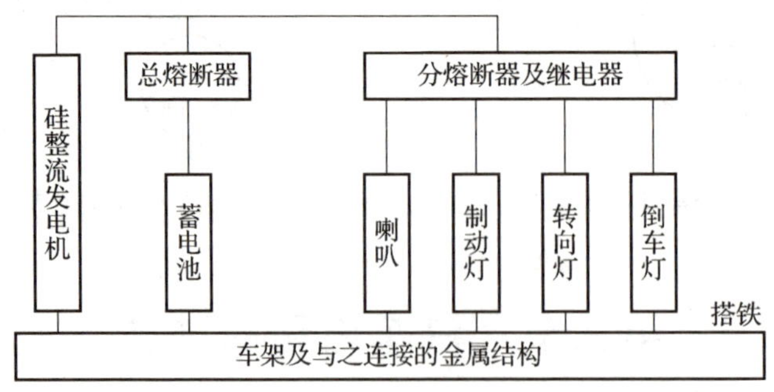

图 1-17　汽车信号系统展开的原理框图

二、电路原理图

电路原理图是为了生产和教学的需要，通过电器图形符号并按工作顺序或功能排列，详细表示汽车电路的全部、部分组成和连接关系，不考虑实际位置的简图。它能够清晰、明了地反映各个电器的连接关系和电路原理，便于分析和查找电路故障。

汽车电路原理图分为整车电路原理图和局部电路原理图。

为了弄清汽车电器的内部结构，各个部件之间相互连接的关系，弄懂某个局部电路的工作原理，常从整车电路图中抽出某个需要研究的局部电路，参照其他翔实的资料，必要时根据实地测绘、检查和试验记录，将重点部位进行放大、绘制并加以说明。这种电路图的优点是用电器少、幅面小，看起来简单明了，易读易绘；其缺点是只能了解电路的局部。

如图 1-18 所示为桑塔纳空调系统局部电路原理图。

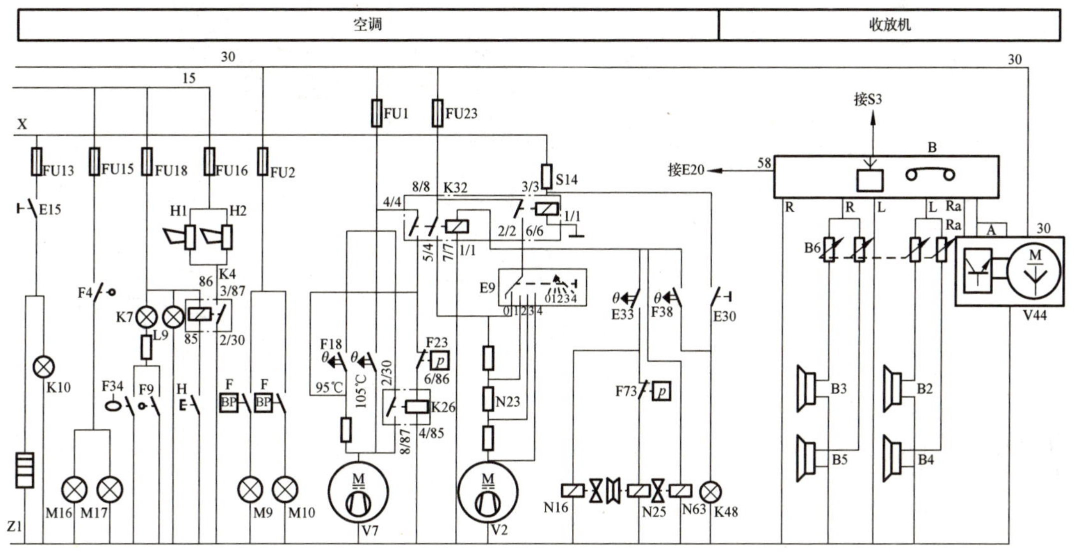

图 1-18　局部电路原理图

E15—后风窗电热器开关；Z1—后风窗电热器；F4—倒车灯开关；M16、M17—左右倒车灯；L9—灯光开关照明灯；K7—双回路和手刹制动装置指示灯；F9—手刹制动装置指示灯开关；F34—制动液液位警告灯开关；H1、H2—双音电喇叭；K4—电喇叭按钮；H—电喇叭按钮；F—制动灯开关；M9、M10—左右制动灯；F18—冷却风扇温控开关；V7—冷却风扇；F23—空调高压开关；K26—冷却风扇继电器；K32—空调继电器；E9—鼓风机开关；N23—调速开关；V2—鼓风机；N16—双路电磁阀（怠速稳定）；E33—蒸发器温控开关；F73—空调低压开关；N25—空调电磁离合器；F38—环境温度开关；N63—用于新鲜空气翻板的双路电磁阀；E30—空调开关；K48—空调开关指示灯；B—收放机；B2、B4、B3、B5—扬声器；B6—左、右扬声器平衡开关；V44—电动天线装置

三、线束图

整车电路线束图如图 1-19 所示，常用于汽车厂总装线和修理厂的连接、检修与配线。

线束图主要表明电线束各用电器的连接部位、接线柱的标记、线头、插接器（连接器）的形状及位置等，它是人们在汽车上能够实际接触到的汽车电路图。这种图一般不去详细描绘线束内部的电线走向，只将露在线束外面的线头与插接器详细编号或用字母标记。它是一种突出装配记号的电路表现形式，非常便于安装、配线、检测与维修。如果再将此图各线端都用序号、颜色准确无误地标注出来，并与电路原理图和布线图结合起来使用，则会起到更大的作用且能收到更好的效果。

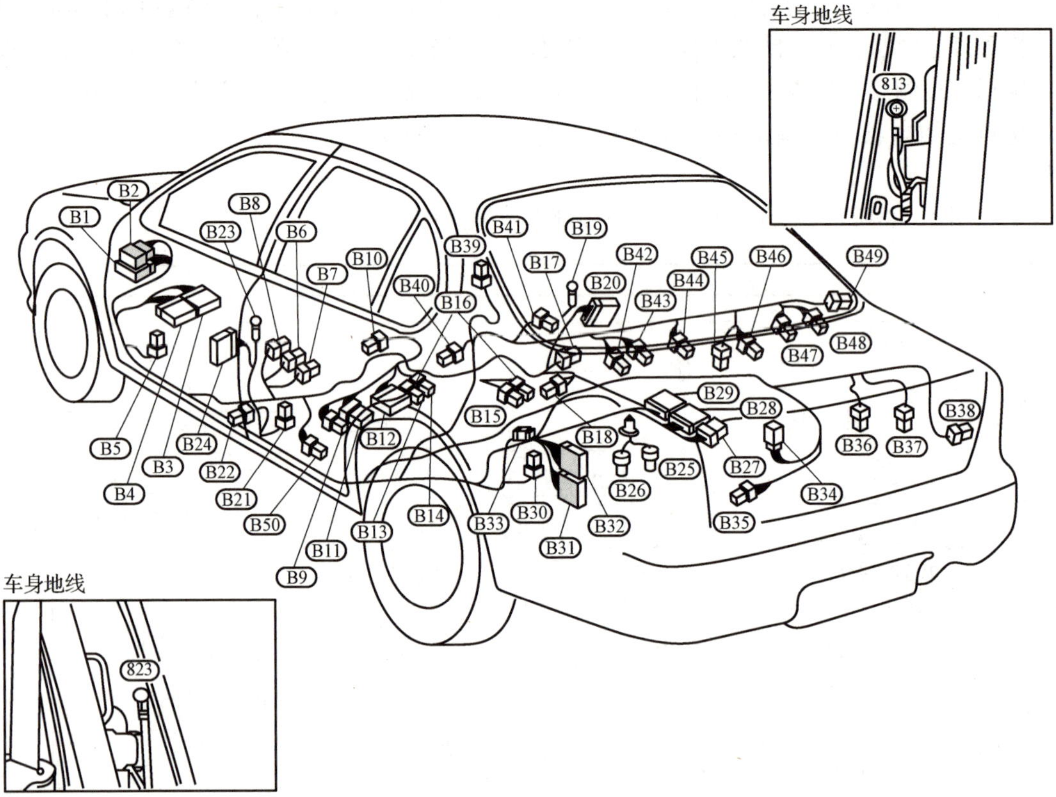

图 1-19　汽车线束图

思考题

1. 了解汽车电路图各图形符号的含义。
2. 了解汽车电路图各系统接线柱的含义。
3. 常见的汽车电路图有哪些，各起什么作用？

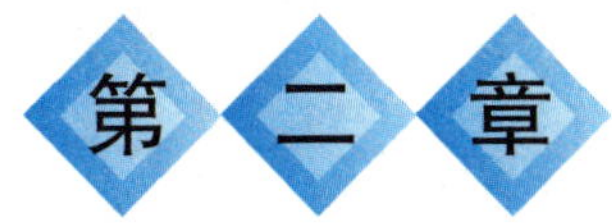

第二章 汽车起动系统电路

第一节 汽车起动系统电路分析与检测

一、开关直接控制起动系统

开关直接控制是指起动机由点火开关或起动按钮直接控制，如图 2-1 所示。起动功率较小的汽车（如长安奥拓微型汽车、天津夏利汽车）常用这种控制形式。

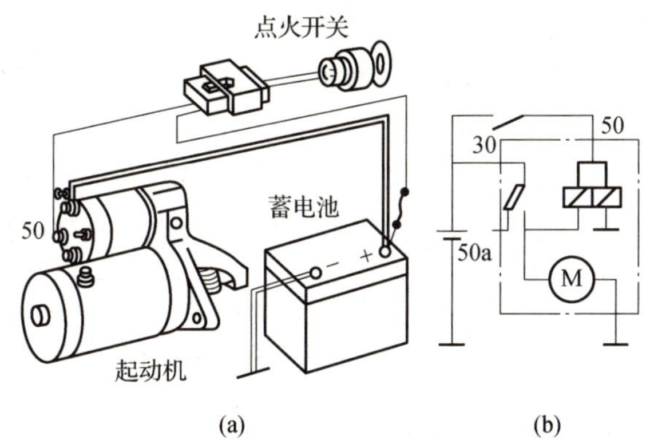

图 2-1 开关直接控制起动系统电路

（a）接线图；（b）电路原理图

二、起动继电器控制起动系统

1. 组成

装起动继电器的目的是减小通过点火开关的电流，防止点火开关烧损。起动继电器有 4 个接线柱，分别标有起动机、蓄电池、搭铁和点火开关，点火开关与搭铁接线柱之间是继电器的电磁线圈，起动机和电池接线柱之间是通过继电器的触点接通的。

2. 工作过程

发动机起动时，将点火开关起动挡接通，继电器的电磁线圈通电，使触点闭合，电源的电流便经继电器的触点通往起动机电磁开关的起动机接线柱，电磁开关通电后，便控制起动机进入工作状态。从电路中可以看出，起动期间流经点火开关起动挡和继电器线圈的电流较小，大电流经过继电器开关流入起动机，保护了点火开关，如图 2-2 所示。

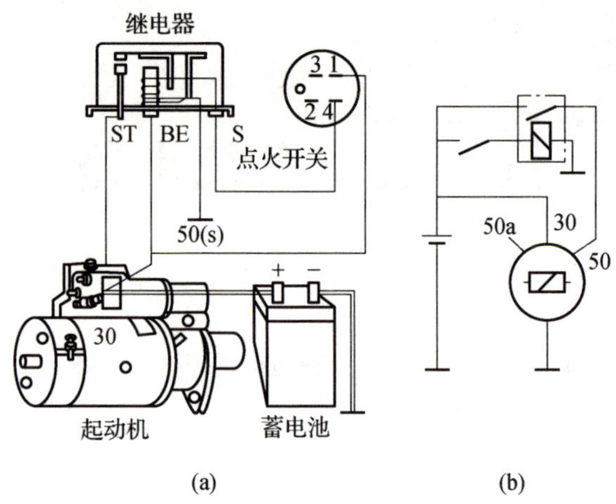

图 2-2 起动复合继电器控制起动系统电路

（a）接线图；（b）电路原理图

三、起动复合继电器控制起动系统

为了在发动机起动后，使起动机自动停转并保证不再接通起动机电路，解放 CA1092 及东风 EQ1092 等汽车采用了具有安全驱动保护功能的起动复合继电器控制起动系统，避免了起动机驱动齿轮被打坏的危险，起到了安全保护作用。但是，如果充电系统有故障导致发电机中性点电压过低，则起动复合继电器就起不到安全保护作用了。

起动复合继电器由起动继电器和保护继电器两部分组成，如图 2-3 所示。起动继电器的触点是常开的，控制起动机电磁开关。保护继电器的触点是常闭的，控制充电指示灯和起动继电器线圈的搭铁。保护继电器磁化线圈一端搭铁，另一端接发电机的中性点，承受中性点电压。

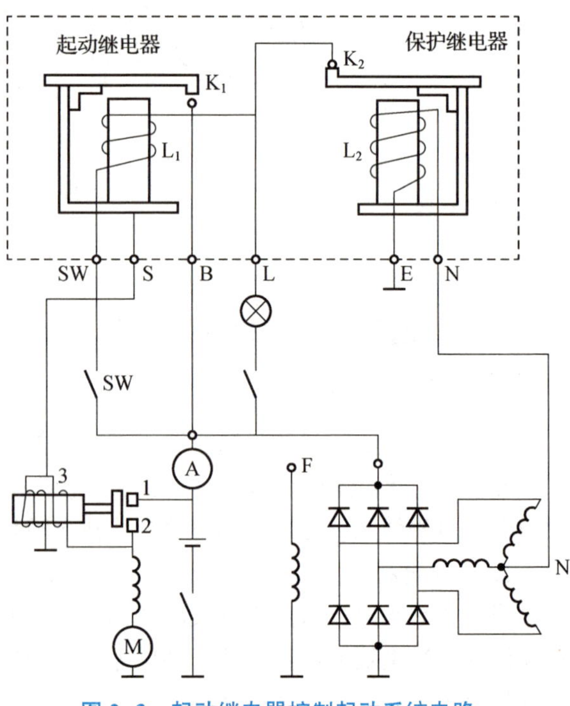

图 2-3 起动继电器控制起动系统电路

四、手动挡起动系统电路分析

手动挡汽车的起动电路，直接从点火开关到起动机起动柱，中途一般不会设有限制电路。在起动车辆时，需踩下离合踏板。自动挡的汽车起动电路中间设有空挡起动开关，在起动车辆时需挂入空挡位置。手动挡起动系统控制原理图如图 2-4 所示。

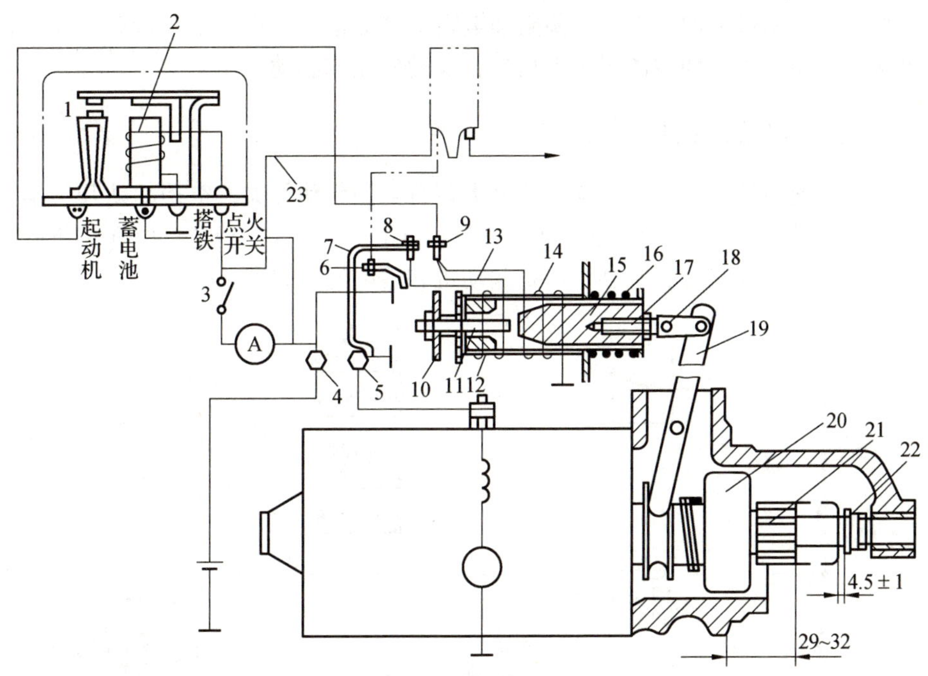

图 2-4 手动挡汽车的起动系统控制原理图

将点火开关 2 旋至起动挡位，起动继电器线圈通电，电流由蓄电池正极→起动机主接线柱 9→电流表→点火开关起动触点→起动继电器的点火开关接线柱线圈→搭铁→蓄电池负极，起动继电器 1 触点闭合，接通电磁开关电路。电磁开关的电流由蓄电池正极→起动机主接线柱 9→起动继电器的蓄电池接线柱→继电器 1 触点→起动继电器的起动机接线柱→电磁开关接线柱 16→吸引线圈 3→导电片 14→主接线柱 10→起动机→搭铁→蓄电池负极；同时电流由电磁开关接线柱 16 经保持线圈 4 回到蓄电池负极。两个线圈的电流同方向产生合成电磁力将电磁铁芯 5 吸入，在起动机缓慢转动之下，拨叉 6 推出滚柱式离合器，使驱动齿轮柔和地啮入飞轮齿环。

当齿轮啮合约一半时，活动铁芯 5 顶动推杆 7 移至极限位置，此时齿轮已全部啮合好，接触盘 8 同时将辅助接线柱 13 和主接线柱 9、10 相继接通，于是起动机在短接点火线圈附加电阻的条件下产生起动转矩，将发动机起动。较大的起动电流直接从蓄电池正极→主接线柱 9→接触盘 8→主接线柱 10→起动机→搭铁→蓄电池负极。电磁开关闭合后将吸引线圈 3 短接，齿轮的啮合靠保持线圈 4 产生的电磁力维持在工作位置，此时保持线圈的工作电路为：蓄电池正极→主接线柱 9→起动继电器电池接线柱→触点→起动继电器的起动机接线柱→电磁开关接线柱 16→保持线圈 4→搭铁→蓄电池负极。

在发动机起动后，离合器开始打滑，松开点火开关钥匙即自动转回到点火挡位，起动继电器线圈断电，触点跳开，使电磁开关两个线圈串联，吸引线圈 3 流过反向电流，加速电磁力的消失，其电路为：蓄电池正极→主接线柱 9→接触盘 8→主接线柱 10→导电片 14→吸引线圈 3→电磁开关接线柱 16→保持线圈 4→搭铁→蓄电池负极。由于电磁开关电磁力迅速消失，活动铁芯 5 和推杆 7 在回位弹簧作用下返回。接触盘 8 先离开主接线柱 9、

10，触头切断了起动机电源，点火线圈附加电阻也随即接入点火系统。最后，拨叉将打滑的离合器拨回，驱动齿轮便脱离了飞轮齿环，起动机完成起动工作。

五、自动挡起动系统电路分析

装有自动变速器的汽车，在自动变速器上装有空挡起动开关，空挡起动开关串联于起动继电器线圈搭铁端，只有自动变速器变速杆处于停车（P）挡和空（N）挡时才接通，其他挡位时均处于断开状态，有利于保护起动机和蓄电池，如图 2-5 所示。

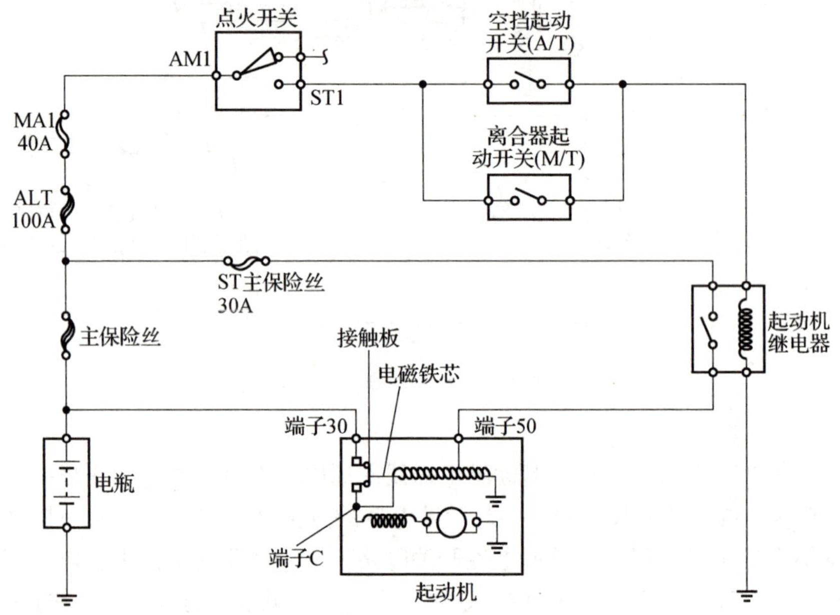

图 2-5　自动挡汽车的起动电路工作原理图

六、起动系统主要部件检测

（一）起动机的检修

1. 电枢绕组的检修

（1）使用电阻表，检查整流子的所有扇形片之间是否导通（见图 2-6），如果出现断路应更换电枢。检测结果见表 2-1。

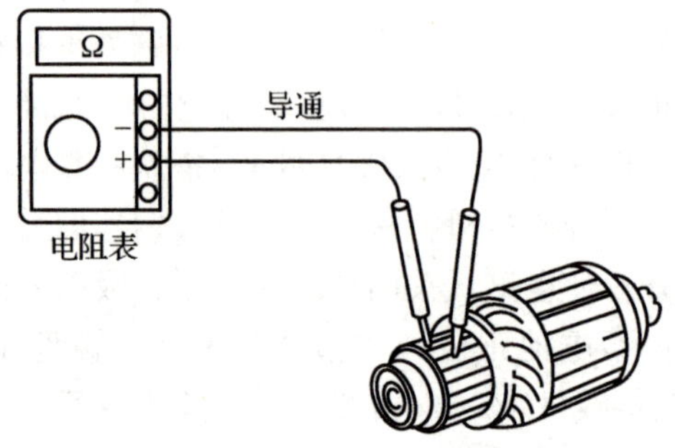

图 2-6　转子绕组的检查

表 2-1 电枢绕组检测

使用仪器	标准值	实测值	分析结果
电阻表（200Ω 挡）	0	0	合格
		>0.2Ω 或∞	不合格

（2）使用电阻表，检查整流子和电枢铁芯之间是否不导通（见图 2-7），如果导通应更换电枢。检测结果见表 2-2。

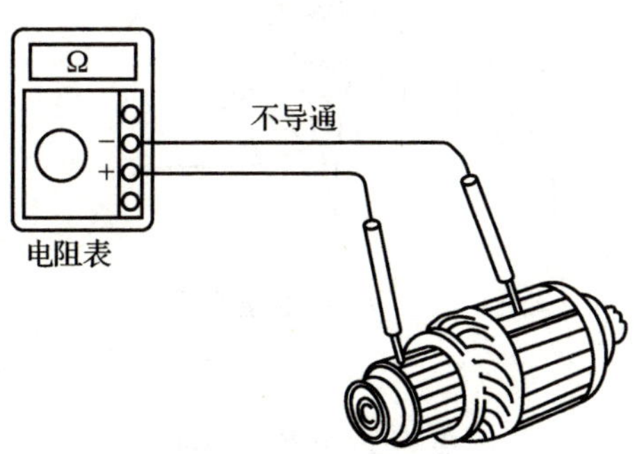

图 2-7 转子绕组的绝缘性检查

表 2-2 转子绕组绝缘性检查

使用仪器	标准值	实测值	分析结果
电阻表（200kΩ 挡）	∞	∞	合格
		0 或<10kΩ	不合格（线圈漏电）

（3）将电枢放在电枢测试仪上，手持手锯条靠近电枢铁芯。铁芯转动时，如果手锯条与铁芯相吸或振动，则电枢短路，更换电枢，如图 2-8 所示。检测结果见表 2-3。

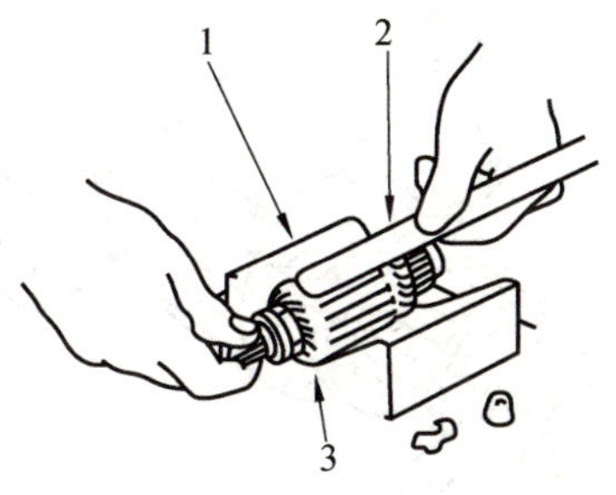

图 2-8 电枢的测试

1—电枢测试仪；2—手锯条；3—电枢

表 2-3 电枢检查

使用仪器	技术要求	检查结果	分析结果
电枢测试仪	手锯条与铁芯无相吸或无振动	无相吸或无振动	合格
		相吸或振动	线圈短路

2. 整流子的检修

（1）检查整流子表面，如出现脏污或烧灼现象，使用 No. 400 的砂纸（见图 2-9）或用车床光整其表面。检测结果见表 2-4。

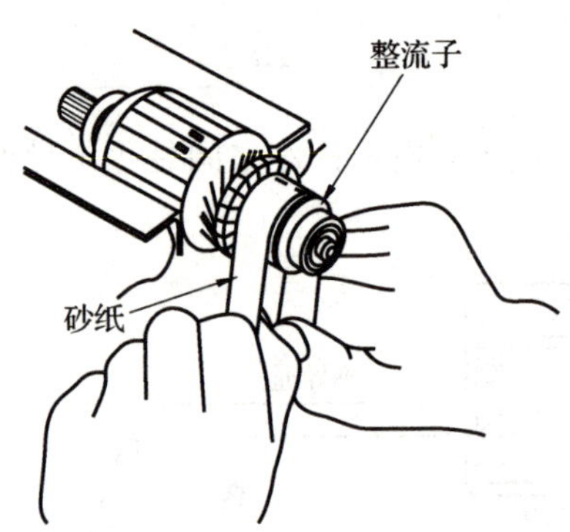

图 2-9　打磨整流子

表 2-4　整流子检查

检查方法	技术要求	检查结果	维修措施
目视	表面平整光滑，无脏污、烧灼、烧损	有脏污、烧灼	用 No. 400 的砂纸打磨
		烧损	更换

（2）检查整流子的径向跳动（见图 2-10）。

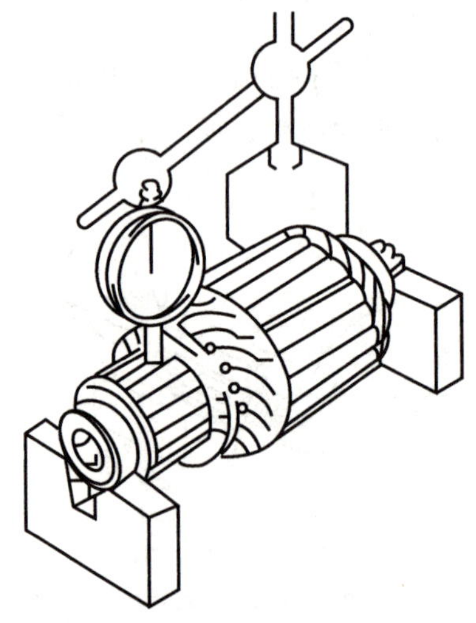

图 2-10　检查整流子的径向跳动

1）将整流子放在 V 形块上。

2）使用千分表，测量整流子的径向跳动。整流子最大径向跳动量：0. 05mm。如果径向跳动量超标，使用车床对其进行修正。检测结果见表 2-5。

表 2-5　径向跳动检查

使用量具	最大径向跳动量/mm	实测值/mm	分析结果
千分表	0.05	0.04	合格
		>0.05 或 >0.1	车床加工修正或更换

（3）使用游标卡尺，测量整流子的直径（见图 2-11）。

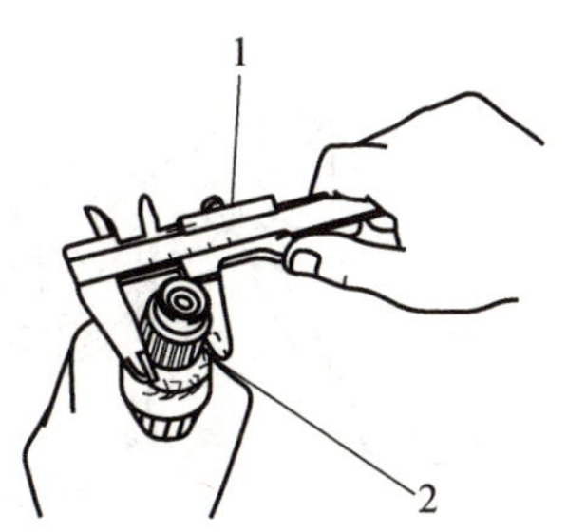

图 2-11　测量整流子的直径

1—游标卡尺；2—整流子

标准直径：30mm；最小直径：29mm。如果直径超标，更换电枢。检测结果见表 2-6。

表 2-6　最小直径检查

使用量具	标准（最小）直径/mm	实测值/mm	分析结果
游标卡尺	ø30（ø29）	ø29.86	合格
		< ø 29	更换

（4）检查切口深度（见图 2-12）。切口内应清洁，不能有异物，切口边缘应平滑。

图 2-12　整流子切口深度的检查

切口的标准深度：0.6mm；切口的最小深度：0.2mm。如果切口深度小于 0.2mm，使用钢锯加大切口深度。检测结果见表 2-7

表 2-7　切口深度检查

使用量具	标准（最小）深度/mm	实测值/mm	分析结果
游标卡尺	0.6（0.2）	0.4	合格
		<0.2	用钢锯片锯削切口深度

3. 励磁绕组的检修

(1) 使用电阻表，检查引出线与励磁绕组电刷引线之间是否导通（见图 2-13），如果不导通，应更换励磁架。检测结果见表 2-8。

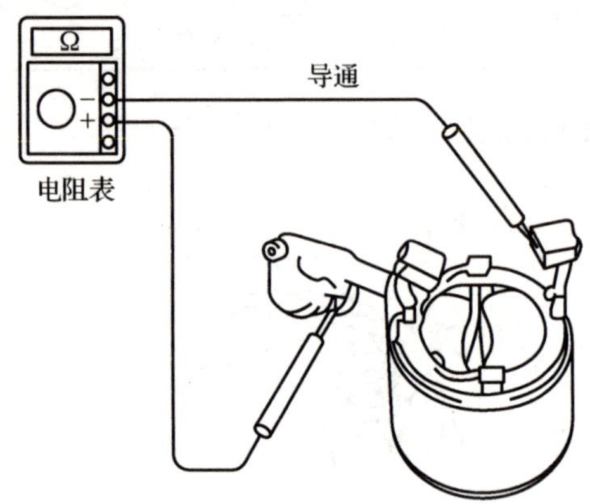

图 2-13 励磁绕组线圈的检查

表 2-8 检查引出线与励磁绕组电刷引线之间的导通情况

使用仪器	标准值	实测值	分析结果
电阻表（200Ω 挡）	0	0	合格
		>0.2Ω 或 ∞	检修或更换

(2) 使用电阻表，检查励磁绕组端头和励磁架之间是否导通（见图 2-14），如果导通，维修或更换励磁架。检测结果见表 2-9。

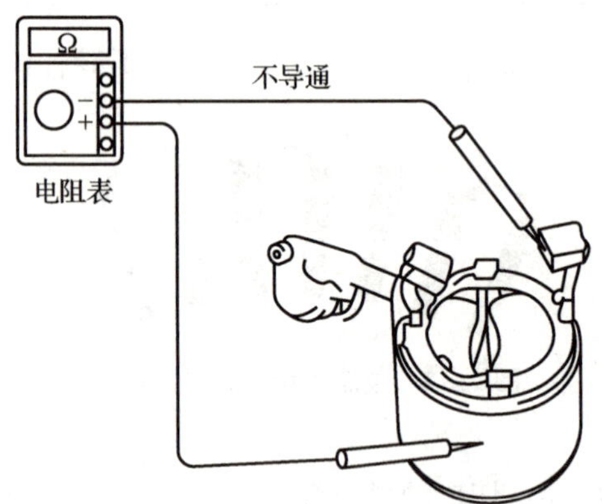

图 2-14 励磁绕组绝缘性的检查

表 2-9 检查励磁绕组端头和励磁架之间的导通情况

使用仪器	标准值	实测值	分析结果
电阻表（100kΩ 挡）	∞	∞	合格
		0 或<10kΩ	不合格（线圈烧损漏电）

4. 电刷总成的检修

（1）电刷。电刷要滑动自如。用游标卡尺测量电刷长度，检查电刷是否磨损（见图2-15）。

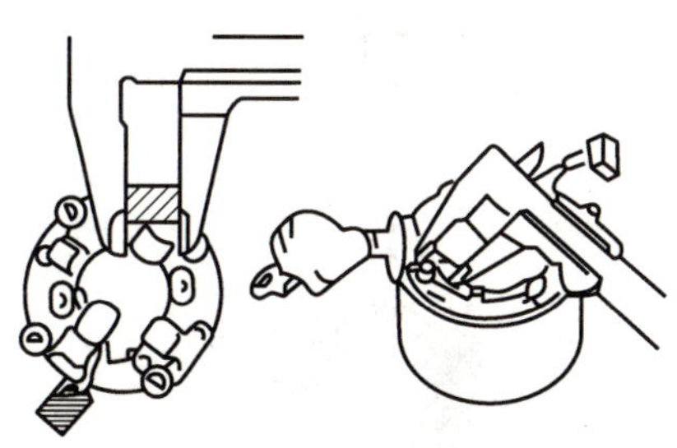

图 2-15　电刷的检查

标准长度：15.0mm；最小长度：10.0mm。如果电刷长度小于最小值，应更换电刷座和励磁架。检测结果见表 2-10。

表 2-10　电刷的检测

使用量具	标准（最小）长度/mm	实测值/mm	分析结果
游标卡尺	15.0（10.0）（约 2/3 长度）	11.2	合格
		8.5	更换

（2）电刷弹簧。电刷弹簧的外观检查如图 2-16 所示，检测结果见表 2-11。

图 2-16　电刷弹簧的外观检查

表 2-11　电刷弹簧的外观检查

检查方法	技术要求	检查结果	维修措施
手工目视	弹簧无折断、锈蚀、偏压、发软	正压	合格
		偏压	校正、调整

检查电刷弹簧的负荷：读取电刷弹簧从电刷上脱开的瞬间拉力计上的读数（见图2-17）。

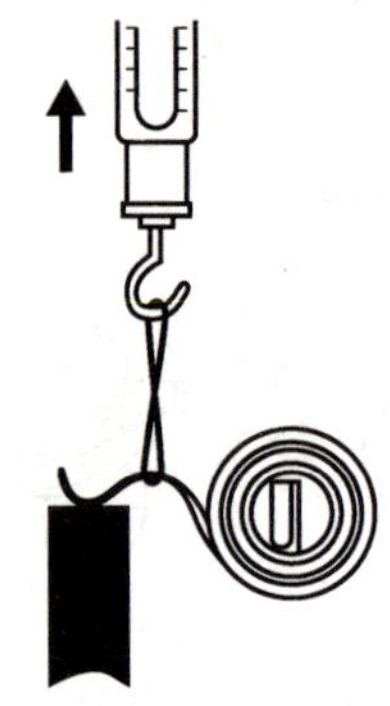

图 2-17 电刷弹簧弹力的检查

标准安装负荷：18~24N。如果低于标准安装负荷，应更换电刷弹簧。检测结果见表2-12。

表 2-12 检查电刷弹簧的负荷

使用量具	标准安装负荷/N	实测值/N	分析结果
拉力计	18~24	20	合格
		16	更换

（3）电刷座。电刷座外观结构检查如图2-18所示，检测结果见表2-13。

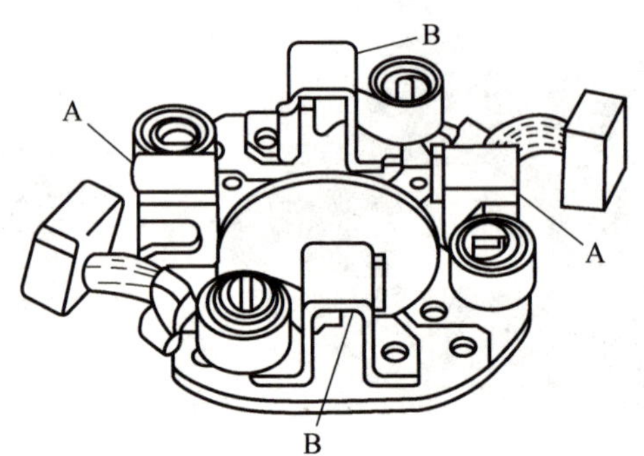

图 2-18 电刷座外观结构检查

表 2-13 电刷座外观结构检查

检查方法	技术要求	检查结果	分析结果
目视	干净，无烧损、破裂或变形	无烧损、破裂或变形	合格
		破裂或变形	校正或更换

电刷座的绝缘性检查：用电阻表检查正（+）、负（-）电刷座之间是否不导通（见图 2-19），如果导通，应更换电刷座。检测结果见表 2-14。

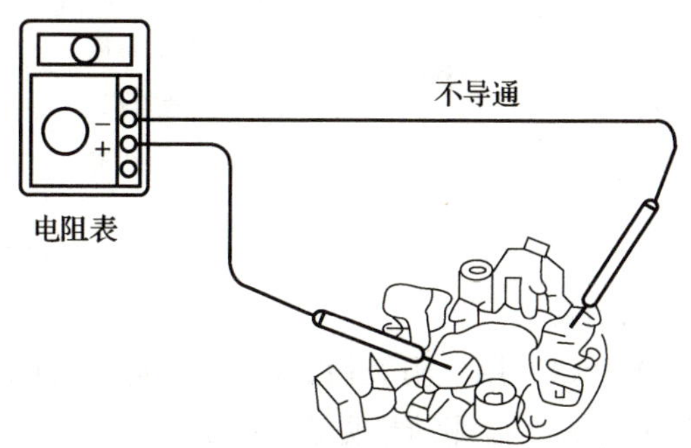

图 2-19　电刷座绝缘性的检查

表 2-14　检查电刷座的绝缘性

使用仪器	标准值	实测值	分析结果
电阻表（200kΩ 挡）	∞	∞	合格
		0 或<10kΩ	更换

5. 电磁主开关触点的检查

检查起动机主开关触点的接触点和接触面是否烧蚀（见图 2-20），是否出现凹痕或其他损坏。如果铁芯表面粗糙，用 300/400 号粒度的砂纸打磨。如果烧损严重，成对触点更换。检测结果见表 2-15。

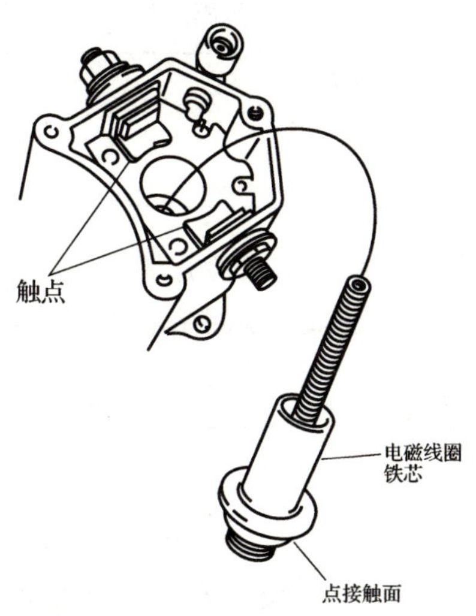

图 2-20　电磁线圈铁芯的检查

表 2-15　电磁主开关触点的检查

<table>
<tr><th>检查方法</th><th>技术要求</th><th>触点</th><th>实际状况</th><th>分析结果</th></tr>
<tr><td rowspan="4">目视</td><td rowspan="4">表面平整光滑
无烧蚀、粗糙</td><td rowspan="2">动触点</td><td>烧蚀、粗糙</td><td>用 300/400 号砂纸打磨</td></tr>
<tr><td>严重烧损</td><td>更换</td></tr>
<tr><td rowspan="2">固定触点</td><td>烧蚀、粗糙</td><td>用 300/400 号砂纸打磨</td></tr>
<tr><td>严重烧损</td><td>更换</td></tr>
</table>

6. 电磁主开关磁吸线圈的检测

（1）检查吸拉线圈是否断路。用电阻表检查端子 50 与 C 之间是否导通（见图 2-21），如不导通，应更换电磁开关总成。检测结果见表 2-16。

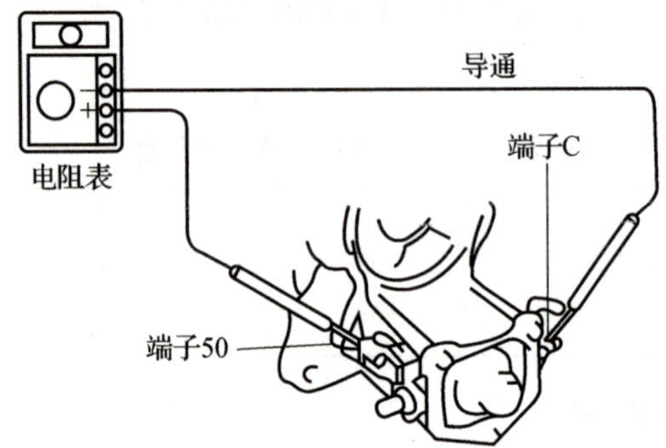

图 2-21　吸拉线圈的断路检查

表 2-16　吸拉线圈的断路检查

<table>
<tr><th>使用仪器</th><th>标准值</th><th>实测值</th><th>分析结果</th></tr>
<tr><td rowspan="2">电阻表
（200Ω 挡）</td><td rowspan="2">0. 6Ω 以下</td><td>0. 4Ω</td><td>合格</td></tr>
<tr><td>0 或∞</td><td>短路或断路</td></tr>
</table>

（2）检查保持线圈是否断路。用电阻表检查端子 50 与开关体之间是否导通（见图 2-22），如不导通，应更换电磁开关总成。检测结果见表 2-17。

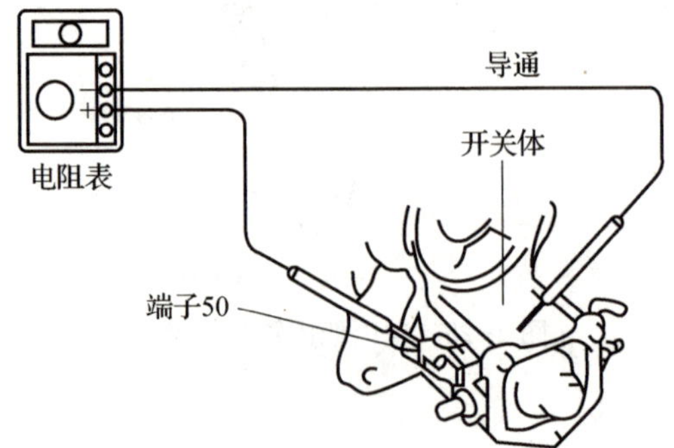

图 2-22　保持线圈的断路检查

表 2-17　保持线圈的断路检查

<table>
<tr><th>使用仪器</th><th>标准值</th><th>实测值</th><th>分析结果</th></tr>
<tr><td rowspan="2">电阻表
（200Ω 挡）</td><td rowspan="2">1.0Ω</td><td>1.0Ω</td><td>合格</td></tr>
<tr><td>0 或∞</td><td>短路或断路</td></tr>
</table>

7. 单向离合器和齿轮的检查

（1）检查齿轮的轮齿。检查小齿轮、中间轮和离合器总成的轮齿是否磨损或损坏。如果轮齿受到损坏，应更换受损的元件，同时还应检查飞轮齿圈是否磨损或损坏，如图 2-23 所示。检测结果见表 2-18。

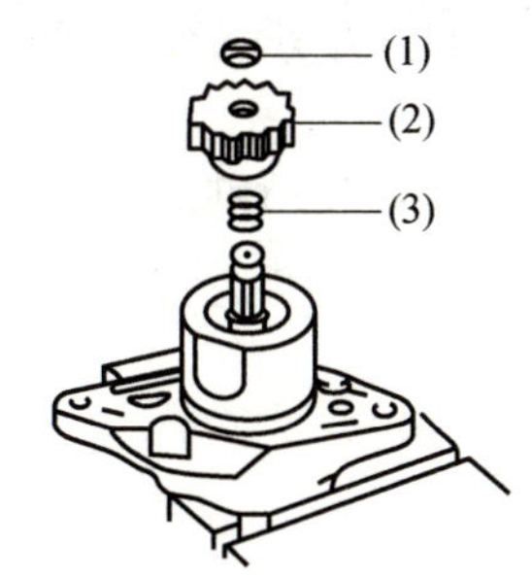

图 2-23　离合器和齿轮的外观检查

表 2-18　检查齿轮的轮齿

<table>
<tr><th>检查方法</th><th>技术要求</th><th>实际状况</th><th>分析结果</th></tr>
<tr><td rowspan="2">目视</td><td rowspan="2">磨损小，无损坏</td><td>齿面磨损小，无损坏</td><td>合格</td></tr>
<tr><td>齿顶损坏</td><td>更换</td></tr>
</table>

（2）检查离合器的动作。固定住起动机离合器，逆时针方向旋转小齿轮，这时小齿轮应能自由转动。试着让小齿轮朝顺时针方向转动，这时小齿轮应被锁住（见图 2-24）。如果实际情况与上述不符，应更换离合器总成。检测结果见表 2-19。

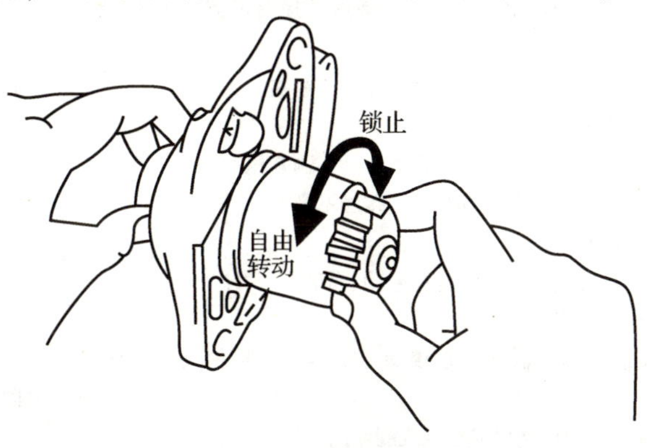

图 2-24　单向离合器的检查

表 2-19 检查离合器的动作

<table>
<tr><th>检查方法</th><th>技术要求</th><th>实际状况</th><th>分析结果</th></tr>
<tr><td rowspan="2">用手检查</td><td rowspan="2">逆转顺锁</td><td>逆转顺锁</td><td>合格</td></tr>
<tr><td>顺转锁止不了</td><td>更换</td></tr>
</table>

可以用扭力扳手检测单向离合器的转矩。若转矩小于规定值，说明单向离合器打滑，应予以更换。对于摩擦片式单向离合器，如果转矩偏小，可以通过调整压环前的垫圈厚度使其达到要求。

第二节 汽车起动系统故障诊断与排除

起动机的常见故障：起动机不转动；起动机运转无力；驱动齿轮啮合不良；起动机不停止工作；起动机空转。

一、起动机不转动

1. 无起动继电器的起动电路

（1）起动机不转动，但其没有发出“嗒嗒”的声响，其故障现象、原因、处理办法见表 2-20，其故障诊断流程如图 2-25 所示。

表 2-20 起动机不转动的故障现象、原因、处理办法

<table>
<tr><th>故障现象</th><th>故障可能原因</th><th>处理办法</th></tr>
<tr><td rowspan="2">当钥匙在起动挡时，起动机不起动，但起动机没有发出“嗒嗒”的声响</td><td>蓄电池故障
1. 蓄电池容量不足
2. 接线柱松动、氧化或腐蚀
3. 搭铁不良</td><td>1. 调换蓄电池或充电
2. 紧固或清洁接线柱后紧固
3. 去除污垢或锈蚀并紧固</td></tr>
<tr><td>起动机故障
1. 接线柱松动、氧化或腐蚀
2. 电磁开关触点烧蚀或电路不通或其线路因调整不当导致主触点与动触片无法闭合
3. 电枢绕组或励磁线圈烧损、短路或断路
4. 引线折损、搭铁不良
5. 电刷不能在刷架上上下自如滑动，刷簧压力弱
6. 换向器表面烧损，其与电刷接触不良
7. 熔丝熔断
8. 起动系统的继电器接线柱松动、氧化或腐蚀
9. 继电器触点烧损
10. 带组合继电器起动系统的继电器接线柱松动、氧化或腐蚀
11. 继电器触点烧损或磁吸线圈断路
12. 检测发动机控制开关输出端电压低于 9.6V</td><td>1. 紧固或清洁接线柱后紧固
2. 修理或更换电磁开关触点或线圈
3. 修理或更换电枢绕组线圈
4. 修复
5. 调换或修复电刷、刷簧
6. 调换或修复换向器、电刷
7. 修复熔丝
8. 紧固或清洁接线柱后紧固
9. 调换或修复继电器触点
10. 紧固或清洁接线柱后紧固
11. 调换或修复继电器触点
12. 调换或修复</td></tr>
</table>

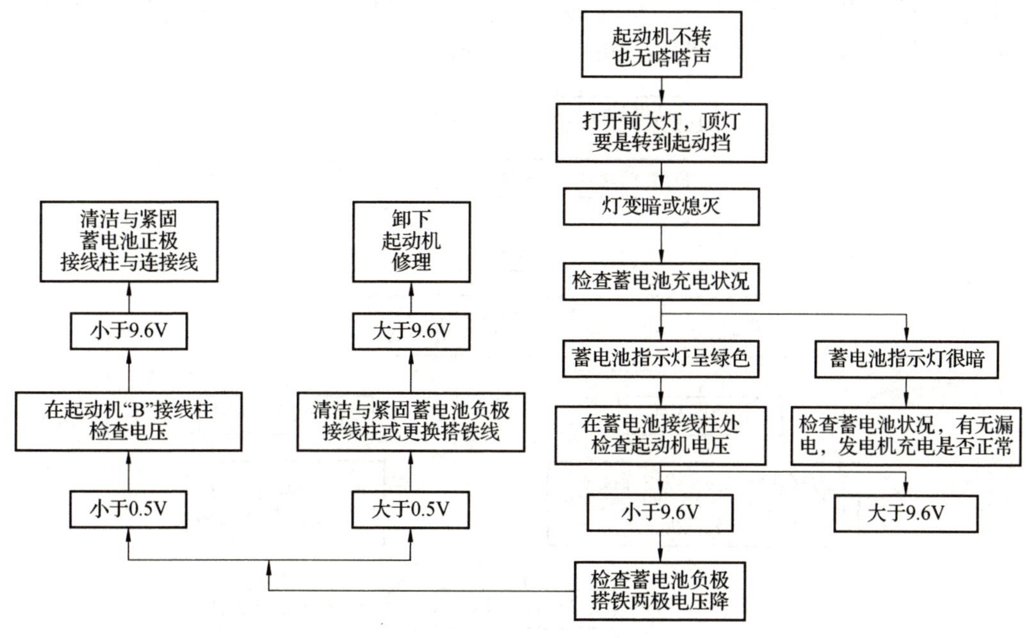

图 2-25　“起动机不转动”的故障诊断流程（一）

（2）如果打开前照灯和顶灯，钥匙转至起动挡，灯仍然点亮，“起动不转动”，起动机也没有发出“嗒嗒”的声响，则其故障诊断流程如图 2-26 所示。

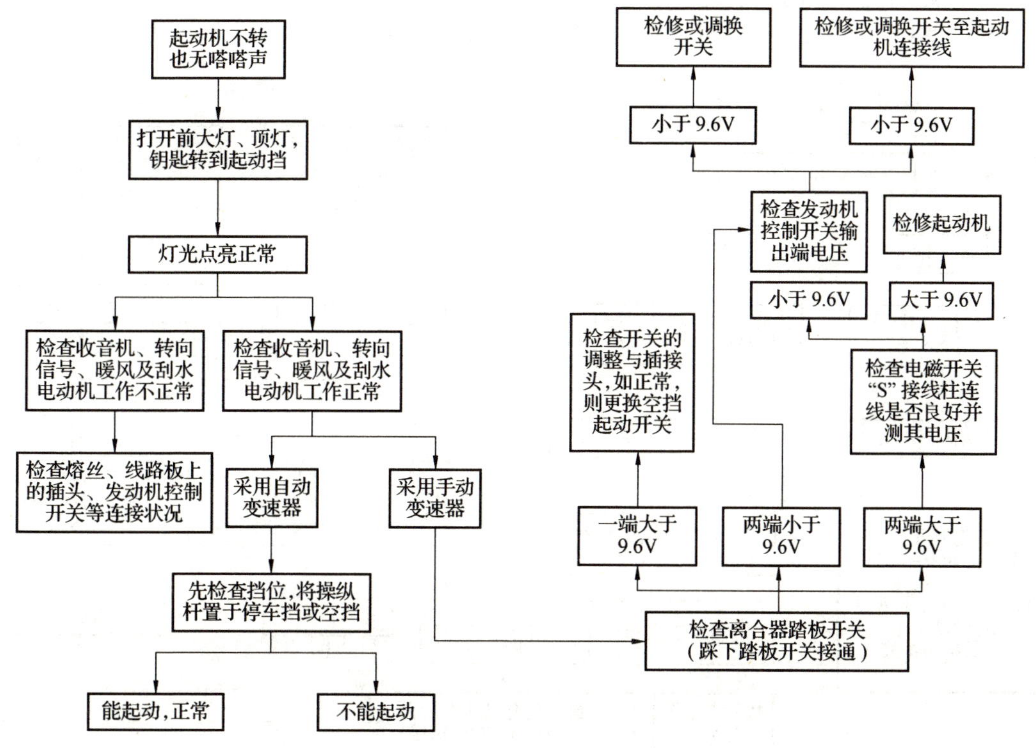

图 2-26　“起动机不转动”的故障诊断流程（二）

（3）如果打开前照灯和顶灯，钥匙转至起动挡，“起动不转动”，起动机也没有发出“嗒嗒”的声响，则其故障诊断流程如图 2-27 所示。

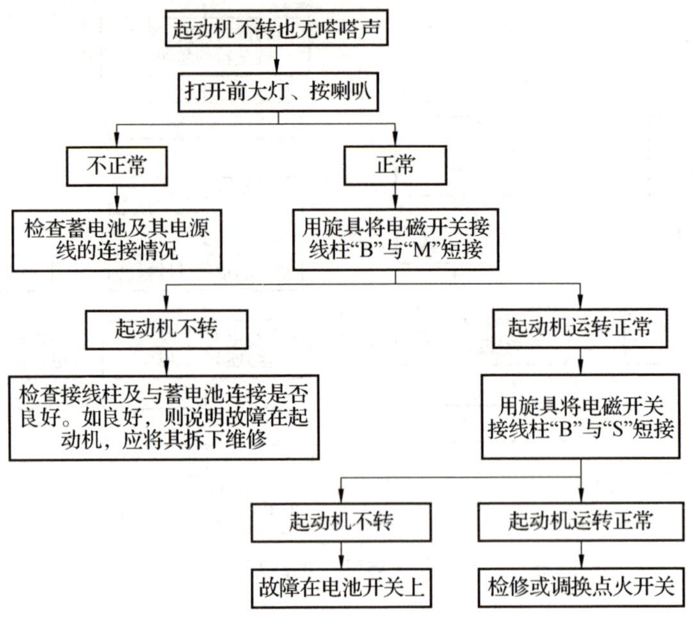

图 2-27 “起动机不转动”的故障诊断流程（三）

2. 带起动继电器的起动电路

对于带起动继电器的起动电路，其故障诊断流程如图 2-28 所示。

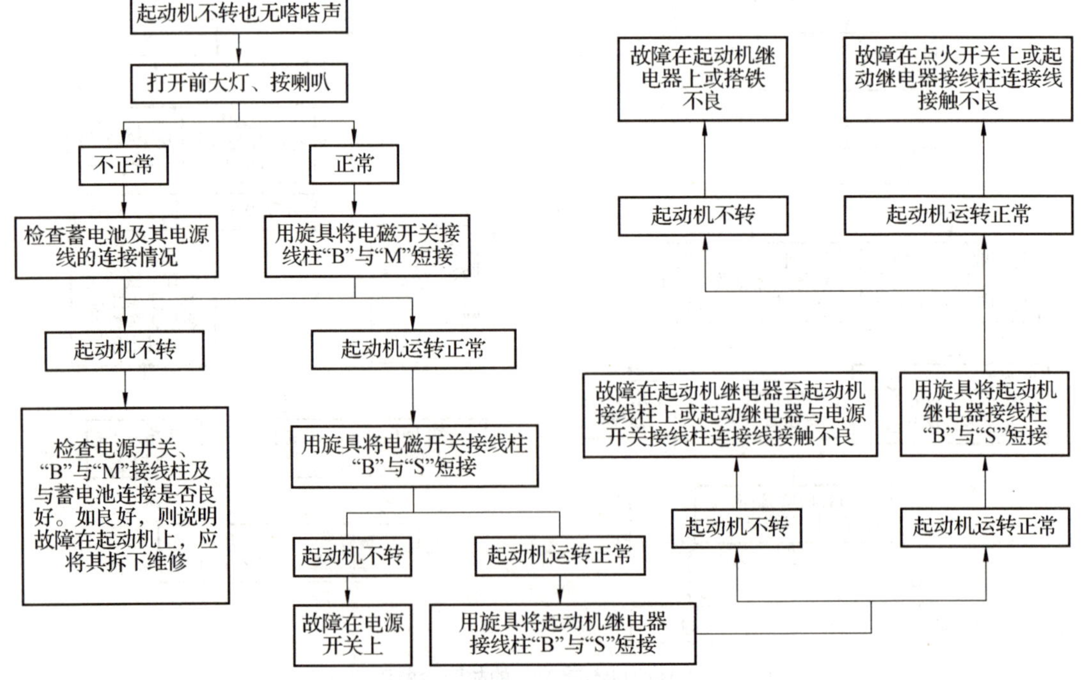

图 2-28 “起动机不转动”的故障诊断流程（四）

第三节　汽车起动系统故障案例

案例 1：

（1）故障现象。一辆北京 BJ130 型货车，大修后试车时，将点火开关置于起动挡起动发动机时，起动机不转，但有时电磁开关却发出明显的“嗒嗒”声响。

（2）检查与排除。用旋具短接起动机电源接线柱与磁场接线柱试验，起动机仍然不转，说明直流电动机电枢主电路没有电流通过。

仔细检查发现，蓄电池搭铁线与机体连接处因大修时除锈不净，加之导线连接松动，造成蓄电池搭铁不良，因而起动机不转。

案例 2：

（1）故障现象。一辆解放牌货车，接通点火开关起动挡，起动机运转无力，不能拖动发动机曲轴转动。

（2）检查与排除。怀疑蓄电池存电不足，但换新蓄电池后，故障现象依旧。检查起动机导线连接状况正常。

该车起动继电器为组合式。拆下起动继电器到起动机电磁开关接线柱的导线，将点火开关置于起动挡，测量起动继电器 S 端（至起动机端）的电压，其电压值约为 13.4V，表明起动继电器工作正常。

接好线路，用旋具将电磁开关的电源接线柱和磁场接线柱瞬时短接，起动机仍然运转无力，可见故障出自直流电动机内部。

分解直流发电机检查，发现换向器表面有一层光亮的油污，电刷弹簧也锈蚀不堪。打磨光洁换向器表面，更换新电刷弹簧后，装复再试，故障排除。

案例 3：

（1）故障现象。一辆猎豹牌吉普车，用起动机起动发动机时，可听到电磁开关的“嗒嗒”响声，而起动机却运转无力。

（2）检查与排除。经检查，蓄电池正常，电磁开关闭合动作不正常，时通时断，怀疑电磁开关工作不良。

分解电磁开关检查，没有发现明显异常。铁芯在开关体内活动自如，接触盘与主触点无严重烧蚀痕迹，估计是电磁开关保持线圈和吸拉线圈有故障。

拆开线圈检查，发现最里层有几匝已经烧焦。换新电磁开关后，装车再试，故障排除。

思考题

1. 为什么普通起动机较多地采用串并混联?
2. 对起动机电枢绕组进行搭铁故障检测的方法有哪些?
3. 简述起动机的组成。
4. 起动系统故障类型有哪些?

微机控制点火系统电路

第一节　微机控制点火系统电路检测

一、丰田 8A-FE 发动机曲轴转速与位置传感器和凸轮轴位置传感器的检测

丰田 8A-FE 发动机为微机控制有分电器的点火控制系统，曲轴转速与位置传感器和凸轮轴位置传感器均为磁感应式。曲轴转速与位置传感器安装在曲轴后端，有 34 个凸齿、33 个小齿缺和 1 个大齿缺。凸轮轴位置传感器安装在分电器内，G2 信号转子的外圆周围有一凸齿。曲轴转速与位置传感器和凸轮轴位置传感器与 ECU 的电路连接情况如图 3-1 所示。

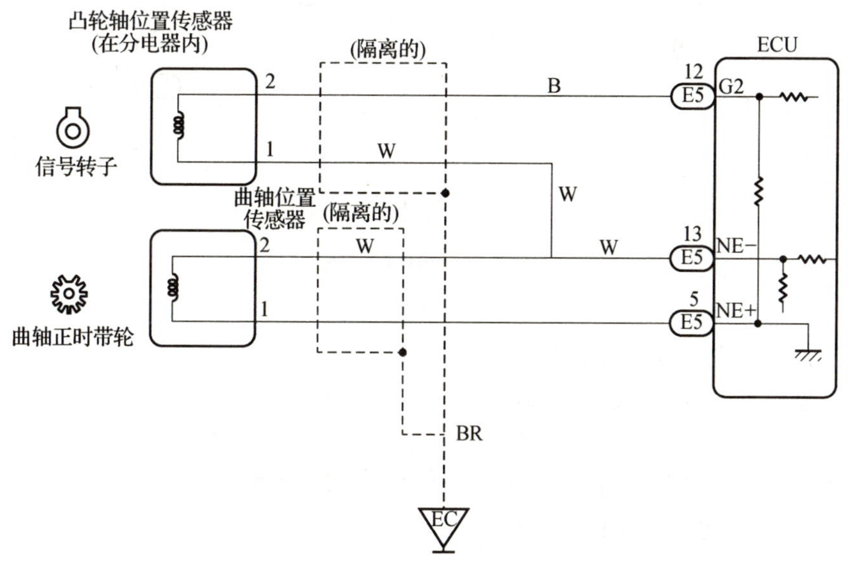

图 3-1　曲轴转速与位置传感器和凸轮轴位置传感器电路

1. 曲轴转速与位置传感器的检测

（1）传感器电阻的检测。拔下传感器插头，如图 3-2 所示，检查插头端子 1、2 间电阻，常温下为 1 630~2 740Ω，热态（50~100℃）时为 2 065~3 225Ω。

(a)

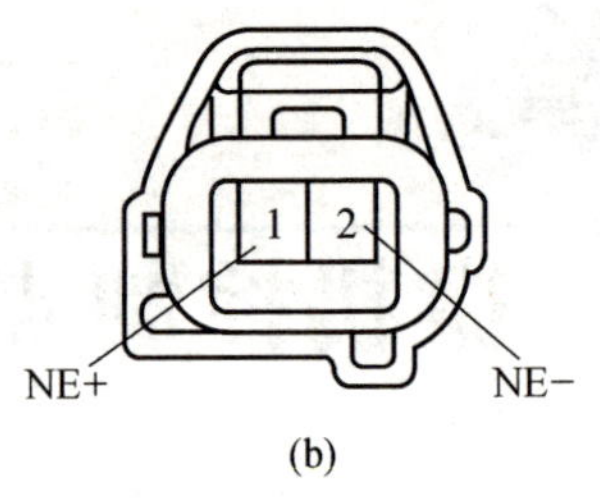

(b)

图 3-2 曲轴转速与位置传感器插头端子

（a）传感器一侧；（b）线束一侧

（2）线束的检测。拔下 ECU E5 插接器端子和传感器插头，如图 3-3 所示，检测 ECU E5 插接器端子 5（NE+）与传感器插头对应端子 1（NE+）之间电阻，检测 ECU E5 插接器端子 13（NE−）与传感器插头对应端子 2（NE−）之间的电阻，应不大于 1Ω。检测 ECU E5 插接器端子 13（NE−）与接地之间的电阻，应不大于 1Ω。

检测 ECU E5 插接器端子 5（NE+）与传感器插头端子 2（NE−）之间电阻，ECU E5 插接器端子 13（NE−）与传感器插头端子 1（NE+）之间的电阻，ECU E5 插接器端了 5（NE+）与接地之间的电阻，应不小于 1MΩ。

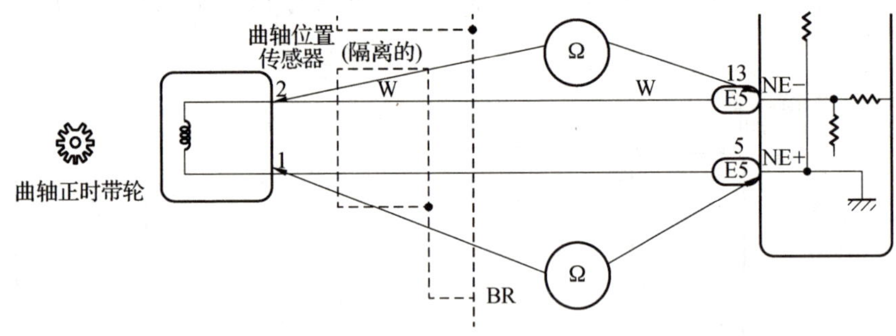

图 3-3 线束的检测

（3）波形的检测。在发动机怠速时，用示波器检测 ECU E5 插接器端子 5（NE+）、13（NE−）之间的输出电压信号波形。正确波形如图 3-4 所示，如果不正常，更换曲轴位置传感器。

当曲轴转速与位置传感器或其连接线路出现故障时，利用故障诊断仪能读取故障码为 P0335/12、13，含义为曲轴转速与位置传感器或其连接线路故障。

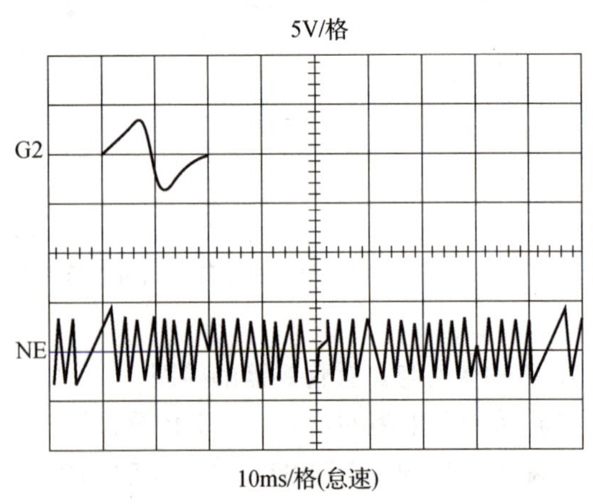

图 3-4 曲轴转速与位置传感器波形

2. 凸轮轴位置传感器的检测

（1）传感器（感应线圈）电阻的检查。拔下传感器插头，如图 3-5 所示，检测凸轮轴位置传感器端子 1、2 之间感应线圈电阻，常温下为 185~275Ω，热态（50~100℃）时为 240~325Ω。

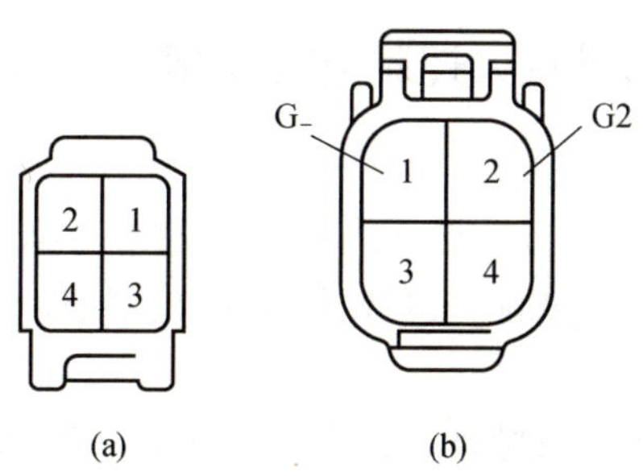

图 3-5 传感器插头和分电器插头

（a）传感器插头；（b）分电器插头

（2）间隙的检查。用厚薄规检查信号转子和感应线圈凸起之间的气隙，正常值在 0. 2~0. 4mm 之间。

（3）线束的检测。拔下 ECU E5 插接器和分电器插头，检测 ECU E5 插接器端子 12（G2）与分电器插头对应端子 2（G2）之间的电阻，ECU E5 插接器端子 13（NE-）与分电器插头对应端子 1（G-）之间的电阻，应不大于 1Ω。检测 ECU E5 插接器端子 13（NE-）与接地之间的电阻，应不大于 1Ω。

检测 ECU E5 插接器端子 12（G2）与分电器插头端子 1（G-）、ECU E5 插接器端子 13（NE-）与分电器插头端子 2（G2）之间的电阻，应不小于 1MΩ。如果不正常，说明线束短路，修理或更换线束或插接器。

（4）波形的检测。在发动机转动或怠速运转时，用示波器检查 ECU E5 插接器端子 12（G2）和 13（NE-）之间的波形。正确波形如图 3-6 所示，如果不正常，更换分电器总成。

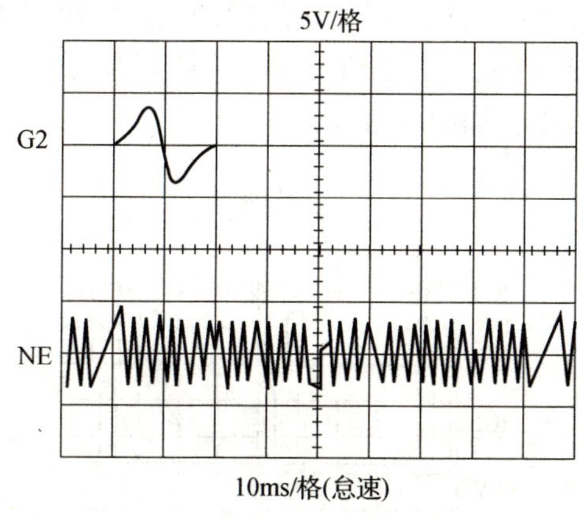

图 3-6 凸轮轴位置传感器波形

以双通道方式连接示波器，可在显示屏上同时显示被检测的曲轴转速与位置传感器和凸轮轴位置传感器两个波形，从而可检查凸轮轴与曲轴之间的正时关系。

当凸轮轴位置传感器或其连接线路出现故障时，利用故障诊断仪能读取故障码为P0340/12，含义为凸轮轴位置传感器或其连接线路故障。

二、丰田 8A-FE 发动机点火控制电路检测

1. 火花塞跳火的测试

将拆下的火花塞（接线柱）与从点火线圈出来的中央高压线相连接（不要有间隙），将火花塞放置在缸体上，使火花塞能与缸体连通（确保接地）。起动发动机，观察火花塞是否出现火花。

注意：测试时，必须拔下该缸喷油器插头，每次起动发动机时间不可过长，以 5~10s 为宜。

2. 分电器与点火控制器电源电压的检查

拔下分电器总成插头，打开点火开关。检测分电器插头端子 3（+B）和接地之间电压，应在 9~14V 之间。拔下点火控制器插头，打开点火开关。检测点火控制器插头端子 3（+B）和接地之间电压、端子 5（C-）和接地之间电压，应在 9~14V 之间，如图 3-7 所示。

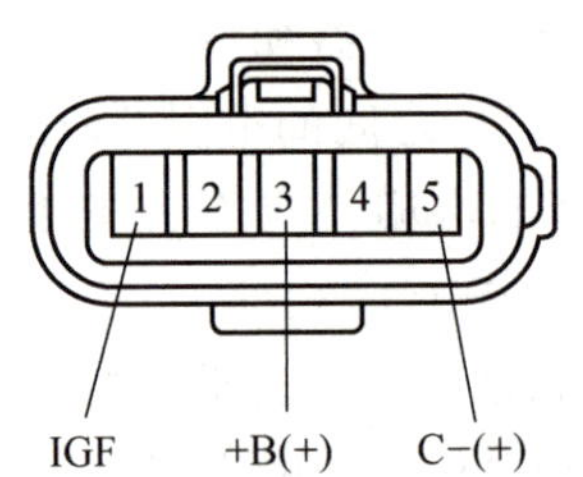

图 3-7　点火控制器线束一侧端子

3. IGT 和 IGF 信号电压的检查

起动发动机时，检测 ECU E6 插接器端子 21（IGT）和 14（E1）、端子 3（IGF）和 14（E1）之间电压，应有在 0.1~4.5V 之间变化的脉冲电压输出。接好分电器总成插头、点火控制器插头，发动机怠速时，检查 ECU E6 插接器端子 21（IGT）和 14（E1）、3（IGF）和 14（E1）之间波形，如图 3-8 所示。

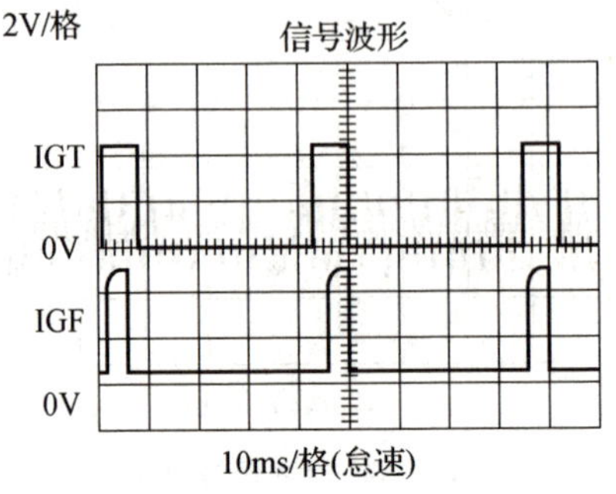

图 3-8　IGT 和 IGF 波形

4. ECU E6 插接器和点火控制器插头线束的检查

拔下 ECU E6 插接器和点火控制器插头，如图 3-9 所示，检测 ECU E6 插接器端子 21（IGT）与点火控制器插头端子 2（IGT）之间电阻、ECU E6 插接器端子 3（IGF）与点火控制器插头端子 1（IGF）之间电阻，应不大于 1Ω。

检测 ECU E6 插接器端子 21（IGT）、3（IGF）和接地之间电阻，应不小于 1MΩ。如果不正常，修理或更换线束或插接器。

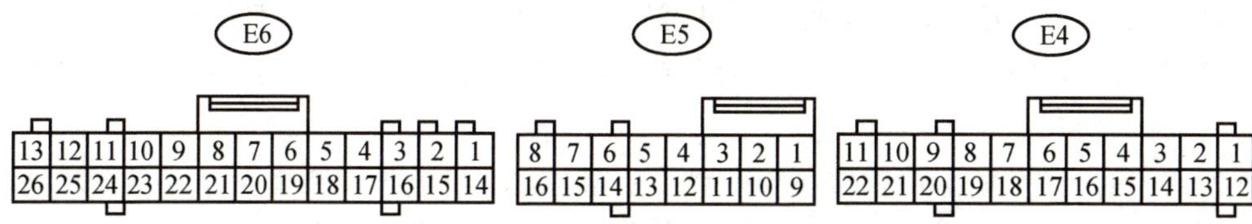

图 3-9　ECU E6 插接器和点火控制器插头线束

5. 点火线圈总成的检查

点火线圈总成安装在分电器内。如图 3-10 所示，检查初级线圈正极和负极端子之间电阻，正常值为 0.36~0.55Ω（在线圈自身的温度冷态时），0.45~0.65Ω（在 50~100℃ 热态时）。如图 3-11 所示，检查次级线圈正极和高压线端子之间电阻。正常值为 9.0~15.4kΩ（在线圈自身的温度冷态时），9.0~15.4kΩ（在 50~100℃ 热态时）。如果不正常，更换点火线圈总成。

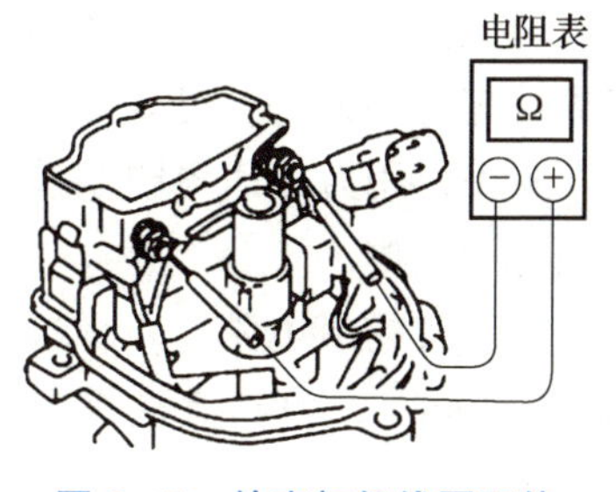

图 3-10　检查初级线圈阻值

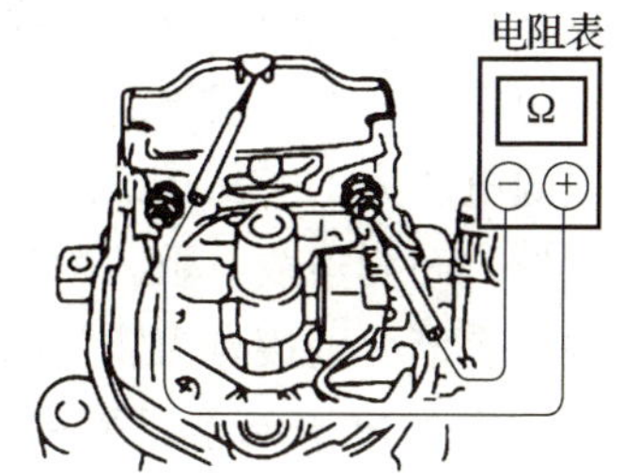

图 3-11　检查次级线圈阻值

如果 ECU 检测到 IGT 或 IGF 电路断路或短路，即在连续输出 4 次 IGT 信号后 ECU 未接收到 IGF 信号，ECU 即认为点火控制器有故障。

利用故障诊断仪能读取故障码为 P1300/14、15，含义为 ECU 连续发出 4~5 次点火信号后，仍未接收到点火监控信号（IGF 信号），故障原因可能是分电器至 ECU 之间的信号线路断路或短路、点火控制器故障、ECU 故障等。

第二节　微机控制点火系统电路故障案例

案例 1：

一辆丰田卡罗拉 1.6L GL 汽车，行驶里程 4×10^4km，起动机能正常运转但发动机无法起动，故障指示灯常亮。

故障诊断与排除。连接故障诊断仪读取故障码，故障码为 P0335，含义为曲轴转速与位置传感器电路故障。

拔下曲轴转速与位置传感器插头，用万用表检测传感器两端子之间的电阻，检测结果为无穷大（20℃条件下，标准电阻为 1 850~2 450Ω），表明曲轴转速与位置传感器内部断路。因一时买不到该发动机的曲轴转速与位置传感器，就找了一个安装尺寸刚好合适的车轮轮速传感器装上代用。发动机每次起动都很顺利，但转速达到了 2 500r/min 后就不再上升。后来买到原车的曲轴转速与位置传感器，换上后发动机工作恢复正常，至此故障得以排除。

（2）故障原因分析。曲轴转速与位置传感器是发动机电子控制单元计算点火时刻和喷油量的基本信号。由于曲轴转速与位置传感器内部线圈断路，无曲轴转速与位置信号输送到 ECU，ECU 认为发动机不在起动或运转状态，由此切断燃油供给，发动机无法起动。

案例 2：

一辆装有 2JZ-GE 发动机的丰田皇冠 3.0 汽车，行驶中突然熄火，然后再也无法起动。

（1）故障诊断与排除。首先用燃油压力表进行油压检测，拆下燃油压力调节器的真空管，起动发动机 3s，测得油压为 295kPa，在标准范围内。5min 后油压为 185kPa，符合 147kPa 以上的标准。在起动发动机的过程中，用手触摸喷油器，感觉有动作，因此可判断油路没有问题。

接着检查点火系统，发现中央高压线无火花，为此做如下检查：拔掉中央高压线，用万用表测得其电阻符合标准。拔掉点火线圈和点火控制器的插头，打开点火开关，用万用表测得两者的电源电压为 12V，属正常。关掉点火开关，用万用表电阻挡检测点火线圈两端子与点火控制器之间的连线电阻，均为零，表明导通良好。

把万用表的两表笔分别接点火线圈的两端子，测得其初级电阻符合标准。把万用表的一个表笔接点火线圈的电源端子，另一表笔接高压线插头，测得其次级电阻为 11.5kΩ，符合 9.0~15.4kΩ 的检测标准，点火线圈正常。

把点火线圈和点火控制器的线接头装回，把万用表的红表笔接点火控制器的 IGT 端子，黑表笔搭铁，拨到电压挡，短时起动发动机，测得 ECU 有一脉冲的点火信号电压输出给点火控制器，正常。然后，检测点火控制器的反馈信号电压即 IGF 信号电压，发现此电压为零。由此表明点火控制器内部有故障。更换一只新的点火控制器，故障排除。

（2）故障原因分析。当 ECU 输出 IGT 信号、点火线圈实现点火时，点火控制器输出一个点火确认信号 IGF 给 ECU。如果 ECU 未收到 IGF 信号，则立即停止喷油器的喷油，由此造成发动机无法起动。

案例 3：

一辆已行驶 18×10^4km，装用 5S-FE 型发动机的丰田佳美汽车，频繁出现发动机热机起动困难、行驶途中有时会熄火的现象。虽更换过点火控制器及分电器，但故障仍未排除。

（1）故障诊断与排除。首先验证故障现象，在热机的状态下起动发动机，情况确实如上所述，而且故障灯亮。路试时发现，只要发动机加速运转，便出现喘振现象，而且转速表的指针抖动。急加速时发动机熄火。

进行故障自诊断，用故障诊断仪调取到了 14 这个故障码，含义为无点火控制信号。

根据故障码 14 显示的故障内容进行检查。接通点火开关但不起动发动机，拔下点火控制器的插头，测得点火控制器线束插头端子 IGT 与 E1、IGF 与 E1 间的电压分别为 12V、5.2V，正常。接上点火控制器插头，在怠速时测得其脉冲电压分别为 0.7～1.0V，0.8～1.2V，符合规定值。

根据以上检测结果，点火控制器似乎正常，但故障状况却又与点火系统故障十分吻合，再次路试，行驶 40min 后，急加速时便重现熄火故障。打开发动机舱，用手触摸点火控制器，发现其温度比正常工作时要高。按照常理，一般应是线路接触不良导致点火控制器发热，因此怀疑是 ECU 至点火控制器的线路有问题。

根据资料得知，在正常运行时，IGT 和 IGF 应有符合要求的脉冲电压。于是再次路试，用万用表连接 ECU 的 IGT 和 E1 端子，观察故障随运行时间的延长而出现得更加频繁，应为线路导通不良所致。后仔细检查自点火控制器至 ECU 的线路，终于在进气歧管至曲轴箱强制同分阀的铁质通气管处发现 IGT 线的绝缘层被烫坏且粘贴在通气管上，出现短路。

将 IGT 线重新包裹，管、线隔离，并在清除故障码后路试，故障消失，工作正常。

（2）故障原因分析。IGT 线的绝缘层被烫坏后，在发动机温度高时与通气管粘连，而且发动机的温度越高，粘连的绝缘层变得越软，IGT 线的铜芯越容易与通气管接触，形成搭铁。因此，在点火控制器接收到 ECU 发出的微弱的 IGT 点火信号时，点火不良。随着情况进一步恶化，当点火控制器接收不到 IGT 点火信号时发动机便熄火。而在冷车时，线束的绝缘层较硬，IGT 铜芯脱离通气管，发动机工作正常。喘振现象的发生，应是 IGT 铜芯在发动机工作过程中间断搭铁导致的。

思考题

1. 了解点火控制器接线端子的含义。
2. 分析常见点火系统点火控制器的接线方式。
3. 分析凸轮轴位置传感器的信号波形，并解释其影响因素。
4. 简述检修微机控制点火系统故障的基本思路。

第四章 典型发动机电控电路

第一节　典型发动机电控电路分析

现代汽车发动机电子控制系统基本上都具有燃油喷射、点火、怠速等控制功能，汽车排放控制功能则因车型、排放控制要求的不同，在配置上也有所不同。一些汽车为提高发动机的性能，还增设了其他的控制功能。为能及时发现发动机电子控制系统的故障，方便故障排除，发动机电子控制系统都设有故障自诊断功能。典型的发动机电子控制系统如图4-1所示。

一、系统特点

丰田2JZ-GE发动机电子控制系统ECU和自动变速器控制系统ECU合二为一，并与汽车巡航控制ECU进行信息交流，可使各相关控制更加协调。

发动机控制系统除了燃油喷射系统、点火时间控制、怠速控制等主要功能外，还有谐波增压控制、燃油泵工作状态控制等控制功能。

燃油箱燃油蒸发排放控制采用机械方式，直接利用节气门处的真空度来控制膜片式通气阀的开度，以使活性炭罐的通气量满足发动机工况变化的需要。

该系统还设有节气门关闭缓冲器，其作用是减缓驾驶员突然松开加速踏板时节气门关闭的速度，以避免发动机转速突然下降而导致汽车冲击和发动机熄火，同时也避免因进气突然减少而使发动机缸内燃烧条件恶化，导致减速时排气污染增大。

二、电路分析

丰田2JZ-GE发动机电子控制系统电路原理如图4-2所示。

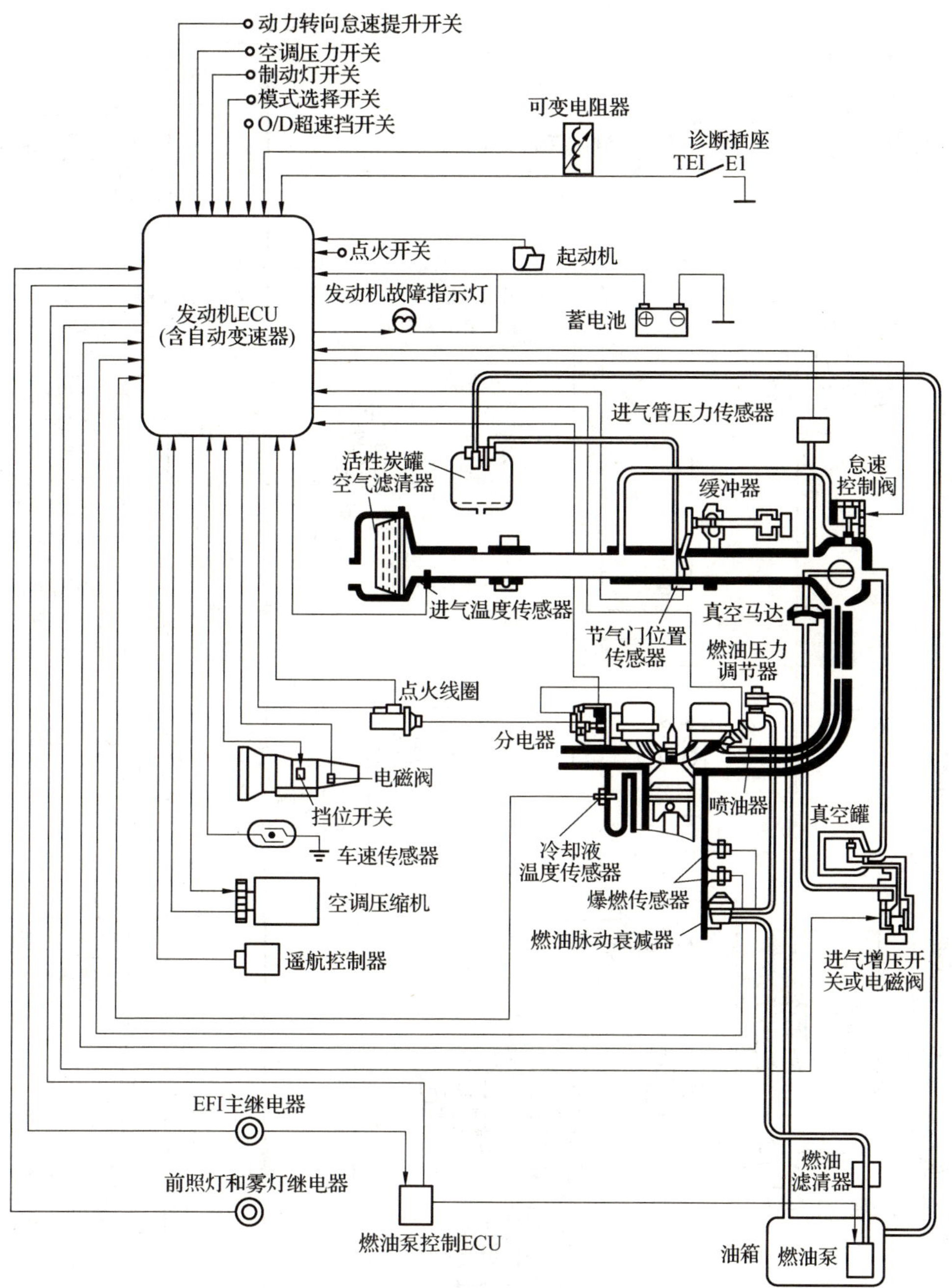

图 4-1　典型的发动机电子控制系统的组成

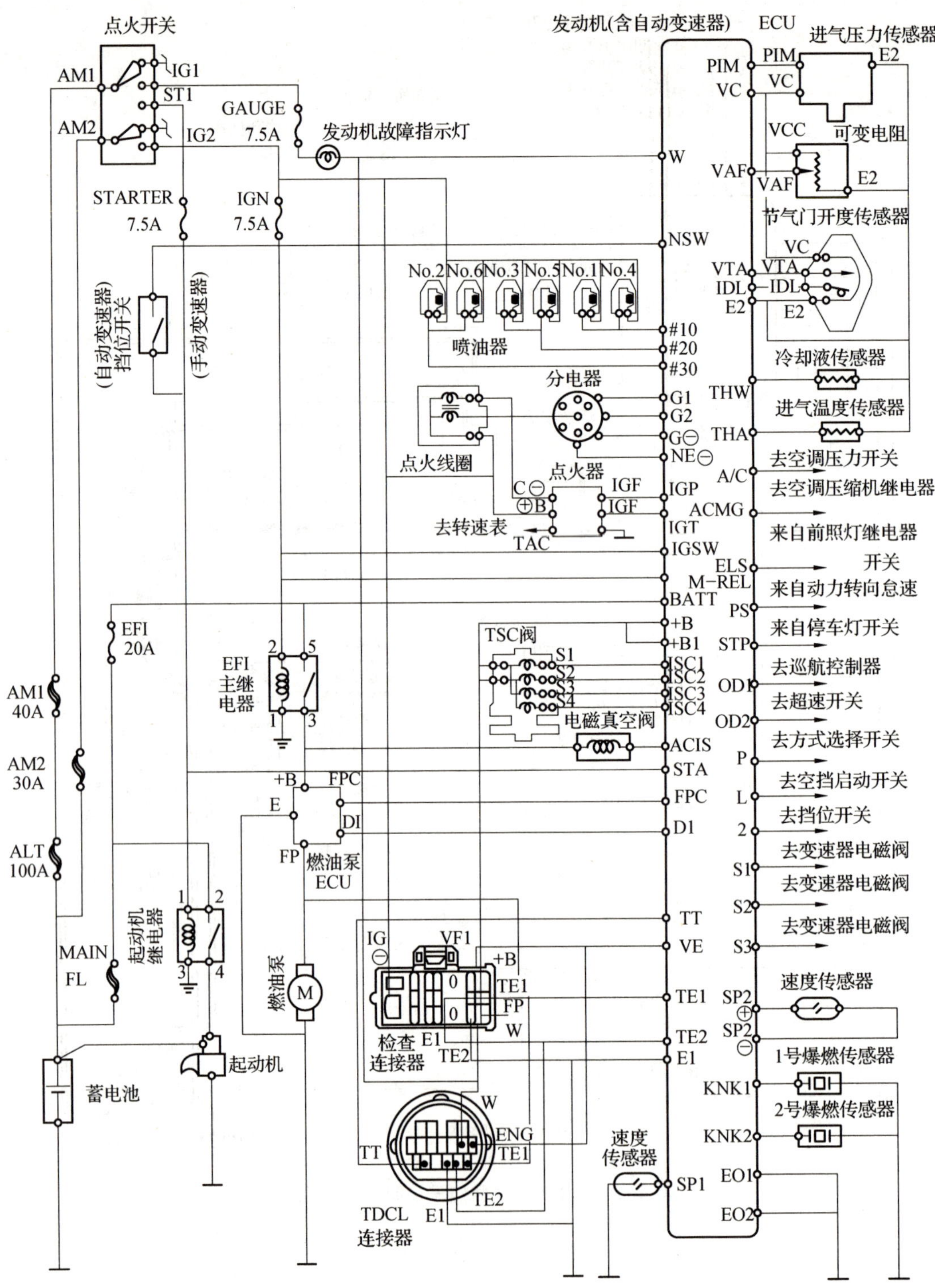

图 4-2　丰田 2JZ-GE 发动机电子控制系统电路原理图

1. 发动机电子控制器（ECU）

ECU是发动机电子控制系统的核心，它还包含自动变速器控制功能。ECU各端子的功能及连接说明见表4-1。

表4-1 发动机ECU各端子的功能和连接说明

端子代号	连接部件	功能说明	端子代号	连接部件	功能说明
E01	电源接地	—	TE2	故障指示灯接头	检测端子
E02	电源接地	—	KNK1	1号爆燃传感器	信号输入
#10	喷油器	控制端子	KNK2	2号爆燃传感器	信号输入
#20	喷油器	控制端子	2P2-	2号速度传感器负极	信号输入
#30	喷油器	控制端子	THW	冷却液温度传感器	信号输入
E1	ECU搭铁	—	VAF	可变电阻	信号输入
*S1	自动变速器电磁阀	控制端子	THA	进气温度传感器	信号输入
*S2	自动变速器电磁阀	控制端子	IDL	节气门位置传感器	信号输入
*S3	自动变速器电磁阀	控制端子	PIM	进气压力传感器	信号输入
IGT	EC电子点火器NE	控制端子	VTA	节气门位置传感器	信号输入
ISC1	怠速控制阀	控制端子	VC	节气门位置传感器	传感器电源
ISC2	怠速控制阀	控制端子	E2	传感器接地	—
ISC3	怠速控制阀	控制端子	EC	ECU盒接地	—
ISC4	怠速控制阀	控制端子	NE	分电器Ne信号	信号输入
IGF	电子点火器	信号反馈	G-	分电器G信号接地	信号输入
*L	挡位开关	信号输入	G1	分电器G1信号	信号输入
*2	挡位开关	信号输入	G2	分电器G2信号	信号输入
VF	检查连接器接头	检测端子	ACIS	谐波增压进气控制阀	控制端子
*TT	TDCL连接器接头	检测端子	STA	起动开关	信号输入
SP2+	2号速度传感器正极	信号输入	NSW	空挡起动开关	信号输入
TE1	检查连接器接头	检测端子	D1	燃油泵ECU	控制端子
FPC	燃油泵ECU	控制端子	ELS	尾灯和雾灯继电器	信号输入
*OD2*P	超速挡开关	控制端子	W	发动机故障指示灯	控制端子
*P	选挡开关	控制端子	M-REL	EFI主继电器	控制端子
SP1	1号速度传感器	信号输入	BK	制动灯开关	信号输入
PS	动力转向液压开关	信号输入	BATT	蓄电池	电源端子
A/C	空调放大器	控制端子	IGSW	点火开关	信号输入
*OD1	巡航控制ECU	控制端子	+B1	EFI主继电器	电源端子
AGMG	空调压缩机继电器	控制端子	+B	EFI主继电器	电源端子

2. 发动机电子控制器电源电路

发动机 ECU 有一常接电源（BATT 端子），用于向 ECU 内的有关元件（如存储故障码的 RAM 存储器）提供不间断电源。ECU 的主电源（+B1 端子、+B 端子）由 EFI 主继电器触点来通读，该主电源控制电路具有延时关闭功能，其电路原理如图 4-3 所示。

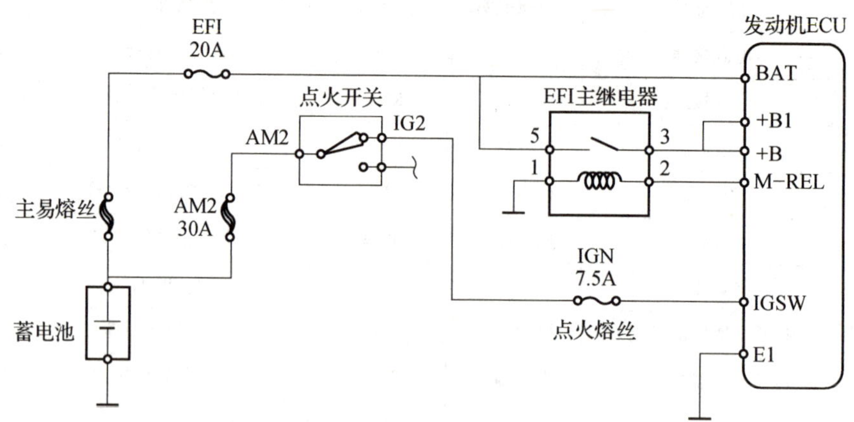

图 4-3 发动机电子控制系统 ECU 电源电路

3. 燃油泵工作状态控制电路

2JZ-GE 发动机燃油泵控制电路除具有通常的燃油泵控制功能外，还可根据发动机的工况对燃油泵的转速进行控制，使燃油泵的泵油量与发动机的转速及负荷相适应。燃油泵工作状态控制电路如图 4-4 所示。

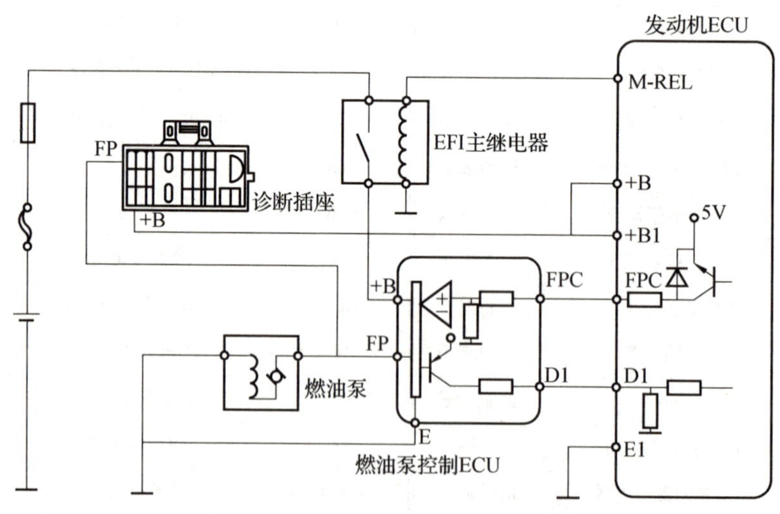

图 4-4 2JZ-GE 发动机燃油泵工作状态控制电路原理

当发动机在起动、高转速或大负荷工况时，发动机 ECU 便会向燃油泵控制 ECU 的

FPC 端子输出一个高电位信号。燃油泵控制 ECU 得到此控制信号后，从 FR 端子输出一个较高的电压（约为蓄电池电压），使燃油泵高速运转。

当发动机处于怠速工况时，发动机 ECU 向燃油泵控制 ECU 的 FPC 端子输出一个低电位信号。这时，燃油泵控制 ECU 的 FR 端子输出一个较低的电压（约 9V），燃油泵就会在较低的转速下工作。

4. 谐波进气增压控制

谐波进气增压控制的作用是使发动机在中低速和高速时都有进气增压效果，以提高发动机的动力性。

（1）谐波进气增压的组成与原理。丰田 2JZ-GE 发动机谐波进气增压控制系统的组成如图 4-5 所示。

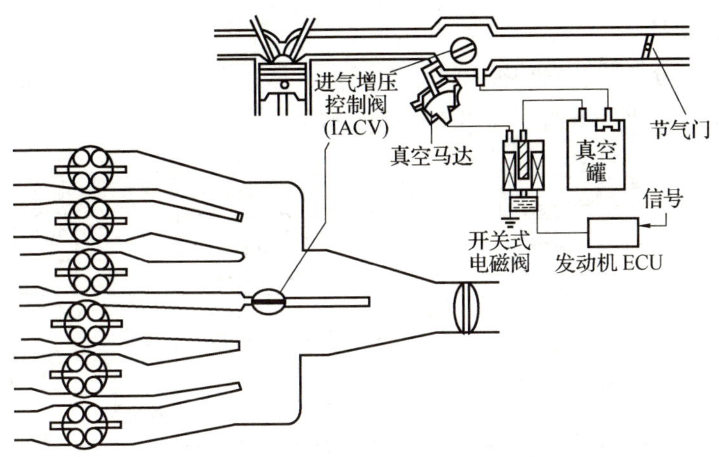

图 4-5　丰田 2JZ-GE 发动机谐波进气增压控制系统

在进气管的中部设置了一个容量较大的空气室，空气室与进气管的通断由进气增压控制阀的开闭控制。进气增压控制阀关闭时，进气流压力波传递长度为空气滤清器至进气门，压力波长较长；进气增压控制阀打开时，进气流压力波只在空气室口至进气门之间传播，压力波长缩短。

当发动机的转速较低时，ECU 使开关式电磁阀不通电，真空马达不与真空罐相通，进气增压控制阀关闭，进气压力波较长，使得中低速下的发动机有进气压力波增压效果。

当发动机转速高时，发动机 ECU 使开关式电磁阀通电，真空马达在真空罐真空度的作用下动作，将进气增压控制阀打开，进气管就与一个容量较大的空气室相通，缩短了进气压力波的波长，使得发动机在高转速时仍有进气压力波增压效果。

（2）谐波进气增压控制电路原理。谐波进气增压控制电路原理如图 4-6 所示。

EFI 主继电器触点闭合时，谐波进气增压控制装置的真空电磁阀接通电源，由 ECU 的 ACIS 端子控制开关式真空电磁阀线圈的通断电。

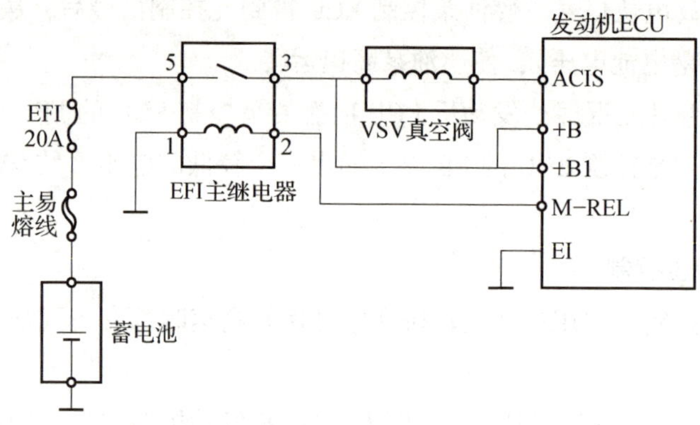

图 4-6　谐波进气增压控制电路原理图

5. 点火控制电路

该点火系统由分电器、发动机 ECU、电子点火器、点火线圈、火花塞、点火电路控制电路等组成，主要组成及电路原理如图 4-7 所示。

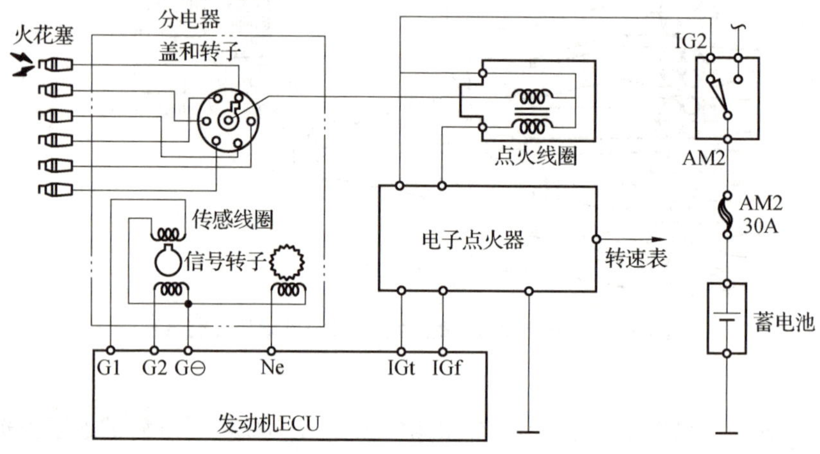

图 4-7　点火控制电路

当点火开关在点火挡时，电子点火器接通电源。工作时，分电器内的发动机转速与曲轴位置传感器所产生的 Ne、G1、G2 信号输入发动机 ECU，ECU 根据 Ne、G1、G2 信号及其他相关传感器输入的信号产生点火定时控制信号 IGt，并输送给电子点火器。电子点火器在 IGt 控制信号的触发下工作，适时地通断点火线圈初级电流，使点火线圈次级产生电压，并通过配电器将高压分配至各缸火花塞。

电子点火器根据点火线圈初级绕组的工作电压振荡波产生脉冲信号 IGf，并反馈给发动机 ECU，ECU 根据 IGf 信号判断点火系统工作正常与否。

6. 喷油器控制电路

丰田 2JZ-GE 发动机汽油喷射系统采用高电阻型喷油器、电压驱动分组同时喷射方式，喷油器控制电路原理如图 4-8 所示。

6个缸的喷油器分为3组，分别由ECU的#10、#20、#30端子控制。接通点火开关（点火挡）后，喷油器连通蓄电池，ECU通过#10、#20、#30端子控制各喷油器电磁线圈的通断，实现喷油量的控制。

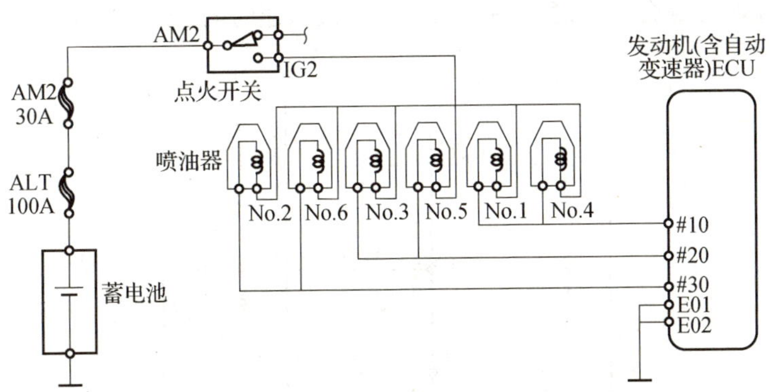

图4-8　喷油器控制电路

7. 发动机怠速控制电路

丰田2JZ-GE发动机采用步进电机式怠速控制阀，怠速控制电路原理如图4-9所示。

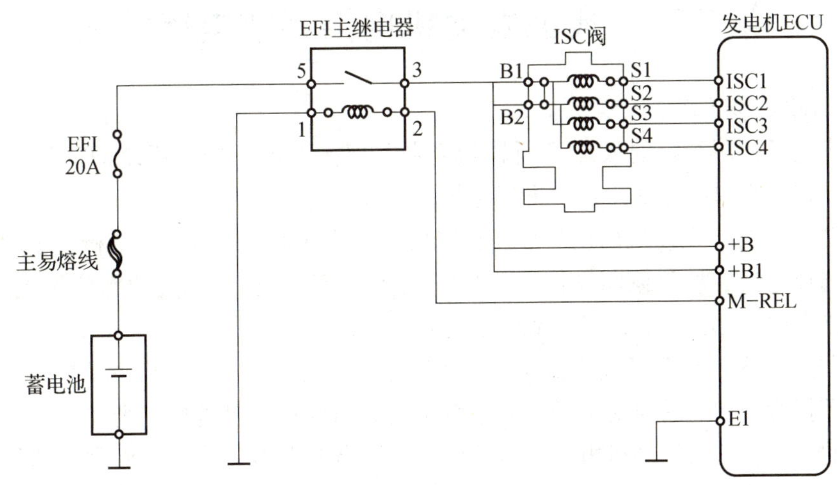

图4-9　发动机怠速控制电路

EFI主继电器触点闭合时，怠速控制阀的电源端子与电源连接。发动机ECU的ISC1、ISC2、ISC3、ISC4分别控制怠速控制阀4个线圈的通断电。当需要怠速控制阀动作时，ECU向4个怠速控制端子输出控制脉冲，使怠速控制阀的四个线圈按顺序通电，就可使怠速控制阀打开或关闭。ECU通过输出控制脉冲数来控制怠速控制阀开启程度。

点火开关关断时，EFI主继电器延时关断是为了让ECU有一个使怠速控制阀开启到最大的控制时间，以利于下次发动机的起动。

8. 怠速混合气浓度调节电路

怠速混合气浓度调节电路实际上是一个可变电阻器，其电路原理如图 4-10 所示。

旋动怠速混合气浓度调节螺钉，可改变 ECU 的 VAF 端子电压，ECU 根据此电压变化改变发动机怠速时的混合气浓度，用以控制发动机怠速时的 CO 排放量。

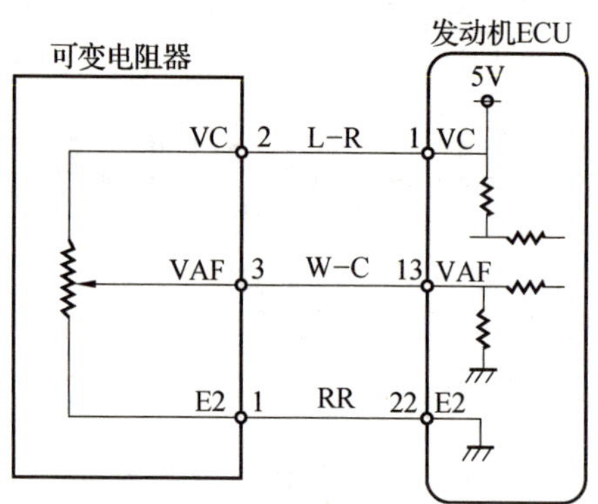

图 4-10　怠速混合气浓度调节电路

第二节　典型发动机电控系统电路检测

1. 电路故障诊断基本原则

发动机电子控制系统的故障诊断较为复杂，但按照电子控制系统故障诊断的基本原则，就可能以较简单的方法迅速、准确地排除故障。

（1）先思后行。发动机出现了故障，应根据故障现象先进行故障分析，了解大致故障原因后再选择适当的故障诊断操作。“先思后行”既可避免对无关的部位作无效的检查，又不会漏检有关的部位，有助于准确、迅速排除故障。

（2）先外后内。在选择故障诊断程序和操作次序时，先对发动机电子控制系统以外的故障原因进行检查，然后再对电子控制系统进行诊断操作，以避免一个本来是与电子控制系统无关的故障，却对发动机电子控制系统进行了费时费力的检查，而真正的故障却未能找到。

（3）故障码优先。当故障自诊断系统检测到电子控制系统故障时，均会以故障码的方式存储故障信息，但并不是所有的故障都通过发动机故障警报灯报警，因此，无论仪表板上的发动机故障警报灯是否亮起报警，在对发动机电子控制系统进行检查以前，均应先进行读取故障码操作，以便充分利用故障自诊断系统迅速而又准确地排除故障。

（4）先简后繁。能以简单方法检查的可能故障部位先予以检查。直观检查最为简单，一些较为显露的故障通过看、摸、听、闻等直观检查方法予以确认，因此，可直观检查的可能故障部位应首先予以检查。需要用仪器、仪表或其他专用工具进行检测的，也应将较易检查的安排在前面，这样，往往可使电控发动机的故障诊断变得较为简单。

（5）先熟后生。电控发动机的某种故障现象的多个可能故障原因其出现的概率是不同的，对常见的故障部位先进行检查，往往可迅速确定故障部位，省时省力。

（6）先备后用。电子控制系统部件性能是好是坏、电路正常与否，通常是以电压或电阻等参数值来判断的。没有这些诊断参数，不了解检测的位置，往往会使电子控制系统的故障诊断变得很困难或根本无法进行。所谓先备后用就是要在检修该型电控发动机以前，应准备好有关的诊断参数和其他检修资料，以免影响故障诊断的顺利进行。除了从维修手册及专业书刊获取这些资料外，另一个有效的途径是通过对未出现故障发动机电子控制系统有关部件和检测要点的测量，获得对同类型发动机进行故障诊断所需的诊断参数。

2. 故障自诊断

与大多数汽车发动机一样，丰田 2JZ-GE 发动机通过仪表板上的“发动机故障检查（CHECK）”指示灯来反映自诊断系统对电子控制系统的自检情况。

接通点火开关时，“CHECK”灯应亮起，如果不亮，则说明“CHECK”灯电路或发动机 ECU 有故障。

发动机起动后，“CHECK”灯应熄灭，如果灯持续亮，或汽车运行中“CHECK”灯亮起后不熄火，说明发动机电子控制系统有故障，需进行故障自诊断操作，找出故障码。

（1）故障码的读取。

1）接通点火开关（ON），将故障检查连接器或 TDCL 的 TE1、E1 端子短接，如图 4-11 所示。

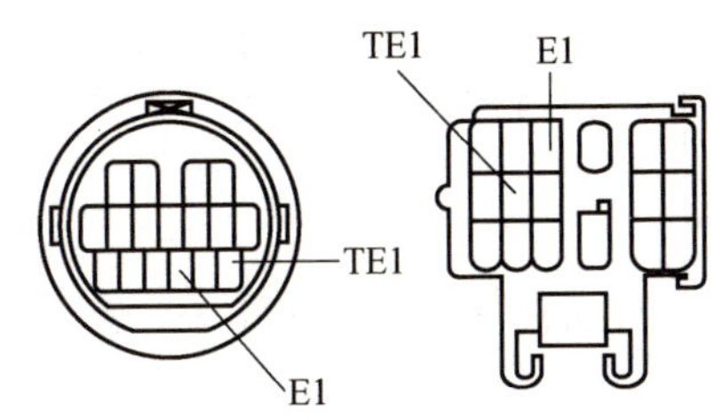

图 4-11　检查连接器与 TDCL 的 TE1、E1 端子

2）观察仪表板上的“CHECK”灯闪烁读取故障码。故障码为二位数，闪示方式如图 4-12 所示。第一次连续闪烁的次数代表故障码的十位数，相隔 1.5s 后的第二次连续闪烁次数为个位数。如果有两个以上的故障码，则按数字从小到大的顺序逐个闪示。

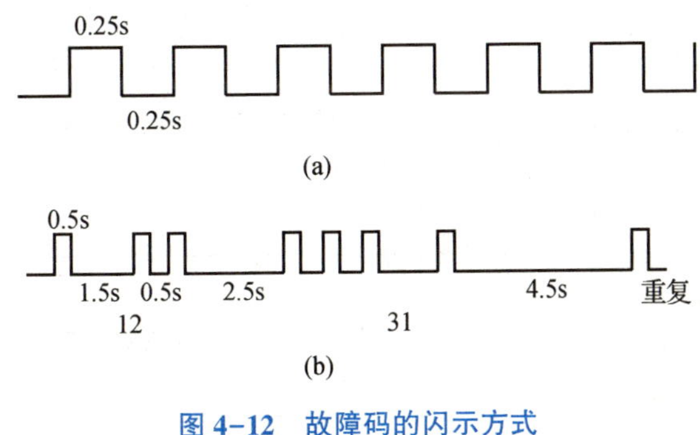

图 4-12　故障码的闪示方式

（a）正常；（b）故障码

丰田 2JZ-GE 发动机电子控制系统故障码说明见表 4-2。

表 4-2　丰田 2JZ-GE 发动机电子控制系统故障码说明

故障码	信号系统	CHECK 指示灯	存储故障码的原因	故障部位
12	转速信号	亮	起动机接通 2s 以上仍无发动机转速与曲轴位置信号输入 ECU	1. 发动机转速与曲轴位置传感器 2. 分电器 3. 起动机控制线路 4. 发动机 ECU
13	转速信号	亮	发动机转速达 1 000r/min 或更高时仍无发动机转速信号输入 ECU	1. 发动机转速与曲轴位置传感器 2. 分电器 3. 发动机 ECU
14	点火信号	亮	电子点火器连续 6 次无信号输入 ECU	1. 分电器与 ECU 间的 IGf 信号线路 2. 分电器 3. 发动机 ECU
16	ECT 控制信号	亮	ECU 正常信号没有输出	发动机 ECU
22	冷却液温度传感器信号	亮	冷却液温度传感器线路断路或短路 0. 5s 以上	1. 冷却液温度传感器线路 2. 冷却液温度传感器 3. 发动机 ECU
24	进气温度传感器信号	不亮	进气温度传感器线路断路或短路 0. 5s 以上	1. 进气温度传感器线路 2. 进气温度传感器 3. 发动机 ECU
31	进气管压力传感器信号	亮	进气管压力传感器线路断路或短路 0. 5s 以上	1. 进气管压力传感器线路 2. 进气管压力传感器 3. 发动机 ECU
41	节气门位置传感器信号	不亮	节气门位置传感器线路断路或短路 0. 5s 以上	1. 节气门位置传感器线路 2. 节气门位置传感器 3. 发动机 ECU
42	车速传感器信号	不亮	在发动机转速达 2 800r/min 以上时，车速信号未输入 ECU 达 8s 以上	1. 车速传感器线路 2. 车速传感器 3. 发动机 ECU

续表

故障码	信号系统	CHECK 指示灯	存储故障码的原因	故障部位
43	起动信号	不亮	发动机转速达 800r/min 后，无起动信号输入 ECU，汽车无法起动	1. 起动信号线路 2. 点火开关或主继电器线路 3. 发动机 ECU
52	第一爆燃传感器信号	亮	发动机转速在 1 600～5 200r/min 范围内，爆燃传感器有 6 个信号未输入	1. 爆燃传感器线路 2. 爆燃传感器 3. 发动机 ECU
53	爆燃控制信号	亮	发动机转速在 650～5 200r/min 范围内，检测到 ECU（爆燃控制）故障	发动机 ECU
55	第二爆燃传感器信号	亮	发动机转速在 1 600～5200r/min 范围内，爆燃传感器有 6 个信号未输入	1. 爆燃传感器线路 2. 爆燃传感器 3. 发动机 ECU

（2）故障码的清除。关闭点火开关，并从 2 号接线盒（J/B）上拔下 EFI 熔断器（20A）10s 以上，故障码即可清除。

断开蓄电池负极电缆也可以消除故障码，但 RAM 存储器中其他有用信息也将同时被消除。

3. ECU 有关端子的检测

通过发动机 ECU 插接器有关端子电压的检测，可确定相关电路及部件是否存在故障。在插接器连接状态下，在插接器线束侧插入电压表表针（见图 4-13）。丰田 2JZ-GE 发动机 ECU 插接器各端子排列如图 4-14 所示，各端子电压检测方法及检测异常可能的故障部位见表 4-3。

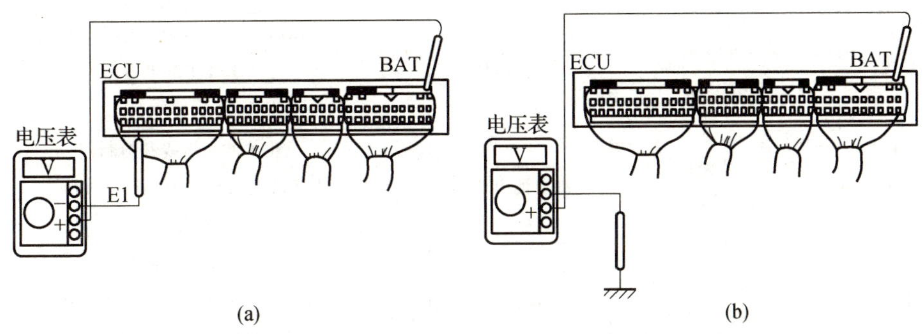

图 4-13　ECU 插接器有关端子电压的检测方法

（a）测端子之间的电压；（b）测端子与搭铁之间的电压

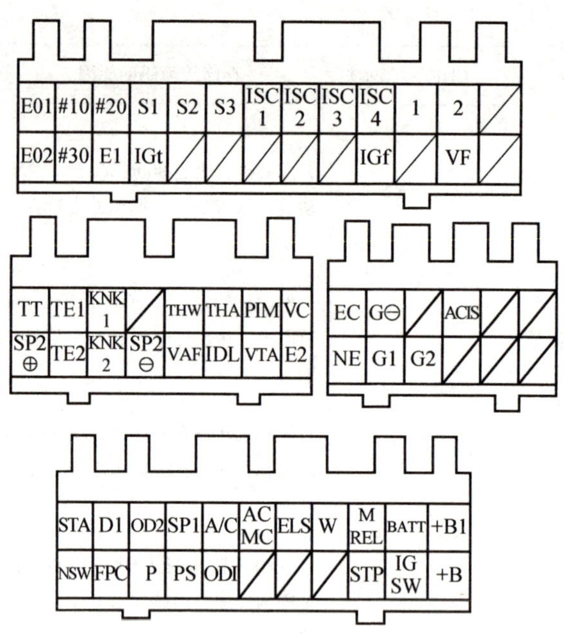

图 4-14　丰田 2JZ-GE 发动机 ECU 插接器端子排列

表 4-3　发动机 ECU 端子电压检测

检测端子	检测状态	正常电压	电压异常可能的故障部位
BATT-E1	—	蓄电池电压	相关的易熔线和熔断器 BATT 端子至蓄电池的线路 ECU 接地或 ECU
IGSW-E1	点火开关在“ON”位	蓄电池电压	相关的易熔线和熔断器 IGSW 端子至蓄电池的线路 点火开关 ECU 接地或 ECU
M-REL-E1	点火开关在“ON”位	蓄电池电压	M-REL 端子至 EFI 主继电器线路 EFI 主继电器 ECU 接地或 ECU
+B-E1 +B1-E1	点火开关在“ON”位	蓄电池电压	相关的易熔线和熔断器 EFI 主继电器或其连接线路 ECU 接地或 ECU
VC-E2	点火开关在“ON”位	4.0~5.5V	+B 端子电压 节气门位置传感器或其连接线路 ECU 接地或 ECU
IDL-E2	点火开关在“ON”位，节气门打开	蓄电池电压	+B 端子电压 节气门位置传感器或其连接线路 ECU 接地或 ECU

续表

检测端子	检测状态	正常电压	电压异常可能的故障部位
VTA-E2	点火开关在“ON”位， 节气门关闭	0.3~0.8V	VC 端子电压 节气门位置传感器或其连接线路 ECU 接地或 ECU
	点火开关在“ON”位， 节气门全开	3.3~4.9V	
PIM-E2	点火开关在 “ON”位	3.2~3.9V	VC 端子电压 进气压力传感器或其连接线路 ECU 接地或 ECU
#10-E01	点火开关在 “ON”位	蓄电池电压	相关的易熔线和熔断器 喷油器或其连接线路 点火开关 ECU 接地或 ECU
#20-E01			
#30-E01			
THA-E2	点火开关在“ON”位， 进气温度 20℃	0.5~3.4V	+B 端子电压 进气温度传感器或其连接线路 ECU 接地或 ECU
THW-E2	点火开关在“ON”位， 进气温度 80℃	0.2~1.0V	+B 端子电压 冷却液温度传感器或其连接线路 ECU 接地或 ECU
STA-E2	点火开关在起动位， 起动机不工作	蓄电池电压	相关的易熔线和熔断器 STA 端子至蓄电池线路 空挡起动开关或点火开关 起动机或起动机继电器
	点火开关在起动位， 起动机正常工作		STA 端子至点火开关线路 ECU 接地或 ECU
IGT-E2	发动机起动或 怠速运转	脉冲电压	相关的易熔线和熔断器 点火开关 点火线圈或电子点火器 ECU 与蓄电池之间的线路 ECU 接地或 ECU
ISC1-E1	点火开关在 “ON”位	蓄电池电压	+B 端子电压 怠速控制阀 ECU 与怠速控制阀之间的线路 ECU 接地或 ECU
ISC2-E1			
ISC3-E1			
ISC4-E1			
W-E1	发动机怠速运转， 故障指示灯不亮	蓄电池电压	相关熔丝或指示灯 W 端子至点火开关线路 ECU 接地或 ECU

第三节　典型发动机电控电路系统故障实例

案例 1：汽油机不能起动故障诊断与排除

（1）故障现象。接通起动开关时，起动机能带动发动机正常转动，但发动机不能发动，且无着车征兆。

（2）故障原因。

1）油箱中无油。

2）起动时节气门全开。

3）电动燃油泵不工作。

4）喷油器不工作。

5）油路压力过低。

6）点火系统故障。

7）发动机气缸压缩压力过低。

（3）故障诊断与排除。故障诊断与排除可按如图 4-15 所示的流程进行。

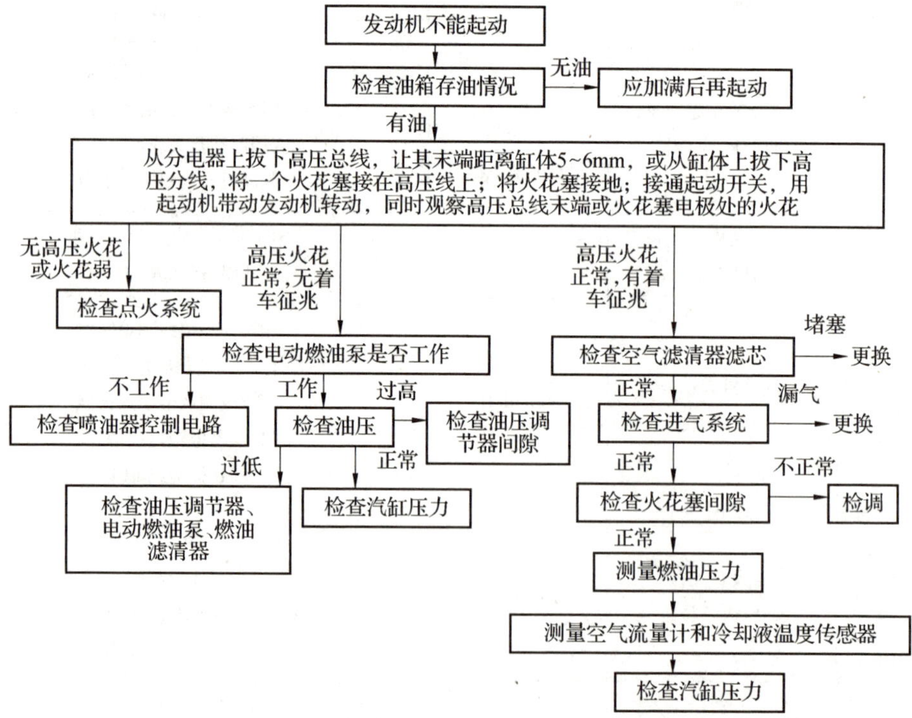

图 4-15　故障诊断与排除流程图

（4）说明。

1）对于不能起动的故障，一般应先检查油箱存油情况。打开点火开关，若燃油表指针不动或油量警告灯亮，则说明油箱内无油，应加满油后再起动。

2）应采用正确的起动操作方法。通常电子控制燃油喷射式发动机的起动控制系统，要求在起动时不踩加速踏板。如果在起动时将加速踏板完全踩下或反复踩加速踏板以求增加供油量，往往会使控制系统的溢油消除功能起作用，从而导致喷油器不喷油，造成不能起动。

3）检查点火系统。导致发动机不能起动的最常见原因是点火系统不能点火，因此在作进一步的检查之前，应先排除点火系统的故障。

如果高压无火花或火花很弱，说明点火系统有故障。可先进行发动机故障自诊断，检查有无故障码。现代电控燃油喷射式发动机的故障自诊断系统通常能检测出点火系统中的曲轴位置传感器（点火信号发生器）及点火系统中的高压线、分电器盖、高压线圈、点火器、分电器、曲轴位置传感器及点火控制系统。点火系统最容易损坏的零件是点火器，应重点检查。

4）检查电动燃油泵的工作。电动燃油泵不工作也是造成发动机不能起动的最常见原因之一。用一根导线将电动燃油泵的两个检测插孔短接，然后打开点火开关，此时应能从油箱口处听到燃油泵运转的声音；或用手捏住进油管时能感觉到进油管的油压脉动；或拆下油压调节器上的回油管，应有汽油流出。如果电动燃油泵不工作，应检查熔断器、油泵续电器及电动燃油泵控制电路等。如果电路正常，则说明电动燃油泵有故障，应更换。

5）检查喷油器是否喷油。在起动发动机时，检查各喷油器有无工作的声音。如果喷油器不工作，可用一个大阻抗的试灯接在喷油器的线束插头上。如果在起动发动机时试灯能闪亮，说明喷油控制系统工作正常，而喷油器有故障，应更换。

如果试灯不闪亮，则说明喷油控制系统或控制线路有故障。因此，应检查喷油器电源熔断器有无烧断，喷油器降压电阻有无烧断，喷油器与电源之间的接线是否良好，ECU 的电源续电器与 ECU 之间的接线是否良好。如果外部电路均正常，则可能是 ECU 内部有故障，可用故障检测仪或采用测量 ECU 各接脚电压的方法来检测 ECU 有无故障；也可以用一个好的 ECU 换上试一下，如能起动，可能定为 ECU 故障，应更换。

6）检查燃油系统压力。燃油系统油压过低会造成喷油量太少，也会导致不能起动。在电动燃油泵运转时，检查燃油系统油压。在发动机未运转的状态下，正常燃油压力应达到 300kPa。如果燃油压力过低可用钳子包上软布，将油压调节器的回油管夹住，阻断回油通路。

若燃油压力迅速上升，说明是油压调节器漏油，造成油压过低，应更换油压调节器；若燃油压力上升缓慢或基本不上升，则说明油路堵塞或电动燃油泵有故障，应先拆检燃油滤清器。如燃油滤清器堵塞，应更换；如燃油滤清器良好，则应更换电动燃油泵。

7）检查汽缸压缩压力。若上述检查均正常，则应进一步检查发动机汽缸压缩压力，若汽缸压缩压力低于0.81MPa，则说明发动机机械部分有故障，应进一步拆检发动机本体。

案例2：汽油机怠速不稳故障诊断与排除

（1）故障现象。发动机起动正常，但无论冷车或热车，怠速均不稳，转速过低，易熄火。发动机怠速不稳是电控燃油喷射发动机最常见的故障之一。

（2）故障原因。

1）进气系统漏气。

2）燃油压力太低。

3）空气滤清器滤芯堵塞。

4）喷油器漏油或堵塞。

5）空气流量计故障。

6）怠速控制阀或附加空气阀工作不良。

7）怠速调整不当。

8）汽缸压缩压力太低。

（3）故障诊断与排除。发动机怠速不稳，易熄火的故障诊断与排除按如图4-16所示流程图的程序进行。

（4）说明。

1）检查怠速控制阀。拔下怠速控制阀的接线插头或者在冷车怠速运转时，将附加空气阀进气软管用钳子夹住。如果发动机转速无变化，说明怠速控制阀或控制电路有故障，应检修或更换。

2）检查系统有无漏气。检查各软管、各真空管接头、废气再循环系统和燃油蒸发回收系统是否存在漏气现象。

3）怠速时，逐个拔下各缸高压线，如某缸在拔下高压线时发动机转速基本不变，说明该缸工作不良或不工作，应检查该缸火花塞、喷油器或控制电路。

4）如果各缸喷油器工作声音不均匀，说明各缸喷油不均匀，应拆检、清洗或更换。

5）检查燃油压力。先用一根导线将电动燃油泵的两个检测插孔短接，然后打开点火开关，让电动燃油泵怠速运转。在这种状态下，燃油压力应达250kPa左右。

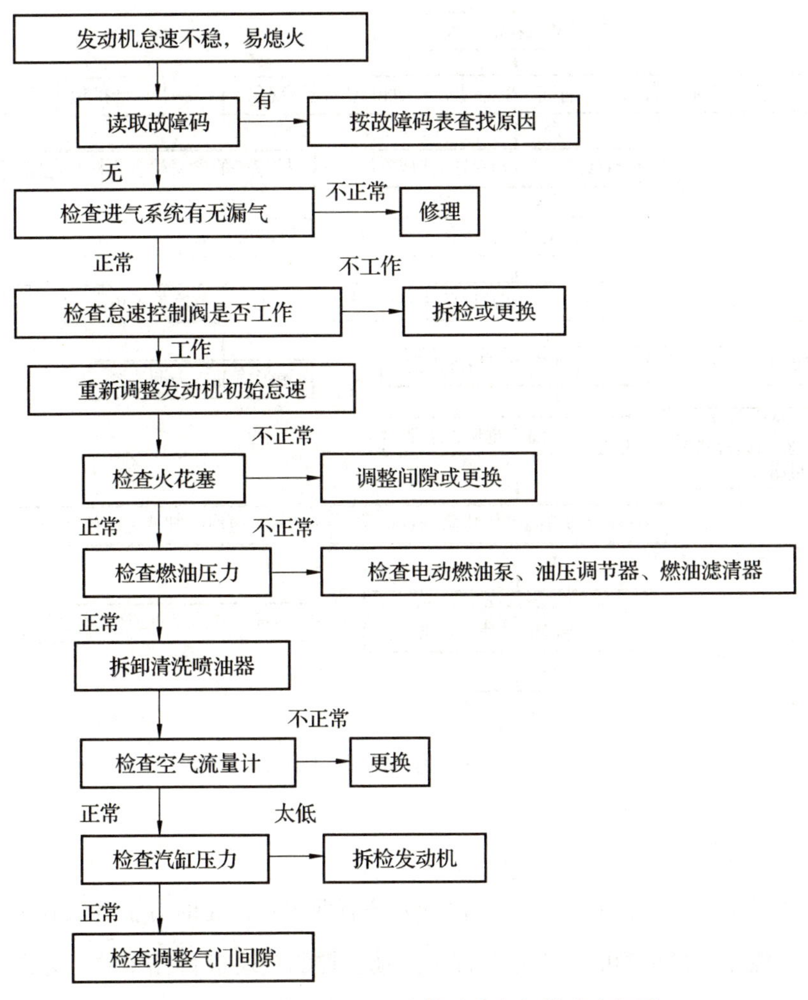

图 4-16　汽油机怠速不稳故障诊断与排除流程图

案例 3：发动机耗油量大故障诊断与排除

(1) 故障现象。发动机耗油明显偏高，有时伴有发动机性能不良和冒黑烟等现象。

(2) 故障主要原因及处理方法。电子控制系统引起发动机耗油量大的基本原因多数情况是由于火花塞点火弱、缺火和喷油量不足或过多造成的。火花弱与缺火一般由火花塞、高压线、点火器与点火线圈等引起；喷油量不足或过多一般由汽油泵、汽油滤清器、燃油压力调节器、空气滤清器或压力传感器、发动机冷却液温度传感器和 ECU 等引起。处理的方法一般是清洗或更换。

(3) 故障诊断流程。发动机耗油量大故障诊断流程如图 4-17 所示。

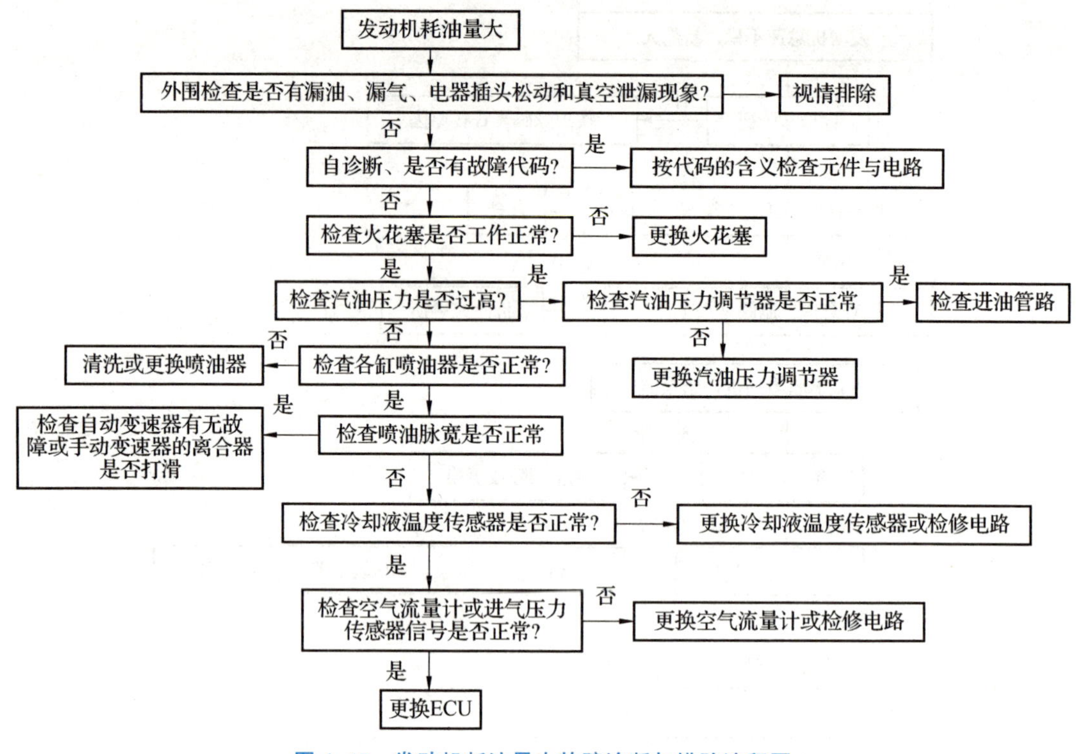

图 4-17　发动机耗油量大故障诊断与排除流程图

案例 4：汽油机爆震故障诊断与排除

（1）点火正时的检查。点火正时的检查方法有两种：即正时灯检查法和发动机故障分析仪检查法。现在很多车辆的点火正时都由发动机控制模块进行控制的，无需人工进行调整，发动机上也不再安装正时轮，因此用传统的点火正时灯无法获取点火提前角的数值。多数电控发动机可以用解码器的数据流功能获知点火提前角的大小。

（2）汽油机与爆震相关的数据流检测。爆震传感器是用来检测发动机的燃烧过程中是否发生爆震，并把电压信号输送给发动机控制单元，作为修正点火提前角的重要参考信号。

1）使用汽车专用示波器测试。现以上海大众 PASSAT B5 AWL 发动机为例，图 4-18 为用测试仪连接图。测试时，连接示波器的负极检测探针接到传感器的搭铁线或发动机的缸体上。

注意：不要连接到蓄电池的负极连接柱上，连接示波器的正极检测探针接到传感器通往发动机控制模块的信号线上。

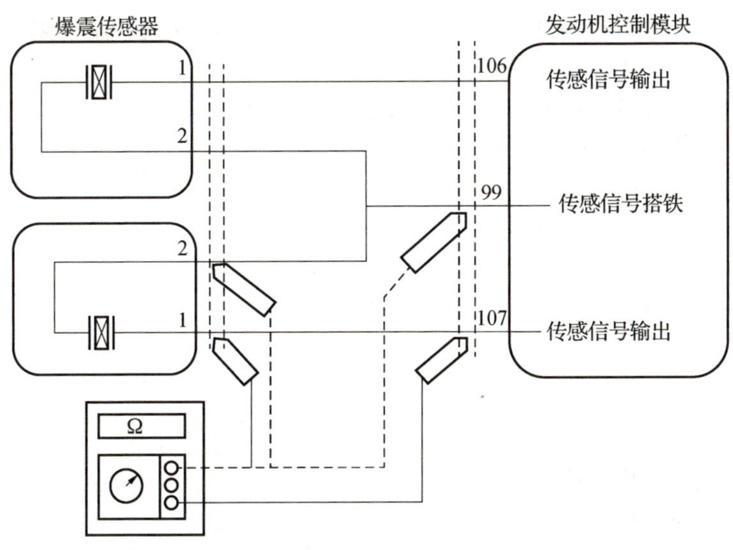

图 4-18　爆震传感器与控制模块之间电路导通性的检测

测试方法：

在发动机急加速的时候，检测传感器的输出信号。

如图 4-19 所示为发动机发生爆震时传感器的信号波形，当汽车专用示波器采集到发动机爆震信号时，会自动捕捉震动信号并以完整的波形显示在示波器上。

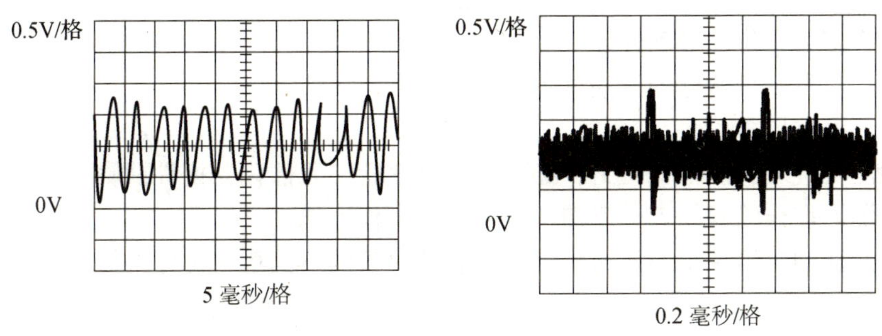

图 4-19　发动机发生爆震时传感器的信号波形

2）传感器与发动机控制模块之间连接电路的测试。现代汽车电子控制系统中，常见的一些故障通常是由于电路虚接、断路或短路造成的，因此在电器元件工作异常的时候也要重点检查电路工作是否正常。检查时一般分两步进行：第一步检查电路的导通性；第二步检查各个管脚的电压是否符合要求，如果电路工作正常而传感器的信号异常，则考虑更换传感器。由于爆震传感器工作时不需要外界提供电源，因此对该传感器电路的测试通常只进行电路导通性的测试。

测试时，拔开导线两端的电器连接器，从每一根导线两端检查是否导通或电阻为零，否则说明导线有断路或虚接；不同导线之间的电阻应无穷大，否则说明导线之间有粘连，测试的过程如图 4-18 所示。

3）爆震传感器的阻值测试。先拔下爆震传感器的电器插头，用电阻表测试电器插座上端子 1 和 2 之间的电阻值，应大于 $1.0\times10^{6}\Omega$。

(3）汽油机爆震故障现象。汽缸燃烧室内混合气在活塞未到达上止点之前快速爆燃，爆燃产生的压力波冲击活塞发响。

(4）汽油机爆震故障的原因。

1）汽油标号低于规定使用标准。

2）点火时间过早或错乱。

3）发动机温度过高。

4）燃烧室严重积炭，压缩比过高。

5）混合气过稀。

6）配气相位错乱。

7）排气管三元催化器堵塞。

8）使用的火花塞热型号不对。

9）爆震传感器损坏，爆震反馈控制系统故障。

10）气门垫损坏，气门卡滞等原因引起高温燃烧气体窜缸燃烧。

11）排气管老化堵塞，排气压力增大。

(5）汽油机爆震故障的诊断方法。

1）用正时灯或用点火检测仪检测调整点火时间，检查点火顺序。

2）检查火花塞的型号与电极工作状态。

3）检查发动机冷却系统的冷却工作性能。

4）检查配气相位的准确性。

5）换用质量标号达标的汽油试车。

6）检测汽缸压力。

7）检测排气歧管的排气压力，必要时对排气管三元催化器换件试验。

8）检测爆震传感器及点火反馈控制系统的工作性能。

9）检测燃油供给系统的压力、流量，燃油喷嘴的喷油量与雾化性能。

10）用发动机故障诊断仪检测发动机各运转工况的喷嘴喷油时间、空气进气量、混合气比、氧传感器反馈控制系统、点火提前角及其反馈控制等各运行参数。

(6）汽油机爆震故障的排除方法。

1）按异响特征与诊断方法进行检测，确诊故障原因。

2）调整修复到标准点火时间和顺序，混合气比、配气相位。

3）检修冷却系统，确保发动机冷却性能良好可靠。

4）清除燃烧室积炭、气门积炭，恢复正常标准汽缸压力。

5）使用发动机标定热型的火花塞与规定标号的汽油。

6）排除三元催化器的排气管堵塞故障，确保发动机排气畅通。

7）查询故障码，按故障码说明排除高压点火及混合气空燃比控制故障。

案例 5：汽油机自动熄火故障诊断与排除

(1）故障现象。发动机自动熄火，是指发动机在运转中突然自动停机的故障现象，往往在熄火前未出现异常症状。

（2）常见的故障原因。

1）进气管路真空泄漏。

2）怠速调整不当，节气门体过脏，怠速系统控制不良等造成的怠速不稳。

3）燃油压力不稳定，例如电动燃油泵电刷过度磨损或接触不良，或燃油泵滤网堵塞等。

4）废气再循环阀门阻塞或底部泄漏。

5）燃油泵电路、喷油器驱动电路等有接触不良等故障。

6）燃油泵继电器、EFI 继电器、点火继电器性能不良等。

7）点火系工作不良。例如高压火弱，火花塞使用时间过久，点火正时不对，点火线圈接触不良或热态时存在匝路，导致没有高压火花或高压火花弱，低压线路接触不良，绝缘胶损坏间歇搭铁等。

8）节气门位置传感器不良。

9）空气流量计或进气压力传感器有故障。

10）冷却液温度传感器、氧传感器有故障。

11）曲轴位置传感器有故障，如无转速信号（插头未插好、曲轴位置传感器信号线断、传感器定位螺钉松动、间隙失调、传感器损坏等）。曲轴位置传感器信号齿圈断齿，会引起加速时熄火；曲轴位置传感器内电子元件温度稳定性能差，会导致信号不正常，会引发间歇性熄火故障。

12）ECU 有故障。

（3）汽油机自动熄火故障排除流程如图 4-20 所示。

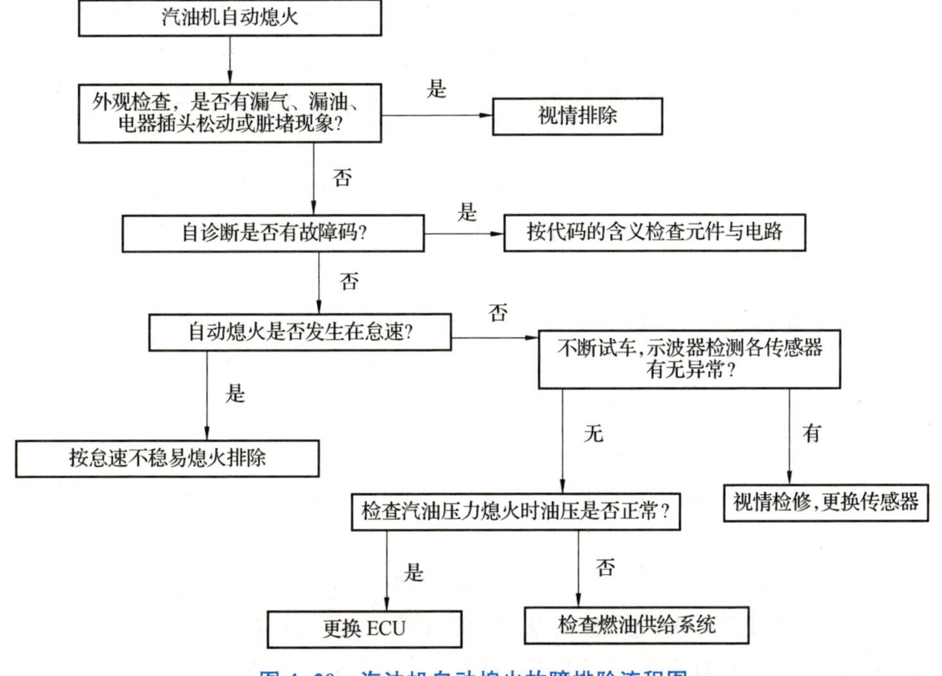

图 4-20　汽油机自动熄火故障排除流程图

（4）汽油机点火相关的G、NE信号的检测。现以丰田皇冠无分电器电子点火系统为例，曲轴位置传感器由G1、G2以及NE三个线圈组成，其功能是判别汽缸、检测曲轴的转角，以决定点火时的原始设定位置。

1）IG^t波形的分析。IG^t为点火正时信号，它是ECU根据G_1、G_2、NE信号输出的点火信号。以G_1为基准可以利用NE信号计算出其后3个缸（6、2、4）的点火时刻。以G_2为基准可以利用NE信号计算出其后3个缸（1、5、3）的点火时刻。将这6个缸的点火信号以脉冲的形式输出即为IGt信号。它的波形产生图如图4-21中IGt的方波所示。

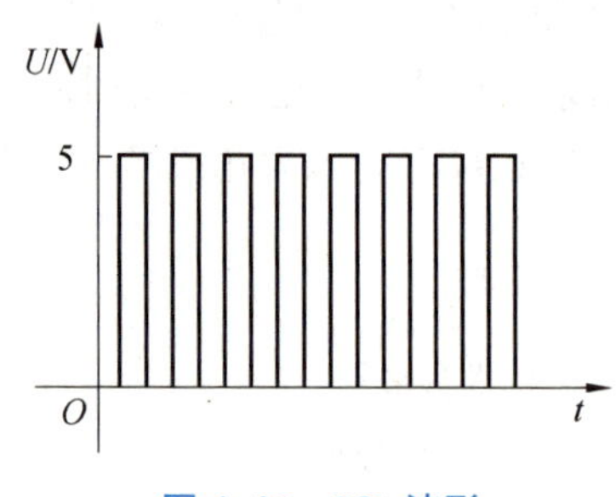

图4-21　IGt波形

从图4-21中可以看出，它的波形为连续的方波。分析时，首先要确认脉冲和脉冲之间的幅值、频率和形状等判定性尺度的一致性，这就要求数字脉冲幅值足够高，脉冲间隔时间和形状是一致的，同时也要注意下列因素。

观察波形的一致性，注意波形底部和顶部的直角；观察波形幅值的一致性，所有的波形都应该是等高的，这是因为供电电压不变的缘故。这些就是一致性的关键所在，确认波形对地电压不会过高，因为电压过高可能表明电阻或点火模块、控制电脑的接地不良。

观察波形随发动机异响及行驶故障的异常变化，这是为了证实信号出现的问题与车主反映情况和行驶故障是否有关系。

如果出现在示波器上的波形异常，先检查线路、接头及示波器的连接。当故障出现在示波器上时，摇动线束，这可以进一步确认电子点火正时信号电路是否是问题的根源。

当起动发动机时看到一条平直的波形，也就是说没有起动，这可能说明曲轴位置传感器、点火模块、控制电脑、线路或插头出了故障。如果看到不好的或平直线信号，按顺序找到信号起源处——曲轴位置传感器，用示波器测试曲轴位置传感器的信号，并从点火初级电路到点火模块，如果所有的地方都是好的，那么就检查点火模块和控制电脑之间的信号，然后再检查控制电脑返回点火模块的信号，最后检查从点火模块到点火线圈的初级信号。

2）IG^{dA}、IG^{dB}波形分析。IG^{dA}、IG^{dB}信号是根据G_1、G_2和NE信号向点火器输送的判缸信号。点火器根据IG^{dA}、IG^{dB}信号的状态决定接通哪条初级电路。当IG^{dA}为0、IG^{dB}为1——VT_1导通，1缸或6缸点火；当IG^{dA}为1、IG^{dB}为0——VT_2导通，2缸或5缸点火；当IG^{dA}为0、IG^{dB}为0——VT_3导通，3缸或4缸点火。它们的波形图如图4-22所示。

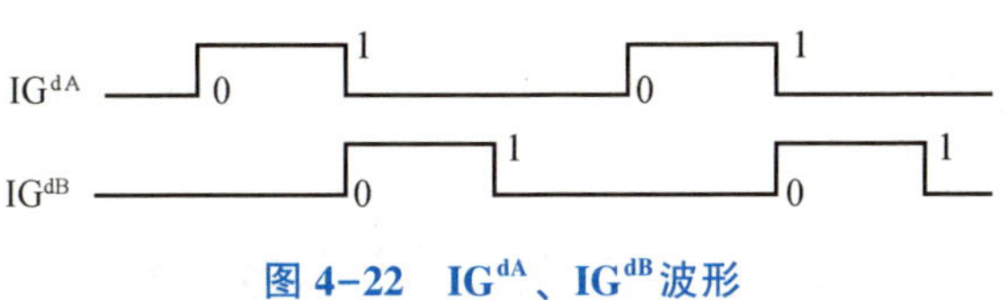

图 4-22 IG^{dA}、IG^{dB} 波形

从图 4-22 可以看出，IG^{dA} 与 IG^{dB} 波形的脉冲和脉冲之间幅值、频率和形状均相同，中间没有不闭合断开的波形出现，同时波形也没有杂波出现；否则，要对点火系统进行检修。

思考题

1. 故障诊断的基本方法有哪些？
2. 在利用故障码分析和排除故障的过程中，需要注意什么？
3. 故障自诊断系统有哪些局限性？
4. 如何区分“当前故障码”和“历史故障码”？
5. 发动机不能起动且无着车前兆的故障原因有哪些？如何进行故障诊断与排除？
6. 发动机不能起动且有着车前兆的故障原因有哪些？如何进行故障诊断与排除？
7. 发动机油耗过高的故障原因有哪些？如何进行故障诊断与排除？

电控动力转向系统

第一节 EPS 结构与工作原理

普通的动力转向系统减少了驾驶员的转向操纵力，但所设定的固定放大倍率具有以下缺点：如果所设计的固定放大倍率的动力转向系统是为了减小汽车在停车或低速行驶状态下转动转向盘的力，则当汽车以高速行驶时，这一固定放大倍率的动力转向系统会使转动转向盘的力显得太小，不利于对高速行驶的汽车进行方向控制；反之，如果所设计的固定放大倍率的动力转向系统是为了增加汽车在高速行驶时的转向力，则当汽车停驶或低速行驶时，转动转向盘就会显得非常吃力。

电控动力转向系统（Electrical Power Steering，简称 EPS），EPS 在车速较低时有较大的放大倍率，可以减轻转向操纵力，使转向轻便、灵活；在车速较高时则适当减小放大倍率，适当增大转向力，以稳定转向手感，提高高速行驶的操纵稳定性。

EPS 根据转向动力源不同可分为液压式 EPS 和电动式 EPS。

一、液压式 EPS

液压式 EPS 是在传统的液压动力转向系统的基础上增设了液体流量的装置、各种传感器和电子控制单元等形成的。

根据控制方式的不同，液压式 EPS 又可分为流量控制式 EPS、反力控制式 EPS 和阀灵敏度控制式 EPS 三种形式。

1. 流量控制式 EPS

图 5-1 为蓝鸟汽车上使用的流量控制式动力转向系统。流量控制式动力转向系统是在一般液压动力转向系统上增加旁通流量控制阀、车速传感器、转向角速度传感器、电子控制单元和控制开关等。在转向油泵与转向机体之间设有旁通管路，在旁通管路中又设有旁通油量控制阀。根据车速传感器、转向角速度传感器和控制开关等信号，电子控制单元向旁通流量控制阀按照汽车的行驶状态发出控制信号，控制旁通流量，从而调整向转向器供油的流量，如图 5-2 所示。

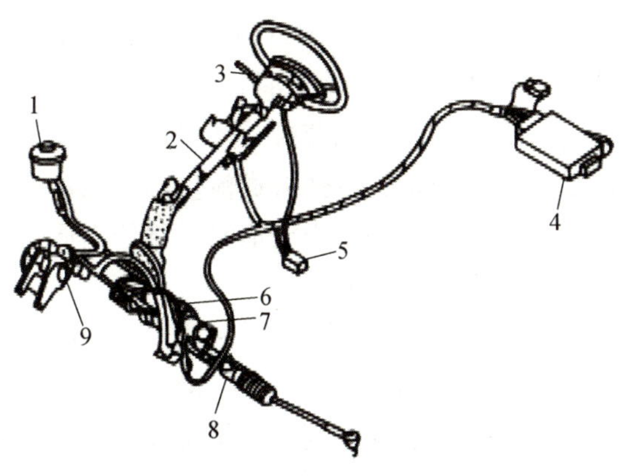

图 5-1　蓝鸟牌汽车 EPS

1—机油箱；2—转向管柱；3—转向角速度传感器；4—电子控制单元；
5—转向角速度传感器增幅器；6—旁通流量控制阀；7—电磁线圈；8—转向齿轮联动机构；9—机油泵

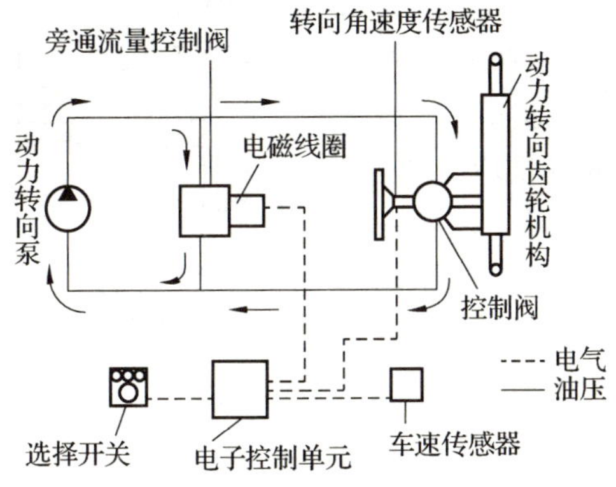

图 5-2　蓝鸟牌汽车 EPS 的构成

当转向器供油流量减少时，动力转向控制阀灵敏度下降，转向助力作用降低，转向力增加。在这一系统中，利用仪表板上的转换开关，驾驶员可以选择三种适应不同行驶条件的转向力特性曲线，如图 5-3 所示。另外，电子控制单元还可以根据转向角速度传感器输出信号的大小，在汽车急转弯时，按照图 5-4 所示的转向力特性实施最优化控制。

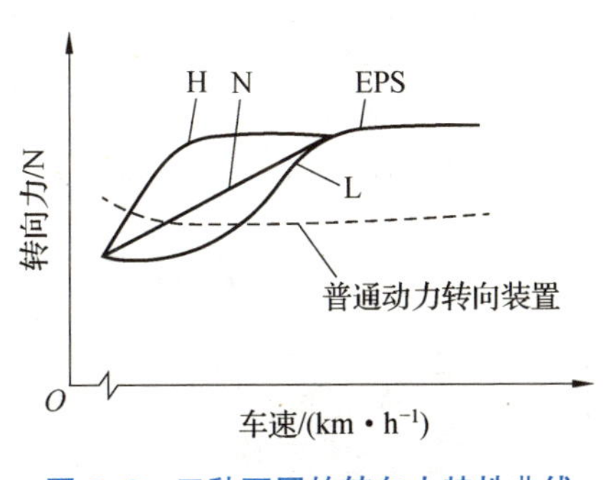

图 5-3　三种不同的转向力特性曲线

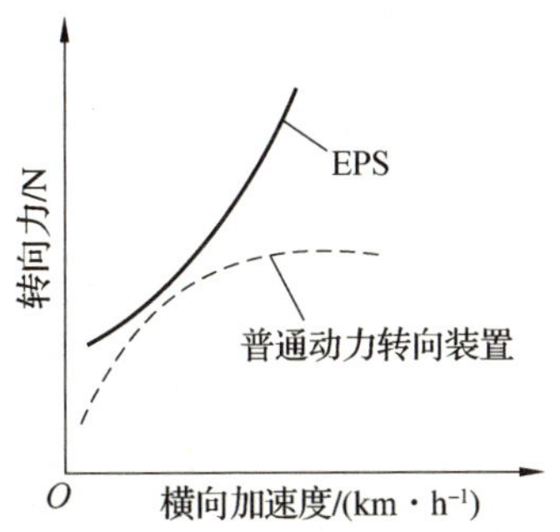

图 5-4　弯曲道路时的转向力特性

图 5-5 为该系统旁通流量控制阀的结构示意图。在阀体内装有主滑阀 1 和稳压滑阀 2，在主滑阀的右端与电磁线圈柱塞 3 连接，主滑阀与电磁线圈的推力成正比移动，从而改变主滑阀左端流量主孔 6 的开口面积。调整调节螺钉 4 可以调节旁通流量的大小。稳压滑阀的作用是保持流量主孔前后压差的稳定，以使旁通流量与流量主孔的开口面积成正比。当因转向负荷变化而使流量主孔前后压差偏离设定值时，稳压滑阀阀芯将在其左侧弹簧张力和右侧高压油压力的作用下发生滑移。如果压差大于设定值，则阀芯左移，使节流孔开口面积减小，流入阀内的机油量减少，前后压差减小；如果压差小于设定值，则阀芯右移，使节流孔开口面积增大，使流入阀内的机油量增多，前后压差增大。流量主孔前后压差的稳定，保证了旁通流量的大小只与主滑阀控制的流量主孔的开口面积有关。

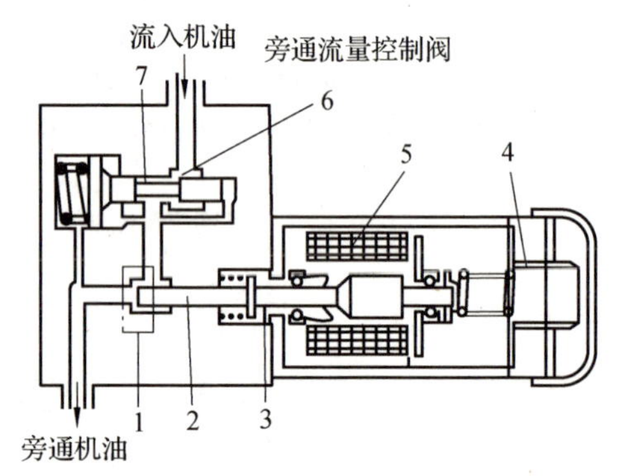

图 5-5 旁通流量控制阀结构

1—主滑阀；2—稳压滑阀；3—电磁线圈柱塞；4—调节螺钉；5—电磁线圈；6—流量主孔；7—节流孔

蓝鸟牌汽车流量控制式动力转向系统电路如图 5-6 所示。系统中电子控制单元的基本功能是接收车速传感器、转向角速度传感器及变换开关的信号，以控制旁通流量控制阀的电流，并具有故障自诊断功能。流量控制式 EPS 是一种通过车速传感器信号调节向动力转向装置供应压力油，改变压力油的输入、输出流量，以控制转向力的方法。这种方法的优点是在原来液压动力转向功能上再增加压力油流量控制功能，所以结构简单，成本较低。但是，当流向动力转向机构的压力油降低到极限值时，对于快速转向会产生压力不足、响应较慢等缺点，故使它的推广应用受到限制。

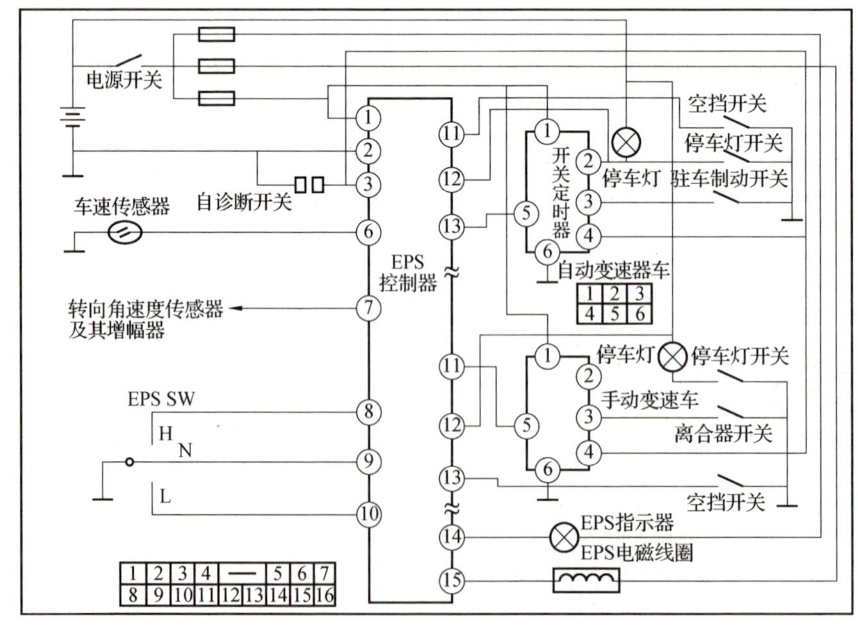

图 5-6 蓝鸟牌汽车 EPS 电路图

2. 反力控制式 EPS

（1）系统组成及工作原理。反力控制式动力转向系统主要由转向控制阀、分流阀、电磁阀、转向动力缸、转向油泵、储油箱、车速传感器及电子控制单元等组成，如图 5-7 所示。

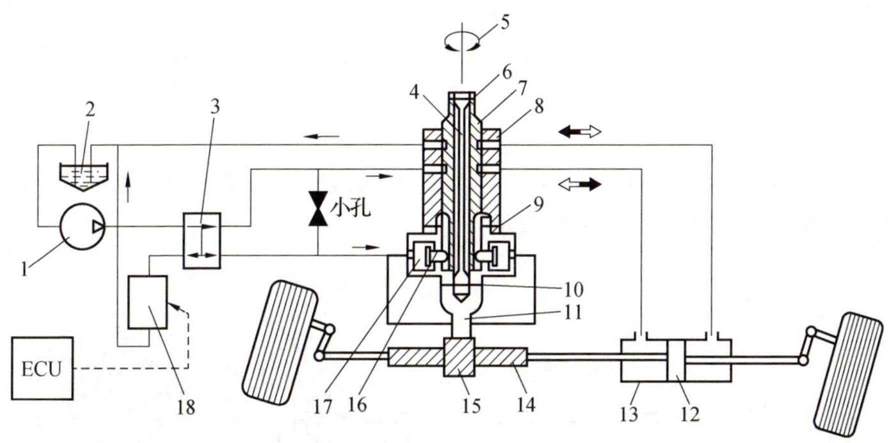

图 5-7　反力控制式动力转向系统的组成

1—泵；2—储油箱；3—分流阀；4—扭力杆；5—转向盘；6、9、10—销；7—转阀阀杆；8—控制阀阀体；11—小齿轮轴；12—活塞；13—动力缸；14—齿条；15—小齿轮；16—柱塞；17—油压反力室；18—电磁阀

转向控制阀是在传统的整体转阀式动力转向控制阀的基础上增设了油压反力室而构成的，如图 5-8 所示。扭力杆的上端通过销子与转阀阀杆相连，下端与小齿轮轴用销子连接。小齿轮轴的上端部通过销子与控制阀阀体相连。转向时，转向盘上的转向力通过扭力杆传递给小齿轮轴。当转向力增大，扭力杆发生扭转变形时，控制阀体和转阀阀杆之间将发生相对转动，于是就改变了阀体和阀杆之间油道的通、断关系和工作油液的流动方向，从而实现转向助力作用。

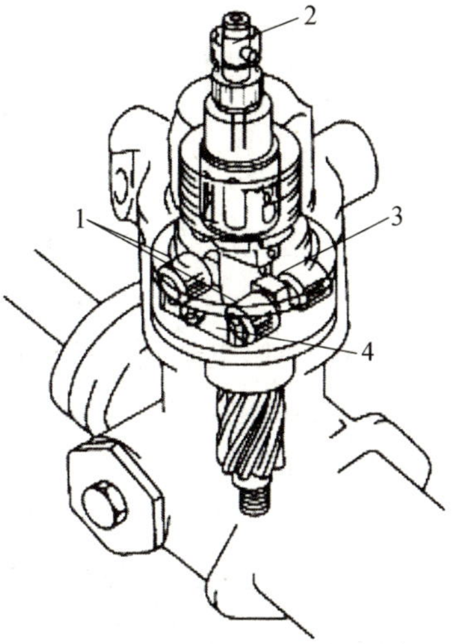

图 5-8　控制阀结构

1—柱塞；2—扭杆；3—凸起；4—油压反力室

分流阀的作用是把来自转向油泵的液压油向控制阀一侧和电磁阀一侧进行分流。它可以按照车速和转向要求，改变控制阀一侧与电磁阀一侧的压力，确保电磁阀一侧具有稳定的液压油流量。固定小孔的作用是把供给转向控制阀的一部分分流量分配到油压反力室一侧。

电磁阀的作用是根据需要使油压反力室一侧的液压油流回储油箱。

ECU 根据车速的高低线性控制电磁阀的开口面积。当车辆停驶或速度较低时，ECU

使电磁线圈的通电电流增大，电磁阀开口面积增大，经分流阀分流的液压油，通过电磁阀重新回流到储油箱中，因此作用于柱塞的背压降低。于是柱塞推动控制阀转阀阀杆的力较小，因此只需要较小的转向力就可以使扭力杆扭转变形，使阀体与阀杆发生相对转动而实现转向助力作用。

当车辆在中高速区域转向时，ECU 使电磁线圈的通电电流减小，电磁阀开口面积减小，所以油压反力室的油压升高，作用于柱塞的背压增大。于是柱塞推动转阀阀杆的力增大，此时需要较大的转向助力作用。因此，在中高速时可使驾驶员获得良好的转向手感和转向特性。

（2）反力控制式动力转向系统实例。丰田汽车公司的“马克Ⅱ”型车采用了反力控制式动力转向系统，其结构如图 5-9 所示。

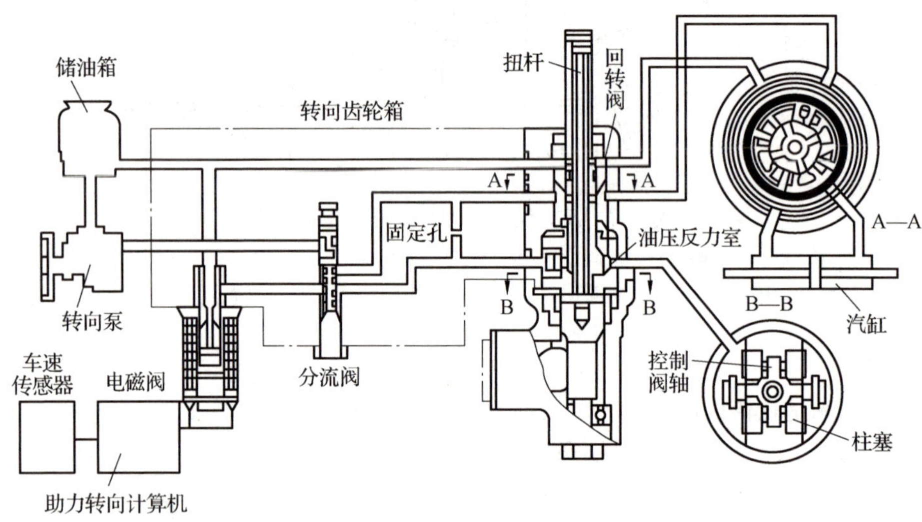

图 5-9　马克Ⅱ型 EPS 结构

输入到电磁阀中的信号是通、断脉冲信号，改变信号占空比就可以控制流过电磁阀线圈平均电流值的大小。当车速升高时，受输出电流特性的限制，输入到电磁阀线圈的平均电流值减小，所以电磁阀的开度也小。这样，根据车速的高低就可以调整油压式反力，从而获得最佳的转向操纵力。图 5-10 为流量控制式动力转向系统与反力控制式动力转向系统转向特性的对比，从中可以看出，反力控制式动力转向系统的转向还是比较理想的。停车摆放及车辆低速时的转向操纵力较小，而中、高速时又具有转向力手感适宜的特性。

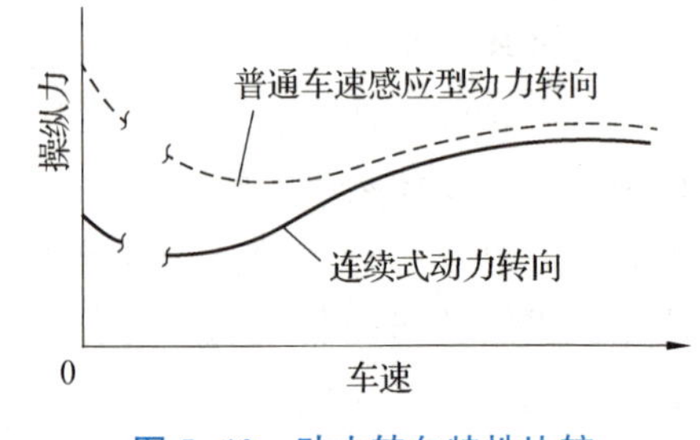

图 5-10　动力转向特性比较

反力控制式动力转向系统是一种根据车速大小，控制反力室油压，从而改变输入、输出增益幅度以控制转向力的方法。其优点是具有较大的选择转向力的自由度，转向刚度大，驾驶员能确实感受到路面情况，可以获得稳定的操作手感等；缺点是结构复杂，且价格较高。

3. 阀灵敏度控制式 EPS

阀灵敏度控制式 EPS 是根据车速控制电磁阀，直接改变动力转向控制阀的油压增益（阀灵敏度）来控制油压的。这种转向系统结构简单、部件少，价格便宜，而且具有较大的选择转向力的自由度，与反力控制式转向相比，转向刚性差，但可以最大限度地提高原来的弹性刚度来加以克服，从而可以获得自然的转向手感和良好的转向特性。图 5-11 为地平线牌汽车所采用的阀灵敏度控制式动力转向系统。该系统对转向控制阀的转子阀作了局部改进，并增加了电磁阀、车速传感器和电子控制单元等。

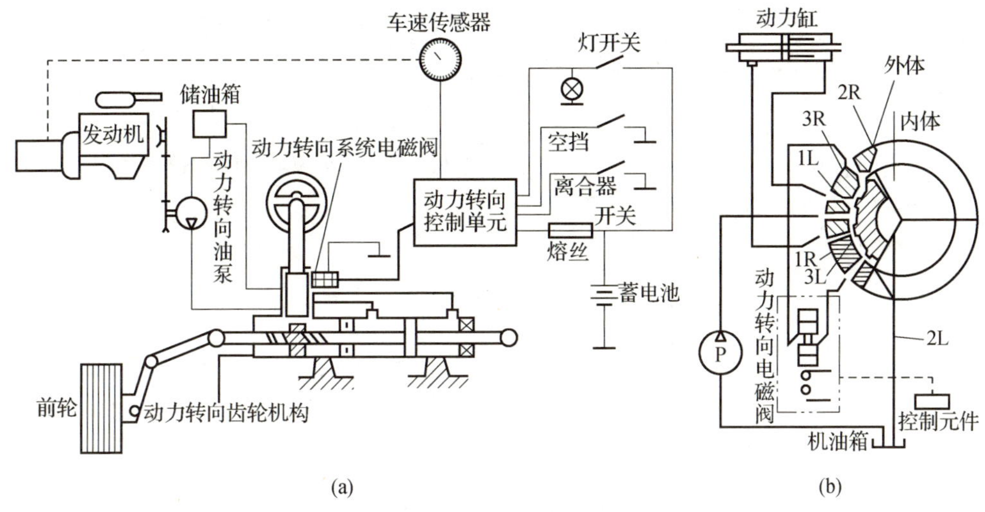

图 5-11　阀灵敏度可变控制动力转向装置

（1）转子阀。转子阀一般在圆周上形成 6 条或 8 条沟槽，各沟槽利用阀部外体，与泵、动力缸、电磁阀及油箱连接。图 5-12 为阀部的等效液压回路图。转子阀有可变小孔（1R、1L、2R、2L）和高速专用小孔（3R、3L）两种。

当车辆停止时，电磁阀完全关闭，如果此时向右转动转向盘，则高灵敏度低速专用小孔 1R 及 2R 在较小的转向扭矩作用下即可关闭，转向油泵的高压油液经 1L 流向转向动力缸右腔室，其左腔室的油液经 3L、2L 流回储油箱，所以此时具有轻便的转向特性。而且施加在转向盘上的转向力矩越大，可变小孔 1L、2L 的开口面积越大，节流作用越小，转向助力作用越明显。

随着车速的提高，在电子控制单元的作用下，电磁阀的开度也线性增加，如果向右转动方向盘，则转向油泵的高压油液经 1L、3R 旁通电磁阀流回储油箱。此时，转向动力缸右腔室的转向助力油压就取决于旁通电磁阀和灵敏度低的高速专用可变孔 3R 的开度。车速越高，在电子控制单元的控制下，电磁阀的开度越大，旁通流量越大，转向助力作用也越小；在车速不变的情况下，施加在转向盘上的转向力越小，高速专用小孔的开度越大，转向助力作用也越小，而当转向力增大时，3R 的开度逐渐减小，转向助力作用也随之增大。由此可见，阀灵敏度控制式动力转向系统可使驾驶员获得非常自然的转向手感和良好的速度转向特性，所以具有多工况的转向特性。如图 5-12（c）所示从低速到高速的过渡区间，由于电磁阀的作用，按照车速控制可变小孔的油量，因而可以按顺序改变特性。

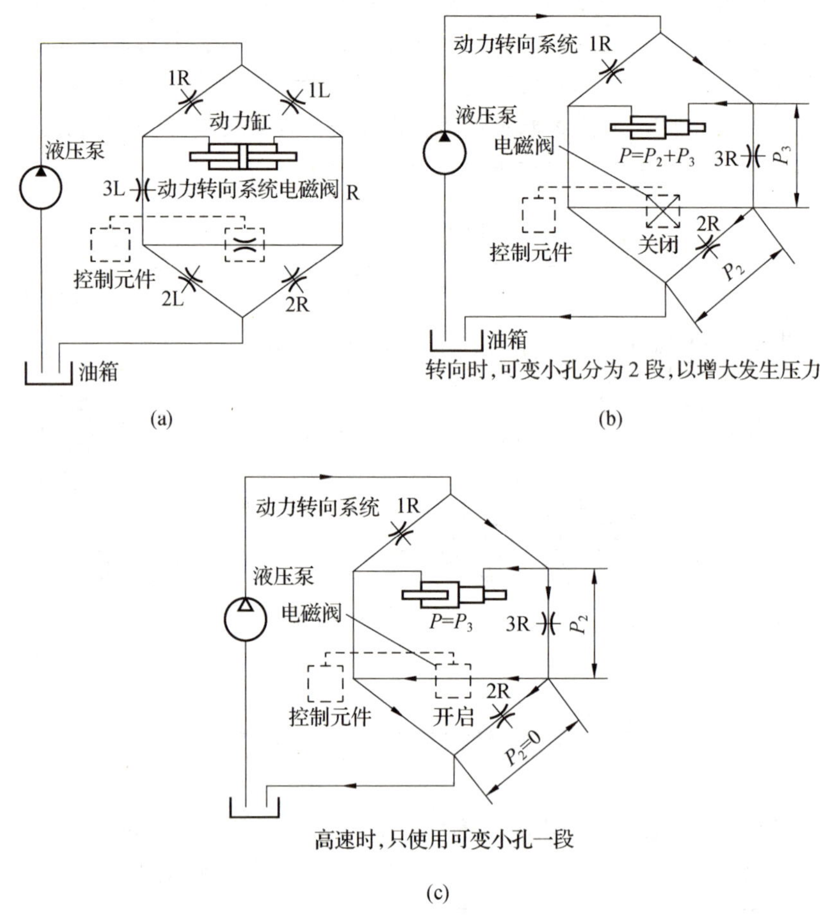

图 5-12 控制阀等效液压回路图

（a）常规行驶；（b）转向行驶；（c）高速行驶

1）电磁阀。电磁阀设有控制上下流量旁通油道，是可变的节流阀。在低速时向电磁线圈通以最大的电流，使可变孔关闭，随着车速升高，依次减小通电电流，可变孔开启；在高速时开启面积达到最大值。该阀在左右转向时，油液流动的方向可以逆转，所以在上下流动方向中，可变小孔必须具有相同的特性。为了确保高压时流体有效作用于阀，必须提供稳定的油压控制。

2）电子控制单元。电子控制单元接受来自车速传感器的信号，控制向电磁阀和电磁线圈输出电流。控制系统的电路如图 5-13 所示。

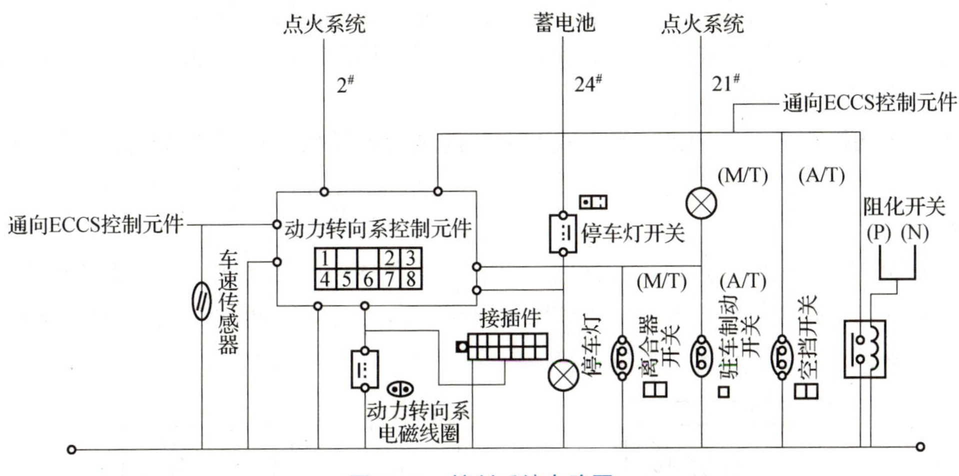

图 5-13 控制系统电路图

二、电动式 EPS

1. 电动式 EPS 的组成

电动式电控助力转向系统主要由 EPS ECU、电动机、转矩传感器、车速传感器等组成，如图 5-14 所示。系统中，电动机通过电磁离合器与转向小齿轮相连，直接驱动转向小齿轮实现转向助力。

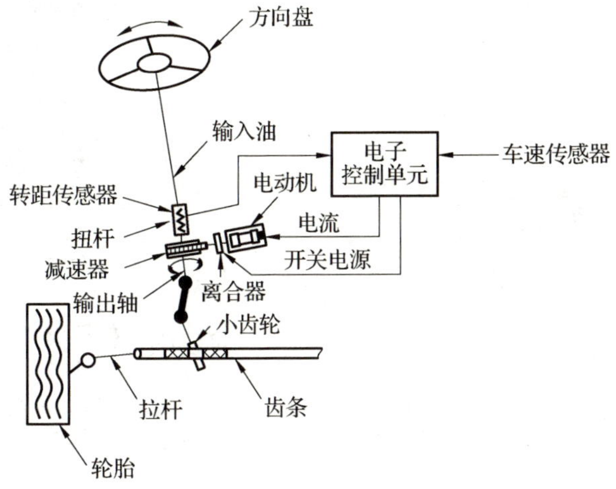

图 5-14 电动助力式 EPS

2. 电动式 EPS 的优点

（1）将电动机、离合器、减速装置、转向杆等各部件装配成一个整体，既无管道也无控制阀，使其结构紧凑、质量减轻。一般电动式 EPS 的质量比液压式 EPS 质量轻 25% 左右。

（2）没有液压式动力转向系统所必须的常运转转向油泵，电动机只是在需要转向时才接通电源，所以动力消耗和燃油消耗均可降到最低。

(3) 省去了油压系统，所以不需要给转向油泵补充油，也不必担心漏油。

(4) 可以比较容易地按照汽车性能的需要设置、修改转向助力特性。

3. 三菱电动式 EPS

三菱公司微型汽车所用齿轮助力式动力转向系统的结构，如图 5-15 所示。系统中的电子控制装置可根据车速和转向盘上的操纵力，控制转向助力机构内的电动机，实现转向助力控制。

该系统在其设定的车速以上转向时，就变成了普通的转向系统。如果系统出现故障，自我修正功能发挥作用，断开电动机的输出电流，也变成普通的转向系统。同时速度表内的警报灯点亮，以通知驾驶员系统发生故障。

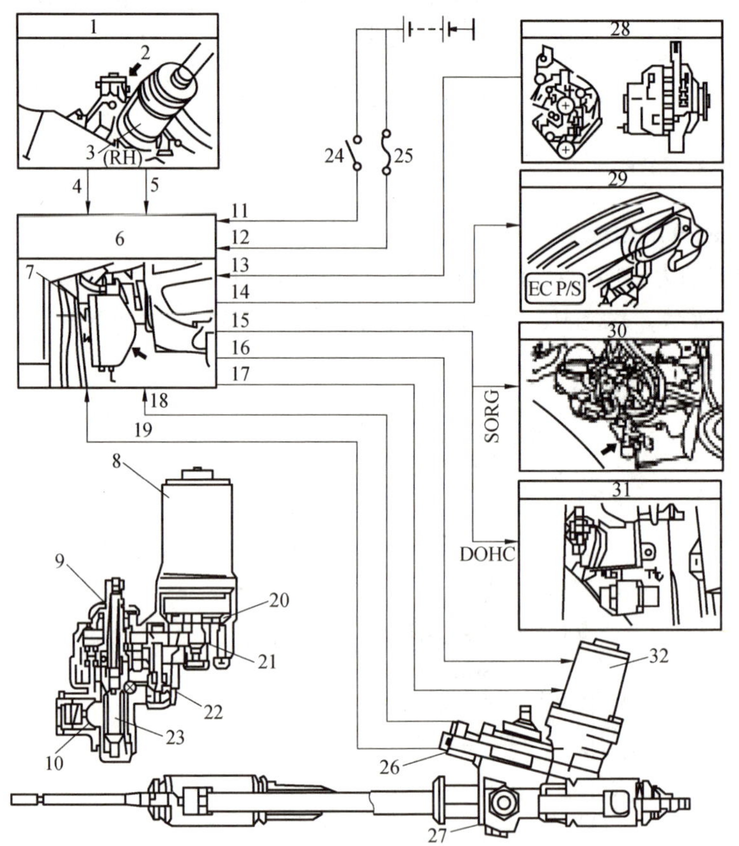

图 5-15 三菱“米尼卡”的齿轮助力式动力转向系统

1—车速传感器；2—速度表引出电缆的部位；3—传动轴；4—车速信号（主）；5—车速信号（副）；6—电子控制装置；7—副驾驶员脚下部位；8—电动机；9—扭杆；10—齿条；11—点火电源；12—蓄电池；13—发电机信号；14—指示灯电流；15—提高怠速电流；16—电动机电流；17—离合器电流；18—转矩信号（主）；19—转矩信号（副）；20—离合器；21—电动机齿轮；22—传动齿轮；23—小齿轮；24—点火开关；25—熔丝；26—转矩传感器；27—转向器齿轮总成；28—交流发电机；29—指示灯；30—怠速提高电磁阀；31—发动机控制组件；32—电动机与离合器

该系统工作原理如下：

（1）电动机、离合器和减速机构的工作原理。助力电动机、离合器与转向传感器均安装在转向器内。电子控制装置根据车速和转向盘的转动状况，向电动机和离合器输出控制电流，电动机的旋转力矩经减速机构传给转向小齿轮，实现转向助力。

直流电动机最大的通过电流为 30A，在发动机不起动时，系统的工作由蓄电池供电，怠速时由发电机供电。因此，系统工作时，发动机处于高怠速工作状态。电动机离合器和行星齿轮式减速机构如图 5-16 所示。

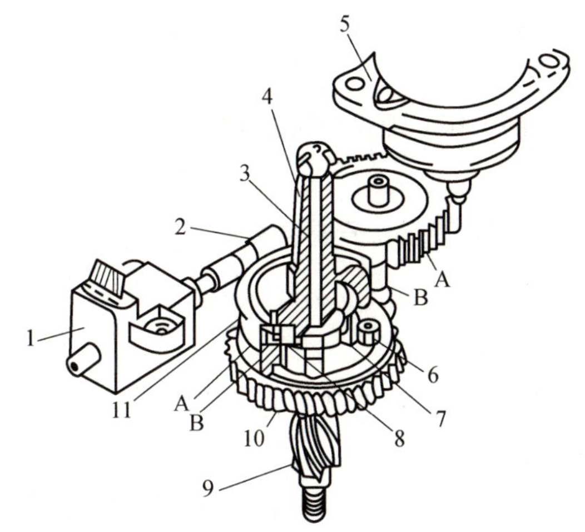

图 5-16　电动机与行星齿轮间的传动关系

1—转矩传感器；2—转轴；3—扭杆；4—输入轴；5—电动机与离合器；6—行星小齿轮 B；7—太阳轮；8—行星小齿轮 A；9—小齿轮；10—内齿圈 B；11—内齿圈 A

行星小齿轮 A 固定在输入轴上，行星小齿轮 B 固定在下齿轮轴上。转矩传感器的轴通过滑阀与输入轴的内齿圈 A 相连，小齿轮侧的内齿圈 B 通过连接销固定在齿轮箱上。通过这两级行星齿轮，扭杆的扭转角经内齿圈 A 传递到转向传感器上。离合器是由电磁铁和弹簧离合器构成的。

（2）转矩传感器的工作原理。转矩传感器是通过扭杆将转动转向盘时的转矩变为转角信号输送给电子控制装置。一般扭杆的扭转角度设定在 46°左右，而且由于采用行星齿轮机构，使转矩传感器的检测精度提高。

（3）车速传感器的工作原理。车速传感器的结构如图 5-17 所示。电磁感应式车速传感器安装在变速器上，传感器根据车速的变化，把两个系统（主、副）的脉冲信号输送给 ECU。传感器每转动一圈产生 8 个脉冲信号，由于是两个系统，故信号的可靠性提高了。

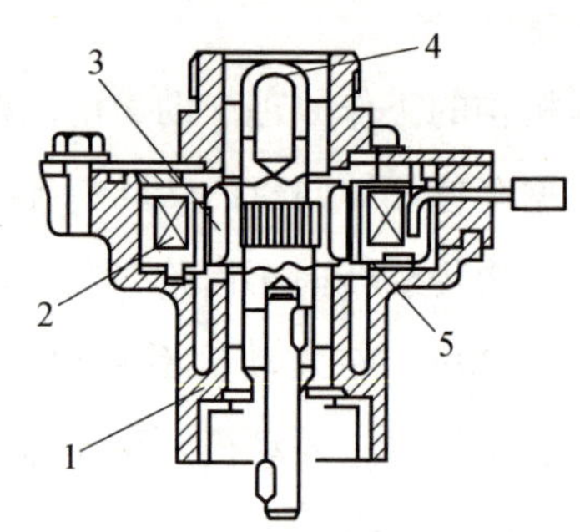

图 5-17　车速传感器的结构

1—壳体；2—定子线圈；3—磁极；4—下侧定子；5—定子

（4）交流发电机 L 端子的工作原理。交流发电机 L 端子电压输送给电子控制装置，用于判断发动机是否开始转动。

（5）电子控制装置的工作原理。电子控制装置由一个微型计算机，一个半导体芯片（MC6805）及其外围电路组成。

电子控制系统具体工作情况：

点火开关接通（ON）时，给电子控制装置加上电源（即接通电子控制装置与蓄电池），电动转向系统开始工作。

在发动机起动的同时，交流发动机 L 端子电压输送给电子控制装置感知发动机的起动状态，使电动转向系统变为工作状态。

汽车在行驶过程中，电子控制装置根据车速传感器和转矩传感器送来的电信号，经过对比运算后，向电动机和电磁离合器发出控制指令（电信号），给电动机通以相应的电流而转动，电动机输出轴经减速机构，对转向小齿轮助力。

电动机控制电流值分为 6 种，如图 5-18 所示。车速在 30km/h 以上时，电子控制装置切断离合器和电动机电流，使离合器分离，电动机停止工作，电动转向系统变为普通转向系统；车速在 27km/h 以下时，电子控制装置使离合器通电接合，电动机通电运转，系统变为电动式动力转向系统。

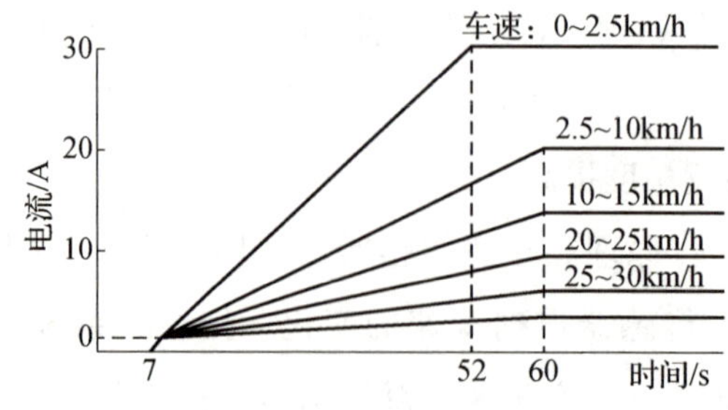

图 5-18　电动机对电流的控制

三、四轮转向系统

所谓四轮转向汽车，是指四个车轮都是转向车轮的汽车，或四个车轮都能起到转向作用的汽车。四轮转向系统（简称 4WS）可在汽车行驶时，改善汽车的操纵性。

1. 汽车转向特性

（1）4WS 汽车低速转向特性。汽车在低速行驶时，后轮相对于前轮反向偏转，如图 5–19 所示，并且偏转角应随转向盘转角增大而在一定范围内增大。如汽车急转弯、掉头行驶、避障行驶或进出车库时，使汽车转向半径减小，机动性能提高。这时，四轮转向汽车可以轻松地通过两轮转向汽车需多次反复倒车才能通过的地方。

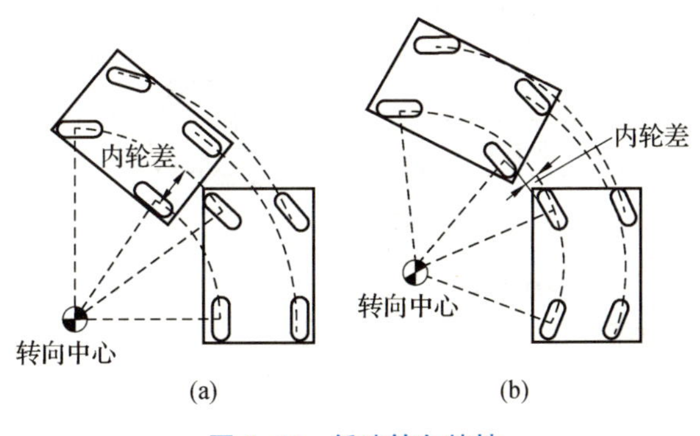

图 5–19　低速转向特性

（a）2WS 汽车；（b）4WS 汽车

（2）4WS 汽车高速转向特性。汽车在高速行驶转向时，后轮相对于前轮同向偏转，如图 5–20（b）所示。如汽车通过曲率不大的弯道或汽车变道时，使汽车车身的横摆角度和横摆角速度大为减小，汽车高速行驶的操纵稳定性显著提高。相当多的汽车把改善汽车操纵性能的重点放在提高汽车高速行驶时的操纵稳定性上，而不过分追求低速行驶的机动性和减小汽车转弯半径。因此，一些四轮转向汽车在中、低速行驶时只用前轮转向，当车速超过一定限值后（如 55km/h），后轮转向机构才投入工作，并且后轮只保持与前轮同向偏转。

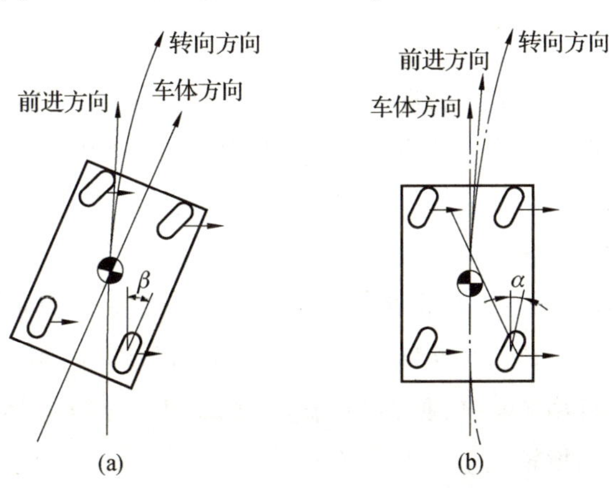

图 5–20　高速转向特性

（a）2WS 汽车；（b）4WS 汽车

2. 转向角比例控制四轮转向系统

所谓转向角比例控制就是后轮转角与前轮转角成比例。在低速区前后轮逆向，而在中高速区前后轮同向。在中高速区的转向操纵应使前后轮平衡稳定并处于恒定转向状态，汽车的前进方向和车体的朝向就能一致，并能得到稳定的转向性能。

（1）系统组成。如图 5-21 所示为丰田汽车转向角比例控制 4WS。该系统前、后轮的转向机构进行机械连接。转向盘的转动传到前转向器（齿轮齿条式），齿条使前转向横拉杆作左右运动以控制前轮转向，同时，输出小齿轮旋转，通过连接轴传递到后转向齿轮箱中，后轮的转角与转向盘的转角成比例变化，并让其在低速转向时，后轮与前轮反向转动；在中高速行驶时，后轮与前轮同向转动。

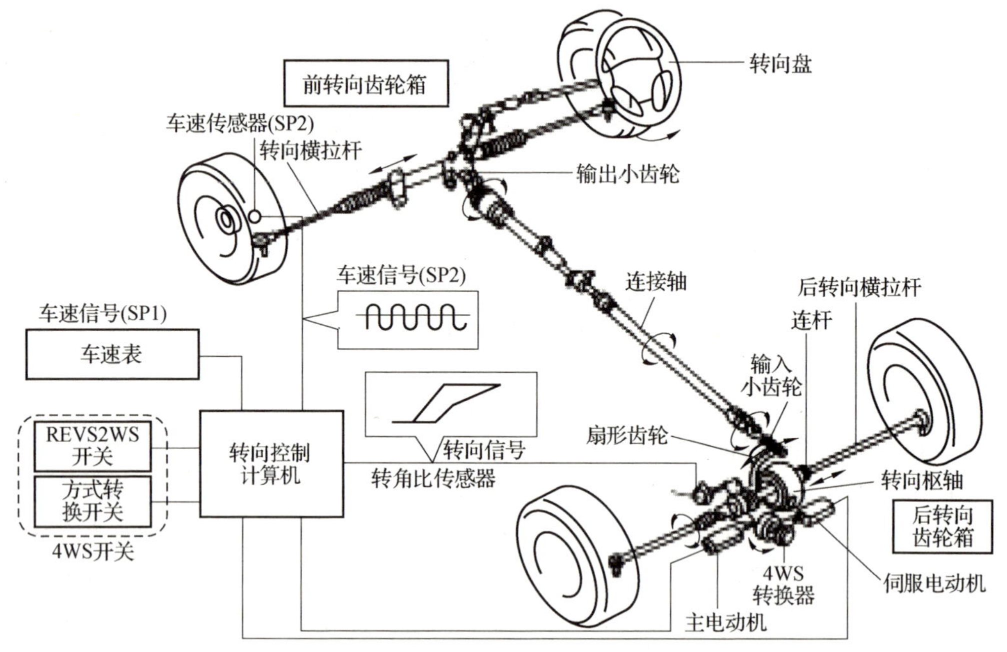

图 5-21 转向角比例控制 4WS

这种控制方式可以在中、高速转向行驶时，前后轮保持相对稳定的平衡，让汽车的前进方向与其车身的方向保持一致，获得稳定的转向特性。在转向初期的过渡阶段，由于从一开始，前、后轮都同时产生侧偏力，使得车身的公转运动早于其自转的横摆运动，与两轮转向汽车的转向相比，其转向方向的偏差要小得多。

1）转向枢轴。转向枢轴在后转向齿轮箱中，实际上是一个大轴承，如图 5-22 所示。它的外圈与扇形齿轮做成一体，可绕转向枢轴左右倾斜运动，内座圈与一个突出在变换杆上的偏心轴相连，变换杆由 4WS 转换器中的电动机驱动，绕其旋转中心，可正、反向运动，并使偏心轴可在转向枢轴内上、下旋转 55°。

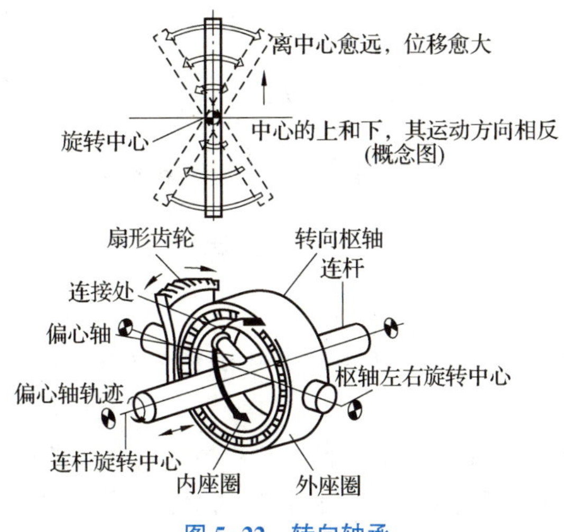

图 5-22　转向轴承

与连接杆相连的输入小齿轮向左或向右转动时，旋转力就传到扇形齿轮上，扇形齿轮带动转向枢轴并通过偏心轴使变换杆左右摆动。变换杆的左右摆动又使后转向横拉杆移动，从而带动后转向节臂转动，使后轮转向。

如图 5-23 所示，当偏心轴的前端与转向轴左右旋转中心一致时，使转向枢轴左右倾斜，变换杆完全不动，此时后轮处于中间位置。当偏心轴的前端位于转向枢轴旋转中心上方或下方，并有一定的偏距时，转向枢轴的左右倾斜就会使变换杆产生较大的位移量。当偏心轴的前端处于转向枢轴的上方，则后轮相对前轮反向转动；若偏心轴的前端处于转向枢轴的下方，则后轮相对前轮同向转动。

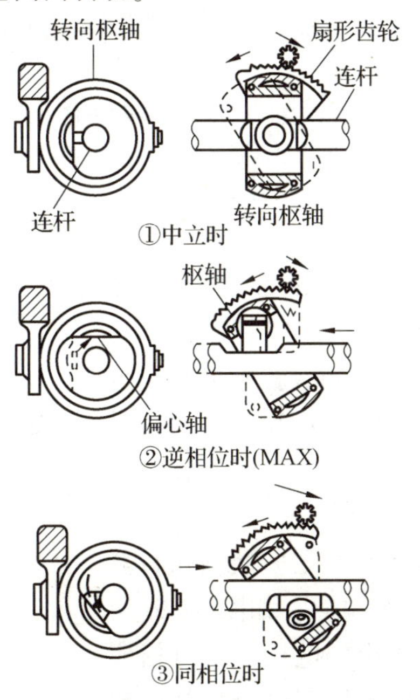

图 5-23　偏心轴与枢轴的相对运动

转向枢轴转角与变换杆的转角左右移动量的关系如图 5-24 所示。

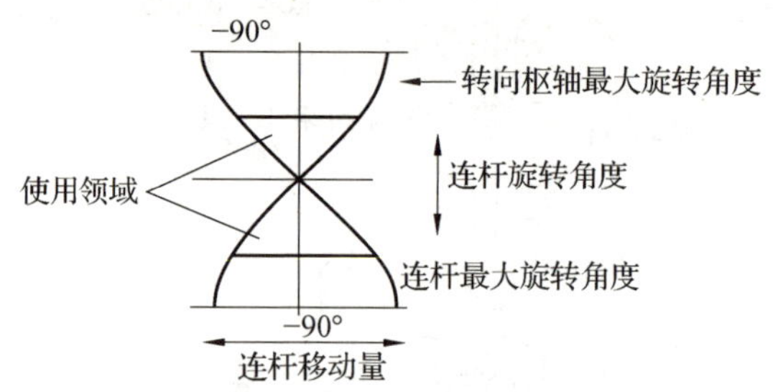

图 5-24 转向枢轴转角与变换杆的转角左右移动量的关系

2）4WS 变换器。四轮转向汽车的变换器结构是由主电动机与辅助电动机组成的驱动部分，行星齿轮组成的减速部分和使变换杆转动的蜗杆所构成的，如图 5-25 所示。一般情况下，主电动机工作，辅助电动机不工作。辅助电动机的输出轴与行星齿轮机构中的太阳轮相连，主电动机输出轴与行星齿轮相连，而行星齿轮机构中的齿圈就成为变换器的输出轴。平时，太阳轮固定，与主电动机相连的行星齿轮轴转动，亦即行星齿轮一边围绕太阳轮公转，一边自转。同时带动四轮转向变换器输出轴的齿圈转动。

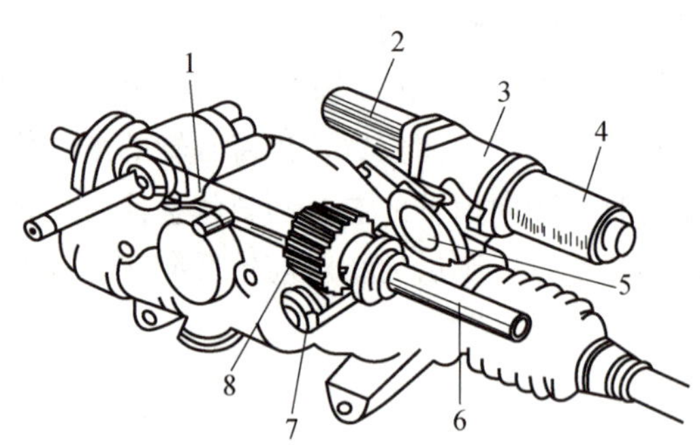

图 5-25 4WS 变换器结构

1—偏心轴；2—辅助电动机；3—变换器；4—主电动机；5—变换器输出轴；
6—连接杆；7—涡轮；8—转角比检测用齿轮

当主电机不工作时，行星齿轮就成为一个中介的惰轮，直接将辅助电动机的转动传给齿圈，从而带动变换杆同向转动。

3）车速传感器。4WS 电子控制装置根据车速传感器检测到的车速去控制后轮转向角和相位。汽车中通常所使用的车速传感器与车速表传感器和 ABS 控制系统中所提及的车速传感器相同。

4）转角比传感器。转角比传感器安装在执行器上，转角比传感器采用一只可变电阻，如图 5-26 所示。通过检测转角比传感器输出的电压值，可指明执行器的状态和转向情况、转向比例以及根据前轮

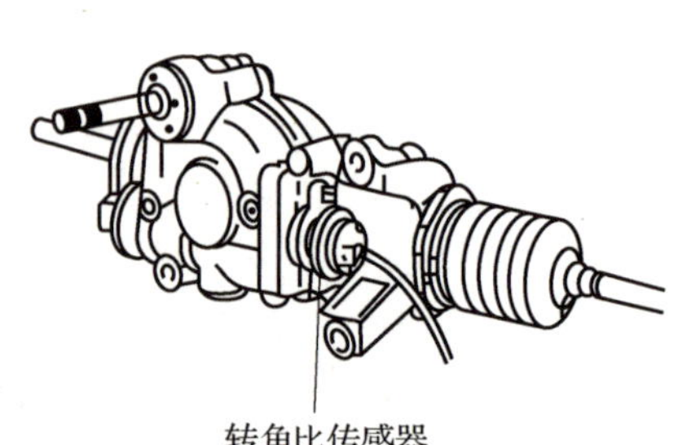

图 5-26 转角比传感器

转向情况所得到的后轮最大偏转量。

（2）4WS 控制原理。图 5-27 为电子控制装置的控制原理图。电子控制装置根据转角传感器、车速传感器的输入信号，可进行如下控制。

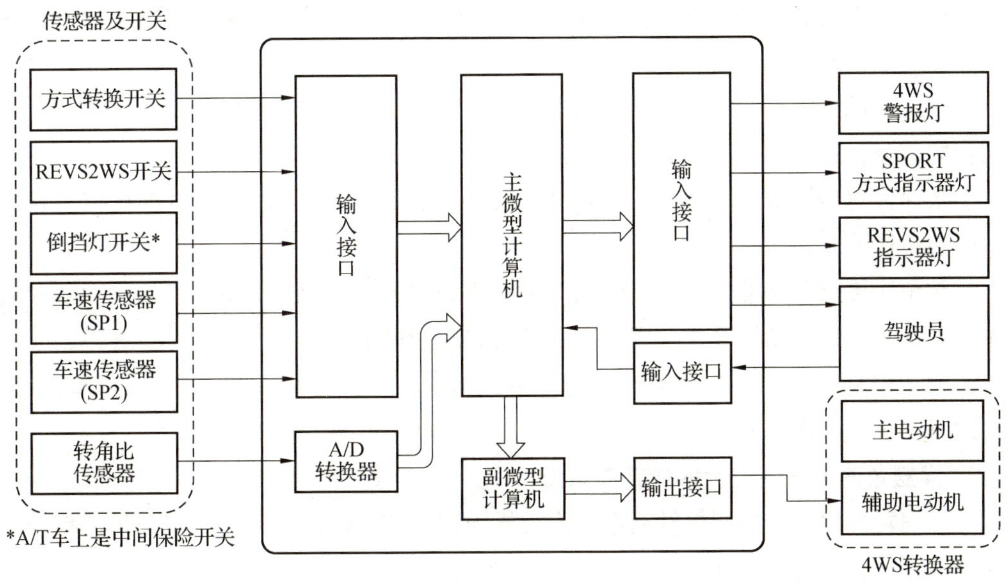

图 5-27　转向角比例控制四轮转向控制框图

1）转角比控制。图 5-28 为转角比控制图，根据行驶车速控制主电动机，从而实现对转角的控制。驾驶员可使用四轮转向模式切换开关，选择“NORMAL”或“SPORT”模式。

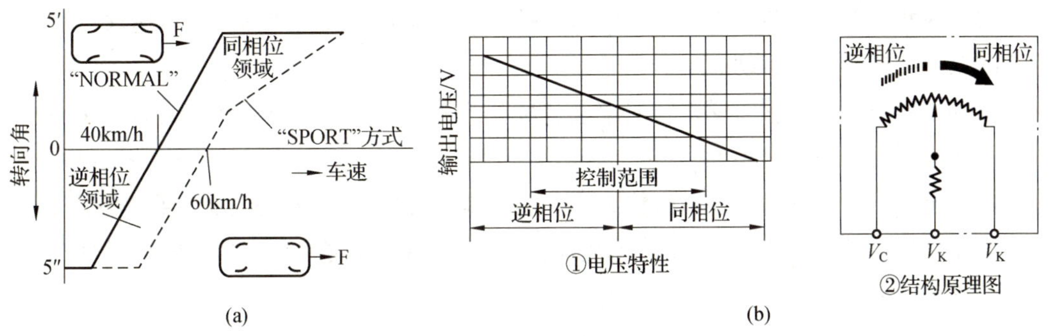

图 5-28　转角比控制

（a）转角量控制图；（b）转角比传感器特性

作为控制系统输入的车速信号，主要来自车速表的速度传感器，另外，任一前轮的 ABS 轮速传感器中的轮速信号将作为反馈信号输入控制系统。同时输入电子控制装置的信号还有由转角比传感器检测出的后转向器中变换杆的转动角度信号和由横摆运动产生的车身回转角模拟电压信号。

2）两轮转向选择功能。当两轮转向选择开关设定在 ON，且变速器被挂入倒挡位置时，后轮转向量就被设置为零。

3）故障诊断控制。当系统发生异常情况时，防误操作控制会进行如下的处理：点亮驾驶室内的“四轮转向警示灯”，告知驾驶员已出现异常情况，同时，将发生异常情况的部位存储到电子控制装置中。

①主电动机异常。此时，驱动辅助电动机，仅利用转角控制图中“NORMAL”模式的同向转向部分，进行与车速相对应的转角比控制。

②车速传感器异常。使用 SP1、SP2 中输出的较高车速值，通过主电动机仅进行同向转向的转角比控制。

③转角比传感器异常。利用辅助电动机，驱动到同方向的最大值，然后，中止其后的控制，若此时辅助电动机异常，则用主电动机完成上述工作。

④电子控制装置异常。利用辅助电动机，驱动到同方向最大值，然后停止其后的控制，此时要避免出现反方向转向。

3. 横摆角速度比例控制四轮转向系统

横向偏转角比例控制四轮转向系统附加横向摆动率反馈控制，利用横向摆动率传感器检测车辆转向，抵消这一拐弯力以控制后轮转向，使汽车能主动适应行驶中横向摆动率的变化，确保车辆行驶的稳定性。

（1）系统组成。图 5-29 为 1991 年丰田 Soara 型汽车上装用的 4WS。它是一种根据检测出的车速横摆角速度来控制后轮转向量的控制方法。因为通过横摆角速度可直接检测出车身的自转运动，因此，根据检测出的数值，对后轮的转角也作相应的增减，就可能从转向初期开始，使车身方向与前进方向之间的误差非常小；又由于它能直接感知到车辆的自转运动，因此，即使有转向以外的力引起车身自转，也能马上感知到，并迅速通过对后轮的转向控制来抑制自转运动。

系统中使用多个传感器感知转向信息和汽车行驶状况，并使用新开发的后轮转向执行机构主动控制后轮的转向角度。

此系统主要由以下两个控制模块组成：一个是纯机械转向控制模块，目的在于改善低速下的操纵性；另一个是电子转向控制模块，它不仅用来改善中、高速时的操纵性和稳定性，而且也用来提高抗外来干扰的能力。

1）前轮转向机构。前轮转向机构如图 5-30 所示。转向盘的转动，传到转向器中的齿轮齿条上，齿条端部的移动又使控制齿条左右移动，带动小齿轮转动，使与小齿轮做成一体的前滑轮产生正反方向的转动。滑动轮的转动通过转角传动钢丝绳传递到后轮转向机构中的滑轮上。控制齿条存在一个不敏感行程，转向盘左右 250°以内的转角正好处于此范围内。因此，在此范围内将不会产生与前轮连动的后轮转向。由于高速行驶时不可能产生这样大的转角，所以事实上，高速行驶时的后轮仅由脉动电机控制转向。

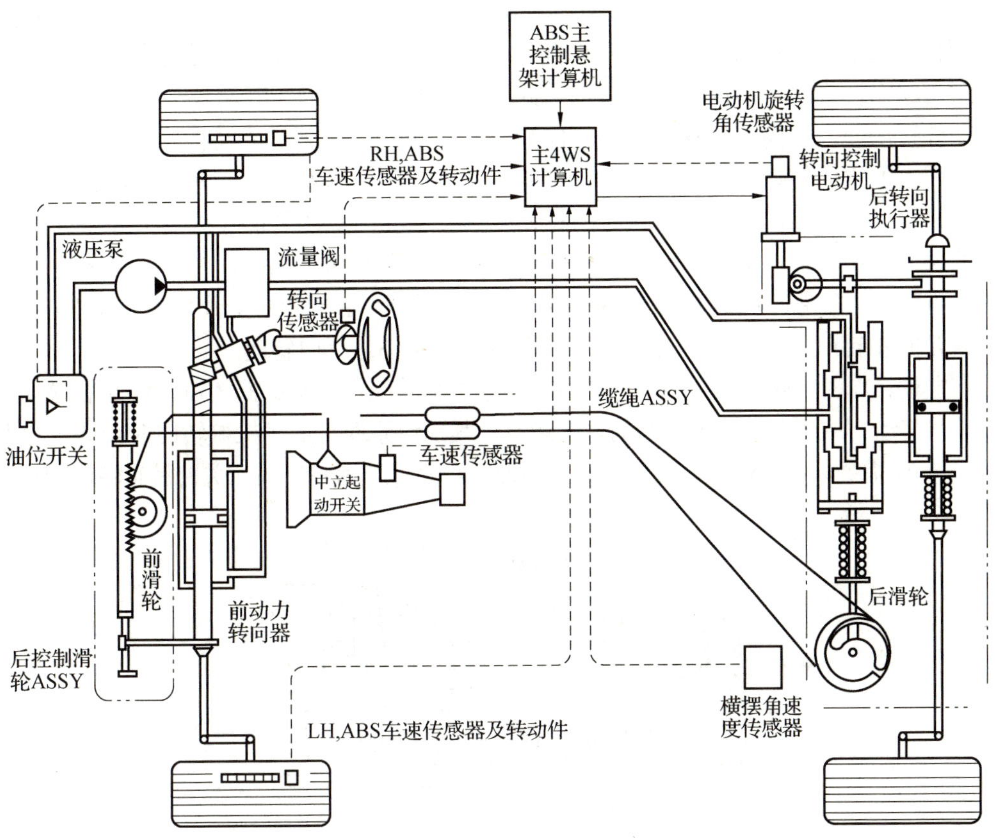

图 5-29　横摆角速度比例控制 4WS

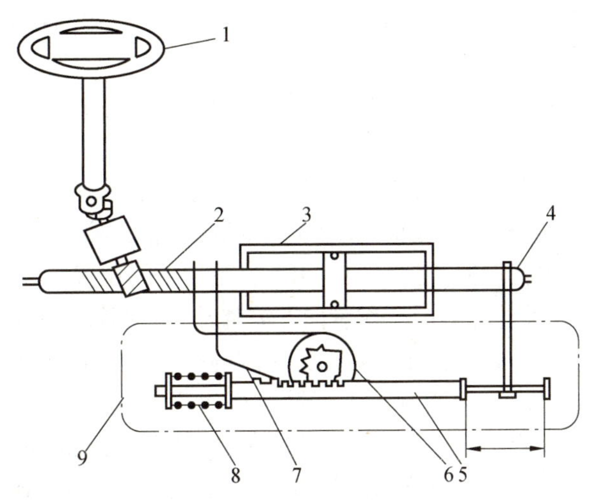

图 5-30　前轮转向机构

1—转向盘；2—齿轮齿条；3—转向齿轮油缸；4—齿条端部；5—控制器齿条；6—前滑轮；7—钢丝绳；8—复位弹簧；9—滑轮驱动

2）后轮转向机构。后轮转向机构如图 5-31 所示。在机械转向时，钢丝绳的行程一传到后滑轮，就带动控制凸轮转动，凸轮随动件就沿凸轮的轮廓线运动，使阀管左右移动。当转向盘向左转动时，后滑轮向右移动。此时凸轮的轮廓线向半径减小的方向转动，将凸轮随动件拉出使阀管向左边移动。当转向盘向右转动时，与上述情况相反，凸轮的轮廓线向半径增大的方向转动，把凸轮随动件推向里面，使阀管向右移动。来自高压油泵的油路的走向是根据阀管与阀轴的相对位移进行切换的。当转向盘左转时，阀管向左方移动，将来自油泵的高压油输进油缸的右室，驱动动力活塞向左移动。此时，与活塞做成一体的油缸就被推向左方，带动后轮向右转向。相反，当前轮向右转向时，动力活塞被推向右方，带动后轮向左转向。总之，不管是哪一种情况，后轮都是反向转向。

在电动转向时，阀管固定不动，此时，根据由脉动电机驱动的阀控制杆的左右摆动，使阀轴左右移动，从而引起动力活塞的左右运动，其动作原理与上述机械转向时相同。脉动电机根据 ECU 指令，可进行正、反向转动，因此它可完成与前轮转向无关的后轮转向操作。

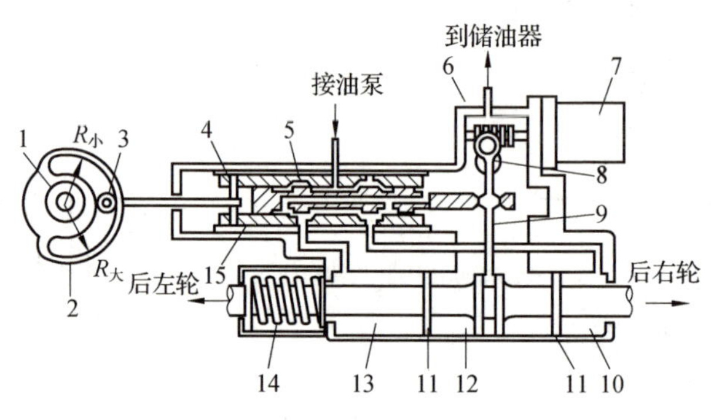

图 5-31　后轮转向机构

1—后滑轮；2—控制器凸轮；3—凸轮随动件；4—阀管衬套；5—阀轴；6—驱动齿轮；7—脉动电机；8—从动齿轮；9—阀控制杆；10—右室；11—活塞；12—油缸轴；13—左室；14—回位弹簧；15—阀管

（2）控制形式。与前轮转向量相对应，后轮的转角控制形式可分为大转角控制与小转角控制两种。

1）大转角控制（机械式转角控制）。当前轮转角处在不敏感范围时，阀轴与阀管的相对位置处于中间状态。因此，从油泵来的油液就流回到除油器中，动力油缸中的左、右室仅存较低油压，油缸轴就在回位弹簧的作用下，处于中间位置。

如图 5-32 所示，当前轮左转时，阀管向左方移动，与阀轴之间就产生了相对位移，a 部与 b 部的节流面积缩小，高压就作用到动力油缸的右室，将动力活塞推向左方，使后轮向右移动。此时油缸轴也向左方移动，由于脉动电机没有起动，阀控制杆就绕支点 A 转动，带动阀轴移动到比 B 点更左边的 B' 点。根据这个原理，已缩小的 a 部与 b 部的节流面积又增大，动力油缸右室内的压力下降。其结果是当油缸轴一移动到目标位置后，a 部与 b 部的节流面积就正好达到与由车轮产生的外力相平衡的位置，从而使后轮不产生过大的转向。

在外力发生变化时，油缸轴也产生微量的移动变化，会立刻带动阀控制杆对阀轴产生一个相应的反力，反力大小与作用在活塞左右室的油压差成正比，油压差越大，反力越大。

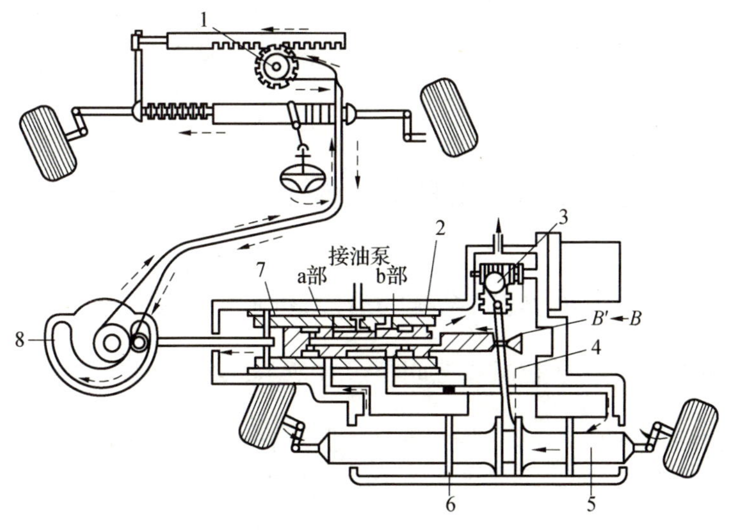

图 5-32　大转角控制（机械式转向）

1—后控制器滑轮；2—滑轴；3—支点 A；4—阀控制杆；
5—油缸轴；6—活塞；7—阀管；8—后控制器凸轮

2）小转角控制（电动转角控制）。由于要将脉动电机的旋转运动转变为阀轴的直线运动，使用了一种将螺旋齿轮与曲轴相互接合而构成的结构。脉动电机的旋转由一个涡轮传送给被动齿轮，再通过曲轴使阀控制杆摆动。被动齿轮左转时，阀控制杆的上端支点 A 以被动齿轮的中心点 O 为转动中心向 A′摆动。在脉动电机起动的瞬间，后转向轴还没有移动，因此阀控制杆就以 C 点为中心向左方摆动，使杠杆的中间点 B 移到 B′点位置，带动阀轴移向左方。在钢丝绳没有动作的时候，阀管是固定不动的，因此阀轴的移动就使阀管、阀轴之间产生相对位移，如 a 部以及 b 部的节流通道收缩，使高压作用到油缸左室，如图 5-33 所示。

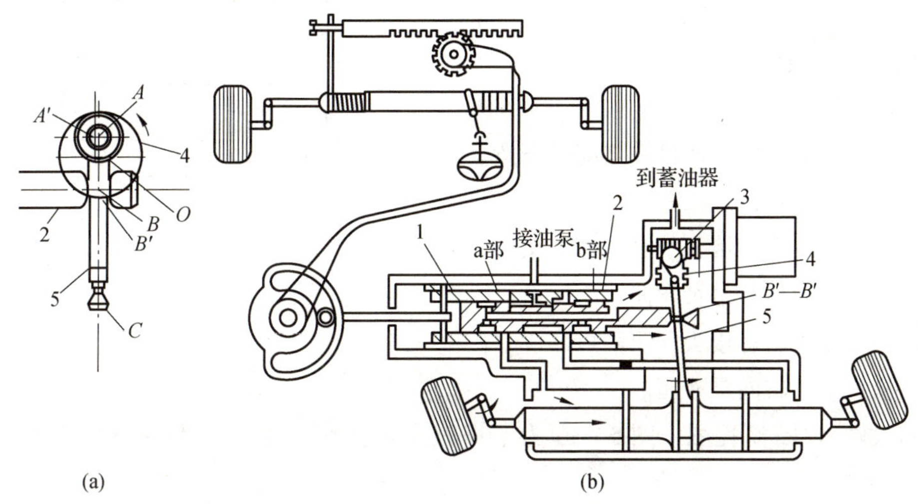

图 5-33　小转角控制（同向转向）

1—阀管；2—阀轴；3—支点 A；4—从动齿轮；5—阀控制杆

当油缸向右方移动时，阀控制杆就以支点 A' 为中心转动，带动阀轴向右移动到 B''。这个移动又使 a 部和 b 部的节流通道张开，使油压降低，从而达到与上述机械转向时一样的平衡。

第二节　EPS 故障诊断与排除

一、丰田汽车电控动力转向系统的故障诊断与检修

丰田汽车电控转向的电子控制系统如图 5-34 所示，ECU 连接器如图 5-35 所示。

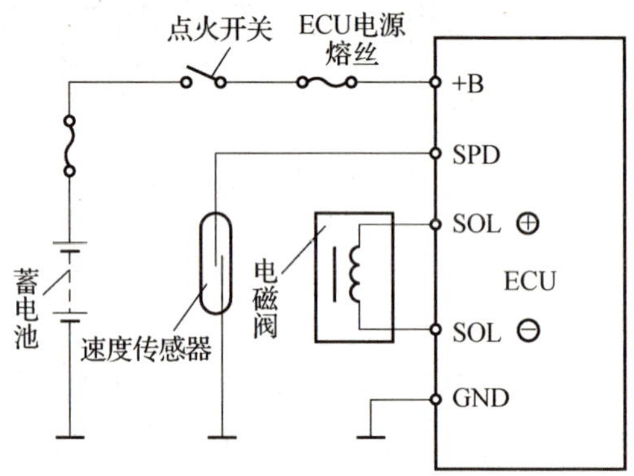

图 5-34　电控动力转向电子控制系统

1. 电子控制系统的故障诊断

(1) 电子控制系统常见故障现象。

1) 怠速或低速行驶时转向困难。

2) 高速行驶时转向太灵敏。

(2) 初步检查。

1) 检查轮胎气压。

2) 检查悬架与转向连接件之间的润滑。

3) 检查前轮定位。

4) 检查转向系统接头及悬架臂球接头。

5) 检查转向柱管是否弯曲。

6) 检查是否所有接头均牢固可靠。

7) 检查动力转向泵液压。

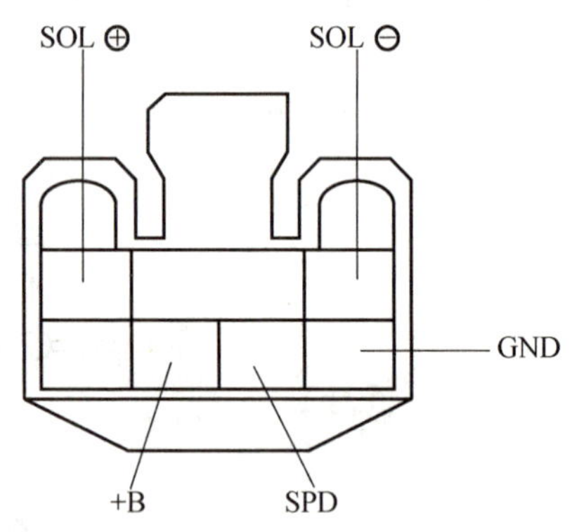

图 5-35　ECU 连接器

(3) 故障诊断流程图。图 5-36 为丰田汽车电控转向电子控制系统的故障诊断流程图。

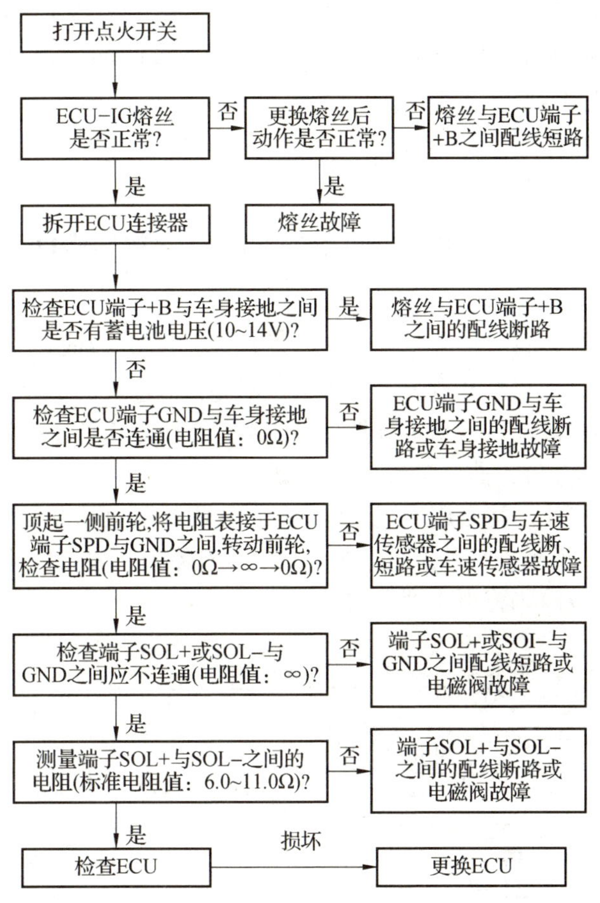

图 5-36　丰田汽车电控转向电子控制系统的故障诊断流程图

2. 电子控制部件的检查

（1）电磁阀的检查。

1）拆下电磁阀连接器。

2）测量电磁阀端子 SOL+与 SOL-之间的电阻，电阻值为 6.0~11.0Ω。

3）接上电磁阀连接器。

4）从齿轮座上拆下电磁阀。

5）将蓄电池正极接电磁阀端子 SOL+，将电池负极接电磁阀端子 SOL-，电磁阀的针阀应缩进大约 2 mm；否则，更换电磁阀。

6）安装电磁阀。

7）动力转向管路放气。

（2）动力转向 ECU 的检查。

1）支起汽车。

2）拆下手袋箱（注意不要拔出 ECU 的连接器）。

3）起动发动机。

4）发动机怠速运转，用万用表测量 ECU 的端子 SOL-与 GND 之间的电压。挂上挡使车速达到 60km/h，再测量 ECU 的端子 GND 和 SOL-之间的电压。标准电压为 0.07～0.22 V；否则，更换 ECU。

5）装回手袋箱。

6）放下汽车。

二、三菱微型汽车电控动力转向系统的故障诊断与检修

1. 电控动力转向系统故障的诊断

（1）EPS 警告灯的检查。系统正常状态，打开点火开关（ON），EPS 指示点亮，发动机起动后指示灯熄灭。如果打开点火开关指示灯不亮，应检查灯泡是否损坏、熔丝和配线是否断路；如果发动机起动后，指示灯仍亮，应考虑系统是否处于失效保护状态（只有常规转向工作，无转向助力），然后进行自诊断操作。

（2）EPS 自诊断操作。将万用表直流电压挡的正极探针接诊断插座的 2 号端子，负极探针接地，如图 5-37 所示。打开点火开关（ON），观察万用表指针的摆动，读取故障码。如果有多个故障码，故障码将由小到大顺序显示。

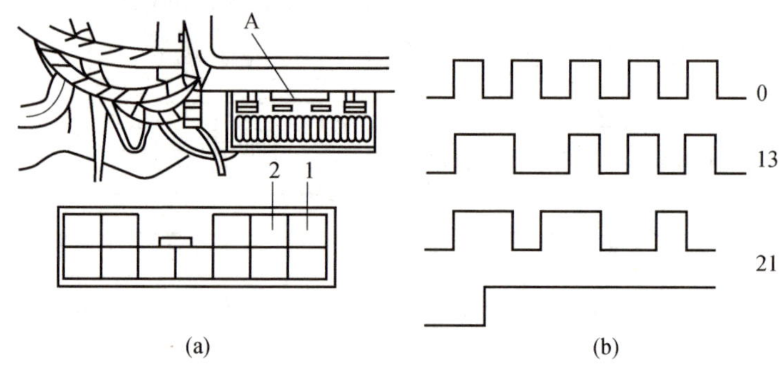

图 5-37　EPS 自诊断操作

（a）自诊断插接器；（b）故障码输出波形

2. 电控动力转向系统故障码分析

（1）故障码 41 的检查。

1）起动发动机，不转动转向盘，观察故障码是否再次出现。如果再现，则按照故障码表检查有关部件；否则按下述第 4）项检查。

2）拆下电动机配线连接器，用万用表测量电动机的两接线端子之间和端子与接地（外壳）之间的电阻，检查其导通状态。正常情况下，电动机两接线端子之间应导通，若不导通，则表明内部断路；电动机接线端子与接地（外壳）之间应不导通；否则，表明两接线端子与外壳之间短路。

3）若电动机及其接线端子均正常，应检查转向器总成到 ECU 之间的配线是否良好（用手晃动配线连接器，检查是否松动），若配线正常，则表明 ECU 不良。

4）检查导线无异常时，进行行驶试验。若故障码不再现，转动转向盘，检查电动机的工作状态。

（2）故障码 42 的检查。

1）起动发动机，用 1rad/s 以下的速度转动转向盘观察故障码是否再现，如果不再现，按（3）中所述检查配线。无异常时，通过行驶进行再现试验。

2）通过诊断，若故障码 42 再现，而且又发生故障码 11、13 时，可考虑是由转角传感器的配线或者转向机总成异常造成的。

（3）故障码 43 的检查。起动发动机，不转动转向盘，检查故障码是否再现。如果再现，则表示 ECU 不良；否则，试转动转向盘，若此时故障码再现，应检查配线。

（4）故障码 44 的检查。起动发动机，不转动转向盘观察故障码是否再现。如果再现，应检查与电动机有关的配线，若配线没有异常，用良好的 ECU 将原车上的 ECU 换下，进行对比检查判断。若故障码不再现时，将点火开关重复接通、关断 6 次，并使点火开关在 OFF 位时的时间在 5s 以上。如此反复检查就能把某种故障的部位查清楚。

3. 主要部件的检查

（1）转矩传感器的检查。

1）检测转矩传感器线圈电阻。从转向器总成上拔开转矩传感器配线连接器，其端子排列如图 5-37（b）所示，测量转矩传感器端子 3 与 5 之间、端子 8 与 10 之间的电阻，其标准值应为（2.180±0.66）kΩ。若不符合要求，则为转矩传感器异常。

2）检测转矩传感器电压。用万用表直流电压挡测量上述各端子之间的电压，用以判定转矩传感器是否良好。将转向盘置于中间位置，测得电压约 2.5V 为良好，4.7V 以上为断路，0.3V 以下为短路。

（2）电磁离合器的检查。从转向器上断开电磁离合器配线连接器，其端子排列如图 5-38（b）所示。将蓄电池的正极接到端子 1 上，蓄电池的负极与端子 6 相接，在接通与断开端子 6 的瞬间，离合器应有工作声音。若没有声音，表明电磁离合器有故障，应更换转向器总成。

（3）直流电动机的检查。从转向器上断开电动机配线连接器，其端子排列如图 5-38（a）所示。给电动机加上蓄电池电压时，电动机应有转动声音。若没有声音，应更换转向器总成。

（4）车速传感器的检查。

1）检查车速传感器转动情况。从变速器上拆下车速传感器，用手转动车速传感器的转子检查其能否顺利运转，若有卡滞应予以更换。

2）检测车速传感器电阻。拔开车速传感器配线连接器，其端子排列如图 5-38（c）所示。测量车速传感器插接器端子 1 与 2 之间、端子 4 与 5 之间的电阻，其值等于（165±20）Ω 为良好。若与上述不符则必须更换车速传感器。

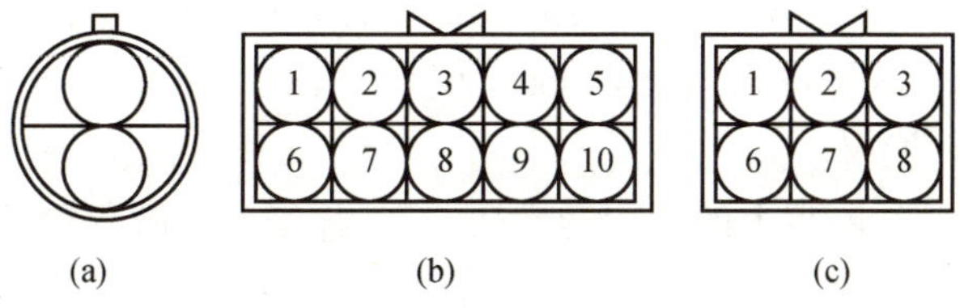

图 5-38　三菱汽车 EPS 配线连接器

（a）直流电动机配线连接器；（b）转矩传感器和电磁离合器配线连接器；（c）车速传感器配线连接器

第三节　EPS 维修案例

案例 1：大众迈腾 2.0TSI 电控转向系统 EPS 故障灯常亮，方向机助力失效

（1）故障现象。加装自动泊车系统后拆除，44 中出现 02546（转向限位挡块基本设置或匹配没有或不正确）故障码，EPS 黄灯常亮，方向机助力失效。

（2）故障诊断过程。

1）使用 VAS5052a 进入 44，发现有 02546 故障码，不可以清除。其他系统正常。

2）因为是加装自动驻车模块后出现的故障，所以首先判断故障是由于 09-网关和 44-动力转向的编码错误造成的，首先使所有编码恢复原车状态，所有改装的线路恢复原样。故障还是不能排除。

3）ZF 转向机按照以下四种匹配步骤，但仍不能排除故障。做以下步骤前，确保四轮定位正确和确保两边转向的角度基本一致。

第一种方法：

①起动发动机。

②不施加力至方向盘时，方向盘在正中±10°位置。

③向左和向右打尽方向盘，可能要停留时间足够长。如果是第三代转向机，每次打尽转向等一会儿后仪表会发出“当当当”三声报警声。

④将方向盘回位至正中位置。EPS 黄灯熄灭。

⑤关闭点火开关后，就会记忆参数。

第二种方法：

①起动发动机，车轮直线向前，方向盘在正中位置。

②使用 VAS5052a 清除学习值：44-10-00；仪表上 EPS 黄灯点亮。

③进入 03-16-31857（登录）-04-060，仪表上 EPS 黄灯和 ESP 灯点亮。

④退出 03，EPS 黄灯仍点亮（44 中有 02546 故障码），ESP 灯熄灭

⑤向左和向右打尽方向盘，可能要停留时间足够长。如果是第三代转向机，向左和向右打尽转向等一会儿后仪表会发出“当当当”三声报警声。

⑥将方向盘回位至正中位置。仪表上 EPS 黄灯熄灭。

⑦关闭点火开关后，就会记忆参数。

第三种方法：

①起动发动机，车轮直线向前，方向盘在正中位置。

②使用 VAS5052a 清除学习值：44-10-00；仪表上 EPS 黄灯点亮。

③进入 03-16-40168（登录）-04-060，仪表上 EPS 黄灯和 ESP 灯点亮。(后续具体操作步骤参看 HST 相关文件。)

第四种方法：使用诊断仪上的“引导性功能”。详细步骤请参看开迪维修 VCD 中的底盘部分。

故障依旧没有排除。

（3）故障原因分析。由于对 VWA 品牌的转向机 G85 限位设定的基本要求、前提条件和正确的步骤不清楚，所以匹配不成功。

（4）故障处理方法。安装第三代方向机，如果出现 02546（转向限位挡块基本设置或匹配没有或不正确），可试用以下方法进行设定。

1）使用 VAS5052a 进入 03-16-40168（登录）-04-60（设定），这时 ESP 和 EPS 黄灯点亮，退出 03。

2）使车速低于 20km/s 直线行驶一段路程，ESP 灯熄灭。

3）停车，向左打尽转向并保持，一直听到仪表出现“当当当”三声报警声；然后继续以低于 20km/s 的速度直线行驶一段路程后停车，向右打尽转向并保持，一直听到仪表出现“当当当”三声报警声。

4）将方向盘转到正中位置。这时 EPS 黄灯会熄灭，设定完成。

案例 2：雷克萨斯 LS400 型汽车转向沉重且助力泵噪声大

（1）故障现象。该车不论在正常行驶时转向还是原地转向，转向盘明显沉重，助力泵噪声很大，同时在转动转向盘时，观察油杯的液面变化不明显。

（2）故障诊断与排除。

1）首先检查轮胎气压、转向系统的各球头磨损、相关悬架悬臂部分、转向器本身及相关管路渗漏状况、油杯液面高度及油质、转向助力泵皮带松紧度、前轮定位等各项参数都在正常技术规范的范围内。

2）该电控动力转向电路控制如图 5-39 所示。

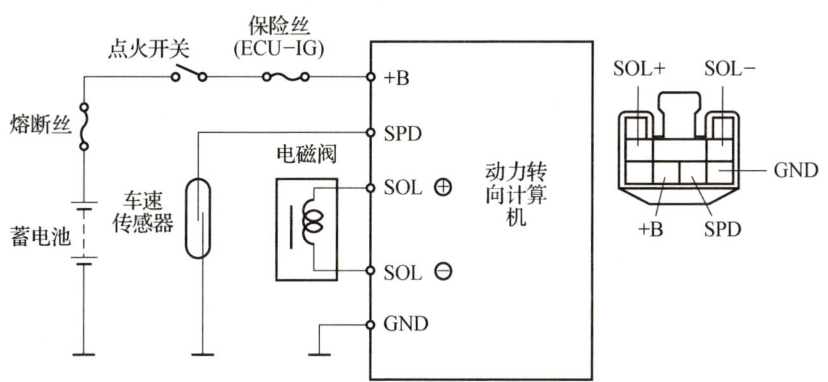

图 5-39 皇冠汽车动力转向系统电路图

3）拔下电磁阀线束插头，测量动力转向电磁阀阻值在 10Ω 左右，基本符合标准。起动发动机，转动方向盘，用发光二极管测试灯连接电磁阀线束插头两线插口，试灯点亮；用数字万用表电压挡测量，电压数值正常，说明动力转向 ECU、SOL（+）、SOL（-）之间的连接正常，说明动力转向 ECU 本身无故障。

4）在驾驶室内方向盘下方找到动力转向 ECU，拆下 ECU 的线束插头，用数字万用表检查 ECU 线束“+B”端输入电压正常，且该车发电机发电量正常，说明连接 ECU 的“+

B”线路无问题。架起该车的后轮，然后用手转动，同时用数字万用表电阻挡检查 SPD 端与 GND 端电阻值的变化，表的读数在 0～∞ 之间不断波动，说明车速传感器信号输入 ECU 是正常的。

5）将车放在四柱举升机上，再次拔下动力转向电磁阀的线束插头，用试灯连接线束插头，同时左右转动方向盘，试灯仍亮；用手晃动其电磁阀线束，并稍用力拉伸、打折，试灯熄灭了，说明此线束有折断或虚接的地方。经检查，是 SOL（-）到电磁阀间的线束有问题，重新接好 SOL（-）到电磁阀间的线路后试车，转动方向盘，明显感觉轻多了，不管是在原地还是行驶时，左右转动方向盘都有明显的改善，但是仍然稍沉。有时感觉像转向助力突然失效一样，时沉时轻，说明动力转向系统还存在故障。

6）将动力转向电磁阀从转向机上拆下来，直接用 12V 电源驱动电磁阀，用时通时断的方法来验证其技术状态，检验结果电磁阀能发出“咔嗒”的工作声，但声音很小，给人感觉动作无力，怀疑该阀可能发卡或开度不够。更换新电磁阀后，故障得以完全排除。在原地转动方向盘，用一个手指拨动感觉不费力，且在低速、高速等不同工况下都正常。

思考题

1. 简述电动式电控动力转向系统的优点。
2. 简述电控动力转向系统的类型有哪些。
3. 简述汽车电控转向的电子控制系统的故障诊断流程。
4. 以实际车型为例，对电控动力转向系统故障码进行分析。
5. 简述电控动力转向系统的电子控制部件的检查方法。

第六章

驱动防滑控制系统

第一节 ASR 结构

汽车驱动防滑控制（Anti Slip Reguliation）系统简称 ASR。

一、驱动防滑控制系统（ASR）的功用

汽车车轮滑转时对汽车的危害：

（1）当汽车在低附着系数路面（如泥泞路面、冰雪路面）上行驶时，由于地面对车轮施加的反作用转矩很小，因此，在起步、加速时驱动轮就会发生滑转。特别是在冰雪等光滑路面上还会出现方向失控的危险。

（2）当汽车在越野条件下行驶时，如果某个驱动轮处在附着系数低的路面上，汽车将无法前进，发动机输出的功率大部分消耗在车轮的滑转上，不仅浪费燃油，加速轮胎磨损，而且降低了车辆的通过性能和机动性能。

汽车打滑是指汽车车轮的滑转，车轮的滑转率又称滑移率。

驱动车轮的滑移率：

$$S_d = \frac{v_c - v}{v_c} \times 100\%$$

式中：v_c是车轮圆周速度；v 是车身瞬时速度。

滑移率与纵向附着系数的关系如图 6-1 所示。

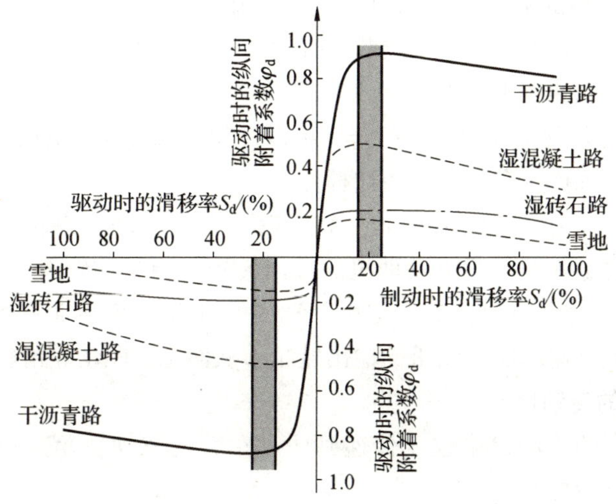

图 6-1 滑移率与纵向附着系数的关系

（1）纵向附着系数随路面的不同而呈大幅度的变化。

（2）在各种路面上，$S_d=20\%$左右时，纵向附着系数达到峰值。

（3）上述趋势无论制动还是驱动几乎一样。

ASR 系统就是利用控制器控制车轮与路面的滑移率，防止汽车在加速过程中打滑，特别是防止汽车在非对称路面或转弯时驱动轮的空转，以保持汽车行驶方向的稳定性、操纵性，维持汽车的最佳驱动力以及提高汽车的平顺性。

二、ASR 的控制方法

1. 控制发动机的输出转矩

通过调节发动机的输出转矩来调节驱动轮的驱动力，这种控制系统能够保证发动机输出转矩与地面提供的驱动转矩达到匹配，因此可以改善燃油经济性，减少轮胎磨损。在装备电子控制燃油喷射系统的汽车上，普遍采用了控制发动机输出转矩的方法来实现防滑转控制。

控制发动机输出转矩的方法有控制点火时间、控制燃油供给量和控制节气门开度等。

（1）控制点火时间。在电子点火系统中，点火时刻是根据发动机转速、负荷以及冷却液温度等信号确定的。在汽车行驶过程中，防滑转控制单元根据轮速传感器和车速传感器等信号即可计算确定驱动轮滑转率的大小，通过减小点火提前角，即可微量降低发动机的输出转矩。当驱动轮滑转率很大，延迟点火时刻不能达到控制滑转率的目的时，则可中断个别气缸点火来进一步减小滑转率。在中断个别气缸点火时，为了防止排放增加和三元催化转换器过热，在终止点火时必须中断燃油喷射。恢复点火时，点火时刻缓慢提前，保证发动机输出转矩平稳。

（2）控制燃油供给量。短时间中断供油也可微量调节发动机的输出转矩，但响应速度没有减小点火提前角迅速，这种控制方法适用于未采用燃油喷射系统的汽油发动机或柴油发动机汽车。

在采用电子加速踏板的汽车上，加速踏板的行程信号由传感器输入防滑转电控单元，ASR ECU 根据预先存储的数据和发动机转速、冷却液温度传感器等信号确定伺服电机控制电压或电流的大小，再由伺服电机调节节气门或喷油泵供油拉杆位置，通过调节进气量或供油量来调节发动机的输出转矩。

（3）控制节气门开度。控制节气门开度可以控制进入气缸的进气量，从而能够显著改善发动机输出转矩。现代汽车普遍采用这种控制方式。

在采用电控燃油喷射系统的汽车上，ASR ECU 根据驱动轮滑转率大小，通过控制节气门开度和燃油喷射量等即可调节发动机的输出转矩。当驱动轮滑转率超出规定范围时，ASR ECU 便向执行器发出控制指令，减小节气门的开度、缩短喷油器的喷射时间或中断某个喷油器喷油，可迅速降低发动机的输出转矩，从而防止驱动轮滑转。

2. 控制变速器的传动比

通过控制变速器的传动比来改变传递到驱动车轮的驱动转矩，减小驱动车轮滑转程度，从而实现驱动防滑控制。

对于装备自动变速器的汽车，在驱动轮发生滑转时，可由驱动防滑转电子控制系统与变速器电子控制系统进行通信，修正其换挡规律，保证发动机输出转矩不增大的情况下，使作用于驱动车轮的驱动力有所减小，从而控制驱动车轮的滑转。该控制模式可以利用变速器电子控制系统，但反应较慢，且变化突然，一般不作为单独的控制模式。

3. 控制差速器的锁止程度

在防滑转差速器向车轮输出驱动力的输出端设置有一个离合器，调节作用在离合器片上的油液压力，即可调节差速器的锁止程度。油压逐渐降低时，差速器锁止程度逐渐减小，传递给驱动轮的驱动力就逐渐减小；反之，油压升高时，驱动力将逐渐增大。

通过调节防滑转差速器的锁止程度，即可调节传递给驱动轮的驱动力，所以汽车在各种附着系数不同的路面上起步和行驶时，都具有较好的稳定性和操纵性。

4. 控制驱动轮的制动力

控制驱动轮的制动力实际上是利用差速器的差速作用来获得较大的驱动力，控制方法如图 6-2 所示（以丰田汽车为例）。

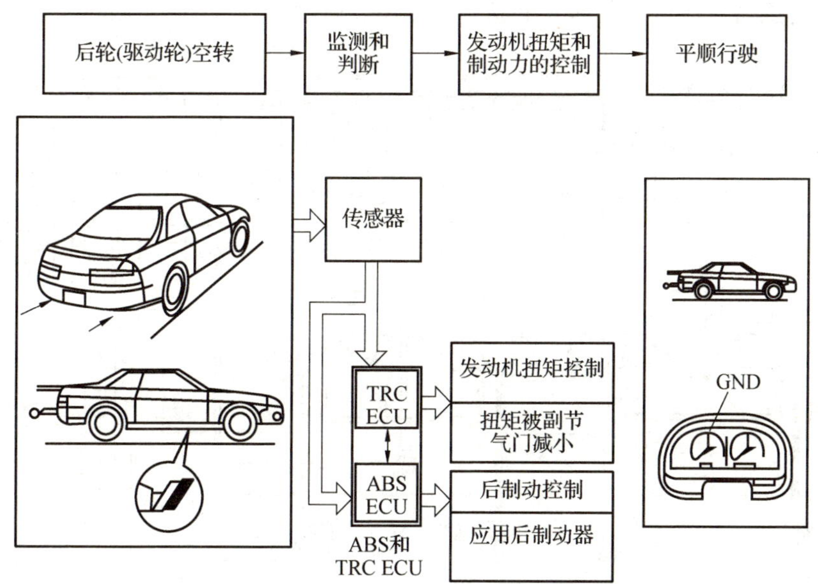

图 6-2 丰田 TRC 的工作过程

三、ASR 系统与 ABS 系统的比较

1. ASR 系统与 ABS 系统的相同点

ASR 和 ABS 都是控制车轮和路面的滑移率，以使车轮与地面的附着力不下降，因此两系统采用的是相同的技术。它们密切相关，常结合在一起使用，共享许多电子组件和共同的系统部件来控制车轮的运动，构成行驶安全系统。

2. ASR 系统与 ABS 系统的不同点

（1）ABS 系统是防止制动时车轮抱死滑移，提高制动效果，确保制动安全；ASR 系统（TRC）则是防止驱动车轮原地不动而不停地滑转，提高汽车起步、加速及滑溜路面行驶时的牵引力，确保行驶稳定性。

（2）ABS 系统对所有车轮起作用，控制其滑移率；而 ASR 系统只对驱动车轮起制动控制作用。

（3）ABS 是在制动时，车轮出现抱死情况下起控制作用，在车速很低（小于 8km/h）时不起作用；而 ASR 系统则是在整个行驶过程中都工作，在车轮出现滑转时起作用，当车速很高（80~120km/h）时不起作用。

四、ASR 的组成

1. 典型的 ASR 的组成

典型的 ASR 由 ASR 选择开关、车轮转速传感器、防抱死制动和驱动防滑转电子控制单元、制动主继电器、制动执行装置、制动灯开关、节气门继电器、主节气门位置传感器、副节气门位置传感器、副节气门执行器、液压调节装置、故障指示灯、压力调节和液面高度调节传感器和执行器等部分组成，如图 6-3 所示。

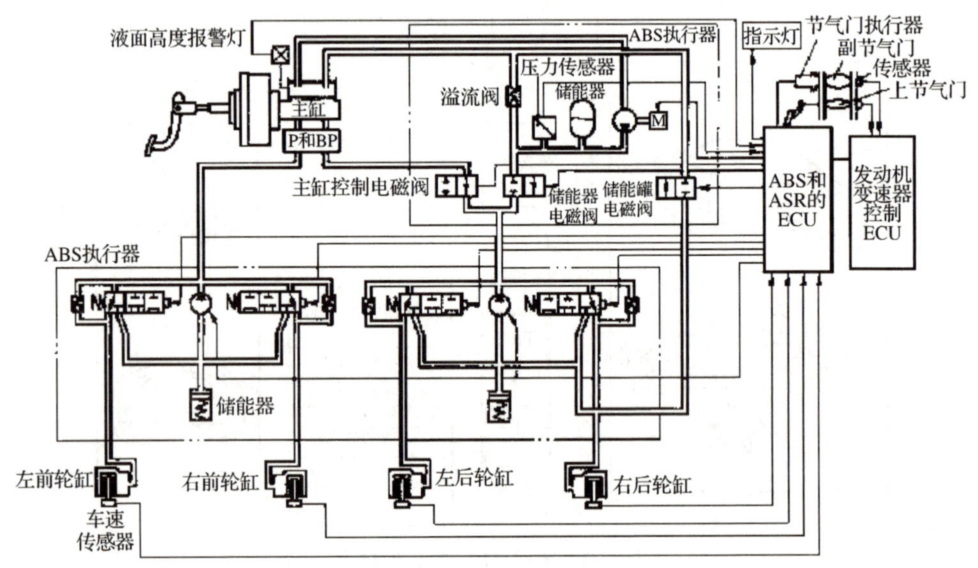

图 6-3 典型的 ASR 的组成

其中，车轮转速传感器用来检测四个车轮的转速；节气门位置传感器检测主、副节气门位置；电控单元根据车轮转速信号、发动机节气门开度信号灯判断汽车行驶状况，向制动执行器和副节气门执行装置发出控制指令，并可在系统出现故障时，记录故障代码，点亮故障报警灯；制动主继电器向制动执行装置和泵电机提供电流；节气门继电器向副节气门执行器提供电流；副节气门执行器接收电控单元的指令信号，控制副节气门的开启角度；液压调节装置接收电控单元的指令信号，控制各制动工作缸中的制动压力；故障报警灯指示系统装置是否正常，并可闪烁故障码；空挡起动开关向防抱死制动和驱动防滑转电控单元提供变速手柄位置；液面高度、压力传感器和执行器控制调节系统油液量和压力。其中，许多传感器和执行器可以与 ABS 系统共用。

2. LS400 汽车（TRC）的构成

丰田 TRC 在 LS400 汽车上的布置如图 6-4 所示，TRC 构成示意图如图 6-5 所示。

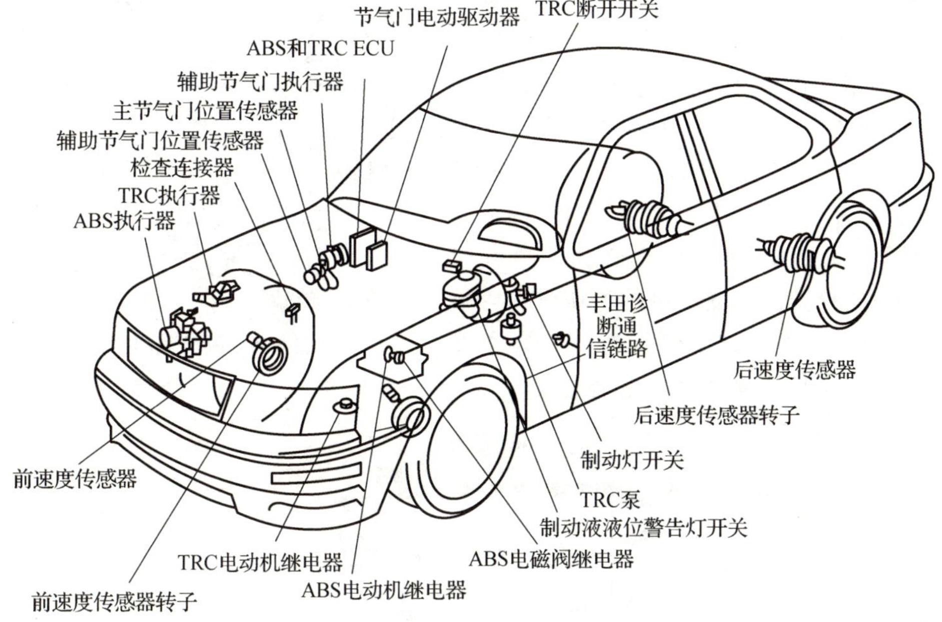

图 6-4　丰田 TRC 在 LS400 汽车上的布置

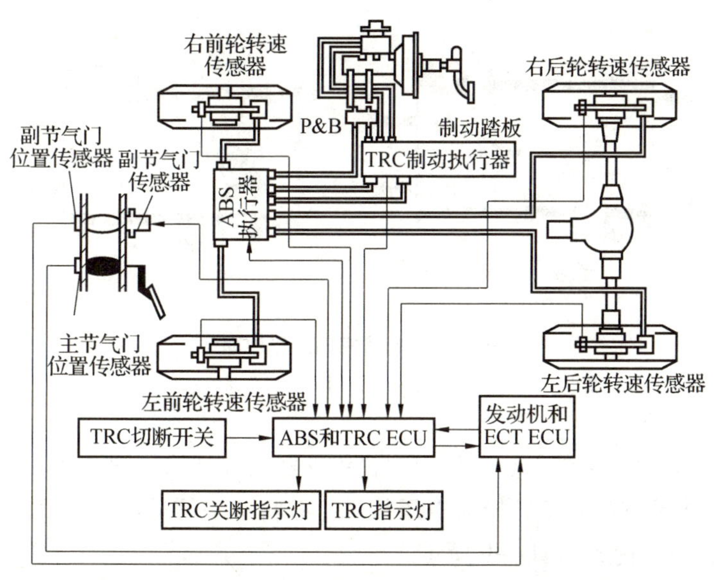

图 6-5　TRC 构成示意图

（1）LS400 汽车 TRC 主要构件。

1）副节气门执行器。副节气门执行器（见图 6-6）安装在节气门体上，根据来自 ABS 和 TRC ECU 的信号控制副节气门开度，从而控制发动机输出功率。

①构造。副节气门执行器是由永久磁铁、线圈和转子轴组成的一个步进电机，由来自 ABS 和 TRC ECU 的信号使之转动。在转子轴末端安装有一个小齿条，使安装在副节气门轴末端的凸轮轴齿轮转动，从而控制副节气门开度。

②运作。如图 6-7 所示，当 TRC 不工作时，副节气门完全打开，对发动机的工作没有影响；当 TRC 部分工作时，副节气门打开一定角度；当 TRC 完全工作时，副节气门完全关闭。

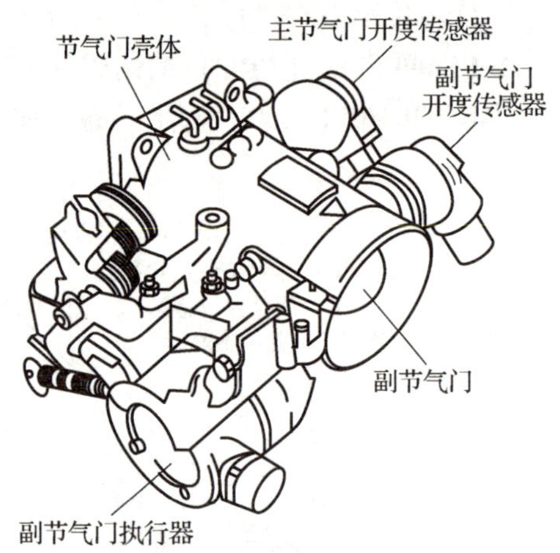

图 6-6　副节气门执行器

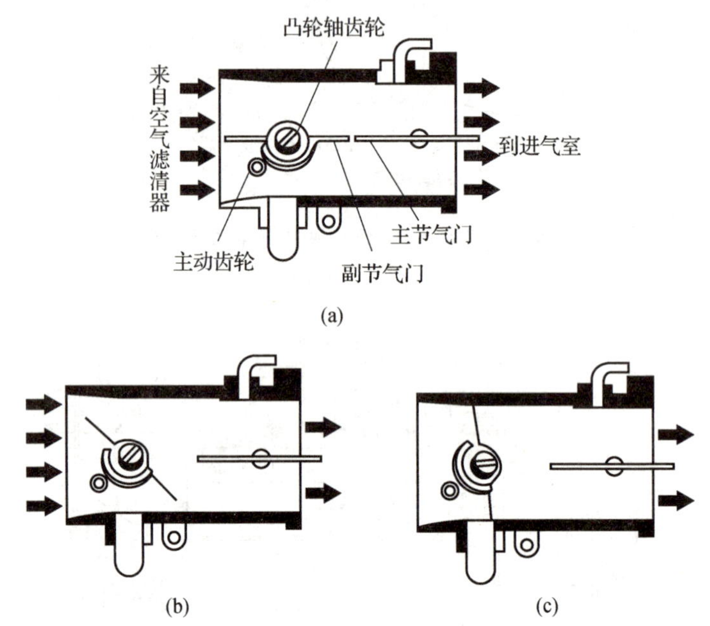

图 6-7　副节气门工作原理

（a）TRC 不工作，副节气门全开；（b）TRC 部分工作，副节气门开 50%；（c）TRC 完全工作，副节气门全闭

2）副节气门位置传感器。副节气门位置传感器内部结构如图 6-8 所示，它安装在副节气门轴上，将副节气门开度转换为电压信号，并将这一信号经发动机和 RCT ECU 发送至 ABS ECU。其电路构成如图 6-9 所示。

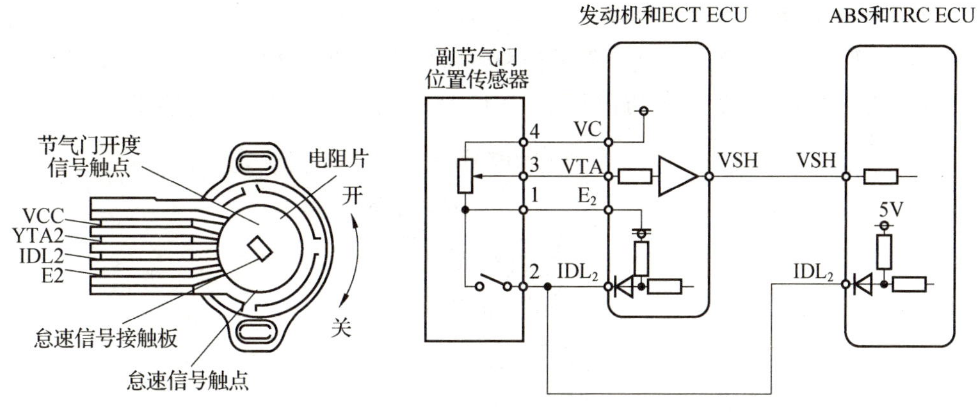

图 6-8　副节气门位置传感器内部结构图

图 6-9　节气门位置传感器电路图

3）TRC 制动执行器。TRC 制动执行器由一个泵总成和一个制动执行器组成，如图 6-10 所示。泵总成产生液压，制动执行器先将液压传送至盘式制动分泵，然后将其释放。左右后轮盘式制动分泵中的液压，由 ABS 执行器根据来自 ABS 和 TRC ECU 的信号分别控制。

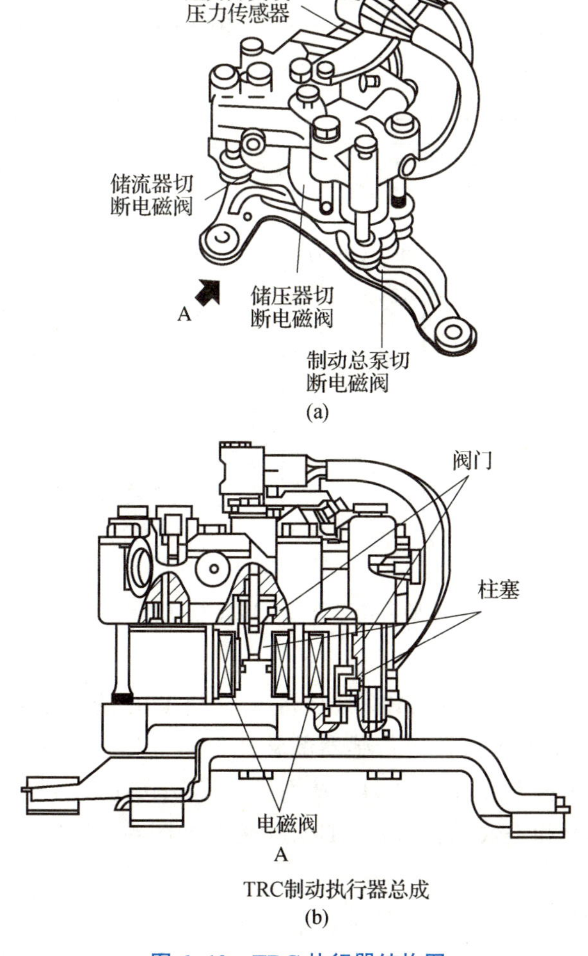

(a)

(b)

图 6-10　TRC 执行器结构图

4）压力传感开关（或传感器）。压力传感开关（或传感器）用于接通和关断TRC泵，其安装位置如图6-11所示，其工作过程和电路构成如图6-12所示。左侧方向盘的车辆，采用接触型压力传感器；右侧方向盘的车辆，则采用无接触型压力传感器。

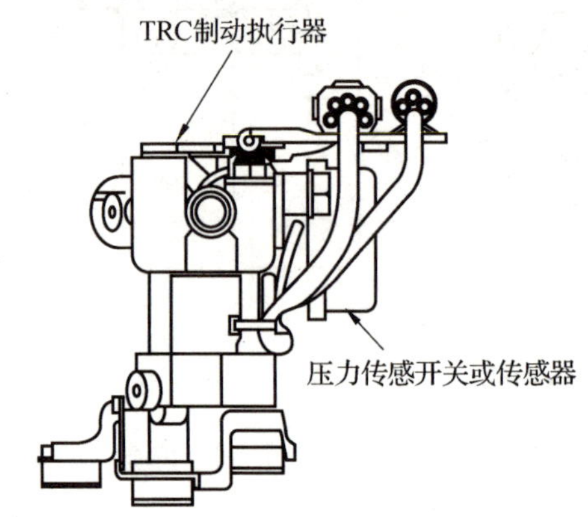

图6-11　压力传感开关（或传感器）安装位置

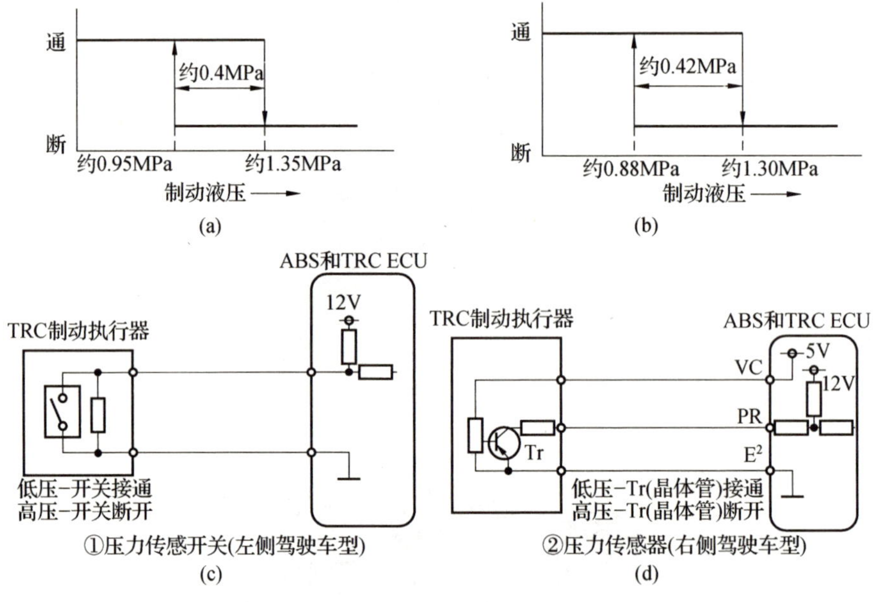

图6-12　压力传感开关（或传感器）电路图

5）ABS和TRC ECU。ABS和TRC ECU将ABS和TRC的控制功能结合为一体。ABS和TRC ECU用输入的4个车轮转速传感器的转速信号，计算车轮空转情况和露面状况，用以减小发动机扭矩和控制车轮制动力，从而控制车轮转速。另外，ABS和TRC均有初始检查功能、诊断功能和失效保护功能。TRC电路图如图6-13所示。

驻车制动器开关
制动指示灯
制动液液面警告开关
制动灯
制动灯开关
制动灯
仪表
空挡
起动
开关
换挡位置指示灯
(用于“P”挡位)
换挡位置指示灯
(用于“N”挡位)
AMI
熔断器
IG1
ABS警告灯
ECU-IG
ECU+B
TRC切断开关
WA PKB PL
IG STP NL
BAT LBL1 CSW
TRC制动主继电器
TRC关断指示灯
WT
TDCL
TSR
INO
TRC制动执行器
SAC
SMC
SRC
PR
E2
TC
TRC指示灯
D/G
TS
发动机
故障警告灯
ABS
熔断器
TRC
TRC节气门继电器
BM
TTR
检查连接器
交流发
电机熔
断器
TRC电机继电器
TMR
TRC
W
发动机和
ECT ECU
IDL1
IDL1
主节气门位置传感器
E2
TRC泵电机
MTT
ML+
ML-
调节气门
执行器
ACM
VTA1
VC
VTA2
A
A
B
B
维修连接器
ABS泵电
机继电器
MT
BCM
副节气门
位置传感器
IDL2
IDL2
VTH
VTH
VSH
VSH
TR2
TR2
NFO
NLO
MR
R-
SR
FR+
FR-
右前轮转速传感器
STR
FL+
FL-
左前轮转速传感器
SFL
RR+
RR-
右后轮转速传感器
SRR
SRL
RL+
RL-
左后轮转速传感器
AST
GND GND GND E1 E1
电磁线
圈继电
器
ABS执行器

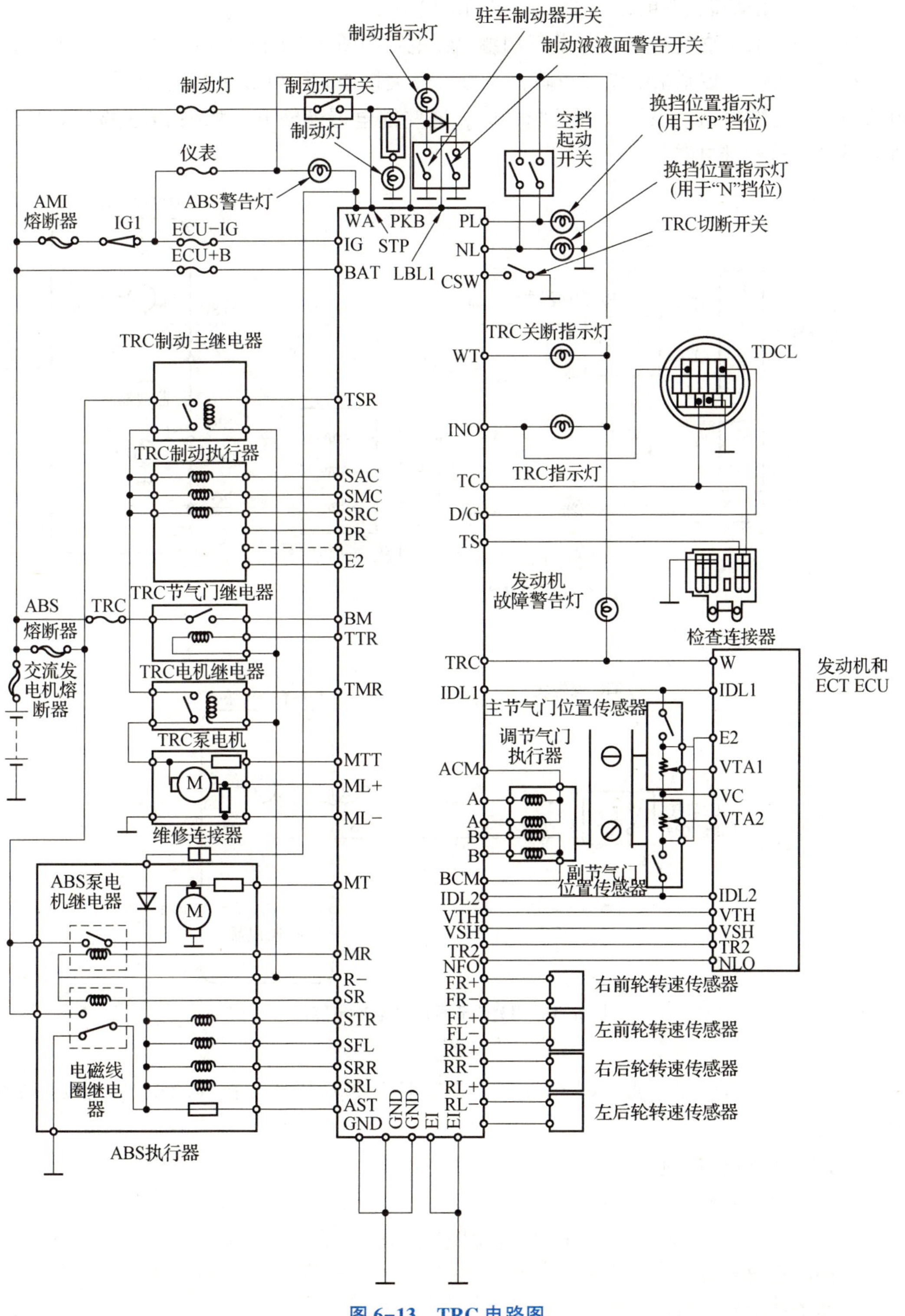

图 6-13 TRC 电路图

6）TRC 制动器主继电器和 TRC 节气门继电器。

TRC 制动器主继电器和 TRC 节气门继电器电路如图 6-14 和图 6-15 所示，只要 TRC、ABS 和发动机电子控制系统没有故障，当点火开关接通时，ECU 就接通 TRC 制动器主继电器和节气门继电器。当点火开关断开时，这些继电器就断开。如果 ECU 检测到故障，ECU 就断开这些继电器。

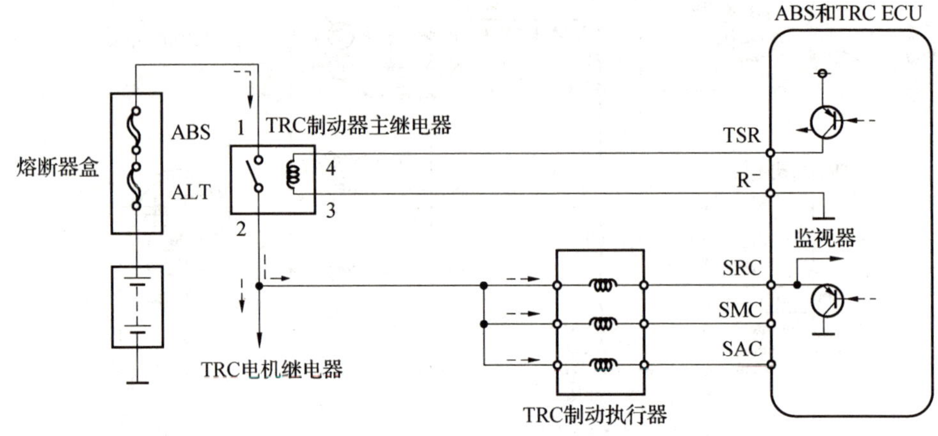

图 6-14　TRC 制动器主继电器电路图

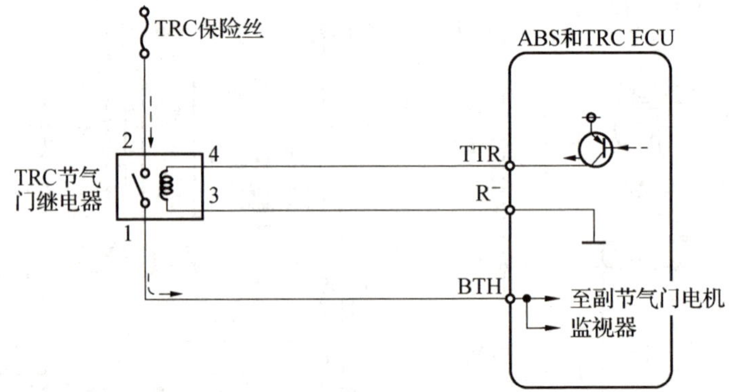

图 6-15　TRC 节气门继电器电路图

TRC 泵电机继电器，如图 6-16 所示，当以下条件满足时，ABS 和 TRC ECU 接通泵电机继电器。

①TRC 主继电器接通。

②发动机转速超过 500r/min。

③换挡杆在“P”或“N”挡以外的位置。

④IDL1 信号断开。

⑤压力传感开关信号接通。

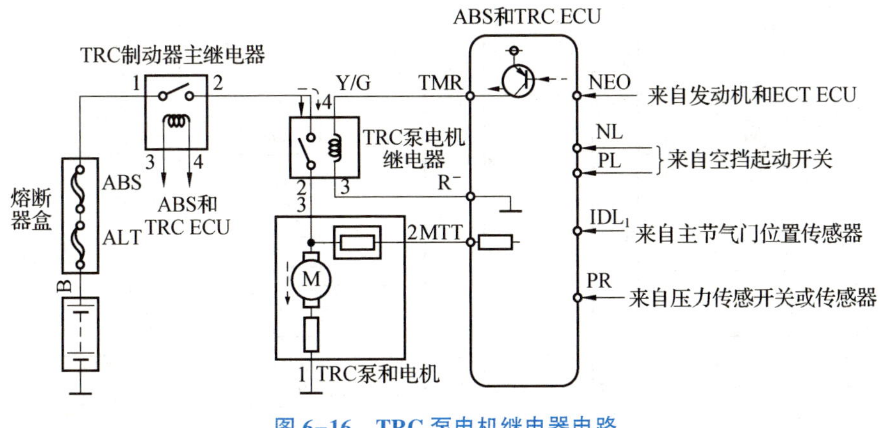

图 6-16 TRC 泵电机继电器电路

第二节 ASR 控制原理

一、ASR 工作原理

ASR 各部分的工作流程如图 6-17 所示。

车轮转速传感器将驱动轮和非驱动轮转速转变为电信号，输入控制器，控制器根据这些信号计算出驱动轮的滑动率，当滑动率超出设定范围时，电子控制器便依据节气门开度信号、发动机转速信号、转向盘转向信号等选定控制方式，然后向各执行器发出控制指令，最终驱动轮的滑动率控制在目标范围内。

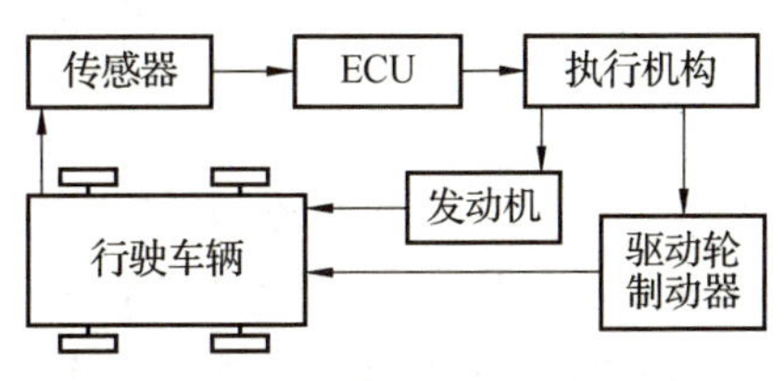

图 6-17 ASR 工作流程图

当 ASR 出现故障时，以报警灯告知驾驶员，发动机和制动系统正常工作不受影响。

1. ASR 的输入

ASR 的传感器主要有车轮转速传感器和节气门开度传感器。车轮转速传感器与 ABS 系统共用，而节气门开度传感器则与发动机电子控制系统共用，其结构不再赘述。

ASR 选择开关是系统的另一个输入装置，如将 ASR 选择开关切断（处于 OFF 位置），系统可以靠人为因素退出工作状态，以便适应某些特殊的需要。如为了检查汽车传动系统或其他系统故障时，让系统停止工作，可以避免因驱动轮悬空，ASR 对驱动轮施加制动而影响故障检查。

2. ASR 的 ECU

ASR 电子控制器以微处理器为核心，配以输入、输出电路及电源电路等。为了减少电子元器件的数目，简化和紧凑结构，ASR 控制器通常均与 ABS 控制器组合为一体，如图 6-18 所示。

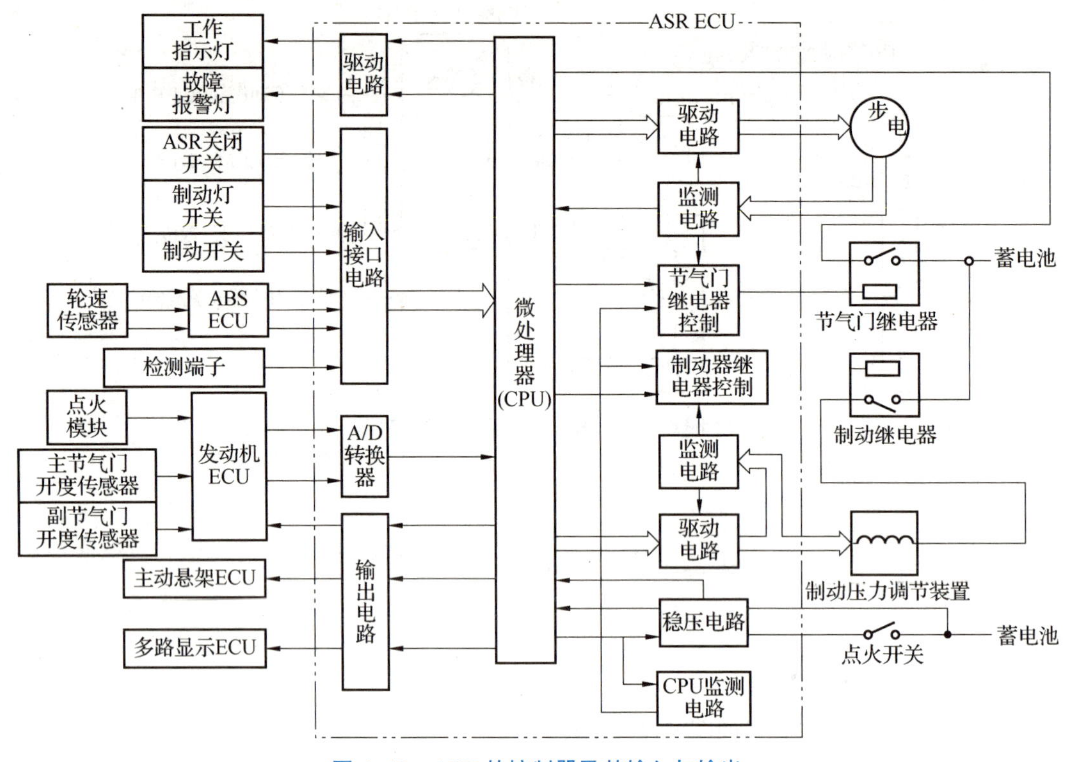

图 6-18　ASR 的控制器及其输入与输出

ASR ECU 的输入信号来自 ABS ECU 发动机控制 ECU 和几个选择控制开关等。根据上述输入信号，ASR ECU 通过计算后向制动器与发动机节气门发出工作指令，并通过指示灯显示当前的工作状态。一旦 ASR ECU 检测到任何故障，则立即停止 ASR 调节。此时，车辆仍可以保持常规方式行驶，同时系统会将检测到的故障信息存入计算机 RAM，所诊断的故障码输出到多路显示 ECU，并让报警指示灯闪烁。

3. ASR 的执行机构工作原理

ASR 制动压力调节器执行 ASR 控制器的指令，对滑转车轮施加制动力并控制制动力的大小，以使驱动轮的滑动率处于目标范围内。高压储能器是 ASR 的制动压力源，而经过制动压力调节电磁阀可以调节驱动轮制动压力大小。ASR 制动压力调节器有独立和组合两种结构形式，前者指 ASR 与 ABS 制动压力调节器彼此分立的结构形式，它比较适合将 ASR 作为选装系统的车辆，布置较灵活，但结构不紧凑，连接点较多，易泄漏。后者是将两套压力调节装置合二为一的结构形式，特点与独立式结构相反。

制动压力独立调节的形式如图 6-19 所示。当三位三通电磁阀处于断电状态而取左位时，调节缸右腔与储油室相通，压力较低，故缸内活塞在回位弹簧推力作用下被推至右极限位置。此时，一方面可借助调压缸中部的通液孔将 ABS 制动压力调节器与制动轮缸导通，使 ASR 不起作用，而保证 ABS 实现正常调压；另一方面也可实现 ASR 对制动轮缸的减压。

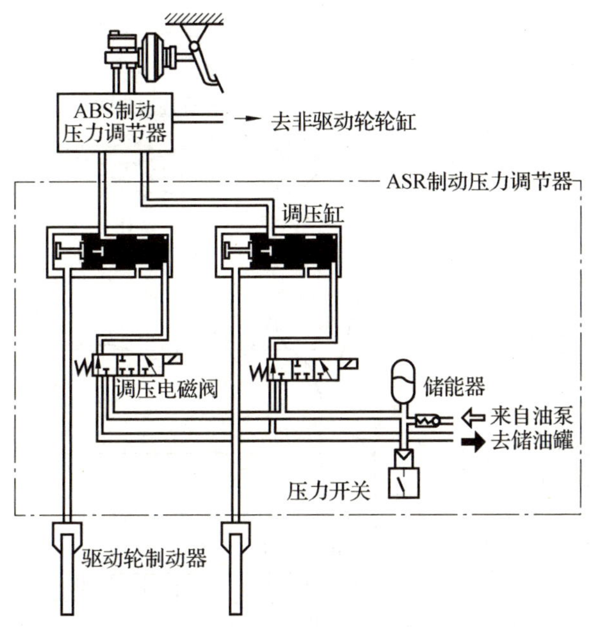

图 6-19　制动压力独立调节原理图

当电磁阀通电而处于右位时，调压缸右腔与储液室隔断，但与高压储能器导通，具有一定压力的液体将调压缸活塞推向左端，截断 ABS 制动压力调节器与制动轮缸的联系，调压缸左腔的压力会随活塞的左移而增大，带动制动压力的上升，便可实现对驱动车轮制动压力的调节。

当电子控制器使电磁阀半通电而处于中间位置时，调压缸与储液室和高压储能器均相通，调压缸活塞保持不动，驱动轮制动轮缸压力维持不变。

ASR 组合方式工作过程：当 ASR 调节电磁阀断电而取左位时，ASR 不起作用。通过两个调节电磁阀的作用，可对两驱动轮制动压力的 ABS 调节。当 ASR 调节电磁阀通电而取右位时，若调压电磁阀仍处于断电状态而取左位，这时，高压储能器的压力油可通入驱动车轮制动轮缸，达到制动增压的目的。若 ASR 调节电磁阀半通电，处于中间位置时，则切断了高压储能器与制动主缸的联系，驱动轮制动轮缸压力保持不变。当两调节电磁阀通电而取右位时，驱动轮制动轮缸与储液室导通，制动压力下降，实现制动减压。

ASR 以副节气门控制发动机输出功率是应用最广的方法。当 ASR 不起作用时，副节气门处于全开，控制副节气门开度便可实现发动机输出功率的调节。节气门驱动装置一般由步进电机和控制机构组成，步进电机根据 ASR 电子控制器输出的控制脉冲使副节气门转过规定的角度。

4. LS400 汽车 TRC 车轮转速控制原理

车轮转速控制过程如图 6-20 所示。ECU 不断收到来自 4 个车轮转速传感器的信号，并不断计算每个车轮的转速。同时，ECU 根据两个前轮的转速估计车速，设定目标控制速度。

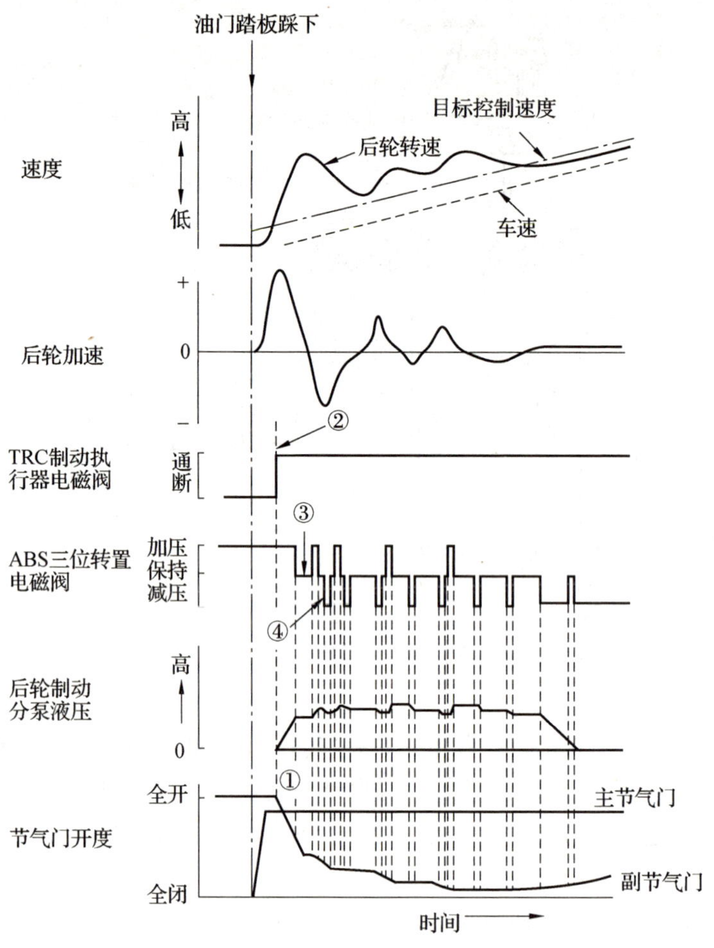

图 6-20　车轮转速控制

在摩擦因数小的道路上突然踩下油门踏板，而且后轮（驱动轮）开始空转，后轮转速会超过目标控制速度。ECU 于是发出关闭副节气门信号至副节气门执行器。同时，它还发送一个信号至 TRC 制动执行器，使其输出较高压力的制动液至后轮盘式制动分泵。ABS 执行器的三位转置电磁阀转换至控制后轮制动分泵液压，从而阻止车轮空转。

在起动和突然加速中，若后轮空转，其转速就不会与前轮转速相匹配。ABS 和 TRC ECU 感知这一情况，便起动 TRC 系统。

（1）ABS 和 TRC ECU 关闭副节气门，减少进气量，从而减小发动机扭矩。

（2）同时，ABS 和 TRC ECU 控制 TRC 制动执行器电磁阀，将 ABS 执行器设置为“压力提高”模式。已储存在 TRC 储压器中的制动液的压力，加上由 TRC 泵产生的压力，施加到制动分泵上，控制驱动轮的制动。

（3）当制动开始时，后轮加速度下降，ABS 和 TRC ECU 将 ABS 三位转置电磁阀切换至“保持”模式。

（4）如果后轮加速度下降得太多，这个电磁阀就转换至“压力降低”模式，降低制动分泵中的液压，恢复后轮加速度。

通过反复进行上述控制，ABS 和 TRC ECU 使转速保持在目标控制速度左右。

满足以下所有条件时，车轮转速传感器监控 TRC 的工作。

（1）主节气门不应全闭（IDLl 应断开）。

（2）变速器换挡杆应位于 L、2、D 或 R 挡位（P 和 N 信号应关断）。

（3）车辆应以大于 9km/h 的速度行驶，制动灯开关应断开（若车速低于 9km/h 时，可以接通）。

（4）TRC 切断开关应断开。

（5）ABS 不应工作。

TRC 系统不应处在传感器检查模式或故障代码输出模式。

5. LS400 汽车 TRC 执行器的工作过程

LS400 TRC 执行器中各部件的功能见表 6-1，执行器的液压系统如图 6-21 所示。

表 6-1　制动执行器部件的功能

部　件	功　能
储压器切断电磁阀	在 TRC 系统工作时，将来自储压器的液压传送至盘式制动分泵
总泵切断电磁阀	当储压器中的液压正被传送至盘式制动分泵时，这个电磁阀阻止制动液流回到总泵
储液罐切断电磁阀	在 TRC 系统工作时，这个电磁阀使制动液从盘式制动分泵流回至总泵储液室
压力传感开关或压力传感器	监测储压器中的压力，将这一信息发送至 ABS 和 TRC ECU。ECU 根据这一数据控制泵的工作

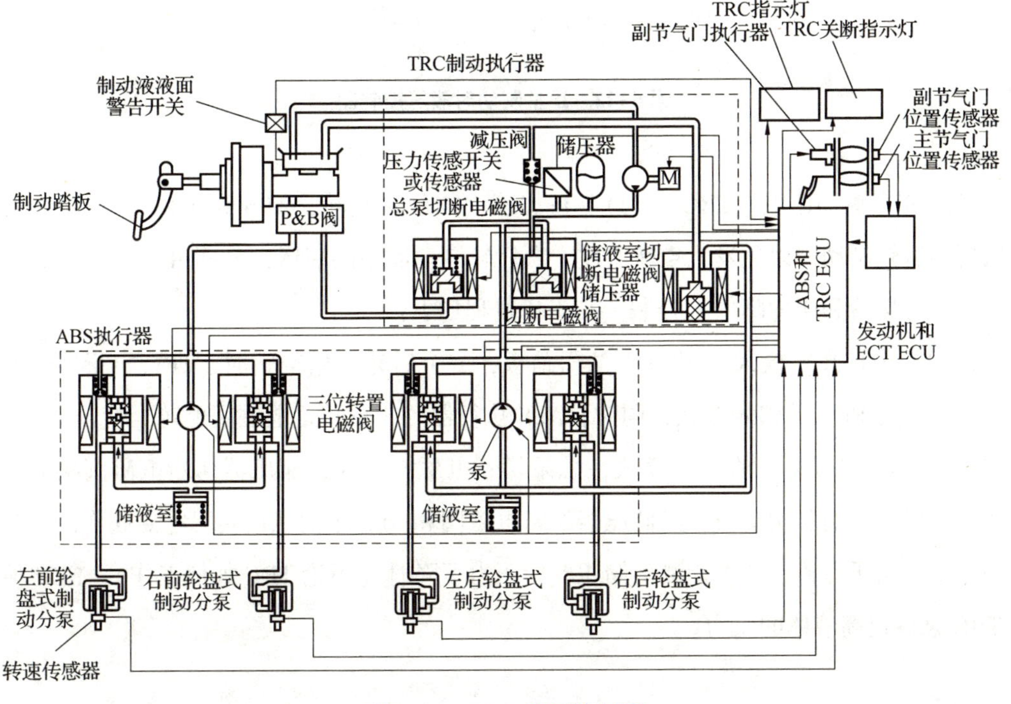

图 6-21　TRC 液压控制图

（1）在正常制动中（TRC 未起动）。当施加制动力时，TRC 制动执行器中所有电磁阀（总泵切断电磁阀、储压器切断电磁阀、储液室切断电磁阀）都关断。如图 6-22 所示，当 TRC 在此状态下，将制动踏板踩下时，总泵内产生的液压经总泵切断电磁阀和 ABS 执行器的三位转置电磁阀作用在盘式制动分泵上。当松开制动踏板时，制动液从盘式制动分泵流回总泵。

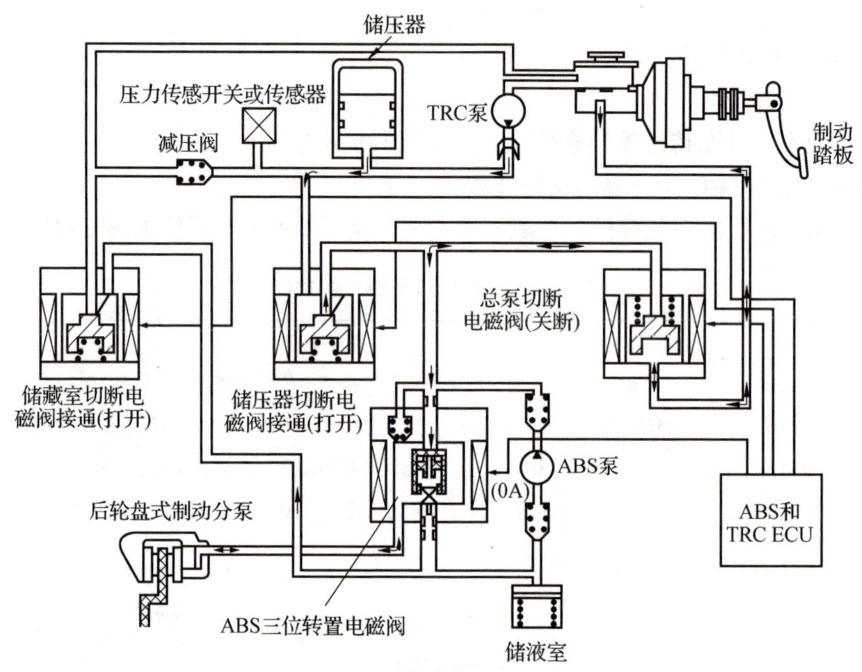

图 6-22　正常制动时液压控制图

（2）在车辆加速中（TRC 起动）。在加速中如后轮空转，ABS 和 TRC ECU 控制发动机扭矩和后轮制动，以免发生空转。左、右后轮制动器中的液压，分别由三种模式（压力提高、压力保持和压力降低）控制。其工作过程如下：

1）“压力提高”模式 。当踩下油门踏板，一个后轮开始空转时，TRC 执行器的所有电磁阀都来自 ECU 的信号接通，同时，ABS 执行器的三位转置电磁阀也转至“压力提高”模式，如图 6-23 所示。在这一模式，总泵切断电磁阀接通，储压器切断电磁阀接通。这就使储压器中的加压制动液，经储压器切断电磁阀和 ABS 中的三位转置电磁阀作用在盘式制动分泵。当压力传感开关检测到储压器中压力下降时（不论 TRC 如何工作），ECU 便接通 TRC 泵以提高液体的压力。

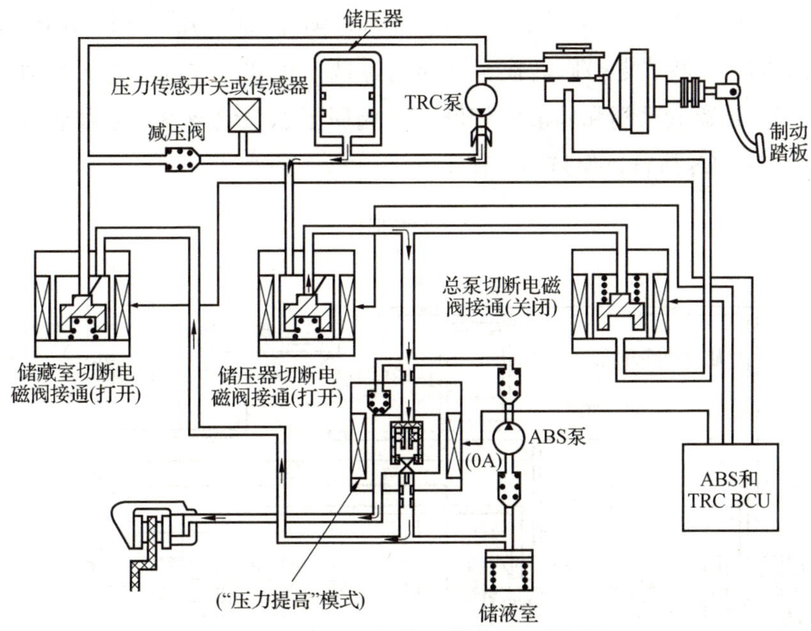

图 6-23 “压力提高”模式液压控制图

2）“压力保持”模式。当后轮盘式制动分泵中的液压提高或降低到所需要的压力时，系统就切换至“压力保持”模式，如图 6-24 所示。ABS 泵及总泵切断电磁阀、储压器切断电磁阀、储液室切断电磁阀均接通。模式转换是 ABS 执行器的三位转置电磁阀的切断完成的。其结果是阻止储压器中的压力降低，保持盘式制动分泵中的液压。

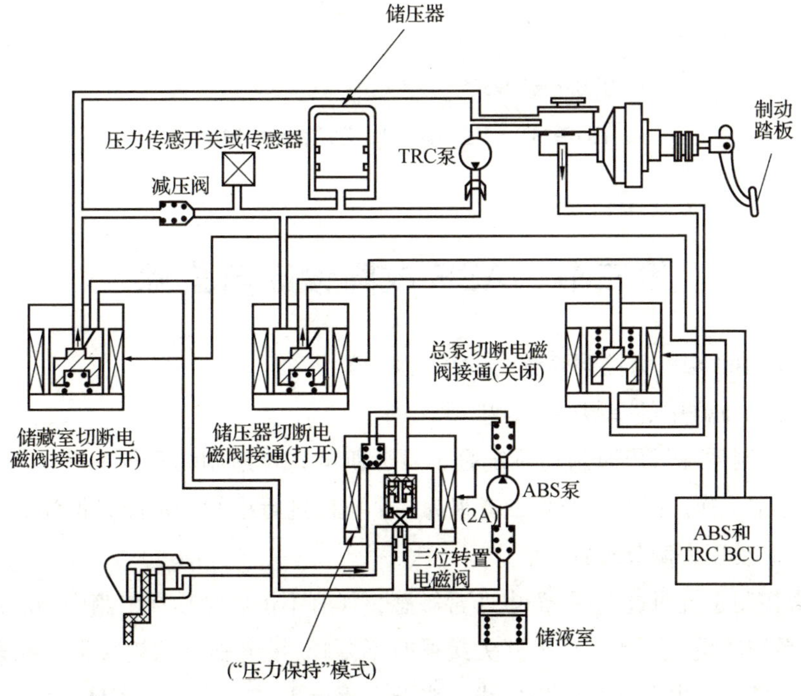

图 6-24 “压力保持”模式液压控制图

3）“压力降低”模式。当需要降低后轮盘式制动分泵中的液压时，ABS 和 TRC ECU 将 ABS 执行器的三位转置电磁阀转换至“压力降低”模式。这就使盘式制动分泵中的液压，经 ABS 三位转置电磁阀和储液室切断电磁阀回至总泵储液室，导致液压降低，如图 6-25 所示，这时 ABS 执行器保持不工作。

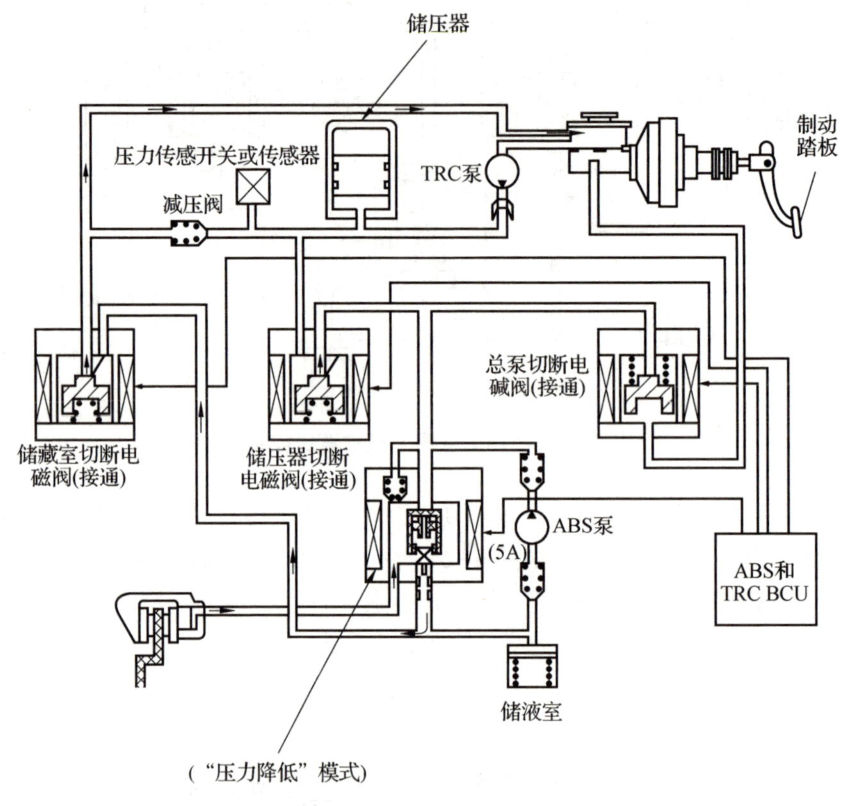

图 6-25 “压力降低”模式液压控制图

第三节 ASR 故障诊断与排除

1. 丰田 LS400 牵引力控制系统（TRC）检修

（1）使用与维修中的一般性注意事项。

1）防滑控制系统与普通制动系统是不可分割的，普通制动系统一旦出现问题，ABS 系统就不能正常工作。因此，要将二者视为一个整体进行维修，不能只把注意力集中于传感器-电脑和制动压力调节装置上。

2）防滑控制系统对过电压-静电非常敏感，如有不慎就会损坏电脑中的芯片，造成整个防滑控制系统瘫痪。因此，点火开关接通时不要插/拔电脑上的连接器；在车上进行电焊之前，要戴好防静电器（也可用导线一头缠在手腕上，一头缠在车体上），拔下电脑上的连接器后再进行电焊；给蓄电池进行专门充电时，要将电池从车上拆卸下来或摘下蓄电池电缆后再进行充电。

3）维修车轮速度传感器时一定要十分小心。拆卸时注意不要碰伤传感器头，不要用传感器齿圈当作撬面，以免损坏传感器。安装时应先涂覆防锈油，安装过程中不可敲击或用蛮力。一般情况下，传感器气隙是可调的（也有不可调的），调整时应使用非磁性塞卡，如塑料或铜塞卡，当然也可使用纸片。

4）维修防滑控制系统制动压力调节装置时，切记要首先进行泄压，然后再按规定进行修理。例如，制动总泵和制动压力调节装置设计在一起，其蓄压器存贮了高达 18MPa 的压力，修理前要彻底泄压，以免高压油喷出伤人。

5）制动液一般推荐选用 DOT3、DOT4 两种制动液。但 DOT3、DOT4 制动液是醇基制动液，具有较强的吸湿性，当制动液含水量增多，容易发生气阻现象，因此最好是每年更换一次，至少要每隔两年更换一次。一般不推荐使用 DOT5 制动液，尽管 DOT5 制动液具有较强的沸点，但是 DOT5 是硅基型制动液，对橡胶有较强的腐蚀作用。

6）在进行防滑控制系统诊断与检查时，只要掌握扫描仪等专业工具的使用方法，按照维修手册中给出的故障诊断图表作故障诊断就行，可以不拘泥于检查形式和步骤，只要能准确地判断出故障点即可。但是，在更换防滑控制系统零部件时，一定要选用本车型高质量正宗的配件，确保防滑控制系统维修后能正常地工作。

（2）故障诊断与 TRC 检修（以丰田 LS400 汽车 TRC 为例）。

1）自诊断故障码读取。

①将点火开关拧至“ON”位置。

②在丰田诊断通信链路或检查连接器上用 SST 连接端子 TC 和 E1，如图 6-26 所示。

③根据组合仪表内“TRC OFF”指示灯的闪烁方式读出故障码。

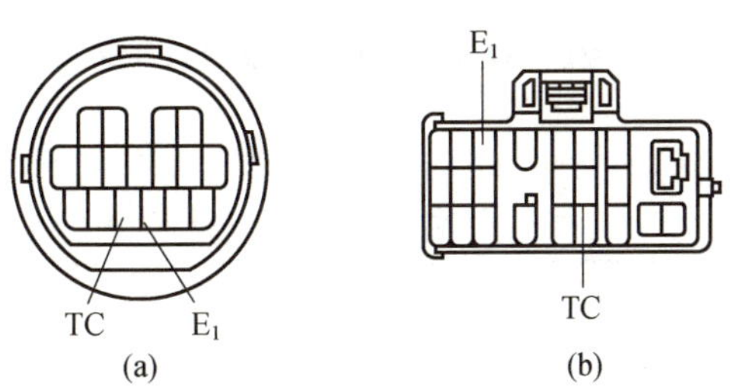

图 6-26　LS400 TRC 自诊断插座

（a）丰田诊断通信链路；（b）检查连接器

图 6-27 显示了正常码、11 号故障码和 21 号故障码的闪烁方式。如同时出现 2 个或 2 个以上的故障码，则号码最小的故障码最先显示出来。如无故障码闪烁，则应检测指示灯电路。

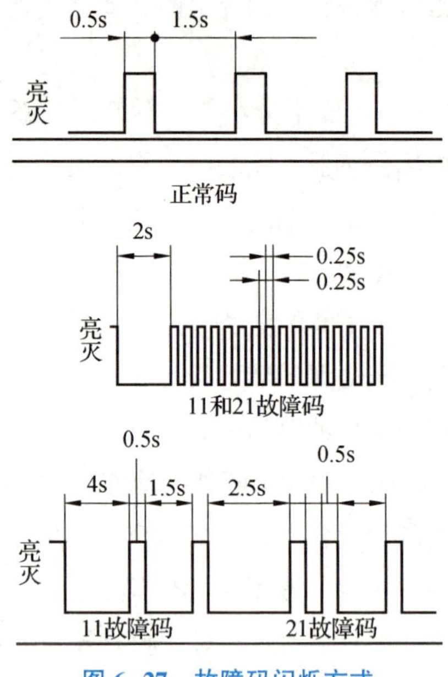

图 6-27　故障码闪烁方式

2）TRC 检修。根据故障码，参照 TRC 电路图及电控单元各端子标准值进行检修。ABS 和 TRC 的 ECU 端子如图 6-28 所示，表 6-2 列出了 ECU 端子的标准值。节气门电动驱动端子号码如图 6-29 所示，表 6-3 为其标准值。

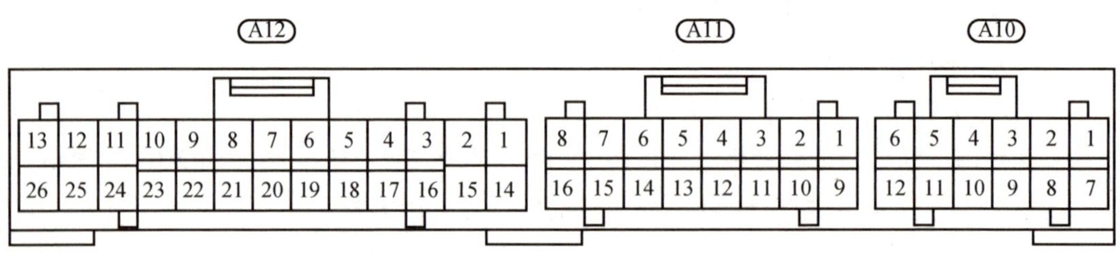

图 6-28　ABS 和 TRC 的 ECU 端子号码

表 6-2　ECU 端子的标准值

符号（端子号码）	标准电压/V	条　件
BAT-GND（A12-11）（A12-2、12、25）	10～14	任何情况
BAT-GND（A12-24）（A12-2、12、25）	10～14	点火开关 ON（接通）
SR-R-（A10-11）（A10-3）	8.3～14	点火开关 ON（接通），ABS 报警灯 OFF（断开）
MR-R-（A10-5）（A10-3）	<1.0	点火开关 ON（接通）
TMR-R-（A10-12）（A10-3）	<1.0	点火开关 ON（接通）

续表

符号（端子号码）	标准电压/V	条　件
SFR-GND（A10-1）（A12-2、12、25）	10~14	点火开关 ON（接通），ABS 报警灯 OFF（断开）
SFL-GND（A12-13）（A12-2、12、25）	10~14	点火开关 ON（接通），ABS 报警灯 OFF（断开）
SRR-GND（A12-26）（A12-2、12、25）	10~14	点火开关 ON（接通），ABS 报警灯 OFF（断开）
SRL-GND（A10-7）（A12-2、12、25）	10~14	点火开关 ON（接通），ABS 报警灯 OFF（断开）
AST-GND（A10-4）（A12-2、12、25）	10~14	点火开关 ON（接通），ABS 报警灯 OFF（断开）
SMC-GND（A10-2）（A12-2、12、25）	10~14	点火开关 ON（接通），ABS 报警灯 OFF（断开）
SRC-GND（A10-8）（A12-2、12、25）	10~14	点火开关 ON（接通），ABS 报警灯 OFF（断开）
WA-GND（A12-22）（A12-2、12、25）	<2. 0	点火开关 ON（接通），ABS 报警灯 OFF（断开）
	10~14	点火开关 ON（接通），ABS 报警灯 OFF（断开）
PKB-GND（A12-23）（A12-2、12、25）	<1. 5	点火开关 ON（接通），驻车制动器开关位于 OFF（断开），制动总泵储油罐中的油位低于“MIN”（最低）标线
	10~14	点火开关 ON（接通），驻车制动器开关位于 OFF（断开），制动总泵储油罐中的油位高于“MIN”（最低）标线
LBL-GND（A12-9）（A12-2、12、25）	10~14	点火开关 ON（接通），驻车制动器开关位于 OFF（断开），制动总泵储油罐中的油位低于“MIN”（最低）标线
STP-GND（A12-10）（A12-2、12、25）	<1. 5	制动灯开关 OFF（断开）
	8~14	制动灯开关 ON（接通）
D/F-GND（A12-21）（A12-2、12、25）	10~14	点火开关 ON（接通），ABS 报警灯 OFF（断开）
TC-GND（A12-8）（A12-2、12、25）	10~14	点火开关 ON（接通）
TS-GND（A12-1）（A12-2、12、25）	10~14	点火开关 ON（接通），ABS 报警灯 OFF（断开）
FR+-FR-（A12-17）（A12-4）	产生交流电	制动灯开关 ON（接通），慢慢转动右前轮
FL+-FL-（A12-5）（A12-18）	产生交流电	制动灯开关 ON（接通），慢慢转动左前轮

续表

符号（端子号码）	标准电压/V	条　件
FR+-RR-（A11-2）（A11-10）	产生交流电	制动灯开关 ON（接通），慢慢转动右后轮
FR+-RL-（A11-9）（A11-1）	产生交流电	制动灯开关 ON（接通），慢慢转动左后轮
IND-GND（A12-3）（A12-2、12、25）	<2.0	点火开关 ON（接通），SLP（打滑）指示灯 ON（接通）
	10~14	点火开关 ON（接通），SLP（打滑）指示灯 OFF（断开）
WT-GND（A12-15）（A12-2、12、25）	<2.0	点火开关 ON（接通），TRC OFF 指示灯 ON（接通）
	10~14	点火开关 ON（接通），TRC OFF 指示灯 OFF（断开）
CSW-GND（A11-15）（A12-2、12、25）	<1.5	点火开关 ON（接通），TRC 断路开关按下
	10~14	点火开关 ON（接通），TRC 断路开关放开
NEO-GND（A11-11）（A12-2、12、25）	产生脉冲电压	怠速
TRA-GND（A11-7）（A12-2、12、25）	产生脉冲电压	点火开关 ON（接通）
EFI+-GND（A11-8）（A12-2、12、25）	产生脉冲电压	点火开关 ON（接通）
EFI-GND（A11-16）（A12-2、12、25）	产生脉冲电压	点火开关 ON（接通）
THD-GND（A11-5）（A12-2、12、25）	产生脉冲电压	点火开关 ON（接通）
TRC+-GND（A11-15）（A12-2、12、25）	产生脉冲电压	TRC 控制起动
TRC-GND（A11-14）（A12-2、12、25）	产生脉冲电压	TRC 控制起动
MT-GND（A10-10）（A12-2、12、25）	<1.5	点火开关 ON（接通）
MTT+-GND（A12-14）（A12-2、12、25）	<1.5	点火开关 ON（接通）

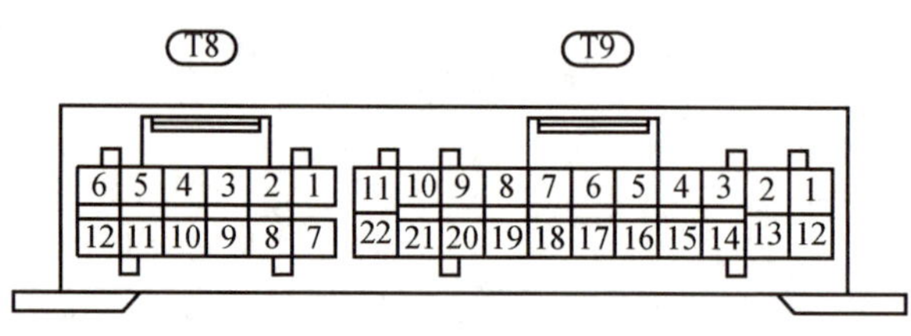

图 6-29　节气门电动驱动器端子号码

表 6-3　节气门电动驱动器端子的标准值

符号（端子号码）	标准电压/V	条　件
BM-GND（T9-1）（T9-12、22）	10~14	任何情况
IG-GND（T9-11）（T9-12、22）	10~14	点火开关 ON（接通）
ACM-GND（T8-2）（T9-12、22）	7~12	点火开关 ON（接通），辅助节气门完全打开
A-GND（T8-12）（T9-12、22）	7~12	点火开关 ON（接通），辅助节气门完全打开

续表

符号（端子号码）	标准电压/V	条　件
A--GND（T8-11）（T9-12、22）	7~12	点火开关 ON（接通），辅助节气门完全打开
BCM-GND（T8-6）（T9-12、22）	7~12	点火开关 ON（接通），辅助节气门完全打开
B-GND（T8-8）（T9-12、22）	7~12	点火开关 ON（接通），辅助节气门完全打开
B--GND（T8-12）（T9-12、22）	7~12	点火开关 ON（接通），辅助节气门完全打开
IDL2-GND（T8-4）（T9-12、22）	<1.0	点火开关 ON（接通），辅助节气门完全打开
	10~14	点火开关 ON（接通），辅助节气门完全打开
IHDO-GND（T9-4）（T9-12、22）	产生脉冲电压	点火开关 ON（接通）
TRC+-GND（T9-9）（T9-12、22）	产生脉冲电压	TRC 控制起动
TRC--GND（T9-8）（T9-12、22）	产生脉冲电压	TRC 控制起动

第四节　ASR 故障案例

案例 1：奥迪 A6 汽车 ASR 故障指示灯常亮

（1）故障现象。一辆奥迪 A6 汽车，装备 APS 型发动机，排量为 2.6L。该车在行驶过程中驱动防滑控制系统（ASR）指示灯常亮。用户反映该车前两天曾因发动机不起动故障拖到服务站维修过，但那时 ASR 指示灯并未点亮。

（2）故障诊断与排除。读取故障码，发现 00761 故障码，含义为发动机控制系统存在故障，但无法将其清除。此车 ASR 系统通过 CAN 总线与发动机控制单元及变速器控制电脑之间数据交换。

根据故障诊断仪的提示，进入发动机控制系统，果然发现了 1 个提示发动机第三缸喷油嘴有故障的故障码。先测量喷油嘴线圈电阻，正常。但在装复喷油嘴插头准备进行喷油嘴最终元件执行功能时，似乎听到有熔丝被烧毁的声音，而此时发动机也已无法起动。经检查保险盒内的 34 号保险的熔丝已被烧断。看来问题出现在喷油嘴的供电线束内。经检查，3 缸喷油嘴连线的外皮已被汽油管磨破，也正是由于此原因导致喷油嘴供电保险损坏，造成燃油系统不正常供油，发动机不能起动的故障。经过对 3 缸喷油嘴线路损坏进行修复并更换 34 号熔丝后，该车一切恢复正常。

（3）故障检修。该车的驱动防滑控制系统（ASR），采用的是通过调整发动机的进气量控制发动机的输出转矩，而进气量的调整是依靠改变节气门的开度实现的。同时 ASR 系统还对发生滑转的驱动轮直接加以制动。这种方式反应时间最短，是防止转滑的最迅速的一种控制方式，对驱动轮进行制动还能起到差速锁的作用。除对滑转的驱动轮施加一定的制动力外，该车还装备了电子差速锁，当车速超过 40km/h 时，该装置起作用。

针对该车 ASR 指示灯点亮的情况，应该清楚了解：如果车辆防抱死制动系统（ASR）发生故障时，ASR 指示灯会常亮。正常情况下，打开点火开关时，此指示灯会在点亮约 2s 后熄灭。车辆行驶过程中，如果 ASR 系统进入工作状态，指示灯将闪动。在关闭此系统时如果 ASR 系统出现故障，ASR 指示灯将会持续闪亮。

在解决该车故障时，先将故障诊断仪连接到自诊断接口上，打开点火开关，检测发现了1个故障码，其含义为发动机控制系统存在故障。由于ASR系统的功能依赖于ABS控制单元与发动机控制单元及变速器控制电脑之间的数据交换，而它们之间又是通过CAN总线彼此进行信息传递的，因此这时ASR指示灯的故障也被存入了发动机控制单元。

根据故障诊断仪的提示，进入发动机控制系统，果然发现了1个提示发动机第三缸喷油嘴有故障的故障码。此时考虑很可能是线路上的问题导致了发动机点控系统故障码的出现。故决定先对喷油嘴线圈电阻进行测量，在断开3缸喷油嘴线束插头后，测量喷油嘴电阻时，却未发现阻值异常。但在装复喷油嘴插头准备进行喷油嘴最终元件执行功能时，似乎听到有熔丝被烧毁的声音，而此时发动机也已无法起动。经检查保险盒内的34号保险的熔丝已被烧断，看来问题出现在喷油嘴的供电线束内。经检查，3缸喷油嘴连线的外皮已被汽油管磨破，也正是由于此原因导致喷油嘴供电保险损坏。造成燃油系统不正常供油，发动机不能起动的故障。经过对3缸喷油嘴线路损坏进行修复并更换34号熔丝后，该车一切恢复正常。

案例2：奔驰600SEL汽车ASR故障灯常亮

（1）故障现象。一辆奔驰600SEL汽车，仪表板上ASR故障灯常亮。故障刚出现时，在行驶一段时间后ASR故障灯才会亮；关闭点火开关再重新起动，仪表板上的ASR故障灯又会熄灭；但是再行驶一段路程，ASR故障灯又会重新点亮。

（2）故障诊断与排除。调取ASR系统故障代码，显示ASR电脑与EGAS（电子节气门控制系统）电脑信号传输有问题。读取EGAS系统故障，无故障代码，因此怀疑其线路存在故障。

经仔细检查EGAS电脑的线路系统，没有发现任何异常现象，打开EGAS电脑，发现EGAS电脑里面有个集成块已经烧毁，更换EGAS电脑后试车，ASR故障灯不再点亮，但是路试一段距离后，ASR故障灯又点亮了，再次读取ASR系统的故障代码，显示怠速触点线路不良（原来ASR系统与EGAS系统信号传输不良）。

检查怠速触点线路（奔驰车怠速触点装在加速踏板下），发现怠速触点线路有一个插头断开，把该插头接上，试车，ASR故障灯不再点亮，故障彻底排除。

案例3：宝来1.8AT ASR警告灯点亮

（1）故障现象。在行车中ASR警告灯总是点亮。

（2）故障诊断与排除。首先试车，快速起步或急加速时ASR警告灯点亮，说明加速防滑系统正在工作，但是加速防滑系统工作结束后，ASR警告灯仍不熄灭。查询发动机控制单元故障码1个，18056数据总线故障。读取数据流显示组125“数据总线信号”，显示区1、2、3都显示“1”，说明发动机控制单元与自动变速器、ABS、组合仪表控制单元的通信正常。将故障码18056清除后试车没有再储存。读取数据流显示组002的第2显示区，发现发动机负荷为28%（规定值为10%~25%）。

发动机负荷这个百分数是控制单元根据吸入空气量、节气门开度、发动机转速计算出来的，空气流量传感器有故障会影响这个百分比，这个数值不正确可能会引起 ASR 报警灯报警。

试更换空气流量传感器，再次读数据流 002 组第 2 区，发动机负荷变为 18%，试车发现 ASR 报警灯不再报警，故障排除。

思考题

1. 简述 ASR 的功用。
2. 简述 ASR 与 ABS 的区别。
3. 简述 ASR 的控制方法有哪些？
4. 简述 ASR 的结构组成及工作原理。
5. 分析雷克萨斯 400 汽车的 TRC 工作过程及控制原理。

汽车空调系统电路

第一节　汽车空调专用工具的使用及汽车空调的维护

一、汽车空调专用工具的使用

1. 电子检漏仪

检漏仪是检查制冷系统的制冷剂是否泄漏的设备，目前检漏仪主要有卤素检漏仪和电子卤素检漏仪。卤素检漏仪、SF6 气体检测仪，能用来检测 SF6 气体、HFC（R134、R123）/CFC/HCFC 制冷剂、卤素气体、乙烯、四氯乙烯、三氯乙烯和含有卤素的大部分其他化合物，是利用卤族元素探索气体存在时，赤热铂电极发射正离子量增加的原理来制作的。

（1）卤素检漏仪的功能。

1）可检测所有卤素制冷剂；

2）三色视频指示，渐变声讯报警；

3）轻触式键盘，灵敏度可调；

4）内置微型泵采样前自清零；

5）专利的智能型热电子传感器技术；

6）自动指示状态；

7）浓度分辨率可调。

（2）卤素检漏仪的原理。卤素检漏仪是指用含有卤素（氟、氯、溴、碘）气体作为示漏气体的检漏仪器。该类仪器分两类：其一为传感器（即探头），与被检件相连接的称为固定式（也称内探头式）检漏仪；其二为传感器（即吸枪），在被检件外部搜索的称为便携式（也称外探头式）检漏仪。示漏气体有氟里昂、氯仿、碘仿、四氯化碳等，其中氟里昂最好检测，灵敏度可达 3.2×10^{-9} Pa · m^3/s。金属铂在 800～900℃ 时会发生正离子发射，当遇到卤素气体时，这种发射会急剧增加。这就是所谓的“卤素效应”，利用此效应制成了卤素检漏仪，如图 7-1 所示。

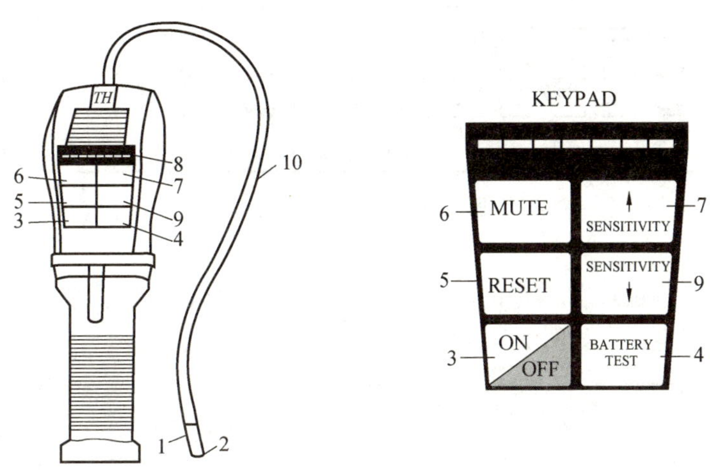

图 7-1　电子卤素检漏仪

1—探头；2—探头防护罩；3—电源开关；4—电池测试键；5—复位键；
6—音频渐变键；7—增加灵敏度键；8—降低灵敏度键；9—发光二极管指示；10—柔性探杆

（3）准备工作。

先安装电池，如图 7-2 所示，向上滑动拆下位于产品底部的电池仓盖，装入电池，正极向外（朝电池仓盖方向）。

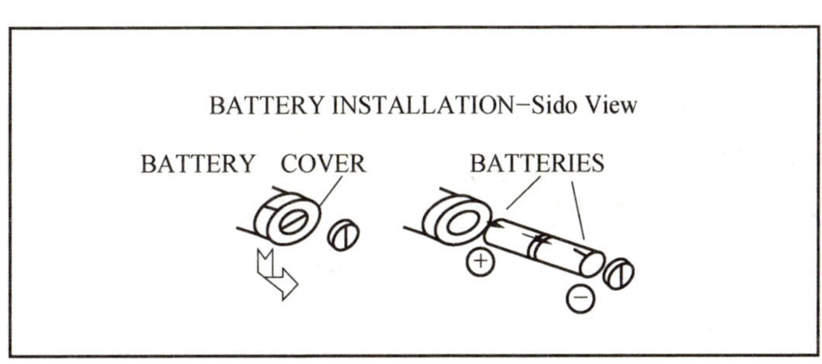

图 7-2　电池的安装

（4）操作。

1）电源指示/电池测试。TIFXP-1A 型卤素检漏仪可以通过两种方式指示电池状况。

一种为常设状态。通过最左边的发光二极管指示电池的电量。

具体指示如图 7-3 所示。

绿　色——电池电量正常。

橙黄色——电池电量不足，应尽快更换电池。

红　色——电池电量很低，已无法工作。

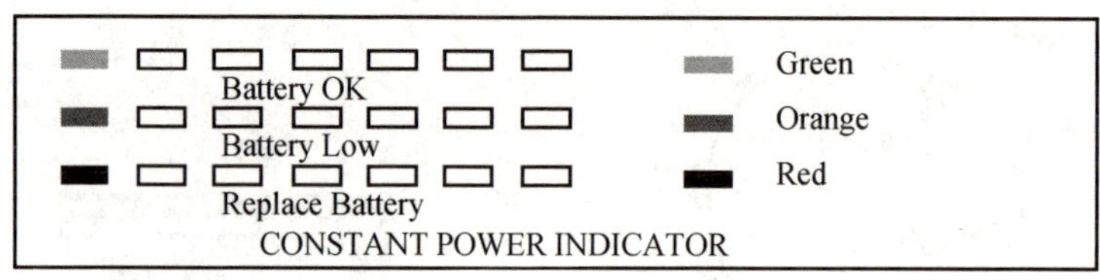

图 7-3　电池电量的指示

另一种为电池测试状态。按下电池测试键进行电池测试，测试时发光二极管以三色图谱指示电池的实际电压，如图 7-4 所示。

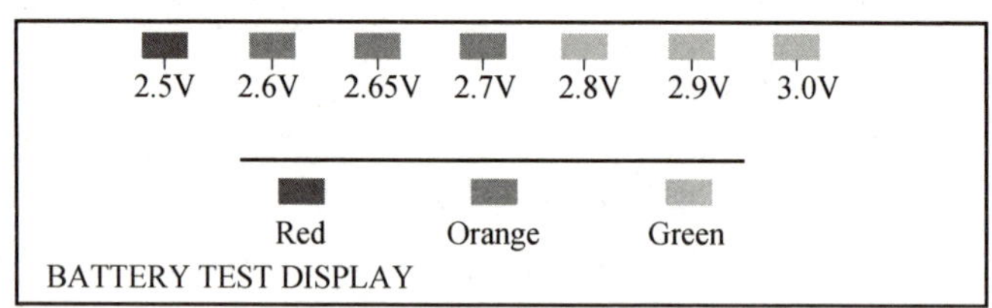

图 7-4　电池测试状态

若按住电池测试键不放，则持续显示电池电压。松开电池测试键，返回正常状态。

2）自动电路/复位功能。TIFXP-1A 型卤素检漏仪装有自动电路以及一个复位键，可使本仪器忽略环境中制冷剂的浓度水平。

自动电路——打开开关时，本仪器忽略环境中的制冷剂浓度，设置零点。只有当浓度大于此水平时才发出警告。

注意：若将探头置于泄漏处开机，则不能测出泄漏。

复位功能——在操作中按下复位键，执行清零复位功能。当按下复位键时，仪器将重置零点，忽略探头周围存在的制冷剂，这样操作则可检测更高的浓度。将仪器移至清洁空气中复位，可调整到最大的灵敏度。当按下复位键时，发光二极管（除最左边的外）将变成橘红色，大约 1s 以确认复位动作。

3）灵敏度调节。TIFXP-1A 型卤素检漏仪具有七挡灵敏度可调。按下灵敏度增加键或降低键可调整灵敏度的水平，相应的灵敏度通过发光二极管指示出来。“嘟嘟”声的频率也可指示灵敏度的区别。

当开机时，仪器自动认定为第 5 挡。

按灵敏度上调键或下调键，可调节灵敏度。

当按下调整键时发光二极管显示红色。

发光二极管亮的数目代表相应的灵敏度级别，如图 7-5 所示。最左边的发光二极管表示感 1 级（最低灵敏度）。从左边数，2 至 7 级由相应数目的发光二极管表示，所有的发光二极管全亮时表示 7 级（最高灵敏度）。

＊按上调键或下调键将改变灵敏度。可以按一次改变一级，也可以持续按键快速改变级别。

* 每增加一挡，表示相对灵敏度增加一倍，这使得本仪器灵敏度最大可增加 64 倍。

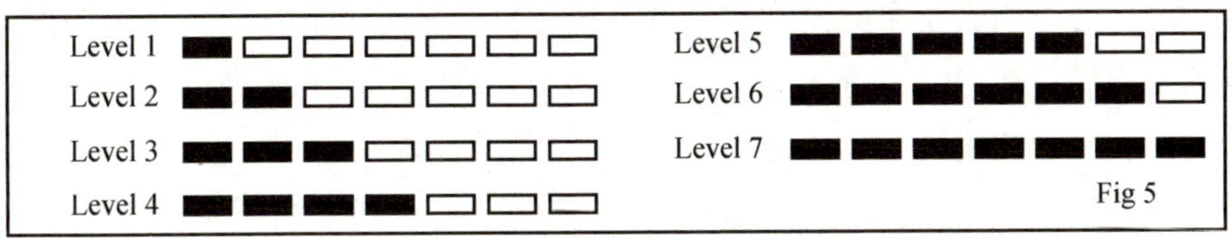

图 7-5 灵敏度级别

4）警示。TIFXP-1A 型卤素检漏仪具有 18 级警示。因此，可清晰地指示泄漏的相对大小和强度。渐进的指示可用于定位漏点。增加的警示级别表示正在接近泄漏源（最高浓度处）。每一级由相应的红、绿、橙三色的发光二极管表示（见图 7-6）。

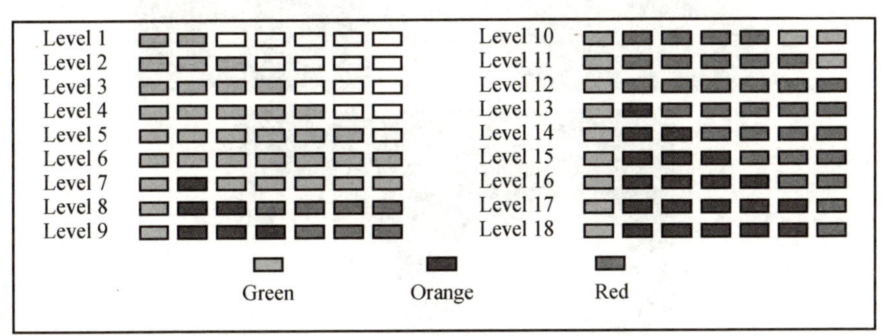

图 7-6 警示级别示意图

首先，先从左到右为绿色，然后又从左到右显示橙色，并逐一替换掉绿色。最后，从左到右显示红色，并逐一替换掉橙色。

（5）检漏操作步骤。

1）打开电池开关，发光二极管将显示复位指示 2s（左灯为绿色，其他灯为橙色）。

2）通过观察发光二极管核对电池电力（见上）

3）开机时，本产品默认为灵敏度 5 级，此时可听到间隔稳定的“嘟、嘟”声，如果需要可通过灵敏度调整键改变灵敏度。

4）开始检漏时，当泄漏的气体被发现时，“嘟嘟”声将变得急促，发光管也将根据浓度的变化改变发光方式。

5）灵敏度可在操作中的任何时候进行调整，且不影响检测。

6）如泄漏源被定位之前，已达到最高警示（发光二极管 1 绿 6 红）。应按复位键复位到零参考水平。

7）为保证仪器测量准确可靠，可经常进行复位操作。

2. 制冷剂回收、加注机

在汽车空调制冷系统具体的检修过程中，离不开制冷剂的排放或回收、抽真空与加注等基本操作。修理汽车空调系统时，经常需要拆开空调系统，这时就需要将系统中的制冷剂加以回收或排放。对于拆开修理的空调系统或者发现其制冷剂太少的空调系统，在添加新的制冷剂之前必须用真空泵完全抽空空调系统，目的是为了清除空调系统内的空气和水分。完成抽真空后，在确认系统无泄漏的情况下，就可对空调系统进行定量充注。

制冷剂回收、加注机的使用方法如下。

（1）连接制冷剂回收、加注机。如图 7-7 所示，将活接头拧回到极限位置，与空调维修口连接，红色接头接高压氟管，蓝色接头接低压氟管，拧下快速接头。快速接头拧到底即可，无须用力拧紧以防接头损坏。检查压力表指示。

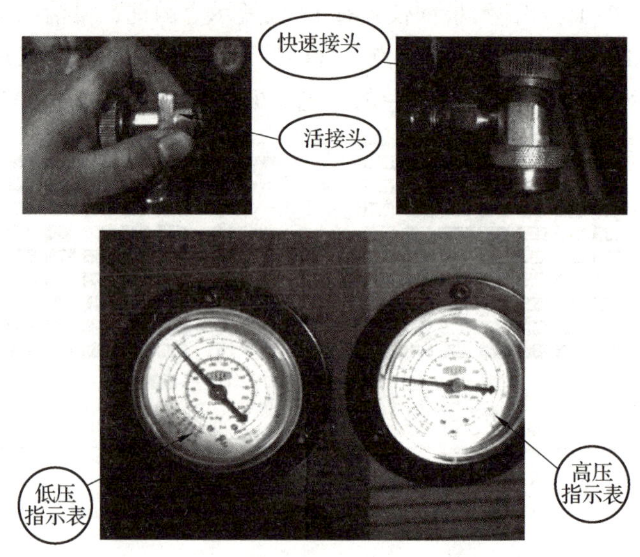

图 7-7　连接制冷剂回收、加注机

（2）打开回收、加注机。现将回收、加注机接电，然后将开关打开检查仪器中制冷剂的储存量，如不够本次使用量须向加注机中补充制冷剂。图 7-8 中显示制冷剂剩余量为 0. 58kg。

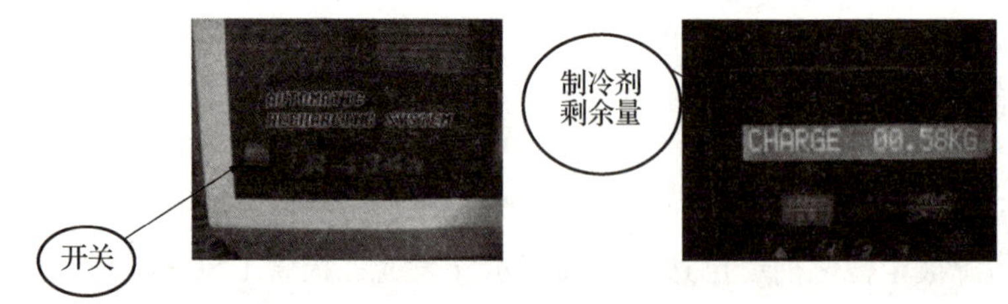

图 7-8　回收、加注机的打开

（3）回收制冷剂。选择“回收”按钮，再选择“起动”按钮，回收、加注机会自动回收汽车上的制冷剂，待高、低压指示表指示都指到“零”时选择“停止”按钮，如图 7-9 所示。

图 7-9　制冷剂的回收

（4）排出冷冻油。按完“停止”按钮后，显示屏会显示排出“冷冻油”字样（见图 7-10）。排油时注意观察排油壶刻度，待冷冻油排完后再次按“停止”按钮。

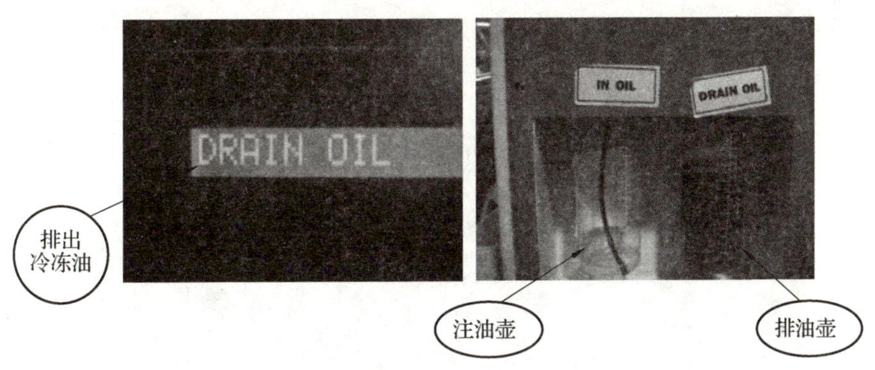

图 7-10　冷冻油的排放

（5）抽真空。选择“抽空”按钮，屏幕会显示抽空时间设定为 15min，如图 7-11 所示。

图 7-11　抽真空

15min 后，高、低压表指示都在负值，表明抽真空结束，如图 7-12 所示，此时需保压至少 5min 时间，如压力无明显变化即可进行下一步，反之需检查相应管路。

图 7-12　抽完真空高、低压表示意图

抽真空结束后，屏幕会显示“加注冷冻油”，如图 7-13 所示。此时按住“注油”按钮，同时观察注油壶刻度，加注量与排出量一致。

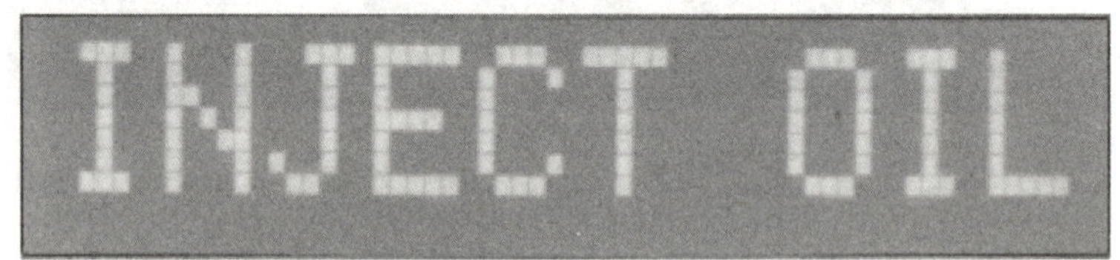

图 7-13　抽真空结束后屏幕显示图

（6）加注制冷剂。选择“充注”按钮，屏幕显示需要的充注量，如图 7-14 所示。

图 7-14　制冷剂的充注量

实际充注量需按车型选择，选择后按“起动”按钮，仪器会自动加注制冷剂，加注完毕后屏幕显示“充注完成”，加注过程结束，如图 7-15 所示。

CHARGE COMPLETE

图 7-15　制冷剂充注完成

（7）检查压力。起动发动机打开空调，观察高、低压表指示是否在正常范围内：高压不大于 15bar，低压不大于 5bar，如图 7-16 所示（$1bar=10^5Pa$）。

图 7-16　压力检查

常见车型空调系统制冷剂加注量见表 7-1。

表 7-1　常见车型空调系统制冷剂加注量

车型	制冷剂加注量/g
大众：CC2. 0T	600±25
迈腾：1. 4T/1. 8T/2. 0T	600±25
速腾：1. 4T/1. 6/1. 8T/2. 0	525±25
高尔夫：1. 4T/1. 6	525±25
新宝来：1. 4T/1. 6	540±25
宝来/高尔夫：A4	750±50
捷达	750±50

3. 割管器

割管器是专门切断紫铜管、铝管等金属管的工具。

割管器的使用方法：将铜管放置在滚轮与割轮之间，铜管的侧壁贴紧两个滚轮的中间位置，割轮的切口与铜管垂直夹紧。转动调整转柄，使割刀的切刃切入铜管管壁随即均匀地将割刀整体环绕铜管旋转，如图 7-17 所示。

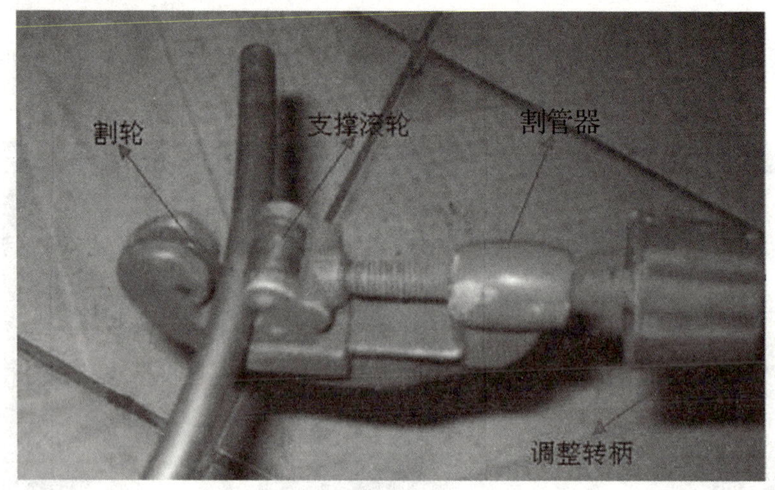

图 7-17　割管器的使用

4. 扩管器

扩管器又称为涨管器，如图 7-18 所示。它主要用来制作铜管的喇叭口和圆柱形口，扩管器的夹具分成对称的两半，夹具的一端使用销子连接，另一端用紧固螺母和螺栓紧固。两半对合后形成的孔按不同的管径制成螺纹状，目的是便于更紧地夹住铜管。

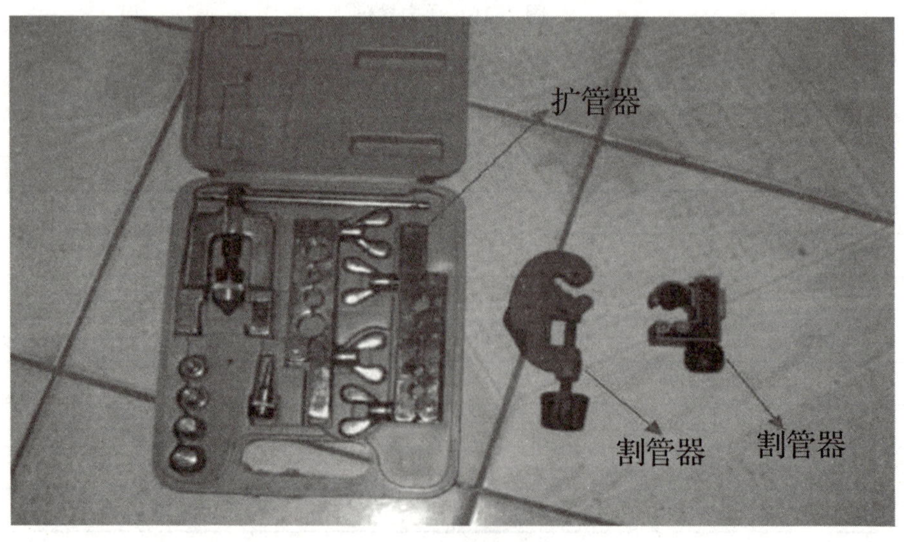

图 7-18　扩管器

扩管器的使用方法：扩管时，首先将铜管扩口端用锉刀锉修平整，然后把铜管放置于相应管径的夹具孔中，拧紧夹具上的紧固螺母，将铜管牢牢夹死，具体的扩口操作方法如图 7-19 所示。

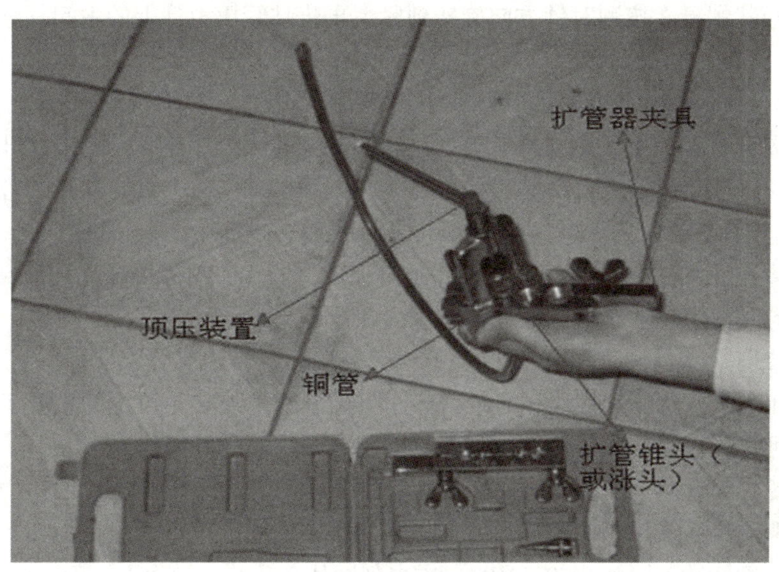

图 7-19　扩管器的使用

5. 制冷剂注入阀

为便于维修汽车空调和随车携带方便，制冷剂生产厂制造了一种小罐制冷剂（一般为 350g 左右），但要将它注入汽车空调制冷系统，必须要有注入阀才能打开此罐，注入阀如图 7-20 所示。

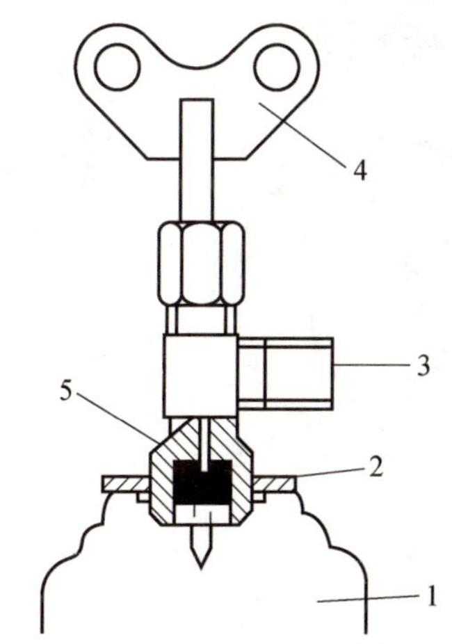

图 7-20　制冷剂注入阀结构示意图

1—制冷剂罐；2—板状螺母；3—注入阀接头；4—制冷剂注入阀手柄；5—阀针

制冷剂罐内装有制冷剂，接头用软管与歧管压力计的中间接头相连，其具体使用方法如下。

（1）按逆时针方向旋转注入阀手柄4，直到阀针退回到位为止。

（2）逆时针方向旋转板状螺母2直到最高位置，将注入阀装到制冷剂罐上。

（3）将板状螺母2按顺时针方向旋转到紧，再将歧管压力计上的中间软管固定到注入阀的接头上。

（4）顺时针拧动制冷剂注入阀手柄4，直到注入阀嵌入并刺穿制冷剂罐密封塞。

（5）若要充注制冷剂，则逆时针方向旋转制冷剂注入阀手柄4，使阀针升高，并放软管中的空气，后打开歧管压力计上的手动阀（在压缩机工作时，只能打开歧管压力计的低压阀门）。

（6）若要停止加注制冷剂，则顺时针方向旋转手柄，使阀针再次进入密封塞，起到密封作用，并同时关闭歧管压力计上的高压阀门和低压阀门。

6. 双歧管压力表

双歧管压力表也称压力表组，是维修汽车空调制冷系统必不可少的重要工具。它与制冷系统相接可进行抽真空、加注制冷剂及诊断制冷系统故障等操作。

双歧管压力表有两个压力表，一个压力表用于检测制冷系统高压侧的压力，另一个压力表用于检测制冷系统低压侧的压力。低压侧的压力表既可用于显示压力，也可用于显示真空度，真空度读数范围为0~0.1MPa，压力刻度从0开始，量程不小于1MPa；高压侧压力表测量的压力范围从0开始，量程不得小于2.11MPa。

双歧管压力表结构示意图如图7-21所示。

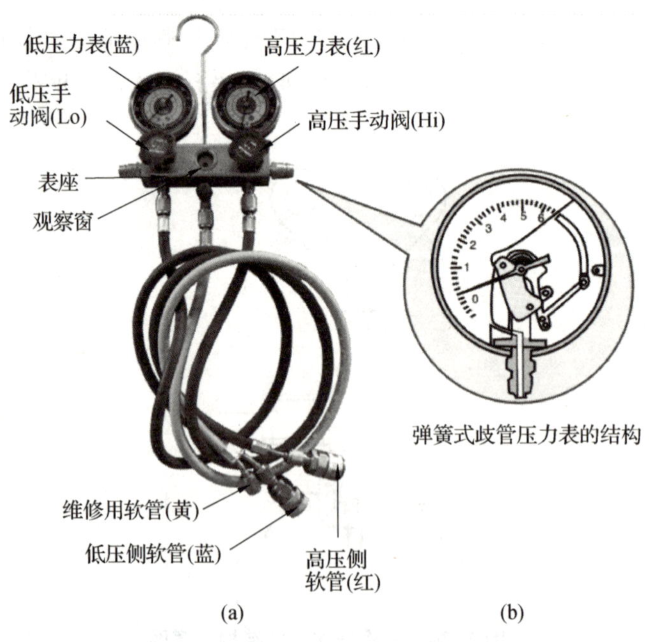

图7-21　双歧管压力表结构示意图

歧管压力计由高压表、低压表、手动低压阀、阀体以及高压接头、低压接头等组成。

使用时高、低压接头分别通过软管与制冷系统的高、低压阀相接，中间接头与真空泵或制冷剂钢瓶相接。只能用手拧紧各软管与歧管压力计的接头，不可用扳手，否则会拧坏接头螺纹。有些在中间管道设有放气阀门，以方便在加注制冷剂时，排尽软管内空气。歧管压力表的具体操作步骤如下。

(1) 先把歧管压力表高压软管接到空调系统高压维修阀上，再把低压软管接到低压维修阀上，把中间管接到抽真空机上。

(2) 打开歧管压力表高压手动维修阀与低压手动维修阀，起动真空泵，并观察低压表上的真空表部分，直到将压力抽真空至-80~-100kPa。

(3) 关闭歧管压力表上的手动高、低压阀，关闭真空泵电源开关，观察真空表压力是否回升。如回升则表示空调系统泄漏，此时应进行检漏和修补，若压力表指示针不动，则再打开真空泵，连续抽空 15~30min，使其压力表指针稳定。

(4) 抽真空完毕后，先关闭歧管压力表高、低压手动维修阀，再关闭抽真空机。

二、汽车空调的维护

1. 检视高低压管道、膨胀阀、储液干燥器

(1) 汽车空调高低压管道的检查。

1) 高、低压管道外部检查。检查软管有无裂纹、鼓包、老化或破损现象，硬管是否有裂纹或渗漏现象，是否会碰到硬物或运动件，管道螺栓是否紧固，视情修理或更换。

2) 高、低压管道温度检查。用手摸压缩机附近高、低压管有无温差，正常情况下低压管路呈低温状态，高压管路呈高温状态。

(2) 汽车空调膨胀阀的检查。膨胀阀和孔管是汽车空调系统制冷剂的节流装置，对空调的制冷效果有着直接和关键性的作用。高压制冷剂液体在通过膨胀阀时，根据蒸发温度自动调节进入蒸发器的流量和压力，使其与蒸发温度相对应。

对膨胀阀和孔管主要是检测其调节压力是否正常。当系统内注有标准量的制冷剂时，发动机怠速运转，此时低压压力应在 0.15~0.25MPa 之间；否则说明膨胀阀调节不正常，开启度过大或过小。膨胀阀和孔管的开启度过大，通过的制冷工质多，相应的蒸发压力和蒸发温度就高，蒸发器和低压回气管的温度不冷，制冷效果差；膨胀阀和孔管的开启度过小，通过的制冷工质少，相应的蒸发压力和蒸发温度就低，调节的制冷剂不能满足蒸发(热交换)的需要，膨胀阀的出口处和蒸发器甚至出现结霜，但制冷效果仍然很差。

膨胀阀或孔管的脏堵现象最为常见。当系统过脏，储液干燥过滤器中的干燥剂（硅胶）破碎，随高压制冷剂液体流进膨胀阀或孔管时，在狭窄通道处最容易形成堵塞。造成供液不正常，使系统无法正常运行。出现膨胀阀或孔管的脏堵时，拆卸后一般可用化油器清洗剂反复冲洗干净，并用氮气或经干燥处理的压缩空气吹干后再装复。

(3) 检视汽车空调储液干燥器。

1) 清洁储液干燥器的外部，擦拭除去外部灰尘油污，保证散热良好和视液镜观察方便。

2) 检查易熔塞是否熔化，各接头是否有油迹，视情紧固或更换。

3）检查观察窗是否有裂纹，固定是否有油淀，视情紧固或更换。

2. 检查清洁蒸发器、冷凝器

（1）汽车空调蒸发器的检查清洁。

1）蒸发器的内部盘管泄漏是常见故障，泄漏处不宜自行采用焊接方法修理，要由专业修理人员修理，如发现蒸发器泄漏最好更换新品。

2）蒸发器的吸热片及盘管必须保持表面干净才有利于热交换，应经常检查清洁。如果蒸发器的外部吸热片堵塞（灰尘、油污等其他异物积聚在吸热片间），使空气不能通过，制冷效率降低，要用软毛刷（软布、棉纱）和清水清洗，注意不用硬毛刷和高压水冲刷，不要弄弯吸热片。

3）蒸发器及连接管路内部压力较低，使用维护中尽量避免软管弯折角度过大或受到挤压导致管路不畅，充灌制冷剂时避免制冷剂污染，防止杂质进入系统。

（2）汽车空调冷凝器的检查清洁。

1）检查冷凝器的外部散热片的清洁状况、通道是否畅通，视情修理或更换。

2）检查冷凝器和蒸发器风机工作时有无异常响声，叶片有无破损，螺栓连接是否牢固，电动汽车电动机轴承有无缺油现象，视情修理或更换。

3. 检查、补充制冷剂

（1）制冷剂的检查。如图 7-22 所示，利用观察窗可以指示出制冷剂的量。清洁观察窗起动发动机，按下 A/C 按钮起动压缩机，使鼓风机开关转到高转速，温度控制转盘转到最冷位置。如此运转几分钟之后，通过观察窗检查制冷剂的量。

1）若观察窗清晰，电磁离合器结合，压缩机的高压管为暖的，且低压管为冷的，则系统加注的制冷剂量合适。

2）若观察窗清晰，电磁离合器啮合并且高、低压管间没有大的温度差，则系统加注的制冷剂过量。

3）若观察窗出现泡沫或气泡，则系统可能为制冷剂不足或贮液筒阻塞。系统必须测漏并排除故障后再加注制冷剂。

图 7-22　观察窗制冷剂量的检查

（2）制冷剂的补充。

1）抽真空。空调系统在加注制冷剂前首先要抽真空，这是为了清除系统中的空气及水分，并进一步检查系统在真空情况下的密封性，若系统中混有空气和水分会产生一系列不良后果。

①由于空气绝热指数大于制冷剂的绝热指数，就导致压缩机排气温度高于制冷剂气体温度。

②空气进入系统后，制冷剂冷凝压力也会升高。

③由于空气存在，冷凝器传热管内表面上形成的气层，起了增加热阻的作用，降低了冷凝器的散热能力。

④水在系统中与制冷剂作用产生酸性物质，从而腐蚀管道和设备。

⑤水在系统中与制冷剂不相溶，而会在膨胀阀节流孔处形成“冰堵”现象。

所以必须将系统中空气及水分减少到最低限度，必须对系统抽真空到真空度为98.7kPa（740mmHg），使水沸腾蒸发后排出。

抽真空步骤：

①将歧管压力表（见图7-21）中黄色（中间）软管的90°弯头接到真空泵上，将蓝色（低压）软管的90°弯头接到低压管路维修阀上或压缩机低压维修阀上（标志为S或SUC），将红色（高压）软管接头接到高压管路维修阀上或压缩机高压维修阀上（标志为D或DIS）。

②打开歧管压力表，打开高、低压手动阀，起动真空泵。

③抽真空到低压表的负压值高于100kPa（750mmHg）。

④关闭高低压手动阀，其低压侧表针在10min内不得有明显回升。若无，则可向系统内充注制冷剂；若有，就应向系统内充入少量制冷剂进行查找、检修泄漏点，并重新抽真空。

2）向系统内加注制冷剂的方法。在系统抽真空后，即可灌注制冷剂，一般采用下述两种方法。

①向系统注入液态制冷剂。

a. 将压力表黄色软管90°弯头从真空泵上接到倒置于磅秤上的制冷剂钢瓶接口上。

b. 拧开钢瓶阀门，拧松压力表黄色软管螺母，直到有制冷剂气体外泄约2~3s，然后拧紧螺母。

c. 拧开压力表高压手动阀，向系统中加入液态制冷剂直到规定量；若不能加注到规定量，可按方法②补充。

需注意的是加注液态制冷剂时，不可拧开低压手动阀（以防产生液击）；不能起动空调，以防制冷剂倒灌入钢瓶中产生危险。

②向系统中注入气态制冷剂。

a. 将压力表中黄色软管90°弯头从真空泵上接到正立于磅秤上的制冷剂钢瓶接口上。

b. 拧开钢瓶阀门，拧松压力表黄色软管螺母，直到有制冷剂气体外泄约 2~3s，然后拧紧螺母。

c. 拧开压力表低压手动阀，向系统中加入气态制冷剂。当系统压力高于 2.5kg/cm^2 时，关闭低压阀。

d. 起动发动机，同时起动空调且置于最大制冷工况挡。

e. 再打开低压手动阀，让制冷剂吸入系统直到规定量。

需注意的是补充制冷剂，可用压力表和视液镜观察法来确定制冷剂是否足量。

4. 检查、补充、更换压缩机冷冻油

空调压缩机中的润滑油通常称为冷冻机油，在压缩机运行中起着重要作用。制冷压缩机中冷冻机油的品种、规格及数量是否合适对系统的制冷效果及压缩机的寿命都有极大影响。修理中，空调系统如果与大气相通，制冷剂便会汽化，而冷冻机油在室温下并不会汽化，几乎全部保留在空调系统中，当更换贮液干燥器、蒸发器、冷凝器等部件时，必须补充相当于留在旧部件中的冷冻机油量。管路破裂或排放制冷剂时如制冷剂逸出速度过快，都将带出冷冻机油，在加注制冷剂时应添加适量冷冻机油。另外，系统中冷冻机油如果变质，也将严重影响制冷系统的正常工作。

（1）冷冻机油的作用和对冷冻机油的要求。

1）冷冻机油的作用。空调压缩机冷冻机油是一种在高、低温工况下均能正常工作的特殊润滑油，其作用如下。

①润滑作用。它可以润滑压缩机轴承、活塞、活塞环、连杆曲轴等零部件表面，减少阻力和磨损，降低功耗，延长使用寿命。

②冷却作用。它能及时带走运动表面摩擦产生的热量，防止压缩机温升过高或压缩机被烧坏。

③密封作用。冷冻机油渗入各摩擦件密封面而形成油封，起到阻止制冷剂泄漏的作用。

④降低压缩机噪声。冷冻机油不断冲洗摩擦表面，带走磨屑，可减少摩擦件的磨损。

2）对冷冻机油的要求。冷冻机油在空调制冷系统中完全溶解于制冷剂中，并随制冷剂一起在制冷系统中循环，因此，冷冻机油的油温有时会超过 120℃，而制冷剂的蒸发温度范围为-30~+10℃，所以它的工作环境是在高温与低温交替的条件下进行的。为保证其正常工作，对冷冻机油提出了一些性能要求。

①冷冻机油的凝固点要低，在低温下具有良好的流动性。若低温流动性差，则冷冻机油会沉积在蒸发器内影响制冷能力，或凝结在压缩机底部，失去润滑作用而损坏运动部件。

②冷冻机油应具有一定的黏度，且受温度的影响要小。

③冷冻机油与制冷剂的溶解性能要好。

④冷冻机油要具有较高的热稳定性，即在高温下不氧化，不分解，不结胶，不积炭。

⑤冷冻机油的挥发性要差。

⑥冷冻机油的化学性质要稳定。与制冷剂和其他材料不起化学反应。

⑦冷冻机油应无水分。若冷冻机油中的水分过多，则会在膨胀阀节流口处结冰，造成冰堵，影响系统制冷剂的流动；同时，油中的水分会造成镀铜现象及某些材料的腐蚀、变质。

（2）冷冻机油的种类和汽车空调用冷冻机油的选择。

1）冷冻机油的种类。我国冷冻机油的牌号有四个，即 13 号、18 号、25 号和 30 号，牌号越大，其黏度越大。进口的冷冻机油一般有 SUNISO 3GS~SUNISO 5GS 牌号，其牌号越大，黏度也越大。

2）汽车空调用冷冻机油的选择。冷冻机油的选择原则是，要充分考虑空调压缩机内部冷冻机油的工作状态，如吸气、排气温度等。根据冷冻机油的特性，在实际选用时，应以低温性能为主来选择，但也要适当考虑对热稳定性能的影响。汽车空调制冷系统一般选择国产的 18 号、25 号冷冻机油，或进口的 SUNISO 5GS 冷冻机油。

汽车制冷系统在一般情况下，冷冻机油的消耗量少，可以两年更换一次，每次加入的数量参见表 7-2，添加时一定要保证同一牌号的冷冻机油，因为不同牌号的冷冻机油会生成沉淀物。

表 7-2 几种车型的冷冻机油量

汽车制造厂家	压缩机型号	冷冻机油充注量/mL
马自达 ES200		60
三菱	6F308HB 2Z306S	2 000 350
日产	DKP-12D	190
日野	6C-500 6C-300	1 700~1 900 1 500
中国北方-Neoplan	FK4	2 600
丰田	6D152A 6E171	350 280

更换部件时冷冻机油的补充量见表 7-3。

表 7-3 更换部件时冷冻机油的补充量

更换的零部件	冷冻机油补充量/mL	更换的零部件	冷冻机油补充量/mL
冷凝器	40~50	制冷系统管道	10~20
蒸发器	40~50	储液干燥器	10~20

（3）冷冻机油变质的主要原因。

1）混入水分。由于制冷系统中渗入空气，并且干燥剂已经饱和，此时空气中的水分进入冷冻机油，不仅会产生膨胀阀冰堵、金属材料受腐蚀等问题，也会使冷冻机油黏度降低。

2）氧化。当压缩机排气温度过高时，有可能引起冷冻机油氧化变质，产生残渣乃至结炭，使轴承等处的润滑变坏。有机物、机械杂质等混入冷冻机油中，也会使冷冻机油老化或氧化。

3）几种不同牌号的冷冻机油混合使用。这不仅会降低油的黏度，甚至会破坏油膜的形成，使压缩机运动部件（特别是轴承）磨损加快。若将不同类型的冷冻机油混用（例如矿物油与合成油混用），情况将会更严重。

（4）压缩机冷冻机油量的检查。

1）观察视镜。通过压缩机上安装的视镜玻璃，可观察压缩机油量，如图 7-23 所示。如压缩机冷冻机油油面达到视镜高度的 80%，一般认为是合适的。如果油面在此界限之上，则应引出多余的冷冻机油；如果油面在此界限之下，则应添加冷冻机油。

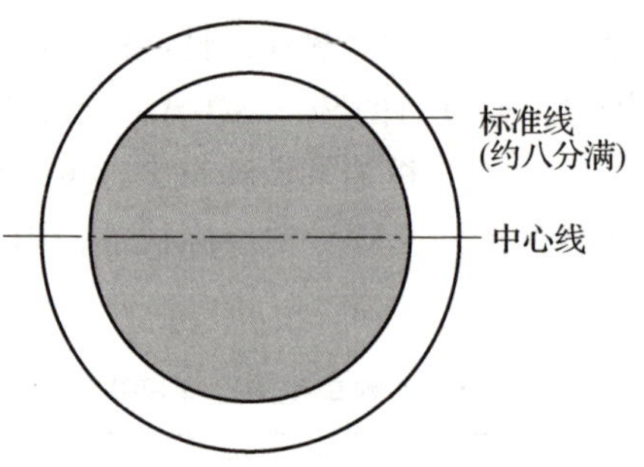

图 7-23　压缩机上的视镜玻璃示意图

2）观察量油尺。未装视镜玻璃的压缩机，可用量油尺检查其油量，如图 7-24 所示。这种压缩机有的只有一个油塞，油塞下面有的装有量油尺，有的没有装量油尺，需另外用专用量油尺插入检查，观察油面的位置是否在规定的上、下限之间。

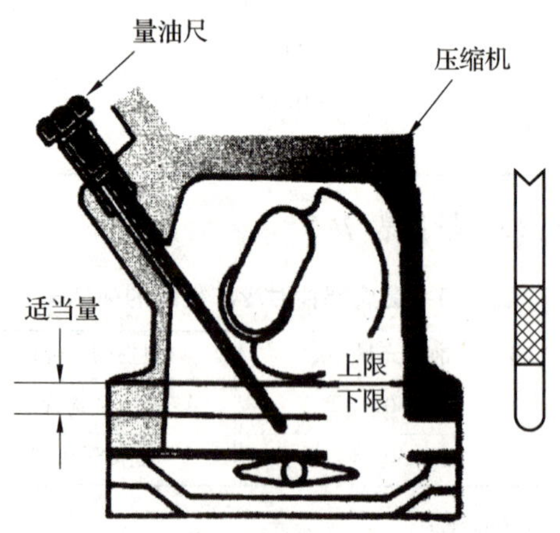

图 7-24　压缩机冷冻机油的量油尺检查

（5）添加冷冻机油。添加冷冻机油可用两种方法。

1）直接加入法。将冷冻机油按标准称量好，直接倒入压缩机内，这种方法只在更换蒸发器、冷凝器和干燥瓶时用。

2）真空吸入法。添加冷冻机油可在抽真空后进行，其设备如图 7-25 所示，操作步骤如下。

①按抽真空的方法先对制冷系统抽真空。

②选用一个带有刻度的注油器，其上面有一个加油螺塞和一个放油阀。加入比要补充的冷冻机油量还要多一些的冷冻机油。

③将注油器接在表阀的低压接口和空调制冷系统低压检修阀之间。

④起动真空泵，打开注油器的上放油阀，补充的冷冻机油就从制冷系统的低压侧进入压缩机，当冷冻机油油量达到规定量时，停止真空泵，关闭放油阀。

⑤拆下注油器，把低压软管接在制冷系统的低压手动阀，接着对系统进行抽真空，加注制冷剂。

⑥冷冻机油使用完后，需及时盖严油瓶口，并擦净系统上的油迹，更换新的压缩机时，一般里面已有冷冻机油，不用再加。

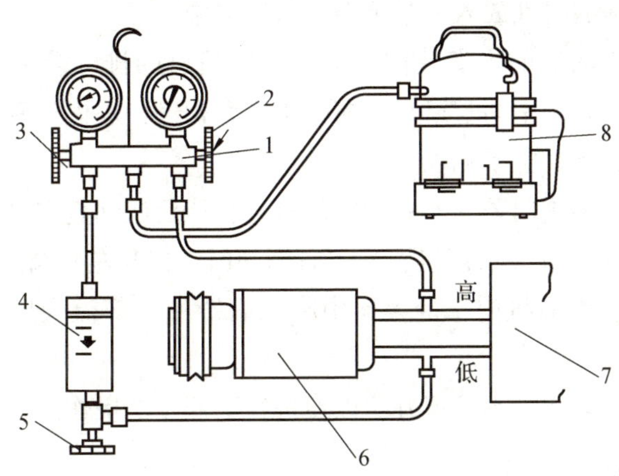

图 7-25 冷冻机油真空吸入法

1—表阀；2—高压手动阀；3—低压手动阀；4—注油器；5—放油阀；6—压缩机；7—制冷系统；8—真空泵

（6）空调压缩机冷冻机油的质量检查及更换方法。

1）空调压缩机冷冻机油的质量检查。

新鲜的冷冻机油颜色为淡黄色或无色透明的液体，在压缩机中使用过一段时间的冷冻机油颜色会逐渐变深，透明度也会随之逐渐变差，造成冷冻机油变质。变质的冷冻机油，其冷却和润滑效果变得很差，在压缩机运转过程中会生成碳化物，很容易造成制冷系统的脏堵。

判断冷冻润滑油是否变质的方法如下。

①滴纸法。取一张干净的白纸，将压缩机壳中的冷冻机油取出一点，滴在白纸上，过

一会儿观察白纸上油滴的颜色，如果油滴颜色很浅而且分布比较均匀，说明冷冻机油质量较好，可以继续使用；如果发现白纸上有深色的圆点或圆环，则说明冷冻机油已变质或所含杂质过多，应考虑更换。

②对比法。取没有使用过的冷冻机油若干，倒入干净的玻璃试管或量筒内静置一段时间后，作为标准试样。再将需判断的冷冻机油从压缩机中取出一点，也倒入同样的另一个容器中，用眼睛观察比较。若从压缩机中取出的冷冻机油的颜色、透明度与标准冷冻机油的颜色、透明度差不多，说明冷冻机油没有变质；若从压缩机中取出的冷冻润滑油与标准冷冻机油相比有较明显的区别，变成橘红或红褐色的混蚀状态，说明冷冻机油已变质，不能继续使用，应更换冷冻机油。

2）空调压缩机冷冻机油的更换方法。将压缩机与制冷系统断开，拆下压缩机，将其倒置，把机壳内变质的冷冻机油倒入事先准备好的容器中，称量出冷冻机油的容积，然后以此为依据，将新的冷冻机油倒入盛油容器中，在量上应增加原量的10%，作为加油量。

具体操作方法：

①将准备好的冷冻润滑油放入一个干净的小容器中。

②将压缩机装回空调器的原安装位置上，在压缩机的排气管上接一只复式三通修理阀，连接时把三通修理阀的中间管道与压缩机排气管相连，左侧的管道放入盛有冷冻润滑油的容器中，右侧管道与真空泵相连。

③将二通修理阀左侧阀门关闭，右侧阀门打开，然后起动真空泵运行。

④真空泵运行5~10min左右停机，关闭右侧阀门，打开左侧阀门，冷冻润滑油在压缩机内外压差作用下流入压缩机内，待容器中冷冻润滑油全部流人压缩机内时，加油工作结束。

⑤用气焊将压缩机与制冷系统焊好，以便进行下一步的操作。

三、检修制冷系统

1. 肥皂水检漏

要想确定细微漏点及泄漏的准确位置，应采用皂泡检漏。

（1）将有一定浓度的肥皂水（可用肥皂碎屑，也可用肥皂粉制作）涂布在受检处。若零件表面有油迹，要事先擦净。若检查接头处，要整圈均匀涂上。

（2）仔细全面地观察，若有气泡或鼓泡，则可判为有泄漏。在制冷系统低压侧管道检漏，必须使压缩机不工作；在高压侧检漏时，就不受限制。

注意：肥皂水的浓度要掌握好，太稀、太浓都不行。

2. 电子检漏仪检漏

利用电子式TIFXP-1A卤素检漏仪进行检漏，其结构图如图7-26所示。

图 7-26　电子式 TIFXP-1A 卤素检漏仪

（1）操作面板说明（见图 7-27）。

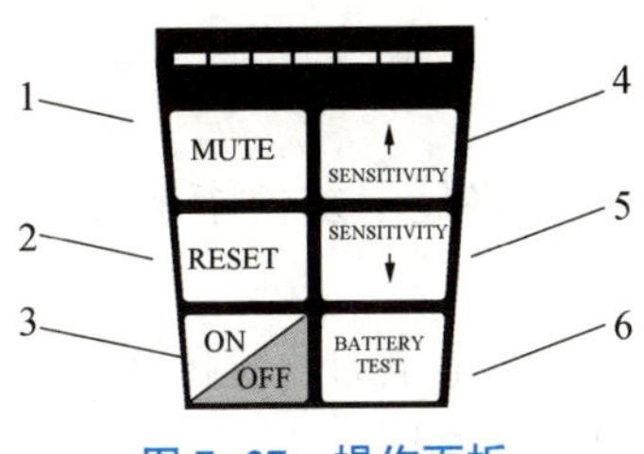

图 7-27　操作面板

1——静音键。按下静音键不再用声音报警，而是用 LED 灯闪烁。声音的大小反映出泄漏的大小和强弱（浓度）。

2——重设键。利用该键可以找到泄漏的源头。当检测到泄漏时按下该键，继续检测，直到检测到比原来浓度更大的地方才会再次报警，这样一步步进行下去即可精确地找到泄漏的源头。

3——电源键。用于打开和关闭仪器。

4——灵敏度选择键。用于调高灵敏度，分为 7 个等级，等级越高 LED 灯亮的数目越多。

5——灵敏度选择键。用于调低灵敏度，分为 7 个等级，等级越低 LED 灯亮的数目越少。

6——电池测试键。按下电池测试键，指示灯点亮的颜色表示着不同的电池电量，具体如图 7-28 所示。

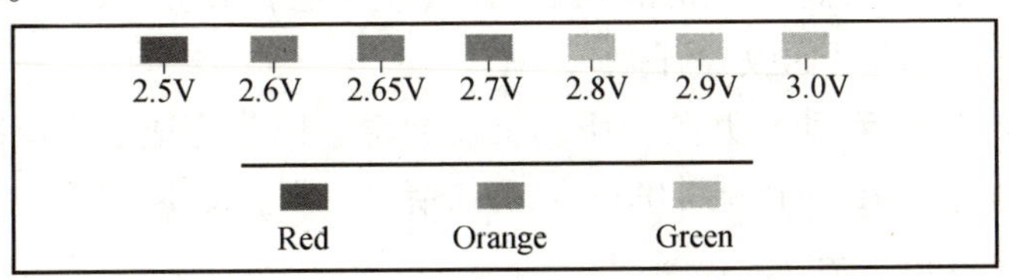

图 7-28　电池测试键

另外，LED 灯还有两项重要功能。

1）显示电池电量。最左边的灯是常亮的，绿色表示电量充足，橙色表示不足，红色表示立即更换。

2）显示泄漏的大小和强弱。显示绿色表明泄漏较小，橙色表明泄漏一般，红色表示泄漏很大，如图 7-29 所示。

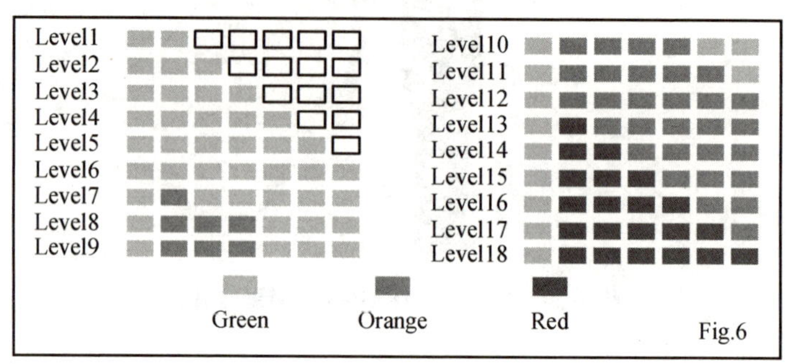

图 7-29 LED 灯显示功能

（2）检漏操作。

1）打开电池开关，发光二极管将显示复位指示 2s（左灯显示绿色，其他灯显示橙色）。

2）通过观察发光二极管，核对电池电力（见图 7-29）。

3）开机时，本产品默认为灵敏度 5 级，此时可听到间隔稳定的“嘟、嘟”声，如果需要可通过灵敏度调整键改变灵敏度。

4）开始检漏时，当泄漏的气体被发现，“嘟嘟”声将变得急促，发光管也将根据浓度的变化改变发光方式。

5）灵敏度可在操作中的任何时候进行调整，且不影响检测。

6）如泄漏源被定位之前，已达到最高警示（发光二极管 1 绿 6 红）。应按复位键复位到零参考水平。

7）为保证仪器测量准确可靠，可经常进行复位操作。

3. 手动制冷剂回收机回收、抽真空、检漏，加注冷冻油和制冷剂

（1）手动制冷剂回收机回收制冷剂。

1）将真空软管接到汽车空调制冷剂（冷媒）专用回收加注机上的辅助阀和两个连接阀上。

2）打开制冷剂充注罐阀门。

3）将设备电源线插头插入“Main · Power”（主电源）开关上。

4）开启“Recovery”（回收）开关。

5）按下“Start”（起动）开关，压缩机便起动，回收完成后，压缩机会自动关闭。注意：停机 2min 后，若压力上升到 0kPa 以上的情况，则重复本步骤。

6）关闭“Recovery”开关。

（2）手动制冷剂回收机抽真空。

1）关闭气阀剂罐的球阀，完全拧紧设备与系统低压及高压连接阀。

2）打开制冷剂回收加注机的高压阀和低压阀，并打开真空阀。

3）起动真空泵。

4）抽真空时间应大于 5min，以稳定系统内部的真空度。检查并保证低压表指示值处于 98. 6~101. 3kPa 的位置。

5）关闭真空阀。

（3）手动制冷剂回收机检漏。

1）当抽真空作业完成后，使制冷系统静置 5min。

2）观察回收充注机上的高、低压力表指示值。

3）当表压没有变化时，说明系统没有泄漏，关闭高、低压阀，进入下一步骤。

4）当表压回到 0kPa 时，则说明系统有泄漏，需排除故障后才能进行下一步骤。

（4）手动制冷剂回收机加注冷冻油。

1）检查冷冻油加注瓶内的冷冻油量，不得少于 100mL。

2）在废油瓶中检查从系统中过滤出的废油量，系统所需的加油量一般按“废油量+50mL”来算，或者按系统供应商推荐的数值，或者经验值。

3）打开回收充注设备的高压阀门，缓慢打开加油瓶上面的球阀，新冷冻油就被吸入系统，直到所需量时马上关闭球阀，完成加油过程。

4）重新进行系统抽真空的步骤，时间可调整为 3min。

（5）手动制冷剂回收机加注制冷剂。

1）检查设备高、低压阀门是否打开，并确保高、低压阀门处于打开状态。

2）打开回收充注设备上充注阀门，并打开制冷剂充注瓶上的阀门。

3）观察高、低压力表的指示值，直至压力值不再升高为止，关闭高、低压力表阀门。

4）起动系统运行，待系统运行处于稳定状态时（至少 3min 后），检查设备上高、低压压力表表压，（高压压力一般为 1. 45~1. 5MPa，低压压力为 0. 15~0. 20MPa）；另外可通过观察系统上的视液镜进行判断，看是否符合系统的运行工况（视液镜清晰无泡沫，制冷剂量充足，若有泡沫，则需继续添加）。若不符合系统的工作要求，则需补充添加制冷剂，一般是在系统运行时，打开低压阀开关，使气态制冷剂从低压侧加入，防止产生液击现象，直至系统制冷工作正常。

5）关闭充注阀门，关闭低压表阀门并关闭充注瓶阀门 。

关闭制冷系统，停止运行，旋出红、蓝旋钮接头。

4. 自动制冷剂回收机回收、抽真空、加注冷冻油和制冷剂

利用全自动空调系统免拆清洗/换油专用机 RS-217 回收、抽真空、检漏、加注冷冻油和制冷剂，功能键如图 7-30 所示。

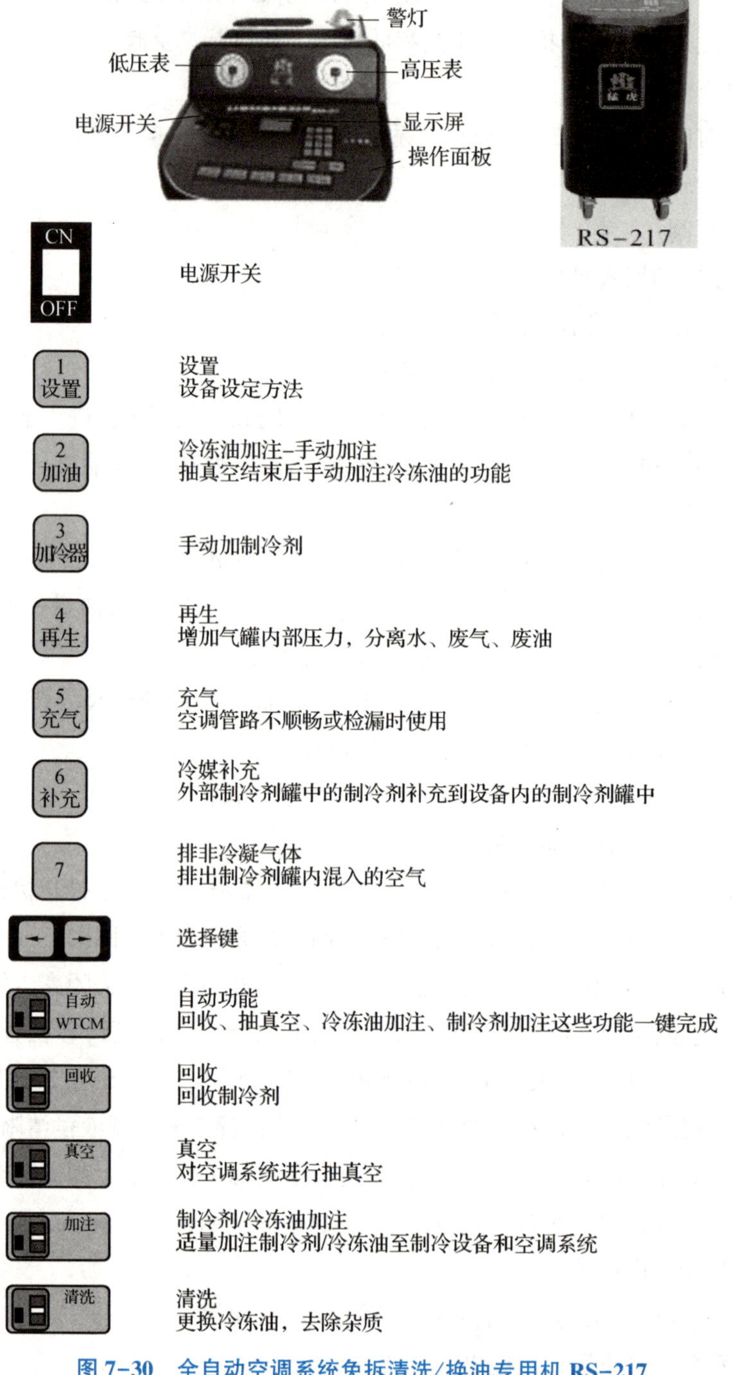

图 7-30 全自动空调系统免拆清洗/换油专用机 RS-217

（1）自动制冷剂回收机回收制冷剂。在回收的过程中，汽车空调系统的制冷剂通过本设备的高效净化系统，将油、水、颗粒物、杂质排出，从而实现净化再生功能，使回收后的制冷剂达到再次使用的标准。

1）把管子连接在汽车空调的高、低压接口处，检查接头是否锁好。

2）把低压、高压快速接头打开后，按“回收”键，设备开始回收。

3）回收中，低压表压力在 3psi 以下时显示器将出现回收剩余时间 3min，当时间到 00：00 的时候回收结束。

4）回收结束后，排废气、废油并显示制冷剂的回收量。

5）按“退出”键返回初始界面。如果在回收的过程中出现“罐内制冷剂超限”画面，表示内部罐制冷剂加注到 R134a 专用容器中，才能继续回收。

（2）自动制冷剂回收机抽真空。

1）抽真空时，一定要在汽车空调系统里无制冷剂压力时进行抽真空，有压力时不能起动。

2）按“真空”键进行抽真空，可任意修改抽真空时间。

3）在设定好的时间内，抽真空结束后显示“抽真空结束”。

4）按“退出”键返回初始画面。

（3）自动加注冷冻油和制冷剂。

注意：在进行此程序时，请勿起动发动机和空调系统。

1）内罐制冷剂量需大于 1 000g 才能加注，否则加注无法进行(内罐制冷剂总量 - 所需加注量 ≥ 1000g)。

2）抽过真空后，确认一下汽车里所需的制冷剂和冷冻油量。

3）按“加注”键显示出的画面是“加注选择”。按 1 号键显示出的画面是“加注量设置”。

①制冷剂加注和冷冻油加注可以按左、右键切换。

②加注量按数字键设置。

4）如果需要按排量加注时，按 2 号键显示出的画面是“选择排量”。

①制冷剂加注和冷冻油加注可以按左、右键切换。

②加注量按数字键设置。

5）按“确认”键，加注开始的同时显示加注冷冻油和制冷剂的量。

6）加注结束之后显示“加注完成”。

7）按“退出”键返回初始画面。

8）加注完毕后，起动发动机，空调为“ON”，发动机转速调为 1 500~2 000r/min。

9）如果加注过程中显示空调系统中有制冷剂残余，需要先进行回收抽真空操作。

第二节　汽车空调系统控制电路分析与检测

一、鼓风机控制电路分析与检测

汽车空调实训台架的鼓风机电路如图 7-31 所示。

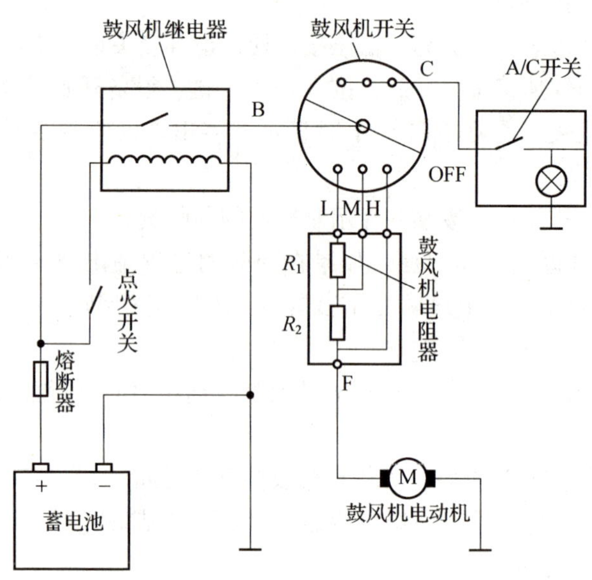

图 7-31 鼓风机电路图

其原理见表 7-4。

表 7-4 鼓风机控制电路原理

鼓风机的挡位	电流及工作情况
OFF 挡位	（1）鼓风机没有电源，不工作 （2）A/C 开关没有电源，因此按 A/C 开关制冷系统也不工作
L（低速）挡位	（1）电流：蓄电池→鼓风机继电器 B→鼓风机开关 L→鼓风机电阻器 R_1→鼓风机电阻器 R_2→鼓风机电动机→搭铁 由于鼓风机电动机串联了电阻器 R_1 和 R_2，在电源电压不变的情况下，电流较小，因此鼓风机以低速运转 （2）按 A/C 开关接通电源，制冷系统可以工作
M（中速）挡位	电流：蓄电池→鼓风机继电器 B→鼓风机开关 M→鼓风机电阻器 R_2→鼓风机电动机→搭铁。鼓风机电动机只串联了电阻器 R_2，在电源电压不变的情况下，电流比处于低速挡时大，因此鼓风机以中速运转
H（高速）挡位	电流：蓄电池→鼓风机继电器 B→鼓风机开关 H→鼓风机电动机→搭铁

（2）鼓风机控制线路的检修。

1）鼓风机的检查。鼓风机的检修方法见表 7-5。

表 7-5　鼓风机的检修方法

检修方法	说明	图示
用万用表测量鼓风机电动机的线圈电阻	如果 $R=0$，证明鼓风机电动机线圈短路；如果 $R\to\infty$，证明鼓风机电动机线圈断路 若短路则直接更换	电动机　万用表　M　Ω
用蓄电池试检	如果转动正常，证明鼓风机无故障	

2）调速电阻器的检查。由于调速电阻器是发热元件，因此容易损坏。调速电阻器的检测方法及参数见表 7-6。

表 7-6　调速电阻器的检测方法及参数

	参数		图示
	测量的端子	标准值/Ω	
用万用表测量电阻值	端子 4—2 之间	1.9	1 2 3 4
	端子 4—1 之间	1.1	
	端子 4—3 之间	0.5	

3）风机开关的检查。鼓风机开关的检测方法见表 7-7。

表 7-7　鼓风机开关的检测

检测方法	说明	图示
用万用表检测	旋转鼓风机开关，分别测量以下端子导通情况：B—C（只有在 OFF 挡时不通），B—L，B—M，B—H。如果导通证明无故障，若不导通证明有故障	万用表　鼓风机开关　Ω　B　C　OFF　LMH
用试灯法检测	旋转鼓风机开关，试检以下端子：B—C（只有在 OFF 挡时试灯不亮），B—L，B—M，B—H。如果试灯亮证明无故障，若不亮证明开关有故障	鼓风机开关　C　B　OFF　LMH　试灯　+　−　蓄电池

二、压缩机离合器控制电路检修

压缩机离合器控制电路由电源、电磁离合器、A/C 开关、温控器、压力开关等元件组成，如图 7-32 所示。

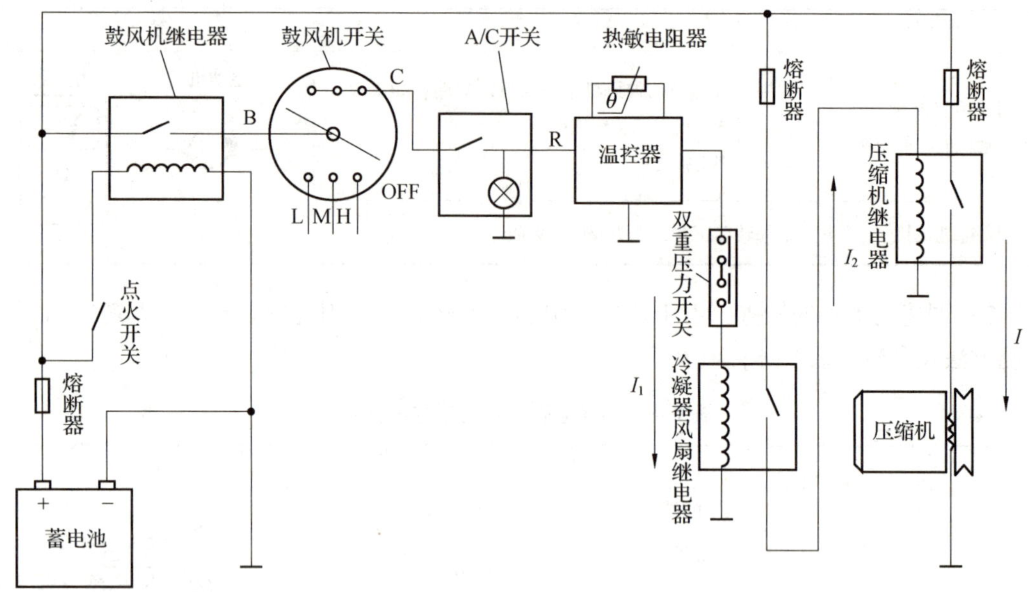

图 7-32　压缩机控制电路组成示意图

其工作情况见表 7-8。

表 7-8　压缩机控制电路工作情况分析

工作情况	电流分析
工作条件：打开鼓风机开关和 A/C 开关	要使压缩机工作，必须打开鼓风机开关
正常情况	（1）I_1：蓄电池→鼓风机继电器 B→鼓风机开关→A/C 开关→温控器→双重压力开关→冷却风扇继电器→搭铁 I_1 的作用是控制压缩机继电器触点闭合 （2）I_2：蓄电池→冷却风扇继电器→压缩机继电器→搭铁 I_2 的作用是通过冷却风扇继电器控制压缩机继电器。因为只有冷凝风扇工作时，制冷系统才达到制冷的效果，否则只能浪费发动机功率 （3）I_3：蓄电池→压缩机继电器→压缩机→搭铁 I_3 的作用是直接控制压缩机电磁离合器的工作情况
如果系统出现压力过高的情况	压力开关断开，那么 I_1 就不能到达冷却风扇继电器，继电器触点不闭合，I_2 和 I_3 就不存在，因此压缩机也不会工作
如果蒸发器温度过低	温控器断路，I_1 断路，原理同上

三、冷凝器风扇控制电路

冷凝器风扇是对流过冷凝器的高温、高压的气态制冷剂进行散热，使气态制冷剂变成液态制冷剂。如果冷凝器风扇不工作，空调制冷效果就不良。其控制电路如图 7-33 所示。

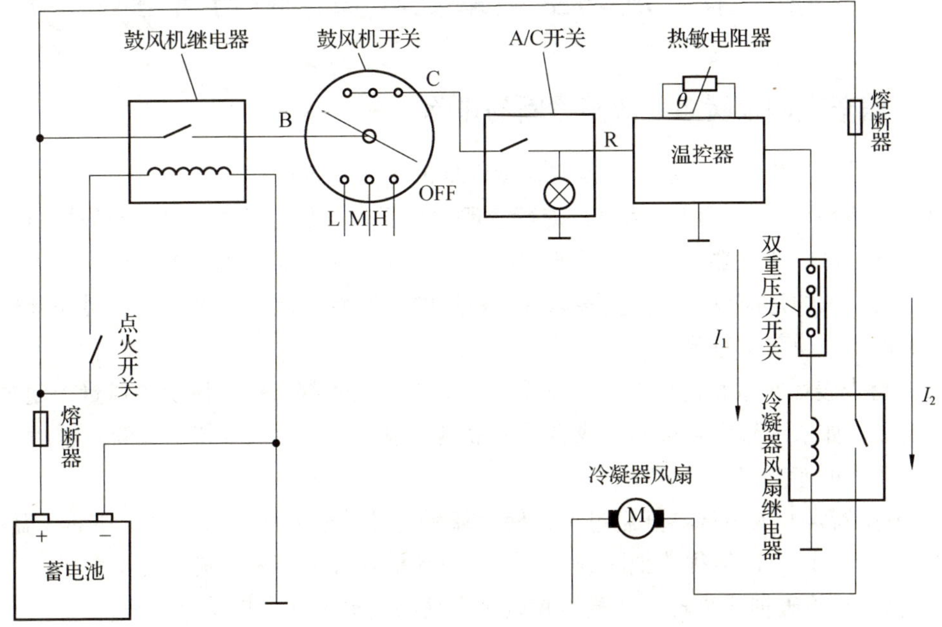

图 7-33　冷凝器风扇控制电路

其工作情况见表 7-9。

表 7-9　冷凝器风扇控制电路工作情况分析

工作情况	电流分析
工作条件：打开鼓风机开关、A/C 开关	要使压缩机工作，必须打开鼓风机开关
正常情况	（1）I_1：蓄电池→鼓风机继电器 B→鼓风机开关→A/C 开关→温控器→双重压力开关→冷却风扇继电器→搭铁 I_1 的作用是控制压缩机继电器触点闭合 （2）I_2：蓄电池→冷却风扇继电器→冷凝器风扇→压缩机继电器→压缩机→搭铁 I_2 的作用是控制冷凝器风扇工作，同时控制压缩机继电器的工作
如果系统出现压力过高的情况	压力开关断开，那么 I_1 就不能到达冷却风扇继电器，继电器触点不闭合，I_2 就不存在，因此冷却器风扇也不会工作
如果蒸发器温度过低	温控器断路，I_1 断路，原理同上

第三节 汽车空调系统故障诊断与排除

一、汽车空调采暖系统故障诊断与排除

检查暖风控制装置、暖风开关及真空促动器的工作是否正常。

(1) 检查滤清器是否脏污堵塞，进行清理，必要时要及时更换；再检查鼓风机的各挡位运转情况，每个挡位都要达到足够的转速。如果旋钮调整到暖风位置，风量够大，风向也正常，吹出来的是凉风，应检查暖风箱冷热风的控制翻板拉线是否脱落，暖风叶轮是否损坏，翻板是否脱落，等等。

(2) 检查暖风小水箱的两个进水管温度，如果两根管都够热，说明是风量控制机构的问题；反之，如果两根水管都凉，或者是一根热一根凉，说明是冷却系统的问题。

冷却系统可能出现的问题如下：

1) 节温器常开或节温器开启过早，使冷却系统过早地进行大循环，而外部气温很低，特别是车跑起来时，冷风很快把防冻液冷却，发动机水温上不来，暖风也不会热。

2) 水泵叶轮破损或丢转，使流经暖风小水箱的流量不够，热量上不来。

3) 发动机冷却系统有气阻，气阻导致冷却系统循环不良，造成水温高，暖风不热的故障。如果冷却系统总有气，很可能是汽缸垫有破损向冷却系统串气所致；如果暖风小水箱的进水管很热，而出水管较凉，这种情况应是暖风小水箱有堵塞，应更换暖风小水箱。

(3) 检查暖风装置的外部有无损坏，接插是否松脱，各种传动杆有无松脱，暖风指示灯是否正常，固定螺栓是否松动，有无冷却液等。用万用电表测量暖风装置的工作电压和电流是否正常，暖风控制线和暖风电机线束有无断路，接插件是否接触良好。

(4) 空调暖风系统的检修。

1) 暖风系统壳体总成的检修。暖风系统壳体内安装有暖风热交换器，可能出现的故障是壳体破裂、紧固件松动等而造成漏气。当出现暖风量过小等故障时，需检查暖风系统壳体总成。

2) 通风管道的检修。通风管道可能出现的故障是破裂、紧固件松动等造成漏气。当出现暖风量过小等故障时，需检查通风管路。

3) 暖风热交换器与冷却液管的检修。暖风热交换器可能出现的故障是堵塞和表面脏污，冷却液管可能出现的故障是管子破裂和堵塞等。当出现暖风温度过低时，需检查热交换器和冷却液管路。

4) 暖风及通风控制开关总成的检修。可能出现的故障是拉线断脱、开关损坏等，予以检修。

二、汽车手动空调电控系统故障诊断与排除

1. 冷却液温度控制器的检修

冷却液温度控制器的常见故障是其内部电路的电子元件有短路、断路或因潮湿而漏电

等导致失去正常的控制功能，因此，将冷却液温度控制器用电吹风吹干后再进行检测，如果功能不能恢复，则更换冷却液温度控制器。

（1）检测冷却液温度控制器各端子电压。用万用表直流电压挡测量各端子对地电压，通过对冷却液温度控制器各端子电压的检测，判断与温度控制器连接的部件及其线路是否有故障。

（2）检测冷却液温度控制器各端子电阻。通过对冷却液温度控制器各端子电阻的检测，判断与温度控制器连接的部件及其线路是否有故障。在点火开关断开时，拔开冷却液温度控制器插接器的连接，用万用表电阻挡测量冷却液温度控制器插头（线束侧）有关端子的电阻。如果使用 4109T 故障检测盒，则拨开连接线线束 4109T 与冷却液温度控制器插座的连接后，测量相应检测孔即可。

2. 空调调节控制器的检修

空调调节控制器的常见故障是内部电路有断路或短路等而造成制冷压缩机不工作或压缩机工作控制不正常。

（1）检测空调调节控制器各端子的电压或电阻。拨开空调调节控制器插接器，检测其插头（线束侧）各端子的电压或电阻。

（2）检测空调调节控制器功能。检测方法如下：

1）重新接上空调调节控制器插接器。

2）断开蒸发器温度传感器，空调调节控制器的 1 号与 2 号端子之间用一可变电阻替代。

3）接通点火开关和空调制冷开关。

4）调节可变电阻值，测量空调调节控制器 5 号端子对地电压。

①电阻值为 14Ω 左右时，空调调节控制器 5 号端子对地电压在 12V 左右（压缩机电磁离合器为通电状态）。

②电阻值为 150kΩ 左右时，空调调节控制器 5 号端子对地电压约为 0V（压缩机电磁离合器处于断电状态）。

如果检测结果为不正常，则更换空调调节控制器。

3. 压力开关的检修

压力开关常见的故障：触点接触不良或压力开关动作失常而造成压缩机不工作或不起正常的压力保护作用。

①检测压力开关的通断性。检测方法如下：首先拔开压力开关的插接器，用万用表电阻挡测量压力开关的 4M1 与 4M2 端子之间的电阻，电阻应为 0。如果电阻不为 0，说明压力开关的常闭触点接触不良，需更换压力开关；如果电阻为 0，则用万用表电阻挡测量压力开关的 4M3 与 4M4 端子之间的电阻，电阻应为∞。如果电阻不为∞，说明压力开关内部有短路，需更换压力开关；如果电阻为∞，则进行压力开关的性能检测。

②测压力开关的性能。如果检测结果不正常，则更换压力开关。

4. 恒温开关的检查（热敏电阻）

（1）检查。

1）拆卸手套箱总成。打开鼓风机和 A/C 开关，起动发动机。

2）在恒温开关导线连接器 2 号和 3 号（-）端子之间连接电压表，根据蒸发器表面温度，检查端子之间电压有无变化。恒温开关工作温度和端子电压见图 7-34 和表 7-10。

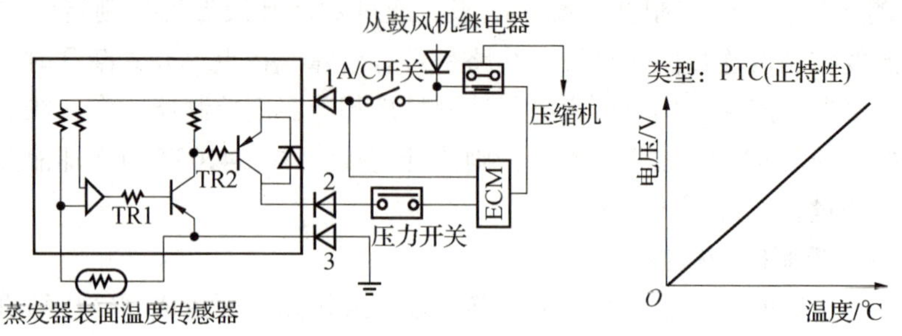

图 7-34　检查电压值

表 7-10　恒温开关工作端电压

工作温度/℃（℉）	恒温开关操作	端电压/V（2 与 3）	备注
1.5±1.0 (34.7±1.8) W	OFF	0	压缩机离合器分离
4.3±1.0 (39.7±1.8) W	ON	12	压缩机离合器分离

（2）操作。

1）增加热敏电阻（蒸发器温度）值时：TR1“ON”→TR2“ON”→恒温器开关“ON”。

2）减少热敏电阻（蒸发器温度）值时：TR1“OFF”→TR2“OFF”→恒温器开关“OFF”。

连接状态时，检查恒温开关。如果不满足上述情况，拆卸蒸发器组件，更换恒温开关。

5. 各传感器检查

（1）光照传感器。光照传感器安装在仪表盘罩上中部位置，由光电（光敏元件）二极管组成。由光电二极管感应太阳辐射能量，生成与光照成正比例的电压，输入温度自动控制模块进行温度补偿调节。

检查：如图 7-35 所示，在光强区，测量连接器 1 号端子与蓄电池（-）极之间电流；在光弱区，测量连接器 2 号端子与蓄电池（+）极之间电流。检查光强区电流是否高于光弱区电流。

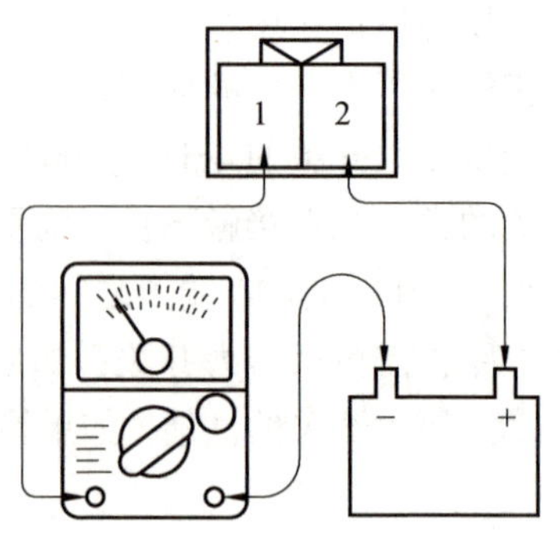

图 7-35　光照传感器检查

（2）水温传感器。水温传感器与温度门执行器电位计用线束连接，用弹簧安装在加热芯入口导管下部执行器固定托架上，三者信号与控制信号一起控制温度门执行器。当鼓风机开关在自动位置、外界温度低、发动机冷机状态时，以高流量比防止冷空气进入室内。直到发动机冷却水温度达到约 50℃或室内温度达到设定温度或高于 3℃为止，冷空气不进入室内，风扇速度以设定范围工作和冷却水温低时控制风扇不工作。

检测水温传感器工作状态：如图 7-36 所示，把水温传感器放入水中；使用火炉进行加热，测量水温传感器连接器 1 号端子与 2 号端子之间电阻。检查电阻值是否在水温为 25℃时：（10±0.5）kΩ；在水温为 69℃时：（2.5±0.3）kΩ。

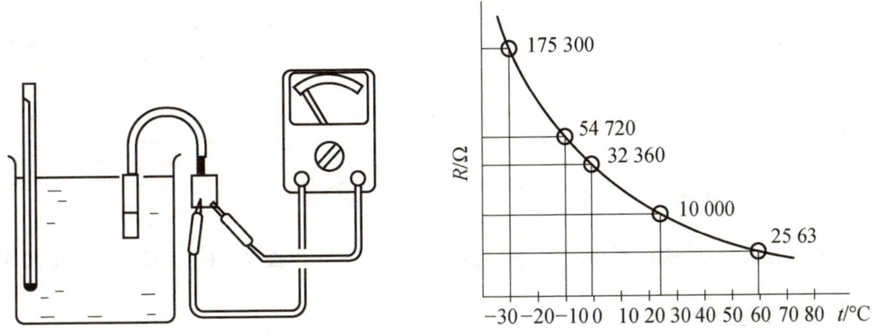

图 7-36　检测水温传感器工作状态

（3）室外温度传感器。室外温度传感器置于冷凝器风扇罩前部，如图 7-37 所示。此传感器包括测量外界空气温度的热敏电阻，如图 7-38 所示。

图 7-37　室外温度传感器安装位置

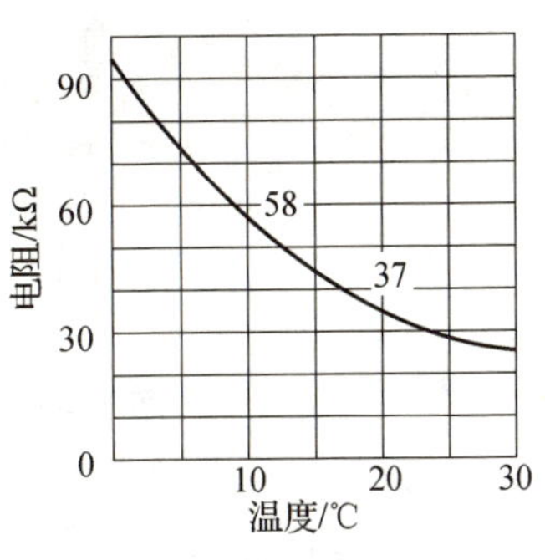

图 7-38　热敏电阻值

检查：分离蓄电池（-）端子，拆下室外温度传感器导线连接器，如图 7-39 所示，测量电阻值。电阻值在 20℃时：（36.5±2.3）kΩ。

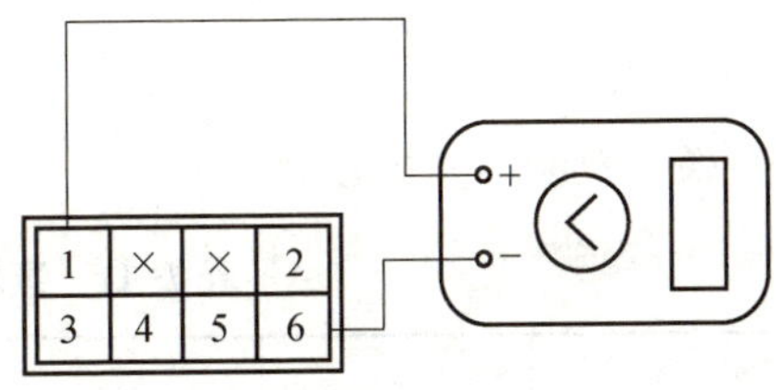

图 7-39　测量室外温度电阻值

（4）温度门执行器。温度门执行器安装在驾驶员侧蒸发器总成壳体侧面。执行器根据 FATC 模块低电流信号控制温度门的位置。其内部装有接收信号的电子电路，调整温度门位置的小型直流电动机，还有向 FATC 模块反馈温度门位置的电位计。温度门执行器根据设定信号输入的信息进行操作。A/C 控制模块根据这些信号操纵直流电动机，从而调节温度门的位置。

检查：如图 7-40 所示，把电压表连接在 1 号端子（+）和 6 号端子（-）上；调节温度开关至最凉和最热，检查温度门在各个位置的电压变化。如图 7-41 所示，最凉：17℃；最热：30℃。最凉是指温度门处在最冷风位置，最热正好相反。

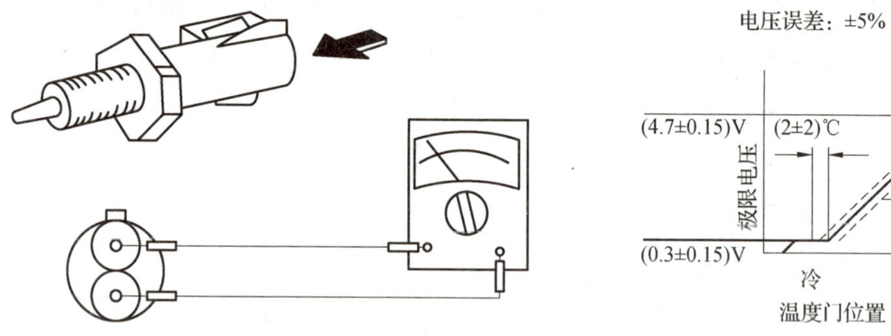

图 7-40　测量温度门执行器冷、热状态电压值

图 7-41　温度门位置电压误差

（5）蒸发器表面温度传感器。此传感器检测蒸发器表面温度，输入空调控制模块。

检查：拆卸蒸发器；拆卸蒸发器表面温度传感器；如图 7-42 所示，检测蒸发器表面温度传感器连接器端子 1 与 2 之间的电阻。电阻在 0℃时：（11.1~11.6）kΩ；在 15℃时：（5.8~6.1）kΩ。

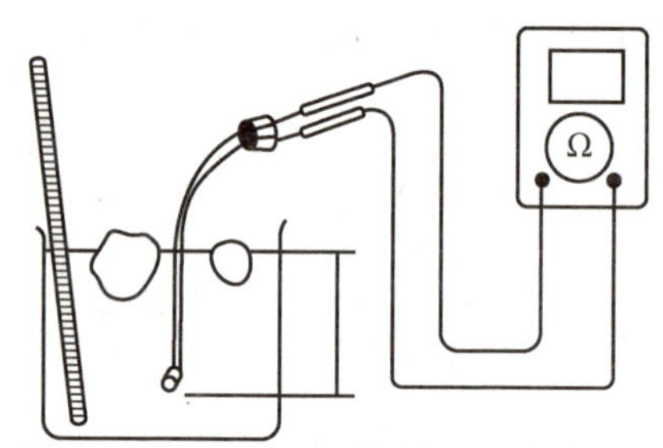

图 7-42　检测蒸发器表面温度传感器电阻值

蒸发器温度传感器出现断路或失效，将使制冷系统的温度得不到正常的控制。蒸发器温度传感器的感温元件是一个负温度系数的热敏电阻，通过测量其各温度下的电阻是否符合规定值来判断传感器的好坏。将蒸发器温度传感器置入水中，通过向水中加冰以获得较低的冷却液温度。良好的蒸发器温度传感器电阻特性见表 7-11，如果测量值与之不符，则需更换蒸发器温度传感器。

表 7-11　蒸发器温度传感器电阻参数

温度/℃	1	3	10	20	25	30
电阻/ Ω	15 500	14 000	9 250	5 800	4 600	4 000

（6）冷却液温度传感器的检修。温控器冷却液温度传感器出现断路或失效，将使冷却液的温度和制冷系统的温度得不到正常的控制。

温控器冷却液温度传感器的感温元件是一个正温度系数的热敏电阻，通过测量其各温度下的电阻是否符合规定值来判断传感器的好坏。将温控器冷却液温度传感器置入冷却液中，通过加热以获得不同的温度。

冷却液温度传感器电阻特性参见表 7-12，如测量值与之不符，则需要更换冷却液温度传感器。

表 7-12　冷却液温度传感器电阻参数

温度/℃	60	70	80	90	100	110
电阻/Ω	2 500	2 600	2 780	2 900	3 050	3 200

6. 鼓风机电动机及控制模块的检修

鼓风机电动机及控制模块的常见故障是电动机损坏、电动机与控制模块之间接触不良及控制模块本身的故障，鼓风机开关不良而造成鼓风机不转或不能高速旋转。

（1）鼓风机电机检查。如图 7-43 所示，连接鼓风机电机连接端子与蓄电池，检查鼓风机电机工作状态。如果鼓风机不转或转速很低，则说明鼓风机电动机有故障，需更换；如果鼓风机能高速运转，则说明鼓风机的电动机正常。

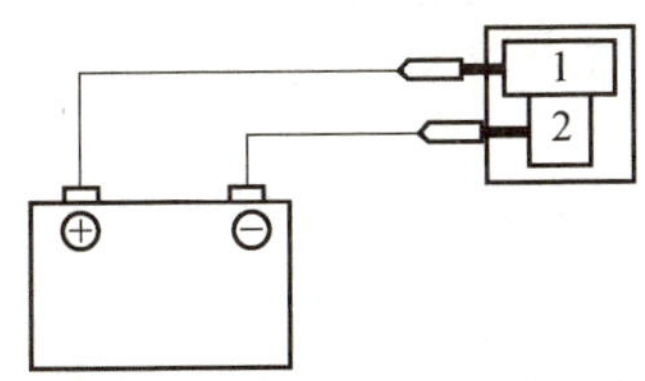

图 7-43　检查鼓风机工作状态

蓄电池连接极性倒过来，检查鼓风机电机是否反转。

检查各端子之间导通状态（使用 SST 拆卸继电器）。继电器端子如图 7-44 所示，导通状况如图 7-45 所示。如果未按规定导通，更换继电器。

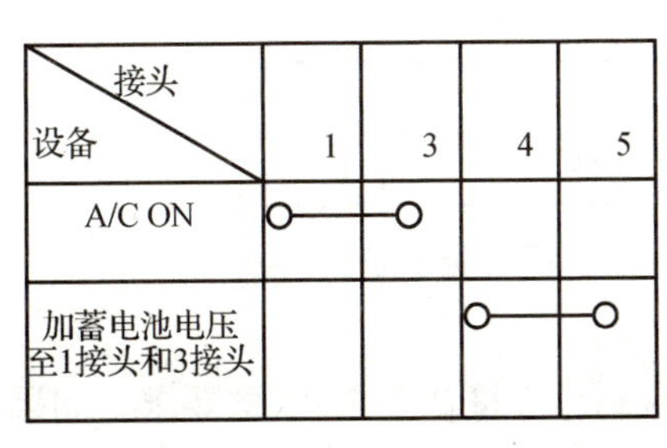

设备＼接头	1	3	4	5
A/C ON	○—	—○		
加蓄电池电压至1接头和3接头			○—	—○

图 7-44　检查继电器导通状态

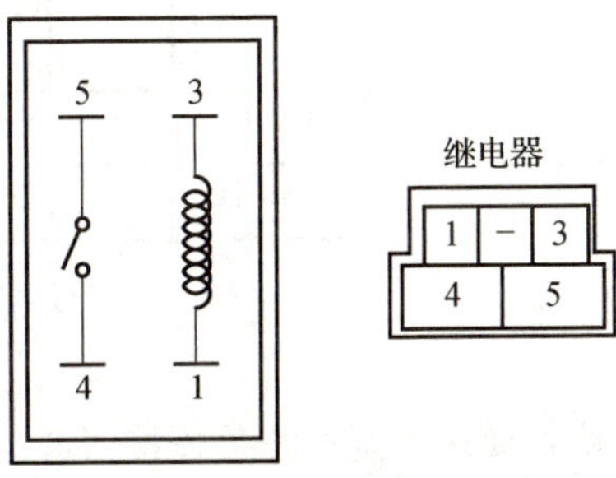

图 7-45　鼓风机电阻器连接器

如图 7-46 所示，测量鼓风机电阻器连接器各端子之间电阻。如果所测电阻值未在如

图 7-47 所示规定值内，必须更换鼓风机电阻器（拆卸鼓风机后）。

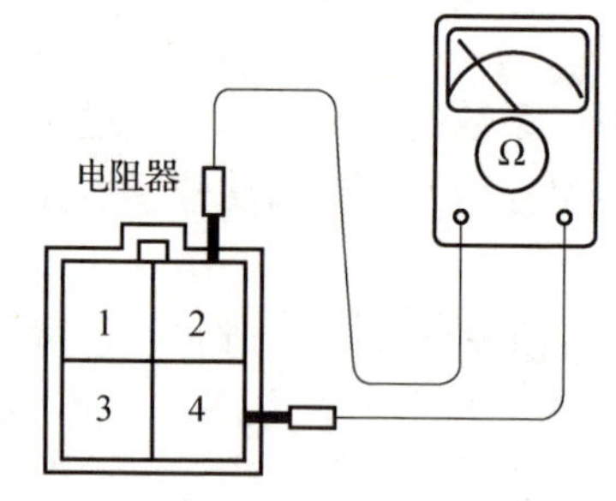

图 7-46　检查鼓风机各端子之间电阻值

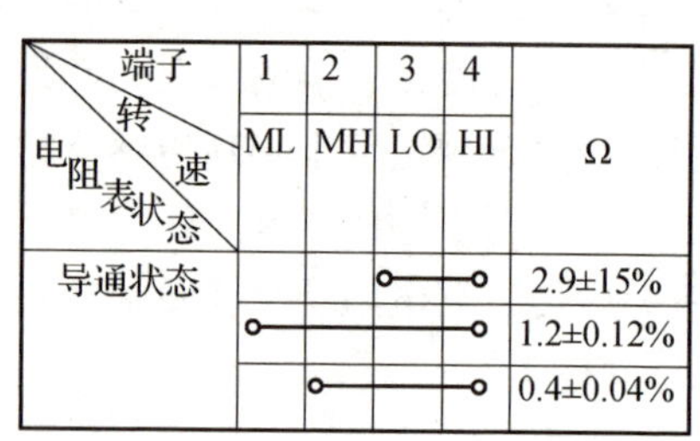

电阻表状态 \ 转速 \ 端子	1 ML	2 MH	3 LO	4 HI	Ω
导通状态			○	○	2.9±15%
	○	—	—	○	1.2±0.12%
		○	—	○	0.4±0.04%

图 7-47　鼓风机电阻器连接器各端子之间电阻值与导通状态

（2）鼓风机开关检查。

1）如图 7-48 所示，检查鼓风机连接器各端子导通状态。导通状况应符合如图 7-49 所示的规定。如果导通不良，更换控制板。

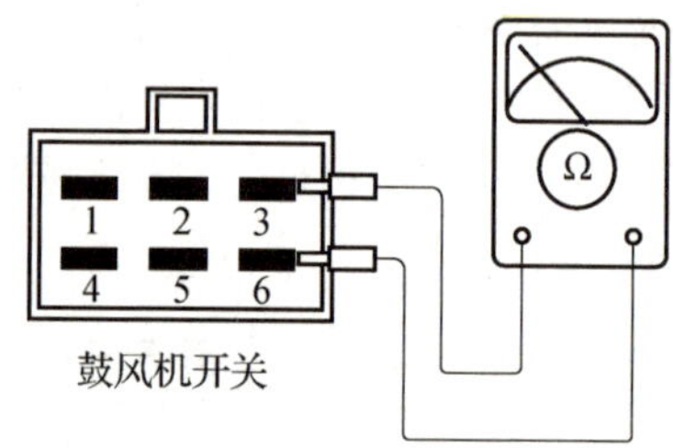

图 7-48　检测鼓风机开关连接器各端子导通状态

开关位置 \ 端子	6 (M.H)	5 (B+)	4 (Ground)	3 (HIGH)	2 (M.L)	1 (LOW)
OFF						
1(LOW)		○	○	—	—	○
2(M.H)		○	○	—	○	
3(M.H)	○	○	○			
4(HIGH)		○	○	○		

图 7-49　鼓风机开关连接器各端子导通状态

2）检查模块控制板开关连接器各端子导通状态，应符合表 7-13 的要求。如果导通不良，更换控制板。

表 7-13　模块控制板开关连接器各端子导通状态

开关模式	端子
VENT	6<=>9
B/L	7<=>9
FLOOR	8<=>9
MIX	14<=>9
DEFROST	15<=>9

3）检查内外气转换按钮，检查连接器各端子导通状态，如图 7-48 所示，应符合表 7-14 的要求。

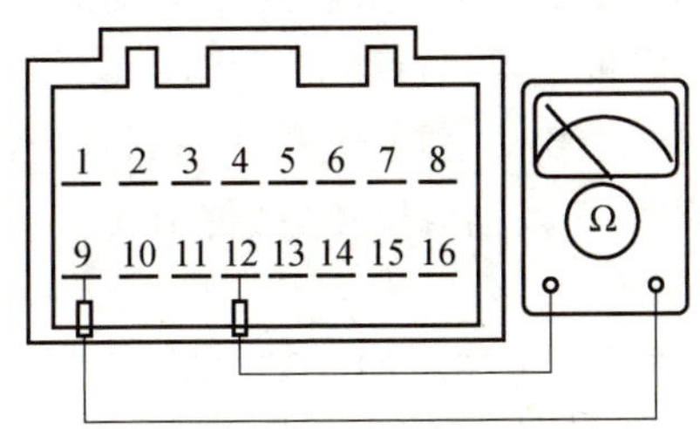

图 7-50　检查主导线连接器各端子导通状态

表 7-14　内外气转换开关端子导通状态

开关模式	端子	开关模式	端子
FRESH	5<=>9	RECIRCULATION	13<=>9

三、汽车自动空调电控系统故障诊断与排除

（一）丰田原车空调控制面板实训台各操作内容

（1）检查蓄电池电压是否在正常范围内。在起动前，用万用表电压挡测量蓄电池的电压在正常范围内，一般为 V=11～13V，否则应对蓄电池进行充电，防止电池因严重亏电而损坏。

（2）检查空调管道的制冷剂是否正常。空调管道中的制冷剂的容量应充足且压力在正常范围内。首先通过制冷剂干燥器的观测孔观察制冷剂的情况，应透明不浑浊，否则应用压力表来测量空调管道的压力，判定是否制冷剂不足。如不在正常范围之内，则应加至正常范围。

（3）检查加热柜中的水量是否充足。正常的水量应在两条红线之间。

（4）调整加热水箱的温控开关至 65℃，接通水箱电源，水箱开始加热。水箱的循环水泵在冷却水温达到设定温度后开始工作。

（5）接通三相电动机电源，并按下电动机控制柜上的绿色按钮后电机开始转动。

（6）电机通过传动皮带带动压缩机和发电机工作。当蓄电池电压降低时，电压调节器上的充电指示灯开始闪烁，发电机给蓄电池充电。

（7）打开系统的电源总开关，打开点火开关，在“ON”的位置上。此时，空调面板和显示板上的信号指示与各传感器的数字值开始显示。

（8）L形控制柜上的各传感器的选择开关在“外”一侧。

（9）设定车室目标温度为25℃，调节环境温度传感器值在30℃，车内温度为40℃，蒸发器温度传感器在8℃，发动机水温传感器温度值在70℃，发动机转速为1 000r/min。

（10）打开空调控制器，设定在“AUTO”模式下。

（11）观察此时空调压缩机的工作状态，记录此时空调控制面板上所显示的各执行器的工作模式。

（12）慢慢调节车内温度传感器的值变化到20℃，观察空调压缩机的工作状态。记录下在此过程中的空调显示检测面板上各执行器的工作模式变化情况。

（13）按空调控制面板上的“OFF”键，调整车室目标温度为25℃，调节环境温度传感器值为0℃，车内温度为0℃，蒸发器温度传感器在8℃，发动机水温传感器值在70℃，发动机转速为1 000r/min。

（14）重新打开空调控制器，设定在“AUTO”模式下工作。

（15）观察此时空调压缩机的工作状态，记录此时空调控制面板上所显示的各执行器的工作模式。

（16）慢慢调节车内温度传感器值变化到28℃。记录下在此过程中的空调面板上各执行器的工作模式变化情况。

（17）按下空调控制面板上的“OFF”键，调整车室目标温度为25℃，调节环境温度传感器值为35℃，车内温度为40℃，蒸发器温度传感器温度值为8℃，发动机水温传感器值为70℃，发动机转速为900r/min。

（18）打开控制面板上的“A/C”和三个风速控制键中的任何一个，分别调节风速和出风模式键，观察不同情况下各执行器的工作状态及各出风口出风量的不同。

（二）伺服电机的工况与各端口电信号的对应关系

（1）根据上述实验所述的操作规程打开实验装置，点火开关打开到“ON”的位置。

（2）设定空调工作在“AUTO”模式下，调节控制柜上车内温度传感器和环境温度传感器信号的模拟值在35℃；调节空调面板上的设定车内温度为24℃，测量空气混合伺服电机TP端电压。

（3）在上述情况下，调节环境温度值到0℃，感觉风道出风口的温度有何变化，测量并记录下TP端的电压变化情况，并分析空气混合伺服电机的工作位置变化情况。

（4）设定空调工作在“AUTO”模式下，调节空调面板上的车内设定温度为24℃，调节控制车内温度传感器和环境温度传感器的模拟值在5℃；测量空气混合伺服电机TP端的电压。

（5）在上述情况下，调节环境温度到50℃，感觉风道出风口的温度有何变化。测量并记录下 TP 端的电压变化情况，并分析空气混合伺服电机的工作位置变化情况。

（6）设定空调工作在“AUTO”模式下，设定空调面板上的车内目标温度为 24℃，调节车室内温度低于 10℃，观察空气混合伺服电机的工作位置；调节车室内温度高于 35℃时，观察空气混合伺服电机的工作位置。在上述两种情况下，再分别从 5～50℃调节环境温度传感器值，观察空气混合伺服电机的工作位置是否变化？记录上述实验结果。

（7）设定车室目标温度为 25℃，调节环境温度传感器值在 10℃，蒸发器温度传感器在 8℃，发动机水温传感器温度值在 70℃，发动机转速为 1 000r/min。

（8）调节车室温度传感器数值从 0℃变到 30℃，再从 30℃变到 51℃。分别记录下最冷伺服电机、模式伺服电机、空气混合伺服电机和进气方式伺服电机、中央通风伺服电机、侧通风伺服电机工作位置的变化情况。

（9）记录信号显示面板上各伺服电机信号显示变化情况，观察 TP、TPL 端指示灯的亮度变化情况，测量并记录下其数值在上述三种情况下的对应值。

（10）设定车室目标温度为 25℃，调节车室温度传感器值在 20℃，蒸发器温度传感器在 8℃，发动机水温传感器温度值在 70℃，发动机转速为 1 000r/min。

（11）调节环境温度传感器值从 0℃变化到 20℃，再从 20℃变化到 60℃。分别记录下最冷伺服电机、模式伺服电机、空气混合伺服电机和进气方式伺服电机中央通风伺服电机、侧通风伺服电机的工作位置。

（12）记录信号显示面板上各伺服电机信号显示变化情况，观察 TP、TPL 端指示灯的亮度变化情况，测量并记录下其数值在上述三种情况下的对应值。

（三）空调 ECU 故障码的识别与排除

（1）按操作规程打开系统电源。

（2）在点火开关转到“ON”位置的同时，按下控制面板上的“AUTO”和空气内循环键。

（3）此时系统进入故障自诊断检查状态。所有指示器灯应在 1s 间隔内连续亮熄 4 次；当指示灯亮时，蜂鸣器响。

（4）指示器（指示灯及蜂鸣器）检查结束后，诊断代码检查便自动开始。在温度显示处连续输出诊断代码。

（5）观察输出处的故障码，如果系统此时无故障，则输出为“00”，（如果环境温度为-30℃或更低，即使空调系统正常，仍可能显示故障代码）；退出检查状态，则按下“OFF”键。

（6）如果一个代码显示时，伴随蜂鸣器响，则表示这个代码指示的故障继续发生；如果代码显示时，蜂鸣器无声，则表明这个代码指示的故障早已发生（例如，连接器接触不良等）。故障代码由小到大依次显示。

（7）为了确定显示器显示出的代码是当前存在的故障，而不是未消除代码的已排除故障，必须进行故障确认步骤。即关闭电机电源与蓄电池开关 10s 以上。

（8）打开车室温度传感器信号开关到“内”侧，观察并记录下显示出的故障码。

（9）打开环境温度传感器信号开关到“内”侧，观察并记录下显示出的故障码。

（10）逆时针旋转太阳能传感器的信号开关到最底处，观察并记录显示出的故障码。

（四）各传感器检测

1. 冷却液温度控制器的检修

冷却液温度控制器的常见故障是其内部电路的电子元件有短路、断路或因潮湿而漏电等导致失去正常的控制功能，因此，将冷却液温度控制器用电吹风吹干后再进行检测，如果功能不能恢复，则更换冷却液温度控制器。

（1）检测冷却液温度控制器各端子电压。用万用表直流电压挡测量各端子对地电压，通过对冷却液温度控制器各端子电压的检测，判断与温度控制器连接的部件及其线路是否有故障。

（2）检测冷却液温度控制器各端子电阻。通过对冷却液温度控制器各端子电阻的检测，判断与温度控制器连接的部件及其线路是否有故障。在点火开关断开时，拨开冷却液温度控制器插接器的连接，用万用表电阻挡测量冷却液温度控制器插头（线束侧）有关端子的电阻。如果使用 4109T 故障检测盒，则拨开连接线线束 4109T 与冷却液温度控制器插座的连接后，测量相应检测孔即可。

2. 蒸发器出口温度传感器检测

（1）作用。安装在空调蒸发器出口处。用于检测蒸发器表面温度的变化，以控制空调压缩机的工作状态

（2）检测。若空调系统发生故障，且在蒸发器的制冷剂出口处出现了结冰现象（即冰堵），同时压缩机不能正常工作，则蒸发器出口温度传感器的连接电路可能出现断路或短路的现象，此时应对蒸发器出口温度传感器进行检测。

方法如下：

1）检查蒸发器温度传感器和空调控制器总成之间的连接器及各导线的连接情况，检查空调控制器总成的状况。

2）断开点火系统，拆下蒸发器出口温度传感器，用万用表电阻挡测量传感器两接头端子之间在不同温度下的电阻值，应符合一定的标准参考值，且随温度的升高电阻值明显减少，若不符合，则应更换出口温度传感器。

3. 车内温度传感器检测

（1）作用。用于确定鼓风机的转速、进风门、混合门、送风门的位置。

1）鼓风机控制。车内实际温度与设定温度差异越大，鼓风机转速越大。

2）进气模式控制。冬天，处于外循环；夏天，当车内温度比设定温度高，处于内循环，快速降温。

3）混合模式控制。在强阳光下突然行驶到背光处，有可能使车内温度比设定温度低，调温门向“热”的方向移动。

4）送风模式控制。夏天，车内温度越来越低，模式门从吹脸到吹脸、吹脚，再到吹脚。

（2）分类。车内温度传感器主要分为吸气器型和电机型两种。

（3）特性。负温度系数的热敏电阻，温度越高，电阻越小。

（4）线路如图 7-51 所示。

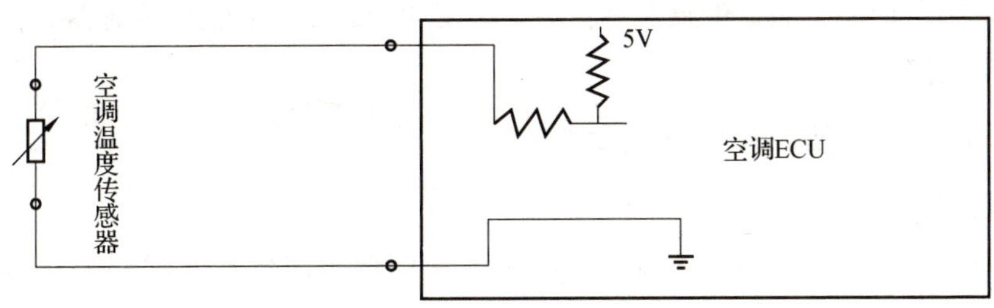

图 7-51　车内温度传感检测线路

（5）对系统的影响。发生故障，自动空调系统失去自动控制的功能。

（6）检测方法。

1）测量电压。拔出传感器的线插，测量线束侧两端子之间应该为 5V，否则说明 ECU 与传感器之间的连线有故障，或 ECU 损坏。插上传感器的线插，测量两端子之间的电压应随温度不同而不同。例如，雷克萨斯 ES300 在 25℃时，电压为 1. 8～2. 2V；在 40℃时，电压为 1. 2～1. 6V。

2）测电阻。测量传感器在各温度时的电阻值应该符合标准。例如，ES300 在 25℃时，电阻为 1. 6～1. 8kΩ；40℃时，电阻为 500～700Ω。

3）读取故障码。

4）用一块小纸片贴在传感器的吸气窗口，开启鼓风机，小纸片应该能被吸住。

4. 车外温度传感器检测

（1）作用。

1）修正鼓风机的转速、进风门、混合门、送风门的位置；

2）当车外温度低于 5℃时，控制压缩机停止工作。

（2）特性、线路、检测方法与车内温度传感器相同。

例如，ES300 在 25℃ 时电压为 1. 35～1. 75V，电阻为 1. 6～1. 8kΩ；40℃ 时电压为 0. 85～1. 25V，电阻为 500～700Ω。

（3）对系统的影响。传感器发生断路时，压缩机不工作。

5. 阳光传感器检测

（1）作用。修正鼓风机的转速、进风门、混合门、送风门的位置。

（2）特性。光敏电阻，光线越强，电阻越小。

（3）线路如图 7-52 所示。

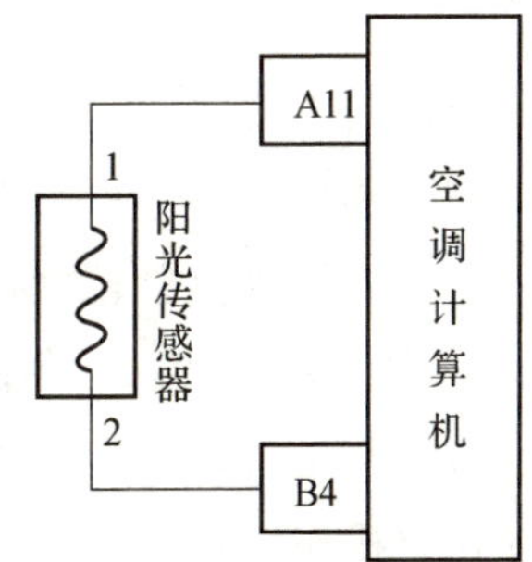

图 7-52　阳光传感器线路

（4）检测方法。

1）测量电压。拔出传感器的线插，测量线束侧两端子之间应该为 5V，否则说明 ECU 与传感器之间的连线有故障，或 ECU 损坏。插上传感器的线插，测量两端子之间的电压值，用强光照射传感器时，应该小于 1V，用黑布盖住传感器时，应该大于4V。

2）测电阻。用强光照射传感器时，应该小于4kΩ，用黑布盖住传感器时，应为∞。

3）读取故障码。

（五）传感器电路故障码故障排除

（1）按操作规程打开实验台电源。

（2）点火开关置于“ON”位置，同时按下空调控制面板上的“AUTO”键及空气内循环键。

（3）此时空调系统进入故障自诊断状态，确认系统工作状态正常，显示代码应为“00”。

（4）操作实验台上的车室温度传感器信号的选择开关，使其位于“内”侧，此时故障显示面板上就显示出“11”号故障码。

（5）测量实验台上信号测试端TR与SG间电压，记录下测量值。

（6）操作实验台上车室温度传感器信号的选择开关，使其回到“内”侧，此时故障显示面板上应显示“00”。

（7）测量实验台上信号测试端TR与SG间的电压值，记录下测量值。

（8）操作实验台上的环境温度传感器信号的选择开关，使其位于“内”侧，此时故障显示面板上就显示出“12”号故障码。

（9）测量实验台上信号测试端TAM与SG间电压，记录下测量值。

（10）操作实验台上环境温度传感器信号的选择开关，使其回到“外”侧，此时故障显示面板上应显示“00”。

（11）测量实验台上信号测试端TAM与SG间电压，记录下测量值。

（12）操作实验台上的蒸发器温度传感器信号的选择开关，使其位于“外”侧，此时故障显示面板上就显示出“13”号故障码。

（13）测量实验台上信号测试端TE与SG间电压，记录下测量值。

（14）操作实验台上蒸发器温度传感器信号的选择开关，使其回到“外”侧，此时故障显示面板上应显示“00”。

（15）测量实验台上信号测试端TE与SG间电压，记录下测量值。

（16）操作实验台上的水温传感器信号的选择开关，使其位于“内”侧，此时故障显示面板上就显示出“14”号故障码。

（17）测量实验台上信号测试端TW与SG间电压，记录下测量值。

（18）操作实验台上水温传感器信号的选择开关，使其回到“外”侧，此时故障显示面板上应显示“00”。

（19）测量实验台上信号测试端TW与SG间电压，记录下测量值。

（六）各执行器检修

1. 压缩机离合器控制电路

压缩机离合器控制电路如图 7-53 所示。

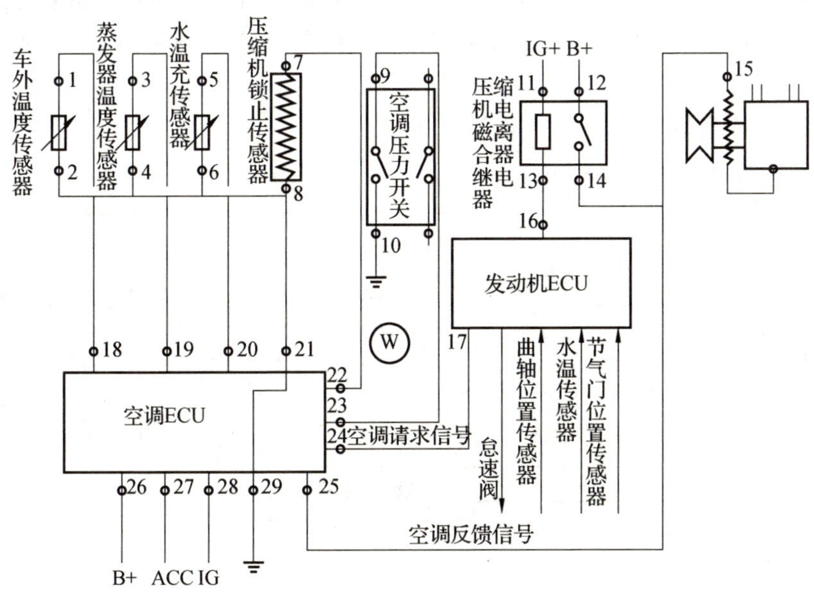

图 7-53　压缩机离合器控制电路

（1）基本控制模式。基本控制模式主要实现降温功能。

手动控制：按下 A/C 开关，无论鼓风机转速多大，压缩机电磁离合器都会吸合。

自动控制：按下 AUTO 开关，空调根据车内温度、环境温度、设定温度等信号自动决定压缩机是否工作。

（2）保护控制模式。实现空调系统的高效、安全工作，并用于发动机的功率保护等。

1）系统保护控制。

低温保护：环境温度低于某值时，出于节能和保护系统的需要，压缩机不工作。

低压保护：系统压力低于某值时，为防止压缩机损坏，停止压缩机工作。

高压保护：系统压力高于某值时，为防止压缩机损坏，停止压缩机工作。

防滑保护：为防止电磁离合器打滑时烧断传动带而影响发动机工作，一旦空调 ECU 检测到打滑状态则切断压缩机电路。

2）发动机功率保护控制。

转向切断控制：转向时，为防止发动机失速，压缩机暂时停止工作。

挂挡切断控制：汽车挂挡起步时，为了提高起步性能，压缩机暂时停止工作。

急加速切断控制：急加速工况为了提供足够的动力，压缩机暂时停止工作。

高温保护：发动机水温超过某值时，压缩机暂时停止工作，防止水温进一步上升。

低速切断控制：发动机转速低于某值时，为防止发动机失速，压缩机暂时停止工作。

开空调后，空调 ECU 检测各相关传感器的信号（车外温度、蒸发器温度、水温、压缩机转速、空调系统压力等），如果它们符合压缩机工作的条件，空调 ECU 就发送一个空调请求信号（搭铁信号）给发动机 ECU，发动机 ECU 收到此信号后，首先提高发动机怠速，再检测发动机转速是否高于 800r/min，发动机水温是否低于 98℃，如果是，则发动机 ECU 控制压缩机继电器工作，压缩机通电工作。当急加速时，发动机 ECU 控制压缩机暂停工作 10s。

2. 鼓风机控制电路

鼓风机控制电路如图 7-54 所示。

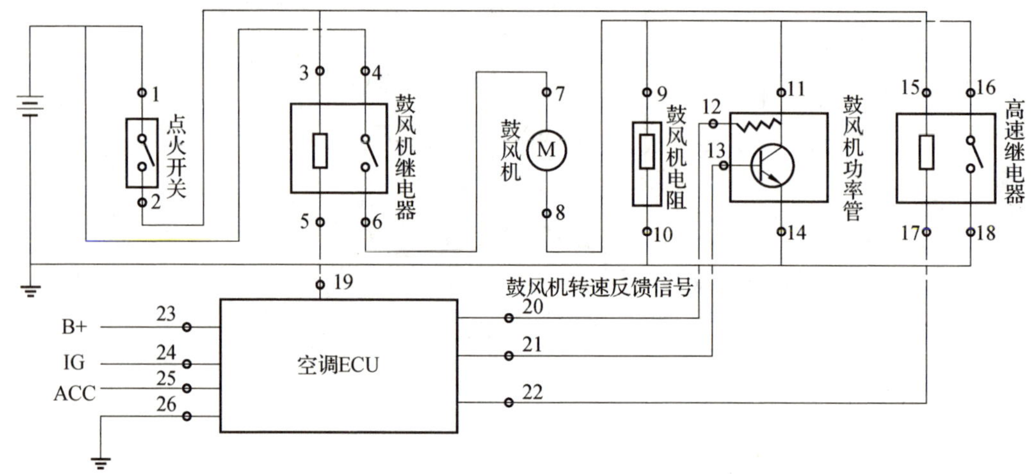

图 7-54　鼓风机控制电路

（1）鼓风机的控制模式。

1）自动控制。按下 AUTO 键，空调 ECU 根据各传感器信号，自动控制鼓风机以最舒适的风量运转，空调运行过程中，鼓风机的风量会自动改变。

2）手动控制。可以手动选择风量，使鼓风机固定以设定的风量运转。

3）起动控制。当鼓风机刚起动时，无论鼓风机的目标转速多高，鼓风机都是以最低速起动，然后逐渐运转到目标转速，以防鼓风机功率管烧坏。

4）时滞控制。夏天刚上车开空调时，如果鼓风机马上运转，送出的将是热风，而不是想要的冷风，当蒸发器表面温度高于 30℃时，空调 ECU 控制鼓风机停转 4s 后再起动。

5）预热控制。冬天刚上车开空调时，如果鼓风机马上运转，送出的将是冷风，而不是想要的热风，当发动机水温低于 40℃时，空调 ECU 控制鼓风机不转。

6）极速控制。当设定温度为最低温（18 ℃）或最高温（32 ℃）时，空调 ECU 控制鼓风机固定以最高速运转。

7）车速补偿。当车速高于一定值时，空调 ECU 控制鼓风机适当降低转速。

（2）鼓风机控制原理。各传感器将信号输送给空调 ECU，空调 ECU 通过计算后控制鼓风机转速。

1）低速运转。

电源→点火开关→鼓风机继电器线圈→空调 ECU→搭铁。

电源→鼓风机继电器→鼓风机→鼓风机电阻→搭铁。

2）中速运转。

空调 ECU→鼓风机功率管→搭铁。

电源→鼓风机继电器→鼓风机→鼓风机功率管→搭铁。

3）高速运转。

电源→点火开关→鼓风机高速继电器线圈→空调 ECU→搭铁。

电源→鼓风机继电器→鼓风机→鼓风机高速继电器→搭铁。

3. 冷却风扇电路检修

（1）冷却风扇控制电路。冷却风扇控制电路如图 7-55 所示。

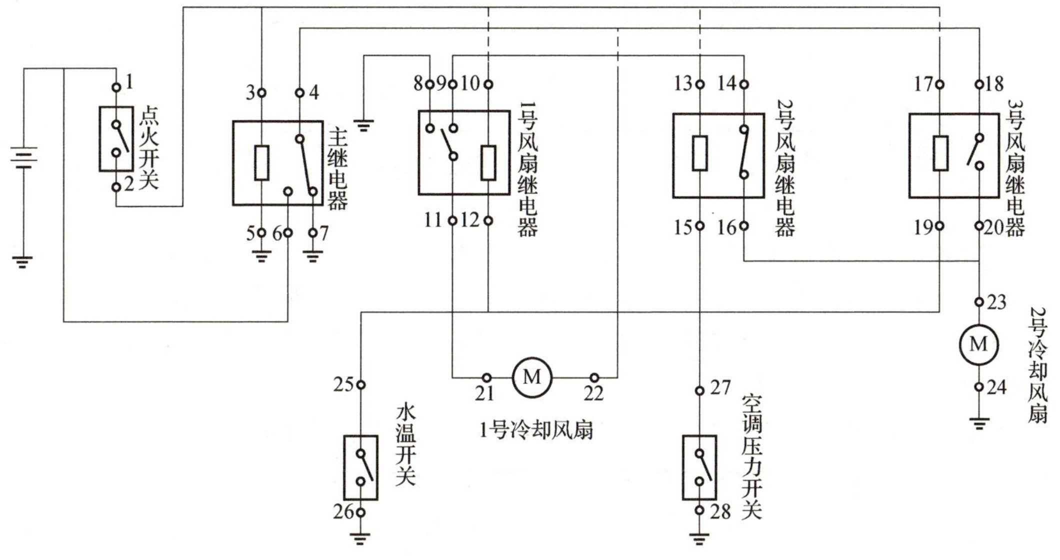

图 7-55　冷却风扇控制电路

（2）冷却风扇电路控制原理。

1）当水温不高，没有开冷气时。水温开关闭合，空调中压力开关闭合，主继电器与 1 号、2 号、3 号冷却风扇继电器线圈都通电，两个冷却风扇都不转。

2）当水温不高，开冷气时。水温开关闭合，空调中压力开关断开，主继电器与 2 号、3 号冷却风扇继电器线圈通电，1 号冷却风扇继电器线圈断电，两个冷却风扇串联低速运转。

3）当水温过高，没有开冷气时。水温开关断开，空调中压力开关闭合，主继电器、1 号冷却风扇继电器线圈通电，2 号、3 号冷却风扇继电器线圈断电，两个冷却风扇并联高速运转。

4）当水温过高，开冷气时。水温开关断开，空调中压力开关断开，主继电器线圈通电，1 号、2 号、3 号冷却风扇继电器线圈断电，两个冷却风扇并联高速运转。

4. 伺服马达电路检修

（1）混合模式伺服马达。直流电机加位置传感器型如图 7-56 所示。

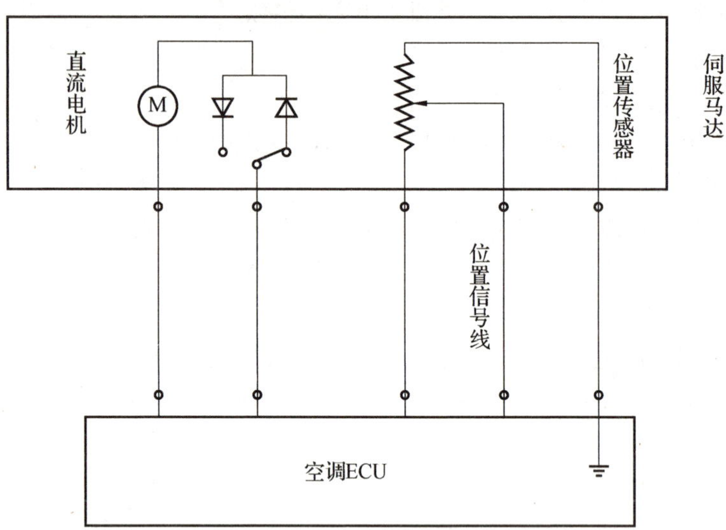

图 7-56　直流电机加位置传感器型

工作原理：空调 ECU 根据各相关传感器的信号，计算出伺服马达的目标位置，并且空调 ECU 通过伺服马达内的位置传感器，时刻监控伺服马达所处的实际位置，如果实际位置和目标位置不一致，空调 ECU 供电给伺服马达内的直流电机，当伺服马达转到目标位置时，空调 ECU 停止供电。

（2）送风模式伺服马达。直流电机加位置开关型如图 7-57 所示。

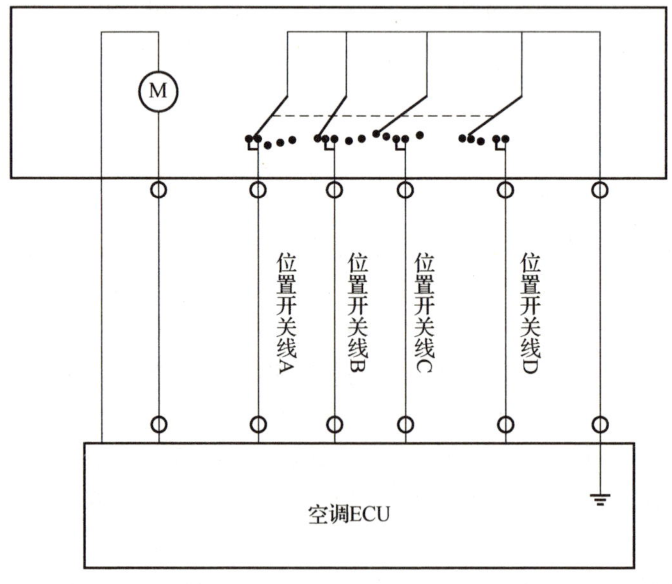

图 7-57　直流电机加位置开关型

工作原理：伺服马达处于不同位置时，伺服马达内的 4 条位置开关线与搭铁线的导通排列情况就不同，空调 ECU 通过检测 4 条位置开关线与搭铁线的导通排列情况，时刻监控伺服马达所处的实际位置。如果实际位置和目标位置不一致，空调 ECU 供电给伺服马达内的直流电机，当伺服马达转到目标位置时，空调 ECU 停止供电。

（3）进风模式伺服马达。空调 ECU 控制其中 1 条位置指令线搭铁时，伺服马达转到外循环，空调 ECU 控制另 1 条位置指令线搭铁时，伺服马达转到内循环，这种伺服马达只能单向转动。

第四节　汽车空调系统故障案例

案例 1：迈腾汽车开空调时出风口无冷风吹出，散热风扇也不转

（1）故障现象。一辆 2007 年产一汽大众迈腾 1. 8TSI 汽车，据用户反映，该车开空调时出风口无冷风吹出，散热风扇也不转。

（2）故障分析。使用故障诊断仪 V. A. S5051 进行检测，查询到偶发性故障码 00229（制冷系统压力低于下限值）。连续空调压力歧管表，测量空调系统静态压力为 800kPa，压力正常。通过歧管表试着放出管路内的制冷剂，结果放出的只有空气，这说明空调管路内没有制冷剂。将空调系统重新抽真空并确认系统没有泄漏后，充入规定量的制冷剂。但空调仍不工作，触摸低压空调管无制冷迹象。

对于大众车系 PQ35 平台以上的车型，空调系统使用变排量空调压缩机，并采用了新的控制方式。空调系统控制单元 J255 接收来自发动机控制单元的指令以决定是否使空调系统工作，同时根据设定的温度、外部环境温度和车内温度、蒸发器温度以及制冷管路压力的变化等因素，对空调压缩机电磁阀 N280 的占空比进行控制，从而实现压缩机内部斜盘的倾斜位置发生改变，最终实现变排量和制冷效果的改变。因为变排量压缩机随着发动机的工作一直运转（空调关闭时，制冷剂流量被降低 2%），所以维修人员无法像定排量压缩机那样从电磁离合器是否吸合来判断压缩机的工作状态，而应该使用故障诊断码进行诊断。

打开空调，使用 V. A. S5051 对空调系统的数据流进行监控，从诊断仪上可以看到“空调准备就绪”和“AC 输出”的结果为“空调高挡”，压缩机状况为“压缩机接通”，空调系统压力为 700kPa。“空调准备就绪”和“AC 输入”的结果为“空调高挡”，说明发动机单元能够接收到空调 AC 开关的请求信号；“压缩机状况”为“接通”，说明发动机控制单元采集了相关传感器数据后认为符合空调系统工作的条件，从而提高发动机怠速转速，同时使空调压缩机处于接通状态。但是，显示空调系统压力为 700kPa 却是不符合标准的。

对于迈腾汽车，空调系统正常工作时，高压一般在 1. 1MPa 以上，700kPa 显然过低。这么低的压力达不到空调系统制冷的最低要求。

再读取其他数据块，“空调系统的风扇要求”为 0. 0%，“冷却风扇起动 1 占空比”为 12. 2%，“空调系统的风扇要求”为 0. 0%，说明风扇在压缩机接通状态下不运转，也进一

步说明空调压缩机实际工作状态是异常的。压缩机实际工作状态可以通过空调控制单元的002组数据流来监测，实测数据：空调压缩机电磁阀N280电流为0A（正常为0.6~0.8A），压缩机转速为0r/min（正常为1 000r/min），空调系统负荷为0N·m（正常为4~5N·m）。

检测至此，判断此车故障点应为空调压缩机电磁阀N280无工作电流，基本可以排除空调压缩机内部机械故障。电磁阀N280安装在压缩机的后端，准备按下N280上的线束插头进一步检测，发现线束插头较松，当即插实后，空调可以正常工作，而且风扇开始运转。此时读取各测量数据块，“空调系统压力”为1 200kPa，“空调系统风扇要求”为56.9%，“冷却风扇起动1占空比”为62.0%。读取电磁阀N280的数据，电流从5mA到0.82A逐渐升高，空调系统负荷从0N·m逐渐上升至5N·m（一般要达到4N·m以上时空调制冷才有效）。

（3）故障排除。对松动的电磁阀N280线束插头进行妥善处理，试车，确认空调系统恢复正常。

（4）故障总结。虽然该车的故障并不复杂。通过其他常规的检测方法也能够找到故障。但是对于自动空调的维修，如果能够充分利用故障诊断仪，很多时候可以准确地找到故障点，特别是检修比较复杂的空调故障时，往往能够对故障的检修很有帮助。

案例2：桑塔纳时代超人乘用车空调制冷系统不能工作，出风口吹出自然风

（1）故障现象。一辆桑塔纳时代超人乘用车，在接通空调（A/C）开关时，空调制冷系统不能工作，仪表台上的出风口吹出自然风。

（2）诊断与修理。首先验证故障现象。起动发动机，把温度选择杆置于制冷位置，把鼓风机开关置于2挡，接通A/C开关，此时仪表台上的出风口吹出自然风，该车的空调系统不制冷。

打开发动机盖，发现空调压缩机电磁离合器没有接合，冷却风扇也没有转动，这说明该车空调制冷系统没有进入正常的工作状态。造成空调制冷系统不工作的因素有制冷剂过少、空调系统基本设备故障和空调系统控制电路故障几方面。

首先检查空调制冷系统的制冷状况。把歧管压力表的高、低压端分别和该车空调管路上相应的高、低压检查口接好。此时高、低压表上的指示值均为0.65MPa，该值为空调制冷系统内的正常静态压力值，说明该车空调系统制冷充足。接着检查空调压缩机电磁离合器。脱开空调压缩机电磁离合器连接器，用试灯检查表明，该连接器的端子上没有电源电压。从蓄电池的正极上引一导线直接给空调压缩机电磁离合器供电，此时空调压缩机电磁离合器能够接合。空调低压管逐渐变凉，而且仪表台上的出风口也吹出冷风。至此，初步认定该车空调制冷系统不工作的原因是空调系统控制电路出现了故障。

桑塔纳时代超人乘用车空调系统控制电路和普通桑塔纳乘用车相比有了一些改进，主要是在桑塔纳时代超人乘用车的空调系统控制电路中安装了电子控制器，同时发动机ECU也参与了空调控制，所以检测方法和普通桑塔纳车相比有所不同。

参照空调系统电路图，首先检查了驾驶室内熔丝盒中的S14熔丝，正常；检查电子控

制器上的 S104 和 S108 两只熔丝，也正常。在测试过程中发现，当接通 A/C 开关时，虽然空调压缩机电磁离合器没有工作，但新鲜空气进气口已经关闭，这说明了 A/C 开关和环境温度开关工作正常。用试灯一端搭铁，另一端分别触及安装在蒸发器上的蒸发器温控开关的两只端子时，试灯均能点亮，说明蒸发器温控开关也正常。

接着，按照电路图检查冷却液温度控制开关。

该控制开关安装在发动机气缸体后部五通冷却液管上，其作用是当发动机冷却液温度正常时，保持接通状态，使空调制冷系统正常工作，一旦发动机冷却液温度过高，该控制开关便呈断路状态，从而使空调制冷系统中止工作，以达到保护发动机的目的。用试灯检查冷却液温度控制开关，其端子 2 能把试灯点亮，而端子 1 不能把试灯点亮。该控制开关在发动机正常工作温度下呈断路状态，说明已经损坏。为了进一步验证是因冷却液温度控制开关损坏而造成空调制冷系统不工作，取一根导线短接冷却液温度控制开关导线，测连接器端子 1 和 2，此时空调压缩机电磁离合器立即接合，同时左、右两只冷却风扇也低速旋转起来，仪表台上的出风口也吹出冷风，该车的空调制冷系统恢复正常工作。

拆下发动机气缸体后部的五通冷却液管时，发现该冷却液管与气缸体的连接处有渗水痕迹，同时五通冷却液管的连接部分已经变形，就换上一只新的五通冷却液管和一只新的冷却液温度控制开关。装复检查时拆下的部件后加注冷却液，而后起动发动机，接通 A/C 开关，此时空调压缩机电磁离合器接合，冷却风扇低速旋转，发动机怠速运转稳定，仪表台上的出风口吹出冷风，空调制冷系统就工作正常。运行一段时间后，空调制冷系统中的各元件工作正常，故障排除。

案列 3：丰田凯美瑞（CAMRY）汽车空调制冷效果差

（1）故障现象。丰田凯美瑞（CAMRY）汽车空调制冷效果差。

（2）诊断与排除。向驾驶员查询确认该车近段时间曾经检修过空调制冷系统。让发动机运转一段时间后，发现低压管路有大量的露珠，怀疑是制冷剂在蒸发器中蒸发不完全进入低压管路后继续蒸发，大量吸收低压管路的热量导致低压管路温度过低所致，观测储液罐观察窗，制冷剂清晰无气泡，大量吸收低压管路的热量导致低压管路温度过低所致，观察储液罐观察窗，制冷剂清晰无气泡，但出风口空气不够冷，关掉空调 1min 后却有气泡缓慢流动，初步诊断为制冷剂过多。用歧管压力表测量，高、低压端显示的压力值都较额定值高，验证了原注入制冷剂过多的判断。放出部分制冷剂，使发动机运转，打开空调后从储油罐观察窗中看到制冷剂无气泡，并且出风口空气变冷。再用歧管压力表测量高、低端压力值，均符合要求，故障排除。

制冷剂过少造成制冷能力降低，制冷剂不足的原因大多是由于系统中的制冷剂微量泄漏。倘若空调系统中制冷剂不足，从膨胀阀喷入蒸发器的制冷剂也会减少，则制冷剂在蒸发器内蒸发时，由于蒸发量的减少，吸收的热量也将随之下降。过少时甚至还没来得及进入蒸发器就已经在蒸发器位置蒸发，重则会造成膨胀阀结霜，轻则制冷量会下降。

诊断方法：制冷剂不足也可以从干燥罐上方的视液镜中观察。空调正常运转时，若通过视液镜观察到有连续不断的缓慢的气泡产生，表明制冷剂不足。若出现明显的气泡翻转情况，则表示制冷剂严重不足。检查空调正常工作时的高、低压端压力，应该均偏低。

思考题

1. 汽车空调制冷循环的基本过程是什么？
2. 空调系统故障诊断方法是什么？
3. 汽车空调系统的组成是什么？

第八章

汽车电子防盗控制系统

第一节　汽车电子防盗控制系统结构

目前，汽车防盗器已由初期的机械控制，发展成为钥匙控制—电子密码—遥控呼救—信息报警的汽车防盗系统，由以前单纯的机械钥匙防盗技术走向电子防盗、生物特征式电子防盗。电子防盗系统主要由电子控制的遥控器或钥匙、电子控制电路、报警装置和执行机构等组成。

一、电子防盗系统的类型

（1）钥匙控制式。通过用钥匙将门锁打开或锁止，同时将防盗系统设置或解除。

（2）遥控式。防盗系统能够远距离控制门锁打开或锁止解除。

（3）报警式。防盗系统遇有汽车被盗窃时，只是报警但无防止汽车移动功能。

（4）具有防盗报警和防止车辆移动式的防盗系统。当遇有窃车时，除音响信号报警外，还能切断汽车的起动电路、点火电路或油路等，起到防止汽车移动的作用。

（5）电子跟踪防盗系统。该系统分为卫星定位跟踪系统（Global Positioning System，简称 GPS）和利用对讲机通过中央控制中心定位监控系统。电子跟踪定位监控防盗系统是利用电波在电子地图上显示被盗车位置并向警方报警的追踪装置。设置跟踪定位监控防盗系统，需有关单位设置专门机构和专用设备，并需 24 小时不间断地监视，否则还是起不到防盗作用。钥匙控制式防盗系统的作用是，当驾驶员将车门锁住的同时，接通了电子防盗系统电路，同时电子防盗系统开始进入工作状态。一旦有窃贼非法打开车门，电子防盗系统一方面用喇叭报警求救，另一方面切断点火系统电路，使发动机不能起动，由此起到防盗报警的作用。而电子钥匙编码控制装置，是靠带编码的点火钥匙来控制汽车发动机的起动，以达到防止汽车被盗走的目的。它主要由身份代码的点火钥匙、编码器构成的控制器和发动机控制单元等组成。带编码的点火钥匙中镶有电阻管芯，在电阻管芯内设有身份代码（电阻值）。点火锁筒内存储有代码，当插入的钥匙与存储的代码不符，即电阻值不符合点火锁内存储的电阻值时，则点火系统的电路不能接通，从而起到防盗作用。

1. 电子密码防盗系统

防盗器的电子密码就是开启防盗器的钥匙。它一方面记载着防盗器的身份码，区别各个防盗器的不同；另一方面，它又包含着防盗的功能指令码、资料码，负责开启或关闭防盗器，控制完成防盗器的一切功能。根据密码发射方式的不同，遥控式汽车防盗器主要分为定码防盗器和跳码防盗器两种类型。早期防盗器多采用定码方式，但由于其易被破译，现已逐渐被技术上较为先进、防盗效果较好的跳码防盗器所取代。

2. 定码防盗器

早期的遥控式汽车防盗器是主机与遥控器各有一组相同的密码，遥控器发射密码，主机接收密码，从而完成防盗器的各种功能，这种密码发射方式称为第一代固定码发射方式。定码发射方式在汽车防盗器中的应用并不普及，在初期防盗器应用市场，其防盗器的安全性和可靠性还有所保证。但在防盗器使用已成熟的市场，定码方式就显得不可靠，原因有以下三个方面。

（1）密码量少，容易出现重复码，即发生一个遥控器控制多部车辆的现象。

（2）遥控器丢失后，若单独更换遥控器极不安全，除非连同主机一道更换，但费用过高。

（3）安全性差，密码易被复制或盗取，车辆易被盗。

3. 跳码防盗器

跳码防盗器的特点如下：

（1）遥控器的密码除身份码和指令码外，多了跳码部分。跳码即密码依一定的编码函数，每发射一次，密码随即变化一次，密码不会被轻易复制或盗取，安全性极高。

（2）密码组合有上亿组，根本上杜绝了重复码。

（3）主机无密码，主机通过学习遥控器的密码，从而实现主机与遥控器之间的相互识别。若遥控器丢失，可安全且低成本地更换遥控器。

4. 遥控电子防盗系统

目前，这种电子防盗系统在许多原厂配置防盗系统的汽车上广泛使用。遥控电子防盗系统是利用发射和接收设备，并通过电磁波或红外线来对车门进行锁止或开启的。

遥控电子防盗系统种类繁多，常见的有电磁波遥控电子防盗系统和红外线控制防盗系统。遥控电子防盗系统在夜间无需灯光帮助就能方便快捷地将车门锁止或开启。

（1）结构组成。一套完整的遥控汽车防盗器应由下面几个部分组成。

1）主机部分。它是防盗器核心和控制中心。

2）感应侦测部分。它可由感应器或探头组成，目前普遍使用的是振荡感应器。

3）门控部分。包括前盖开关、门开关及行李厢开关等。

4）报警部分。喇叭。

5）配线部分。

6）其他部分。包括不干胶、螺钉及继电器等配件和使用说明书及安装配线图等。

遥控电动中央门锁防盗系统功能及操作。

1）遥控锁车及防盗设定。按遥控器上的相应按键，四个转向灯闪烁一次，示意驾驶员车门及行李厢已上锁。防盗状态指示灯不停地慢闪，提示驾驶员车已进入了防盗状态。此状态下起动及点火电源均被切断。

2）遥控开锁及防盗解除。按遥控器上的相应按键，四个转向灯闪烁两次，示意驾驶员车门及行李厢已开锁。防盗状态指示灯熄灭，提示驾驶员车已解除防盗，起动及点火电源电路恢复正常。同时，室内灯点亮持续20s，方便驾驶员及乘员上车。

3）自动防盗设定。停车后将点火开关转到断开位置，如果任何一个车门打开再关上，延迟 3s，四个转向灯持续闪烁 5 次后，自动进入防盗设定状态。5s 内再次打开车门，则系统停止计时。当又关上全部车门时，系统重新开始计时，四个转向灯又开始闪烁，5s 后再次进入防盗系统设定状态。此间，如不用钥匙或遥控器锁车，中央控制门锁不会锁车，以防驾驶员将遥控器忘在车上。

5. 二次防盗设定

如果误触动了遥控器的相应按键，使防盗解除（此时室内灯会自动点亮 20s）；或有意识地解除防盗后，30s 内车门没有打开，系统再次进入防盗设定状态，并将车门自动锁上。

第二节　中控门锁电路分析与检测

一、中控门锁电路分析

丰田威驰汽车中控门锁电路如图 8-1 所示。

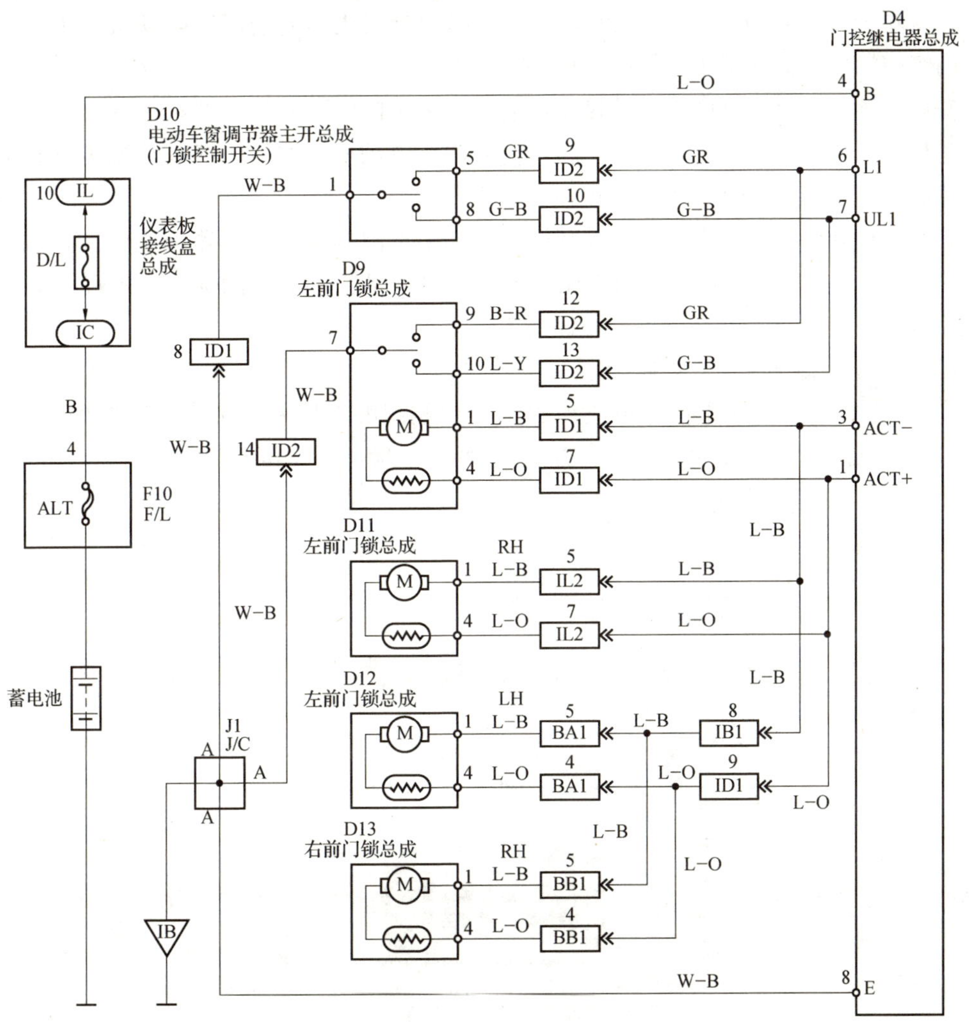

图 8-1　丰田威驰汽车中控门锁电路

（1）中央门锁控制继电器电路。

1）中央门锁控制继电器电源电路。蓄电池“+”→熔断器盒熔断器 ALT（100A）→熔断器 D/L（25A）→中央门锁控制继电器端子 4→中央门锁控制继电器。

2）中央门锁控制继电器接地电路。中央门锁控制继电器→中央门锁控制继电器端子 8→1B 接地。

（2）汽车中央门锁系统开锁电路。

1）中央门锁系统开锁信号电路。中央门锁控制继电器→中央门锁控制继电器端子 7→中央门锁控制开关“UNLOCK”触点→IB 接地。

2）中央门锁系统开锁电路。

左前门锁开锁电路：中央门锁控制继电器→中央门锁控制继电器端子 ACT+→左前门锁电动机车门钥匙锁和未锁开关端子 4→左前门锁电动机电阻→左前门锁电动机→左前门锁电动机端子 1→中央门锁控制继电器端了 ACT→中央门锁控制继电器。

右前门锁开锁电路：中央门锁控制继电器→中央门锁控制继电器端子 ACT+→右前门锁电动机端子 4→右前门锁电动机电阻→右前门锁电动机→右前门锁电动机端子 ACT-→中央门锁控制继电器端子 1→中央门锁控制继电器。

左后门锁开锁电路：中央门锁控制继电器→中央门锁控制继电器端子 ACT+→左后门锁电动机端子 4→左后门锁电动机电阻→左后门锁电动机一左后门锁电动机端子 1→中央门锁控制继电器端子 ACT→中央门锁控制继电器。

右后门锁开锁电路：中央门锁控制继电器→中央门锁控制继电器端子 ACT+→右后门锁电动机端子 4→右后门锁电动机电阻→右后门锁电动机→右后门锁电动机端子 1→中央门锁控制继电器端子 ACT→中央门锁控制继电器。

（3）中央门锁系统锁止电路。

1）中央门锁系统锁止信号电路。中央门锁控制继电器一中央门锁控制继电器端子 6→连接器 ID2 端子 9→中央门锁控制开关“LOCK”触点→连接器 ID 1 端子 8→IB 接地。

2）中央门锁系统锁止电路。中央门锁系统各车门锁止电路与开锁电路相同，流经各门锁电动机的电流相反。

二、中控门锁电路检测

（1）门锁控制继电器总成的检测。从仪表板上找到电动门锁控制继电器总成，其端子如图 8-2 所示，其检测方法如下。

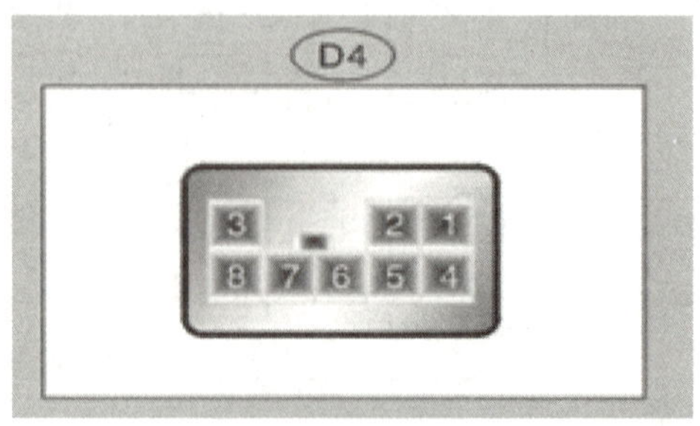

图 8-2 门锁控制继电器总成端子

1）断开门锁控制继电器连接器 D4，检查线束一侧连接器每个端子的电压和导通情况，其标准应符合表 8-1 的要求。如果结果不符合标准，可能是线束一侧有故障。

表 8-1　检查门锁控制继电器连接器 D4 端子的导通情况

符号（端子号）	导线颜色	工况	标准状态
B（D4—4）搭铁	L—O	任何工况	10～14V
E（D4—8）搭铁	W—B	任何工况	导通
L1（D4—6）搭铁	G—R	门控开关（主开关）OFF→LOCK	不通→导通
UL1（D4—7）搭铁	G—B	门控开关（主开关）OFF→UNLOCK	不通→导通

2）重新连接门锁控制继电器连接器 D4，检查连接器每个端子的电压，其标准应符合表 8-2 的要求。如果不符合标准，车辆可能有故障。此时，检查门锁控制继电器和蓄电池之间的线束、连接器和熔断丝，如果有必要进行修理或更换。

表 8-2　检查门锁控制继电器连接器 D4 端子电压

符号（端子号）	导线颜色	工况	标准状态
ACT+（D4—1）搭铁	L—O	门控开关（主开关）或门锁（驾驶员）OFF→LOCK	低于 1V→10～14V→低于 1V
ACT-（D4—3）搭铁	L—B	门控开关（主开关）或门锁（驾驶员）OFF→LOCK	低于 1V→10～14V→低于 1V

（2）门锁控制开关的检测。

1）检查主开关或门锁操作。如果用驾驶员侧车门锁不能进行手动上锁/开锁操作，转到步骤 3)；如果用主开关不能进行手动上锁/开锁操作，转到步骤 2)。

2）检测电动车窗主开关总成，如图 8-3 所示。

①拆下主开关。

②检查门锁控制开关导通性，其标准应符合表 8-3 的要求。

表 8-3　门锁控制开关导通性的检测

端子号	开关位置	标准状态
1↔5	LOCK	导通
—	OFF	不导通
1↔8	UNLOCK	导通

如果不正常，更换电动车窗调节器主开关总成；如果正常，转到步骤 3)。

3）检查线束（门锁控制主开关总成和门锁控制继电器总成）一侧连接器的导通性，如图 8-3 所示。

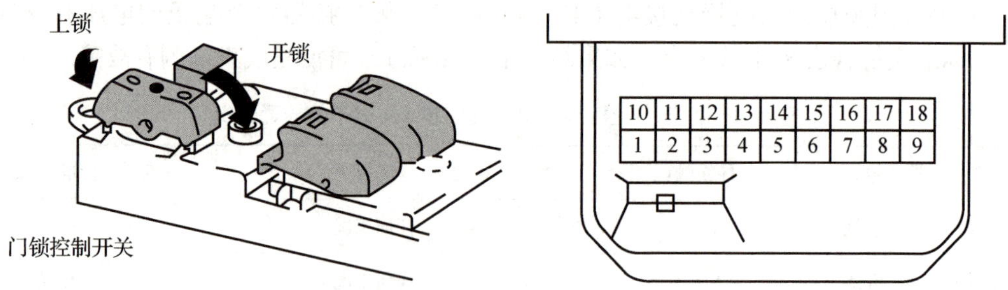

图 8-3　门锁控制主开关总成的检测

①断开 D10 电动车窗主开关连接器。

②断开 D4 门锁控制继电器连接器。

③检查线束一侧连接器的导通性，其标准应符合表 8-4 的要求。

如果不正常，修理或更换线束和连接器；如果正常，更换门锁控制继电器总成。

表 8-4　线束一侧连接器的导通性检测

符号（端子号）	开关位置
L（D10-5）↔L1（D4-6）	导通
L（D10-8）↔L1（D4-7）	导通

（3）门锁总成检测。

1）检查左侧前门锁总成。

①加蓄电池电压，检查门锁电机的动作，如图 8-4 所示，其标准应符合表 8-5 的要求。

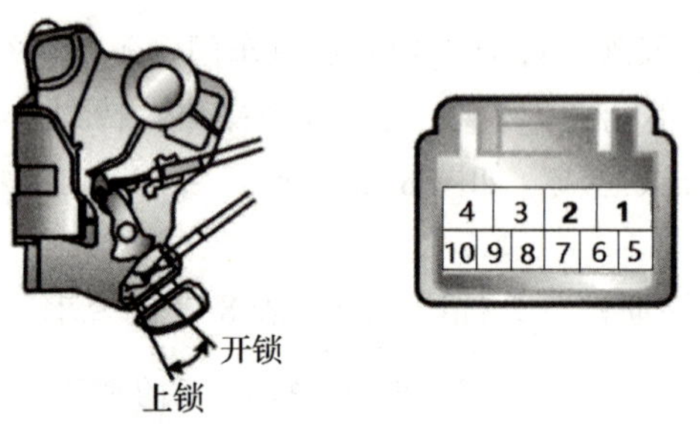

图 8-4　左侧前门锁电动机的工作情况检测

表 8-5　左侧前门锁端子的检测

符号（端子号）	标准状态
蓄电池正极+↔端子 4 蓄电池正极-↔端子 1	上锁
蓄电池正极+↔端子 1 蓄电池正极-↔端子 4	开锁

②检查车上锁和开锁开关的导通性，如图 8-5 所示，其标准应符合表 8-6 的要求。如果不正常，更换左侧前门锁总成；如果正常，转到下一步骤。

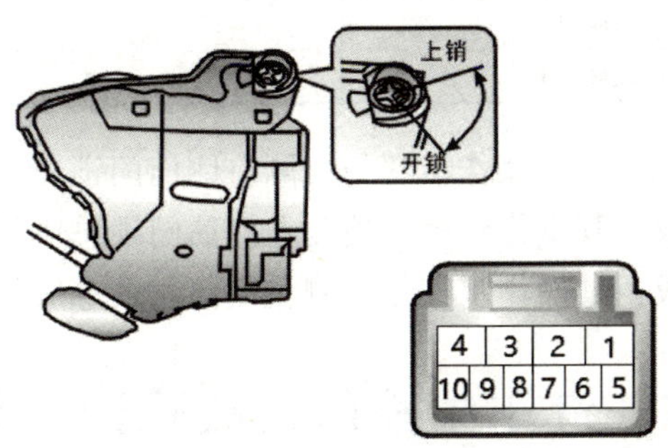

图 8-5　门锁开关导通情况的检测

表 8-6　门锁总成端子的检测

端子号	开关位置	标准状态
7↔9	LOCK	导通
—	OFF	—
7↔10	UNLOCK	导通
7↔8	上锁	不导通
	开锁	导通

③检查线束（左侧前门锁总成和门锁控制继电器总成）一侧连接器的导通性，如图 8-6 所示。

a. 断开 D9 门锁（驾驶员侧）连接器。

b. 断开 D4 门锁控制继电器连接器。

c. 检查线束一侧连接器的导通性，其标准应符合表 8-7 的要求。

如果不正常，修理或更换线束或连接器；如果正常，更换门锁控制继电器总成。

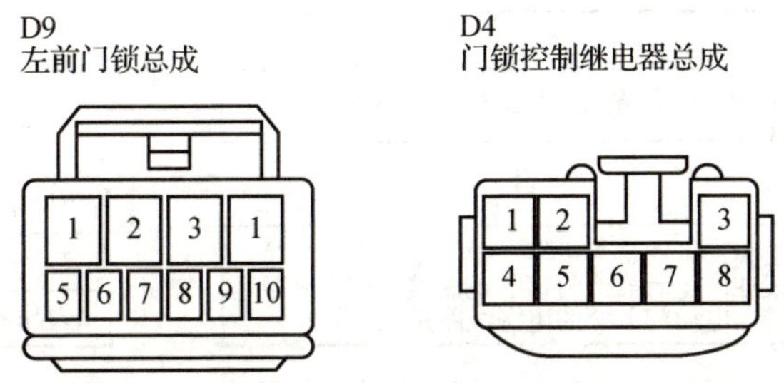

图 8-6　检测线束一侧连接器

表 8-7 线束一侧连接器的导通性标准

符号（端子号）	标准状态
-（D9-4）↔ACT+（D4-1）	导通
-（D9-1）↔ACT+（D4-3）	导通

2）检测右侧前门锁总成，其操作步骤与检测左侧前门锁总成相同。

3）检测左后门锁总成，其操作步骤与检测左侧前门锁总成相同。

4）检测右后门锁总成，其操作步骤与检测左侧前门锁总成相同。

第三节 汽车中控门锁故障诊断与排除

（1）故障现象。左前门锁不上/打不开、左后门锁不上/打不开、右前门锁不上/打不开、右后门锁不上/打不开、所有门都锁不上/打不开。

（2）一般故障原因。

1）门锁电动机损坏。

2）车门钥匙锁和未锁开关损坏。

3）中央门锁控制开关损坏。

4）中央门锁控制断电器损坏。

5）保险丝烧断。

简易测量方法：

①查保险丝有无烧断。

②用万用表电阻挡测量门锁电动机的电阻值是否正常。

③用万用表电阻挡分别测量门锁控制开关和车门钥匙锁与未锁开关相应的端子之间是否导通良好。

④检查继电器连接线是否完好，重点是电源线和搭铁线。

⑤更换门锁控制继电器进行试验。

操作门锁控制开关，所有门锁不动作，其检查诊断流程如图 8-7 所示。

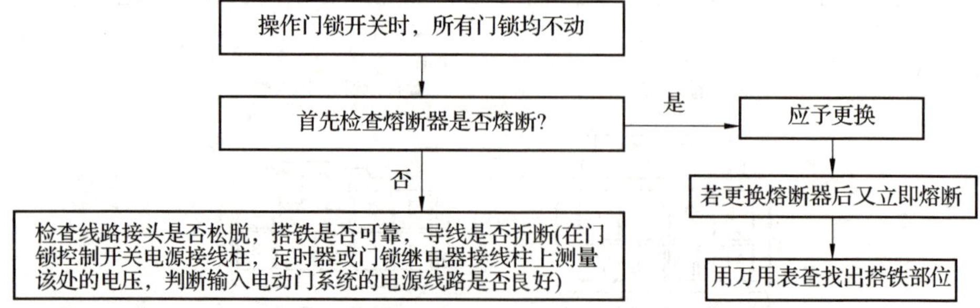

图 8-7 所有门锁均不动作故障诊断流程图

速度控制失灵，其检查诊断流程如图 8-8 所示。

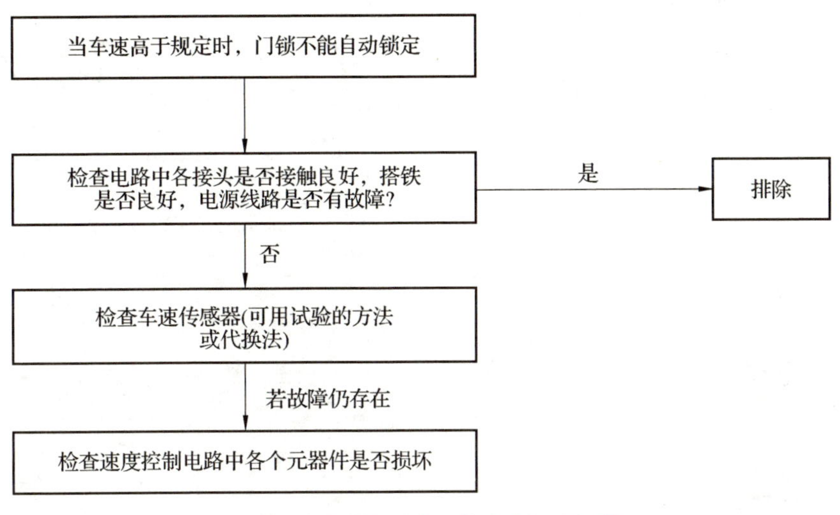

图 8-8　速度控制失灵故障诊断流程图

第四节　汽车防盗系统电路分析与检测

一、防盗系统线路安装

1. 铁将军防盗系统

铁将军防盗系统由主机、线束、遥控器、震动感应器、LED 警示器、接收天线、熄火继电器、喇叭部件组成，如图 8-9 所示。

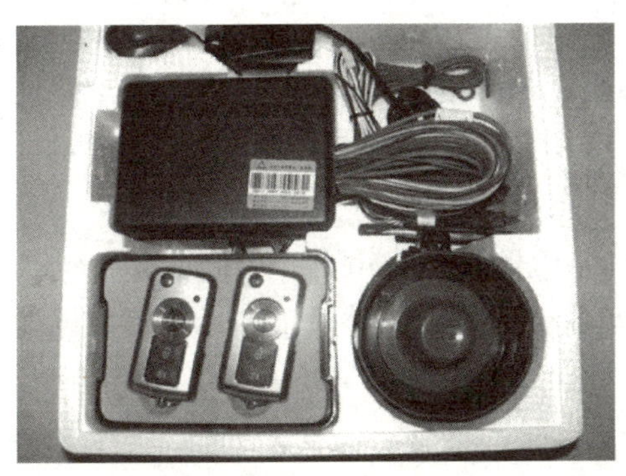

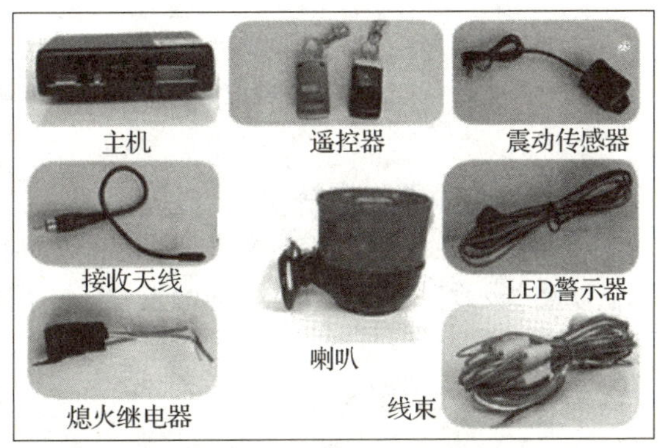

图 8-9　铁将军防盗系统部件

2. 铁将军防盗系统安装电路

铁将军防盗系统安装电路如图 8-10 所示。

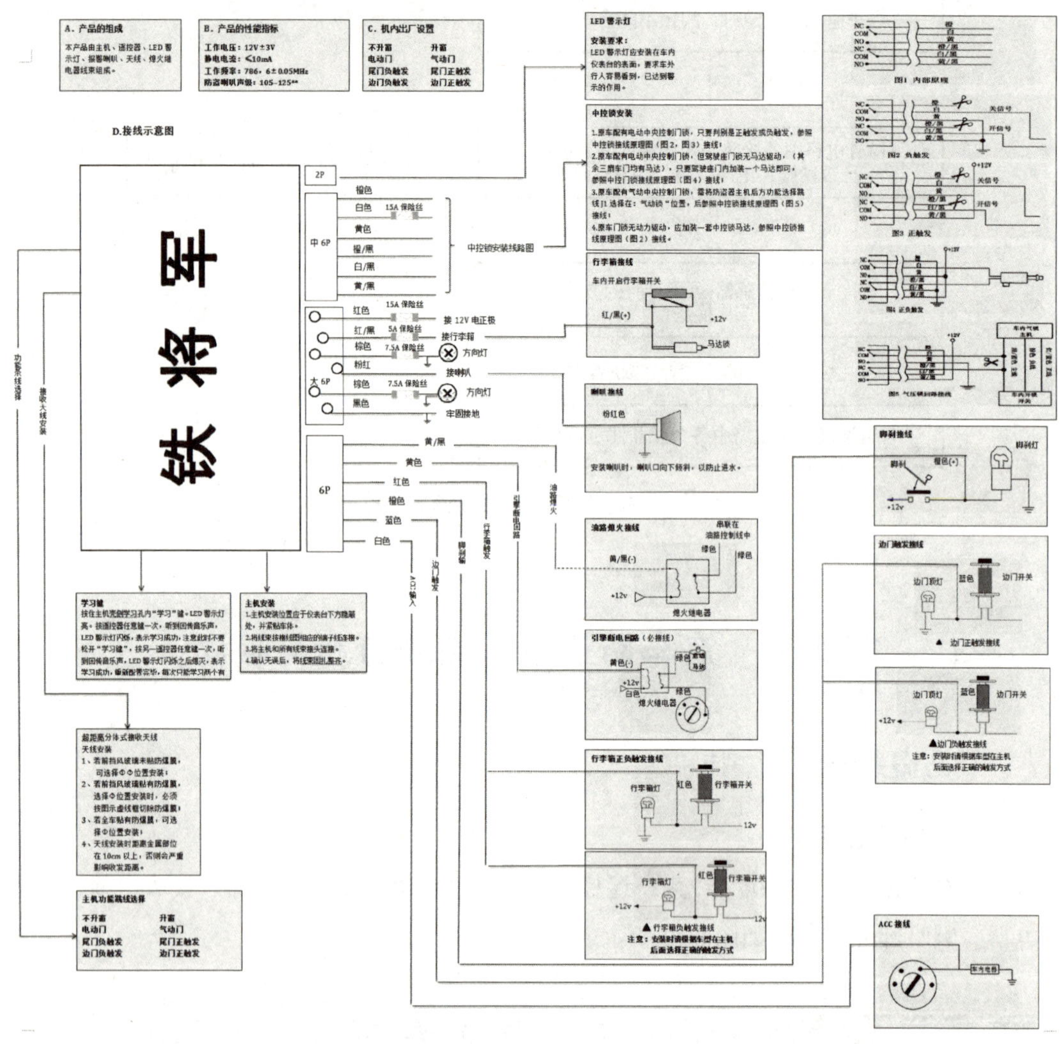

图 8-10　铁将军防盗系统安装电路图

3. 铁将军防盗系统连接

铁将军防盗系统连接如图 8-11 所示，左面的是电源控制继电器；中间的是主机；右边的是防盗指示灯；最右边是震动触发器，车震动就会有反映，然后把信号传到主机，实现震动报警。

防盗系统接线如图 8-12 所示。

左 1：橙，白，黄，蓝，红。

橙：接在脚刹开关的常开端。在车起动后，第一下踩刹车就会接通刹车信号开关，刹车灯亮，同时给这个线一个高电平信号，可以在踩下第一脚刹车的同时触发中控锁把车门都关上。

白线：接在车锁的 ON 端上，当车锁转至 ON 时，给主机一个高电平信号。

黄线：接在电源继电器的 86 号端口。继电器这个端口线是红/黑线。

蓝线：接在门的控制开关上，如果车门没有关好，这个信号会通知主机，告诉车主门没有关好。

红线：这个不接。

左 2：六个端子，上是棕，棕，红，下是黑，粉，红/黑。

图 8-11　铁将军防盗系统线路连接

两根棕线：接在车的转向灯上。

红线：接电源正极，加保险。

黑线：搭铁接地。

粉线：接喇叭。

红/黑线：不接。

左 3：黄/黑，白/黑，橙/黑，黄，白，橙。

白线：接中控锁关的那根控制线。

白/黑线：接中控锁开的那根控制线。

当中控锁是负极触发时，黄线和黄/黑线接地。当中控锁是正极触发时，黄线和黄/黑线接 12V。

最右面的是电源继电器，接防盗器的时候需要把车锁 ON 连到点火线圈的那根线剪掉。

30 端口的绿线接点火线圈。

87a 端口的绿线和白线都接在车锁 ON 上。

86 端口的红/黑线接在主机左面的黄线上。

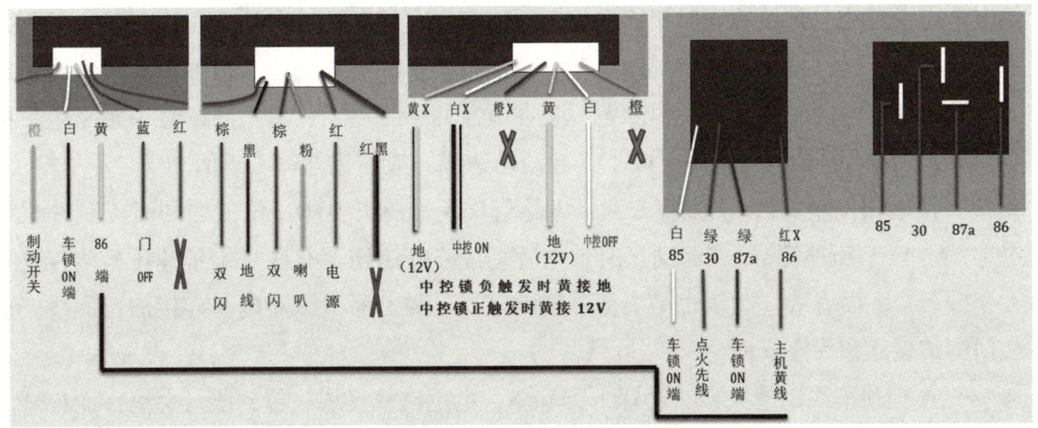

图 8-12　防盗系统接线图

4. 铁将军防盗系统安装步骤

（1）找到 12V 火线 B+。查找方法：先把车钥匙拔掉，把试电笔一头接到搭铁，也就是原车 12V 负极线，车上任何金属部分即可，电笔另一头去点要查找的线 12V 正极。点到线电笔会亮的线即是（不要接太细的电源线）。12V 电源一般在方向盘下面和通往主门处。

（2）找转向灯线。查找方法：首先把钥匙插上打开到 ON 位置，打开原车转向灯，然后用电笔一头搭铁，另一头查找转向灯线，查找线时发现电笔灯和转向灯同步闪烁又同步熄灭的即是转向灯线，转向灯线一般在方向盘下面和门边踏板处。

（3）找后备行李箱控制线，如果原车有开行李箱的开关就好找了。直接在开关处找就可以了，行李箱控制线为 12V 正极和 12V 负极，根据查找时自行确认。查找方法：电笔一端搭铁，然后去点行李箱开关上的线，点线的同时如果行李箱会自动开，那么这根线就是行李箱控制线 12V 负极。如果把开关上的线找了一遍也没反应，就说明控制线可能为 12V 正极控制和低电位控制。然后还是电笔搭铁点线，在点线的同时按一下行李箱开关，如果电笔灯会亮就说明行李箱控制线为 12V 正极。行李箱控制线一般在控制开关和脚踏板与 A 柱处。防盗器主机上的行李箱控制线一般都是 12V 正极线。如果查找的线也是正极，那么直接接上就可以，如果是 12V 负极线就需要加一个继电器来转换。

（4）找门边负触发和正触发。查找方法：打开主门并关闭其他车门，电笔一头夹 12V 电源+另一头找门边线，电笔点到线灯亮而且关闭边门开关会灭的既是门边开关负触发线。找边门正触发把电笔搭铁去点线。点到线灯会亮关闭车门开关会灭的就是门边正触发。门边线一般在通往主门处和脚踏板 A 柱。

（5）找 ACC 线，ACC 就是把原车钥匙打开到 ACC 的位置。ACC 线就是钥匙开到 ACC 处才会通电的 12V 正极线。查找方法：首先把原车钥匙打开到 ACC 位置，然后电笔搭铁点线，点到线电笔灯会亮而关闭钥匙会灭的就是 ACC 线 12V 正极。ACC 线一般在防线盘下面和脚踏板或保险盒处。

（6）接引擎断电负极-，也就是加断电器控制原车起动马达。首先找到马达线。方法：电笔搭铁量线，量线的同时用钥匙发动一下车，在发动车时电笔会亮而车着火后灭的线就是起动马达线，确认线之后把线剪断加装断电器。加装方法：断电器白色线和绿色线接到打开钥匙有电的一头，另一根绿色线接在剪断的另一头，然后把防掣器引擎断电负极（黄）接在断电器的黄色线上就可以了。起动马达线一般在钥匙锁头下面。

（7）接油路控制负极-。查找方法：电笔搭铁钥匙打开至 ON 位置的同时点到一根线带电（大约 1s 油压检测），在起动车时带电就是油路控制线。有些车不带油压检测，要把后大座拆下，下面有线。此线也是要剪断加断电器，和上面引擎断电一样接法，此线一般在后门脚踏板处和后座下面。

（8）接脚刹车线。查找方法：踩下脚刹车，电笔搭铁量线，量到线灯会亮，而松开脚刹会灭的线就是刹车线。此线一般在脚刹上面有个开关。

（9）尾箱负触发线。查找方法：电笔接 12V 正极量线，有打开尾箱灯会亮，关闭尾箱灯会灭的线就是尾箱线，此线在尾箱可以找到。

（10）接中央门锁线，门锁线根据多种车型的接法也不一样，关键是要知道锁线是什么触发，然后再根据锁线触发开始找线。查找锁线方法如下：

1）首先判断负触发，用电笔搭铁去点线，点到一线能开，点另一线能关，是负触发。

2）接好负触发后遥控不动作，在保证线接好没脱落的情况时可判断是开关串联负触发，那接需要找三根线，再找下搭铁线，就是要主机里面的搭铁线（或主门电机的接地线）上的搭铁线而不是自己接的搭铁线，因为控制需要特定的电压。

3）如果只能找到一根线，再也找不到另一根线，用试电笔搭铁给一个负极能开或关，再给信号也不会在反方向动作，用剪刀剪开会动作，这就是单线串联。

4）找到一根线，给负信号能开也能关就是单线负触发。（注意：单线负触发和单线串联负触发的区别是，单线负触发无论给多少次信号都会相反动作，而单线串联负触发给过信号后不会再相反动作，只有断开才会动作。）

5）如果只能找到一根线再给信号也还是不能反方向动作的话，就要考虑在开锁线加个电阻（一般是 300~1 500Ω），去测看是否有动作，如有就是双电位负触发。

6）正电回路：电笔搭铁推动中控开关，关或开测到电笔与推动动作同步闪烁的就是主机信号线。（注：瞬间信号）。接线方法：把开闭锁信号线剪断，橙和橙黑接靠中央门锁控制器，白和白黑接靠主门马达，黄和黄黑接 12V 长火线，橙色对应的是白色线，橙黑对应的是白黑线。

7）正触发：电笔搭铁推动中控开关量线，当量到中控锁开时，这根线是长火线，关时就没电；测另一根线，关时是长火线而开时没电。

8）正负触发：一般原车驾驶员能控制另外三个门，但是没有动力（没有电机，只是一个双向开关）加装一个两线马达。（以上触发配线在防盗器说明书上都有，在这不多细说。）

9）在保证所有线都接好无误时，就把防盗器负极线接上。可以接到车上任何金属部分，可以用螺丝固定以免以后脱落。

二、汽车防盗系统电路分析

下面以丰田大霸王商务车的防盗系统为例，介绍汽车防盗系统的控制电路。

（1）电源电路。丰田大霸王商务车防盗 ECU 有多条供电电路，如图 8-13 所示。一路为 2/12 脚供电，该电压取自蓄电池的正极，经多个保险元件后得到；另一路为防盗 ECU 的 2/18 脚供电，该电压来自蓄电池的正极，但受点火开关的控制；第三路为 8/18 脚的车门控制电路供电，该电压来自蓄电池正极，经多个保险元件后得到。

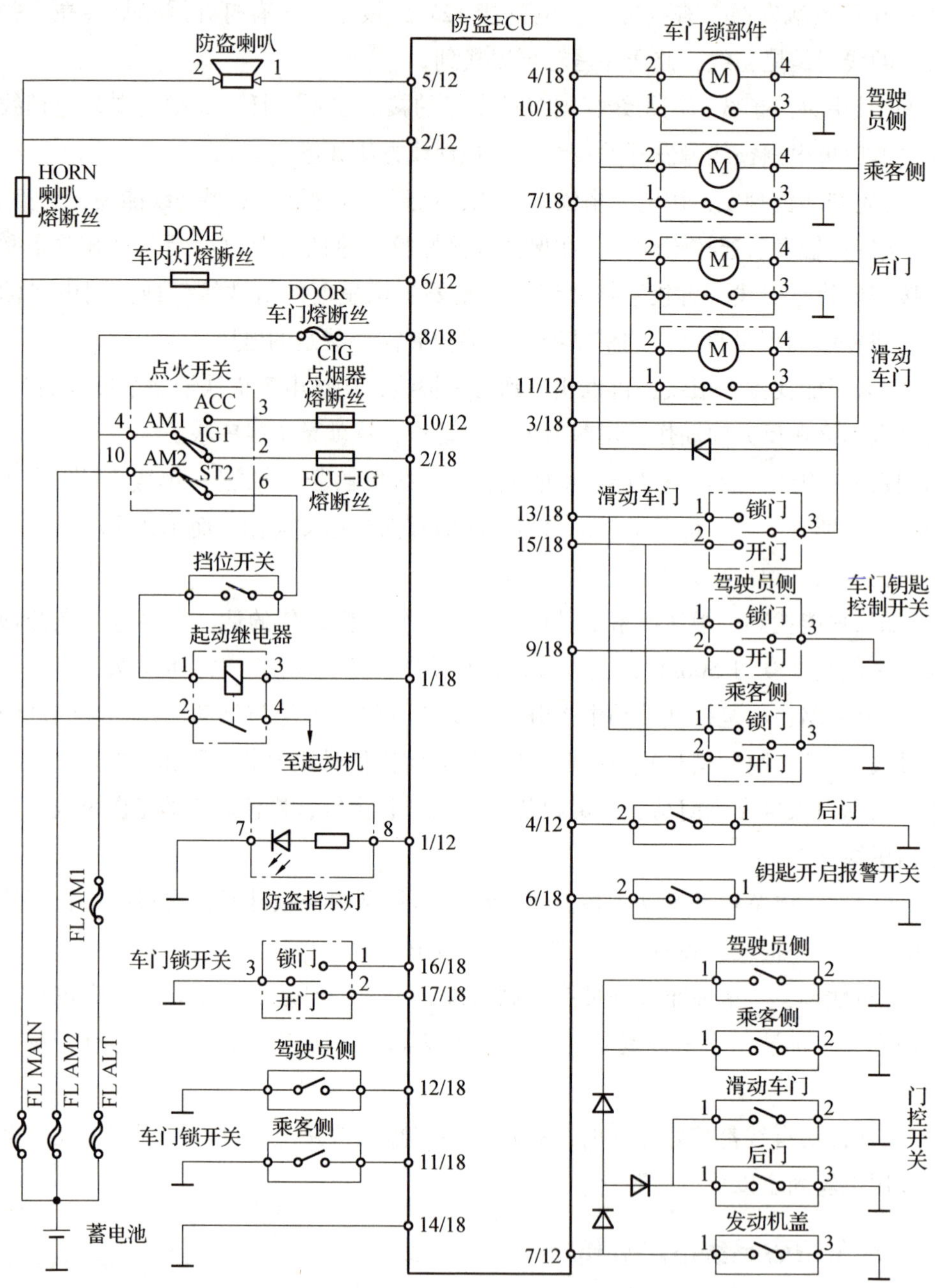

图 8-13　丰田大霸王商务车防盗系统电路图

（2）门锁驱动电路。防盗 ECU 的 4/18 脚与 3/18 脚内电路及其外接的 4 台电动机和内接的 4 只到位控制开关共同构成了门锁驱动电路，该电路受车门钥匙控制开关或车门锁开关（手动）的控制，由防盗系统 ECU 的 4/18 脚或 3/18 脚输出不同方向的电流，来带动相关机构将车门锁上或打开。

1）当防盗 ECU 的 4/18 脚输出高电平，3/18 脚输出低电平时，4 台电动机同时工作，将车门锁止。

2）当防盗 ECU 的 3/18 脚输出高电平，4/18 脚输出低电平时，4 台电动机同时工作，将车门打开。

（3）门锁控制开关。防盗 ECU 的 13/18 脚、15/18 脚和 9/18 脚外接滑动车门、驾驶员侧车门、乘客（副驾驶）侧车门钥匙控制开关；16/18 脚、17/18 脚、12/18 脚和 11/18 脚为车门锁手动开关。当这几只开关中的任意一只打开或闭合时，均会使门锁驱动电动机动作，并带动相关机构将所有车门打开或锁止。

（4）起动控制电路。防盗 ECU 的 1/18 脚内电路及其外接的起动机继电器共同构成了起动控制电路。当防盗系统未工作时，其 1/18 脚内的相关电路控制该脚等效接地，使起动机继电器线圈的电流通路处于接通状态。只要接通点火开关，起动继电器线圈中就将有电流通过而使其常开触头闭合，使起动机工作。当防盗系统处于防盗状态时，防盗 ECU 的 1/18 脚内电路控制该脚与地间断开，此时接通点火开关，起动系统将无法工作。

（5）门控开关电路。防盗 ECU 的 7/12 脚为门控开关信号输入端，外接驾驶员侧车门、乘客侧车门、滑动车门、后门和发动机舱盖检测开关，这几只开关并联连接，只要有一个车门或发动机舱盖未关（盖）好，防盗 ECU 的 7/12 脚就会有检测信号输入，使 1/18 脚内的相关电路处于断开状态，而使起动机无法工作。

（6）防盗指示电路。防盗 ECU 的 1/12 脚为防盗指示灯控制信号输出端，当系统处于防盗系统时，1/12 脚输出为高电平，该信号经限流电阻使发光二极管导通发光，以示处于防盗工作状态。

（7）防盗系统的工作过程。当有人试图不用钥匙强行进入车内，或打开发动机盖和滑动门时，被防盗 ECU 检测到以后，从其 5/12 脚输出控制信号至防盗喇叭上，使防盗喇叭响 30s，进行报警。同时，防盗 ECU 还输出控制信号至控制执行部件以自动锁死所有车门，并通过起动机切断系统来切断起动机电路，从而达到防盗的目的。

三、汽车防盗系统检测

1. 点火开关电路检查

丰田大霸王汽车防盗系统采用起动电路锁定技术，如果出现点火开关在 START 位置时，起动机不能运转的故障，应先检查点火开关的电路，具体检查步骤如下。

（1）检查点火开关及连接器各端子之间的导通性。点火开关在 LOCK 位置时，端子 2，3，4，6，7，9，10 间不导通；在 ACC 位置时，端子 3，4 间导通；在 ON 位置时，端子 2，3，4 间及端子 9，10 间导通；在 START 位置时，端子 2，4，7 间及端子 6，9，10 间导通。钥匙插入点火开关时，端子 1，5 间导通；钥匙未插入点火开关时，端子 1，5 间不导通。如图 8-14 所示。如果导通性不符合要求，则更换点火开关。

（2）将点火开关转至 ACC 或 LOCK 位置，检查 ECU-IG 熔断丝或点烟器熔断丝是否正常。如果正常，进行第（3）步检查。如果不正常，更换熔断丝后再检查系统是否正常，若仍不正常，检查 ECU 连接器端子 B2 或端子 A10 是否与搭铁有短路；若正常，说明其他熔断丝有故障。

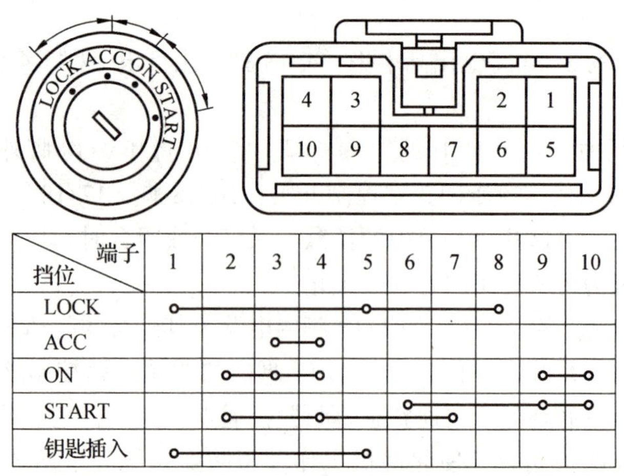

挡位＼端子	1	2	3	4	5	6	7	8	9	10
LOCK	○				○			○		
ACC			○	○						
ON		○	○	○					○	○
START		○		○		○	○		○	○
钥匙插入	○				○					

图 8-14　汽车点火开关连接器及挡位图

(3) 拔出 ECU 连接器，把点火开关转至 ACC 或 ON 位置，检查 ECU 连接器端子 B2 或端子 A10 与搭铁之间是否有蓄电池电压。如果有，更换 ECU，然后再检查系统；如果没有，说明 ECU 连接器端子 B2 或端子 A10 配线断路。

2. 电源电路检查

如果出现防盗系统 ECU 无电源故障，应按下面步骤进行检查。

(1) 断开点火开关。检查 DOME 熔断丝是否正常。如果正常，进行第（2）步检查。如果不正常，更换熔断丝后再检查系统是否正常。若系统仍不正常，检查防盗系统 ECU 连接器端子 A6 是否与搭铁短路；若系统正常，则检查其他熔断丝是否有故障。

(2) 拔出 ECU 连接器，如图 8-15 所示，检查防盗系统 ECU 连接器端子 A6 与搭铁之间是否有蓄电池电压。如果有蓄电池电压，进行第（3）步检查；如果没有蓄电池电压，检查防盗系统 ECU 连接器端子 A6 是否断路。

(3) 检查防盗系统 ECU 连接器端子 B14 与搭铁之间的导通性。如果不导通，检查防盗系统 ECU 连接器端子 B14 与搭铁之间的配线是否断路。如果导通，应检查下列电路是否正常：前门锁开关电路、滑动门和后门锁位置开关电路、门锁开关电路、门控开关电路、前门锁位置开关电路、滑动门锁位置开关电路、后门钥匙控制开关电路、点火开关电路、钥匙控制报警开关电路、起动机切断系统电路、防盗喇叭电路。如果上述电路都正常，更换防盗系统 ECU 后再检查系统。

3. 指示灯电路检查

防盗指示灯的作用是反映防盗系统是否工作。装有防盗系统的汽车，即使驾驶员离开了汽车，防盗指示灯也会不停地闪烁，表示汽车防盗系统工作正常。如果防盗指示灯不亮，应进行以下检查。断开点火开关，拔出防盗系统 ECU 连接器（见图 8-15），将欧姆表负极表笔接 ECU 配线侧连接器端子 A1，正极表笔接搭铁。检查端子 A1 和搭铁间是否导通。如果导通，更换 ECU 后再检查系统；如果不导通，说明指示灯电路断路。

注意：这个电路中包含 1 个 LED（发光二极管），如果电路指示不导通，将欧姆表表笔反接后，再检查电路。

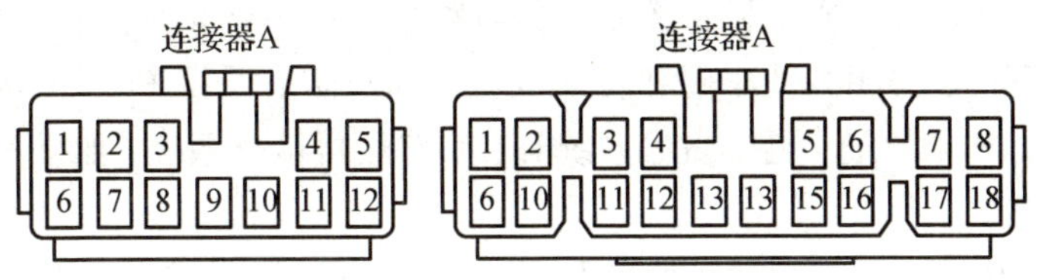

图 8-15 防盗系统 ECU 配线连接器

4. 前门锁开关电路检查

前门锁开关的作用是接收遥控器开/关门信号，控制前车门电动机工作，如果出现前门锁开关不能控制前门电动机工作的故障，应进行下列检查。

（1）断开点火开关，拔出防盗系统 ECU 连接器。在驾驶员侧门开启时，检查防盗系统 ECU 连接器端子 B10 与搭铁之间的导通性。如果不导通，说明驾驶员侧门锁开关电路断路；如果导通，进行第（2）步检查。

（2）在乘客侧门开启时，检查防盗系统 ECU 连接器端子 B7 与搭铁之间的导通性。如果导通，更换防盗系统 ECU 后再检查系统；如果不导通，检查乘客侧门锁开关电路是否断路。

5. 滑动门和后门锁位置开关电路检查

滑动门和后门锁位置开关的作用是控制滑动门和后门锁开或关。如果出现滑动门和后门锁不能开或关的故障，应进行下列检查。

（1）断开点火开关，拔出防盗 ECU 连接器，锁止后门，检查在滑动门关闭但未锁止时，防盗 ECU 连接器端子 A4 与 A11 之间的导通性。如果不导通，说明滑动门锁开关电路断路；如果导通，进行第（2）步检查。

（2）锁止滑动门，检查在后门打开时，防盗系统 ECU 连接器端子 A11 与搭铁之间的导通性。如果不导通，后门锁开关电路断路；如果导通，应更换防盗系统 ECU，然后再检查系统。

注意：该电路中有二极管，如果显示电路不导通，交换表笔再检查电路。

6. 门控开关电路检查

门控开关的作用是控制所有车门锁的位置。当门控开关不能控制车门锁位置时，应进行下列检查。

（1）断开点火开关，拔出防盗系统 ECU 连接器。打开驾驶员侧门，关闭其他车门和发动机盖，检查 ECU 连接器端子 A7 与搭铁之间的导通性。如果不导通，说明驾驶员侧门锁开关电路断路；如果导通，进行第（2）步检查。

（2）打开乘客侧门，关闭其他车门和发动机盖，检查防盗系统 ECU 连接器端子 A7 与搭铁之间的导通性。如果不导通，说明乘客侧门控开关电路断路；如果导通，进行第（3）步检查。

（3）打开滑动门，关闭其他车门和发动机盖。检查防盗系统 ECU 连接器端子 A7 与搭铁之间的导通性。如果不导通，说明滑动门门控开关电路断路；如果导通，进行第（4）步检查。

(4) 打开发动机盖，关闭所有车门。检查防盗系统 ECU 连接器端子 A7 与搭铁之间的导通性。如果不导通，说明发动机盖控制开关电路断路；如果导通，进行第（5）步检查。

(5) 打开后车门，关闭其他车门和发动机盖。检查防盗系统 ECU 连接器端子 A7 与搭铁之间的导通性。如果导通，更换防盗系统 ECU，然后再检查系统；如果不导通，说明车门门控开关电路断路。

注意：该电路中有 1 只二极管，如果电路显示不导通，交换表笔再检查电路。

7. 前门锁位置开关电路检查

前门锁位置开关的作用是用钥匙控制前门锁的状态，如果用钥匙不能控制前门锁锁止或打开，应进行下列检查。

(1) 断开点火开关。拔出防盗系统 ECU 连接器，用钥匙锁止驾驶员侧车门，检查防盗系统 ECU 连接器端子 B13 与搭铁之间的导通性。如果不导通，说明驾驶员侧门钥匙锁止开关电路断路，检查防盗系统 ECU 连接器端子 B9 与搭铁之间的导通性；如果导通，说明驾驶员侧门钥匙开启开关电路对搭铁短路。

(2) 用钥匙打开驾驶员侧车门，检查防盗系统 ECU 连接器端子 B15 与搭铁之间的导通性。如果导通，说明驾驶员侧门钥匙锁止开关电路对搭铁短路。

(3) 用钥匙锁止乘客侧车门，检查防盗系统 ECU 连接器端子 B13 与搭铁之间和防盗系统 ECU 连接器端子 B9 与搭铁之间的导通性。如果不导通，说明乘客侧门钥匙锁止开关电路断路。

(4) 用钥匙打开乘客侧车门，检查防盗系统 ECU 连接器端子 B15 与搭铁之间的导通性。如果导通，说明乘客侧门钥匙锁止开关电路或乘客侧门钥匙开启开关电路对搭铁短路。

8. 钥匙开启报警开关电路检查

钥匙开启报警开关的作用是显示使用钥匙开启或锁止车门。如果出现使用钥匙开启或锁止车门时，钥匙开启报警开关不工作，则应进行下列检查。

断开点火开关，拔出防盗系统 ECU 连接器。将钥匙插入点火开关，检查防盗系统 ECU 连接器端子 B6 与搭铁之间是否导通。如果不导通，说明钥匙开启报警开关电路断路或对搭铁短路；如果导通，更换防盗系统 ECU，然后再检查系统。

9. 起动机切断系统电路检查

起动机切断系统的作用是通过防盗系统 ECU 切断起动继电器端子 4 搭铁（见防盗系统电路图），从而使起动机不工作。如果出现非法进入驾驶室还能起动起动机的故障，应进行下列检查。拔出防盗系统 ECU 连接器，自动变速器挡位在 N 或 P 位置时，把点火开关转至 START 位置，检查防盗系统 ECU 连接器端子 B1 与搭铁之间是否有蓄电池电压。如果没有，说明起动继电器电路断路或对搭铁短路；如果有，更换防盗系统 ECU，然后再检查系统。

10. 防盗喇叭电路检查

防盗喇叭的作用是发出报警声音，提示有人在接触汽车。如果发生非法操作时防盗喇叭不报警，则应进行下列检查。

（1）断开点火开关，拔出喇叭连接器，检查喇叭是否正常。如果不正常则更换防盗喇叭；如果正常，进行第（2）步检查。

（2）拔出防盗系统 ECU 连接器，检查防盗系统 ECU 连接器端子 A5 与搭铁之间是否有蓄电池电压。如果有，更换防盗系统 ECU，然后再检查系统；如果没有，说明喇叭电路断路或对搭铁短路。

11. 防盗系统 ECU 电路检查

拔出防盗系统 ECU 连接器（见图 8-15），检查防盗系统 ECU 配线侧连接器端子的导通性和电压，检查结果应符合表 8-8 的要求。如果电路不正常，应更换相应的连接线束。

表 8-8　防盗电路检查

检查项目	测试端子	测试条件	标准值
导通性	A1-搭铁	固定	导通
	A4-搭铁	用钥匙开启后门	导通
		其他位置	不导通
	A7-搭铁	任何一车门打开	导通
		所有车门关闭	不导通
	A11-搭铁	后车门或滑动车门锁连杆在开启位置	导通
		后车门或滑动车门锁连杆在锁止位置	不导通
	B3-B4	固定	导通
	B6-搭铁	钥匙插入点火开关	导通
		钥匙未插入点火开关	不导通
	B7-搭铁	乘客侧门锁连杆在开启位置	导通
		乘客侧门锁连杆在锁止位置	不导通
	B15-搭铁	用钥匙开启驾驶员侧车门	导通
		用钥匙开启乘客侧车门或滑动车门	不导通
		其他位置	不导通
	B10-搭铁	驾驶员侧门锁连杆在开启位置	导通
		驾驶员侧门锁连杆在锁止位置	不导通
	B13-搭铁	用钥匙锁止前车门或滑动车门	导通
		其他位置	不导通
	B14-搭铁	固定	导通
	B16-搭铁	门锁手动开关在锁止位置	导通
		其他位置	不导通
	B17-搭铁	门锁手动开关在开启位置	导通
		其他位置	不导通

续表

检查项目	测试端子	测试条件	标准值
电压	A2-搭铁	固定	蓄电池电压
	A5-搭铁	固定	蓄电池电压
	A6-搭铁	固定	蓄电池电压
	A10-搭铁	点火开关转至 ON 或 ACC 位置	蓄电池电压
		其他位置	无
	B1-搭铁	点火开关转至 START 位置	蓄电池电压
		其他位置	无
	B2-搭铁	点火开关转至 ON 或 START 位置	蓄电池电压
		其他位置	无
	B8-搭铁	固定	蓄电池电压

12. 防盗喇叭检查

如图 8-16 所示，将蓄电池正极接喇叭端子 1，负极接端子 2，喇叭应该响。如果不符合要求，应更换喇叭。

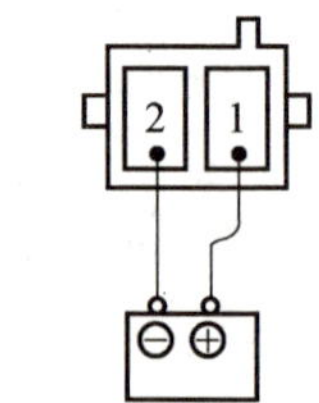

图 8-16　防盗喇叭检查

13. 防盗指示灯检查

如图 8-17 所示，将蓄电池正极接端子 3，负极接端子 2，指示灯应点亮。如果不亮，应更换指示灯。

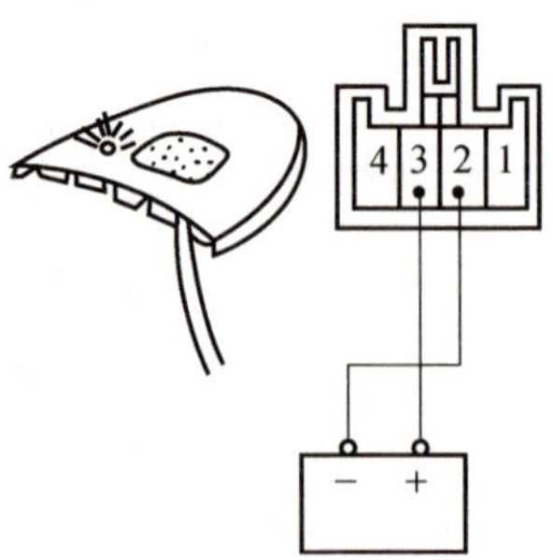

图 8-17　防盗指示灯检查

第五节　汽车防盗系统故障诊断与排除

丰田大霸王商务车防盗系统异常时，将会导致起动系统不工作而引起发动机不能工作。故在维修不能起动的故障时，可先用一根导线将防盗 ECU 的 1/18 脚与地相连，检查起动系统的工作情况。

(1) 如果起动系统的工作恢复了正常，则说明问题出在防盗系统。

(2) 如果起动系统仍不能工作，则说明故障与防盗系统无关，应重点检查起动系统中各元器件是否损坏。

丰田大霸王商务车防盗系统常见故障的原因见表 8-9。

表 8-9　防盗系统常见故障的原因

故障现象	可能原因
防盗系统不能设定，虽然防盗系统正在工作，但指示灯不亮	1. 电源电路故障 2. 指示灯电路故障
前门被打开，防盗系统不工作	1. 前车门锁开关电路故障 2. 前车门锁位置开关和电路故障 3. 门控开关电路故障
当滑动车门或车门被打开时，防盗系统不工作	1. 滑动车门和后门位置开关电路故障 2. 门控开关电路故障
当发动机舱盖被打开时，防盗系统不工作	门控开关电路故障
当用钥匙打开前车门，防盗系统不能被解除	前车门锁位置开关电路故障
当用钥匙打开后车门，防盗系统不能被解除	后车门钥匙控制开关电路故障
当点火开关转至 ON 或 ACC 位置时，防盗系统不能被解除	1. 点火开关电路故障 2. 钥匙开启报警开关电路故障
虽然防盗系统正在工作，但起动机切断系统不工作	起动机切断系统电路故障
虽然防盗系统被解除，但起动机切断系统不能解除	起动机切断系统电路故障
虽然防盗系统正在工作，但喇叭不响	防盗系统电路故障
虽然防盗系统未设定，但喇叭会响	防盗喇叭电路故障
钥匙限制防护功能不起作用	1. 钥匙开启报警开关电路故障 2. 门锁开关电路故障 3. 门锁位置开关电路故障

第六节　汽车电子防盗控制系统故障案例

案例 1：遥控操作不起作用

(1) 故障现象。遥控操作不起作用，按遥控器各功能按键时，遥控器的红色 LED 指示灯不亮。

（2）故障原因。此故障多在遥控器本身，有以下几种情况。

1）电池电量用尽。

2）电池正、负极簧片生锈或接触不良。

3）遥控器被雨淋或进水、浸油等。

（3）诊断与排除。更换电池或检修电池连接器，如遥控器被雨淋或进水、浸油等，对此，可将电路板取出，用工业酒精清洗，再用家用电吹风吹干或待其自然干燥后，可以继续使用。

案例 2：用遥控器解除防盗失效

（1）故障现象。车辆处于防盗状态，用遥控器解除防盗失效。

（2）故障原因。处于防盗状态的系统，由于遥控器或系统主机故障（主机多为遥控接收电路故障），引起解除防盗失效（遥控器对系统失去控制作用），汽车方向灯（双蹦灯）闪亮，报警喇叭常鸣或车辆无法起动行驶。

（3）诊断与排除。此时，只能将防盗系统临时拆除，这要求使用者平时注意防盗系统主机的大体安装位置，如果对防盗器的位置不了解，可根据防盗系统的 LED 指示灯、超声波传感器探头或报警喇叭等元件，顺藤摸瓜找到系统主机，拔下防盗器系统主机与车辆连接的接插件即可。另外，有些遥控汽车防盗报警系统主机设置了紧急解除功能，不必拆除系统主机，即可暂停防盗器的使用。

案例 3：振动不报警或 10s 后自动报警

（1）故障现象。进入防盗状态后，振动不报警，或进入防盗状态 10s 后就开始振动报警。

（2）诊断与排除。进入防盗状态 10s 后才开始检测振动感应器，这样是为了避免关门时的振动没有停止。如果 10s 后振动还不报警，首先检查振动感应器灯能否亮，连线是否正确，插座是否可靠连接，灵敏度调节是否合适（灵敏度调到最低时根本不能触发）。振动器采用双段调节，轻振动报警时间短，重振动报警时间长。如果还不行，可更换感应器试一下，但如果更换感应器后仍不能报警，可能是主机问题。

如果进入防盗状态 10s 后就开始振动报警，此种情况一般是由于振动感应器太灵敏，可以先拔掉振动感应器看是否还有此现象，如果还有应是主机的问题，如果没有则是振动感应器问题，降低灵敏度应该可以消除此现象。

注意：不要把振动感应器灵敏度调得太高，这样经常会出现莫名其妙的振动报警，或者夜间会偶尔叫几声，也会出现有车经过时都会叫几声，灵敏度调到用力拍打玻璃会叫就可以了。

案例 4：桑塔纳 3000 汽车防盗系统故障

（1）故障现象。该汽车正常熄火，再次起动时出现着车 3s 后熄火的故障现象。

（2）故障排除。

1）打开点火开关，观察防盗指示灯不停地闪烁，说明防盗系统有触发故障。

2）用亿科 600 诊断电脑进入发动机系统，读取故障码为 17978-发动机控制单元锁死，再进入防盗系统读取故障码为 01176-钥匙信号电压太低，清除故障码后故障依旧。

3）重新对点火钥匙进行匹配，匹配后防盗指示灯熄灭，起动正常着车，但关闭点火开关后经过 5min 再次起动时故障重现，并且防盗指示灯不停地闪烁。

4）再次进入防盗系统，又出现 01176-钥匙信号电压太低的故障记忆，于是怀疑识读线圈或钥匙芯片有损坏。

5）将仪表台下的饰板拆下，从防盗电脑盒处把识读线圈的两线插头拔下，测量识读线圈的电阻为 30Ω，正常；检查识读线圈在点火开关上安装到位无松动，由此说明故障并非识读线圈引起的。

6）将点火钥匙外壳抠开，小心取出芯片并将新的芯片装入，进入防盗系统进行钥匙匹配后，防盗指示灯熄灭并正常着车，反复试车再未出现异常，由此因芯片失效而触发的防盗系统故障排除。

大众车系防盗系统使用的防盗芯片是一种小型的玻璃管，很容易因跌落、摔打和磁辐射等造成失效，所以告诫用户使用完毕一定要妥善保管，尽量不要拿着玩耍或与手机等电磁发射物品放在一起，否则将造成不必要的损坏。

思考题

1. 汽车中控门锁的动能是什么？
2. 汽车中控门锁执行机构的类型及工作原理是什么？
3. 汽车发动机防盗锁止系统的基本工作原理是什么？
4. 具有报警功能的中控门锁防盗报警系统的特点是什么？

第九章 汽车电动座椅

一、电动座椅的结构

1. 电动座椅的组成

电动座椅主要是由开关、电动机及传动和执行机构组成的，结构如图 9-1 所示。

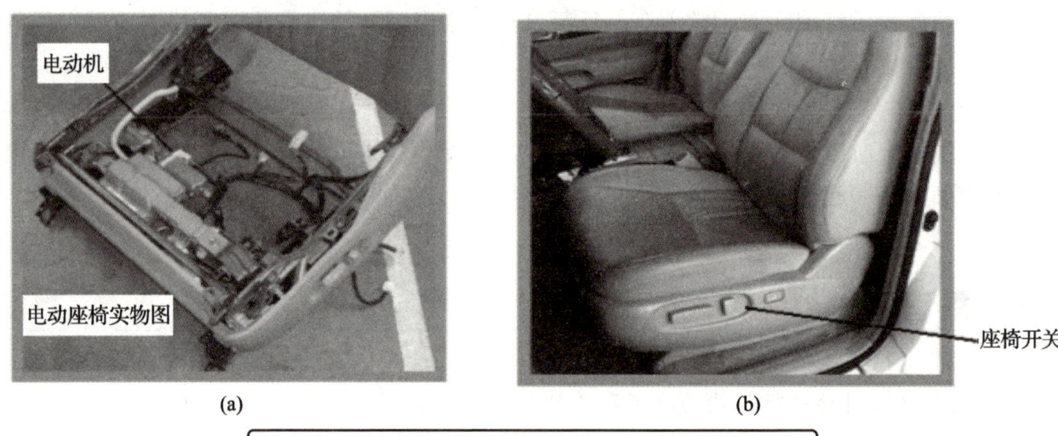

(a) (b)

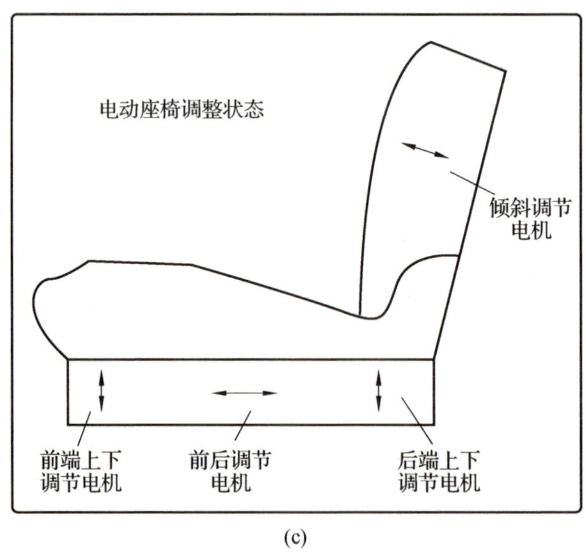

(c)

图 9-1 电动座椅结构

电动座椅多采用永磁式双向直流电动机，为防止电机过载，电机内一般都装有断路器。由于座椅的类型不同，一般一个座椅可装 2 个、3 个、4 个或 6 个电机。图 9-1（c）为装有 4 个电机的电动座椅调节示意，有些还有头枕调节电机等。传动和执行机构的作用是把电机的旋转运动转变成座椅的上下、前后移动或靠背的倾斜摆动。蜗轮蜗杆机构是其核心部件，它具有较大的传动比且自锁性能良好。

2. 电动座椅操作按键介绍

（1）宝马 E60 多功能电动座椅按键如图 9-2 所示，按键说明见表 9-1。

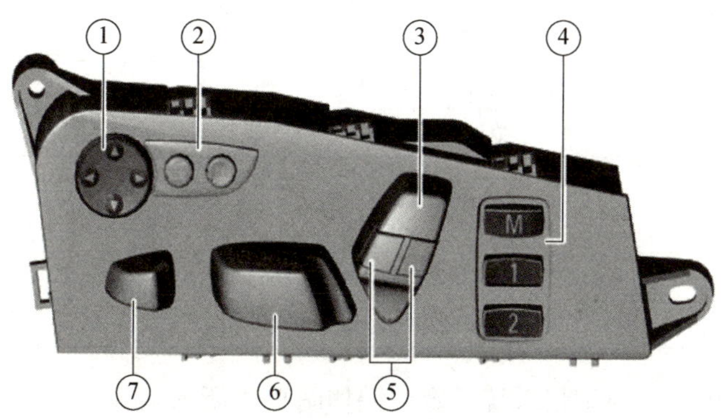

图 9-2　宝马 E60 多功能电动座椅按键

表 9-1　按键说明

序号	说　明	序号	说　明
1	腰部支撑调节	5	靠背上部调整
2	靠背宽度调整	6	座椅长度、高度和倾斜度调整
3	靠背倾斜度和头枕高度调整	7	座椅垫前后调整
4	记忆设置调整		

（2）宝马 E65 电动座椅按键如图 9-3 所示，按键说明见表 9-2。

图 9-3　宝马 E65 电动座椅按键

表 9-2　按键说明

索引	说　明	操作
A	座椅纵向调整	< >
A	座椅高度调整	∧ /
A	靠背倾斜度调整	旋转
B	座椅面倾斜度调整	旋转
B	大腿支撑调整	< >
C	肩部倾斜度调整	< >
C	靠背倾斜度调整	旋转
C	头枕高度调整	∧ /
D	腰部支撑长度调整	< >
D	腰部支撑高度调整	∧ /
D	靠背部分的座椅宽度调整	旋转

(3) 奥迪 A6 电动座椅记忆系统设定按键如图 9-4 所示。

图 9-4　奥迪 A6 电动座椅记忆系统设定按键

1）设定记忆步骤。

①按下“STOP”按钮

②调整座椅及外后视镜至所需位置。

③按住“M”按钮，同时按下 3 个编号中的一个约 1s。

④松开按钮。

2）输入记忆步骤。

①用回忆按钮将座椅及车外后视镜调至所设定的位置 M。

②按住回忆按钮，同时（约 10s 内）按下遥控器上的车锁开启按钮约 2s。

3）删除记忆步骤。按住存储按钮，同时（约 10s 内）按下遥控器上的车锁开启按钮约 2s 后松开存储按钮。

二、电动座椅控制电路分析

电动座椅可分为普通电动座椅和带有记忆功能的电动座椅。带有记忆功能的电动座椅是指，如果驾驶员或乘客调整好一个位置状态并对调整状态进行储存，以后就可以调出这个位置状态。就像打电话一样，先把经常打的电话号码储存起来，用一个数字来表示，则当要打这个电话的时候，只要拨一个数字键就可以了。这样可以省很多步骤，体现了人性化设计。

如图 9-5 所示是常见的电动座椅电路图。它由前端高度调节电机、后端高度调节电机和前后调节电机组成（注：由于配置不同，调节电机数量也不同）。图 9-5 中表示后高度调节电路通路。

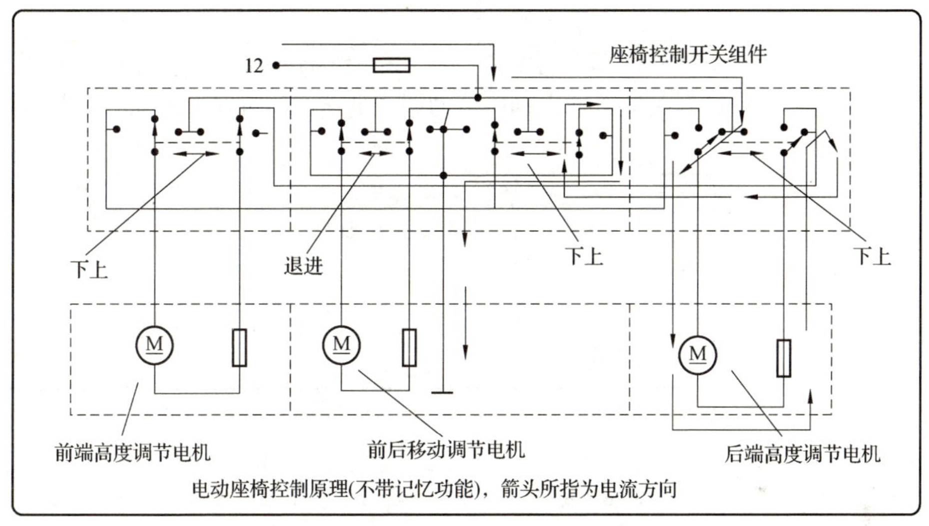

图 9-5　常见的电动座椅电路图

带有记忆功能的电动座椅控制原理图如图 9-6 所示，其功能见表 9-3。

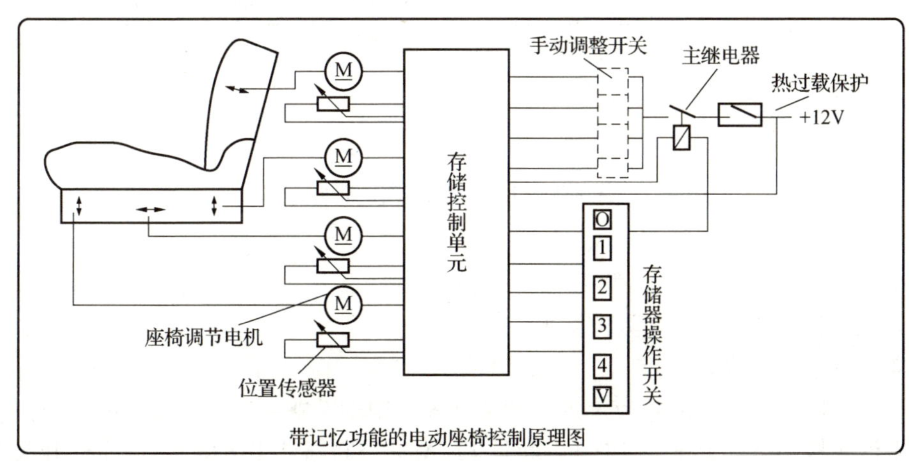

图 9-6　带有记忆功能的电动座椅控制原理图

表 9-3　电动座椅各元件功能

元件名称	功能
电动座椅 ECU	座位 ECU 控制电动座位的电源通断、存储执行和复位动作。当收到来自电动座椅开关的输入信号后，在 ECU 内的继电器动作，控制电动座椅运动。座位的存储和复位由电驱动的倾斜和伸缩 ECU 与座位 ECU 之间的相互联系进行控制
电动座椅开关	该开头接通时，向 ECU 输入滑动、前垂直、后垂直、倾斜或头枕位置信号
驾驶位置储存和复位开关	通过倾斜和伸缩 ECU 将记忆和复位信号输送给 ECU
位置传感器	该传感器将每个电动机（滑动、前垂直、后垂直、倾斜和头枕）位置信号送至 ECU，用作存储和复位
电动机	这些电动机由来自电动 ECU 或腰垫开关的电流驱动，用来直接驱动座位的各部分。每个电动机具有内设电路断路器

下面，以雷克萨斯 LS400 汽车电动座椅为例，介绍电动座椅的工作原理，如图 9-7 所示。驾驶员根据需要操纵开关并接通电动座椅的调节电路，即可完成不同的调节功能。

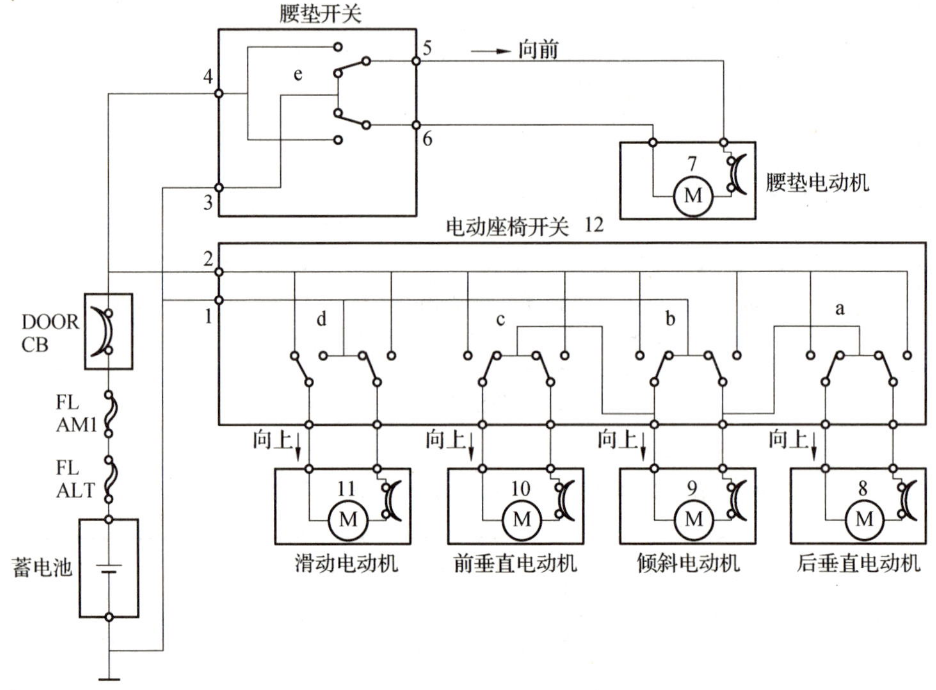

图 9-7　雷克萨斯 LS400 汽车电动座椅工作原理

图中的电动座椅开关 12，其内部有四套开关触点，从右到左分别是后垂直开关 a、倾斜开关 b、前垂直开关 c 和滑动开关 d。

1. 电动座椅向前滑动调节

按下电动座椅开关上的相应位置，滑动开关 d 中的左触点向左结合。电路为：

蓄电池正极→熔断丝 FL ALT→熔断丝 FL AM1→断路器 DOOR CB→座椅开关 2 号端

子→滑动开关 d 左触点→滑动电动机 11→熔断器→倾斜开关 b 左触点→座椅开关 1 号端子→蓄电池负极。滑动电动机通电工作，座椅水平向前滑动。

2. 座椅前倾调节

按下电动座椅开关上的相应位置，倾斜开关 b 中的左触点向左结合。电路为：

蓄电池正极→熔断丝 FL ALT→熔断丝 FL AM1→断路器 DOOR CB→座椅开关 2 号端子→倾斜开关 b 左触点→倾斜电动机 9→熔断器→倾斜开关 b 右触点→座椅开关 1 号端子→蓄电池负极，构成闭合回路。倾斜电动机 9 通电转动，驱动靠背向前倾斜。

3. 腰垫的调节

当腰垫开关 e 的上触点闭合时。电路为：

蓄电池正极→熔断丝 FL ALT→熔断丝 FL AM1→断路器 DOOR CB→腰垫开关 4 号端子→腰垫开关 e 的上触点→腰垫开关 5 号端子→熔断器→腰垫电动机 7→腰垫开关 6 号端子→腰垫开关 e 的下触点→腰垫开关 3 号端子→蓄电池的负极，构成闭合电路。此时，腰垫电动机 7 通电转动，腰垫向一个方向运动。

三、电动座椅部件的检测

1. 电动座椅调节开关的检测

电动座椅部件的检测电路图如图 9-8 所示。

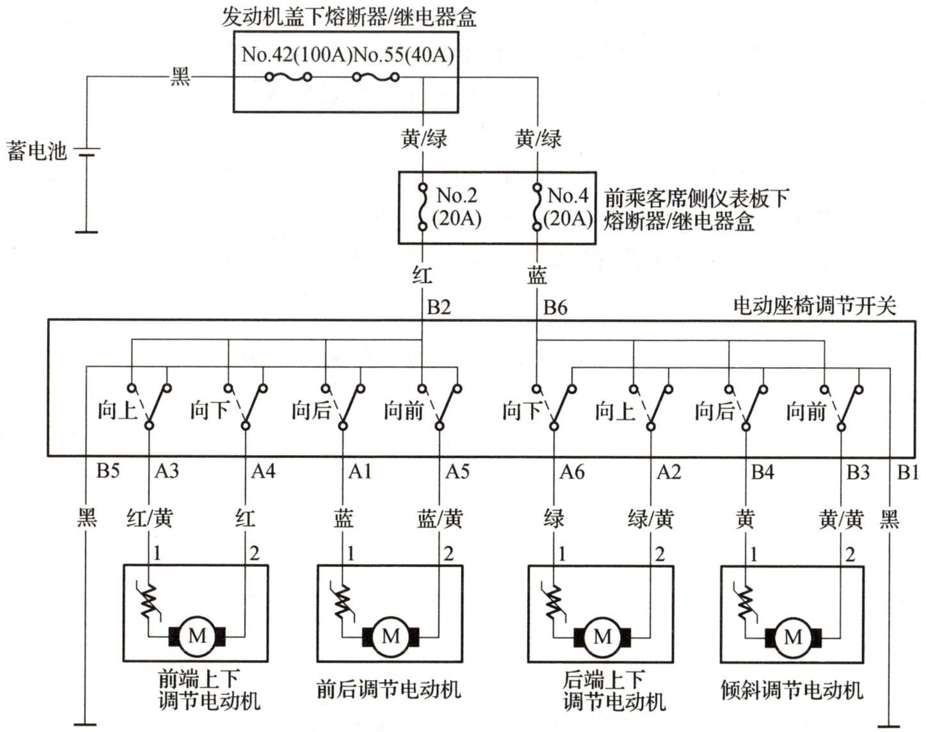

图 9-8 电动座椅部件的检测电路图

（1）先拆下螺钉，然后拔出电动座椅调节开关按钮，再从驾驶员座椅处拆下电动座椅调节开关罩。

（2）先拆下电动座椅调节开关的两个6芯插头，再拆下该开关的两个固定螺钉，然后从开关罩上取下电动座椅调节开关。

（3）当调节开关处于某一调节挡位时，按表9-4的要求检测6芯插头各端子之间的导通状况。若有不符合表9-4的状况，则表明调节开关内部有断路、接触不良或短路故障，应更换调节开关。

表9-4　电动座椅调节开关的导通性检测

开关位置		导通端子
前后（滑移）调节开关	向前	A1、B5端子；A5、B6端子
	向后	A1、B6端子；A5、B5端子
倾斜调节开关	向前	B2、B3端子；B1、B4端子
	向后	B2、B4端子；B1、B3端子
前端上下调节开关	向上	A3、B6端子；A4、B5端子
	向下	A4、B6端子；A3、B5端子
后端上下调节开关	向上	A2、B2端子；A6、B1端子
	向下	A6、B2端子；A2、B1端子

2. 电动座椅调节电动机的检测

（1）先拆下驾驶员座椅轨道端盖，再拧下驾驶员座椅的4个固定螺丝。

（2）先拆下座椅线束插头和线束夹，然后拆下驾驶员座椅。

（3）拆下电动座椅调节开关的两个6芯插头。

（4）按照表9-4所列，将两个6芯插头的某两个端子分别用导线接蓄电池的正、负极，检查各调节电动机的工作情况是否符合表9-5所列的要求。

注意：当电动机停止运转或有异响时，立即断开端子与蓄电池电源的连接，以中止该项检测。

表9-5　电动座椅调节电动机工作情况的检测

开关位置		（+）	（-）
前后（滑移）调节开关	向前	A5	A1
	向后	A1	A5
倾斜调节开关	向前	B3	B4
	向后	B4	B3
前端上下调节开关	向上	A3	A4
	向下	A4	A3
后端上下调节开关	向上	A2	A6
	向下	A6	A2

（5）如果某个别调节电动机不运转或运转不平稳，则拔下该电动机上的两芯插头，将蓄电池正、负极用导线直接与相应的插座相连，若运转良好则为6芯插座至调节电动机两

芯插座间导线出现断路、搭铁或接触不良等故障；如果线束正常，电动机仍然不运转或运转不正常，则为电动机故障，应更换电动座椅的调节电动机。

思考题

1. 简述电动座椅的基本组成。
2. 试述电动座椅双向电动机的检查思路。
3. 如何进行座椅开关、电动机的检查？

汽车电动车窗与天窗

第一节　汽车电动车窗结构与检测

一、电动车窗的功能

电动车窗是利用电动机作动力，通过车窗玻璃升降器来实现车窗的自动升降的。

电动车窗按功能不同可分为普通电动车窗和带防夹功能电动车窗两种。带防夹功能电动车窗是在普通电动车窗基础上增加了防夹功能，以避免车窗玻璃在上升过程中夹伤乘员（特别是儿童）。

二、电动车窗的组成

电动车窗装置主要由车窗主控开关、车窗分控开关、玻璃升降器、电动车窗 ECU（或车窗放大器）等组成。典型电动车窗系统组成如图 10-1 所示。

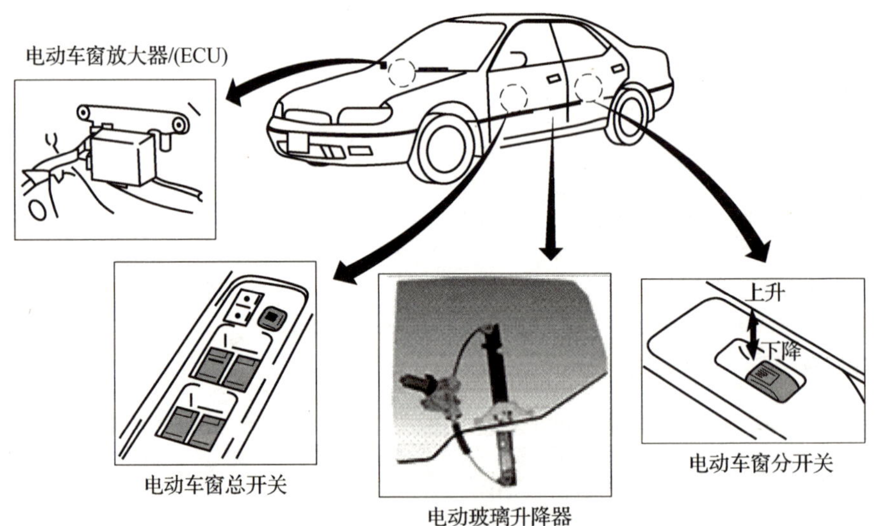

图 10-1　电动车窗系统图

1. 总开关

总开关装在仪表板或驾驶员侧的车门扶手上，驾驶员可以控制每个车窗玻璃的升降，在总开关上装有车窗锁止开关，其作用主要是防止儿童意外打开或关闭乘员车窗，如图10-2 所示。

2. 分开关

分开关分别安装在每个车窗车门扶手附近处，这样乘客也可以对各个车窗进行升降控制（注：仅能操控各自的乘员车门门窗），如图 10-2 所示。

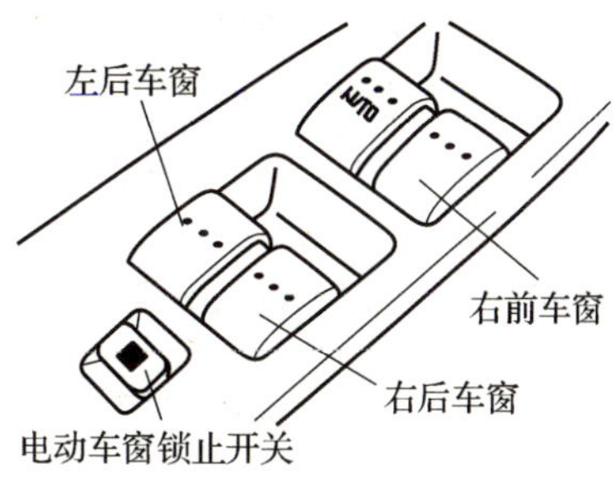

图 10-2　电动车窗控制开关

3. 玻璃升降器

玻璃升降器主要有三种类型：交臂式、绳轮式、软轴式。

交臂式电动玻璃升降器主要由电动机总成、扇形齿板、交叉臂结构（升降臂、平衡臂）、玻璃托架槽等组成。交臂式电动玻璃升降器有 X 形双臂式和单臂式之分，如图 10-3 与图 10-4 所示。其中，X 形双臂式电动玻璃升降器应用最广泛，单臂式电动玻璃升降器主要用于后车门中，这是由于汽车后车门受车轮拱形位置限制的缘故。

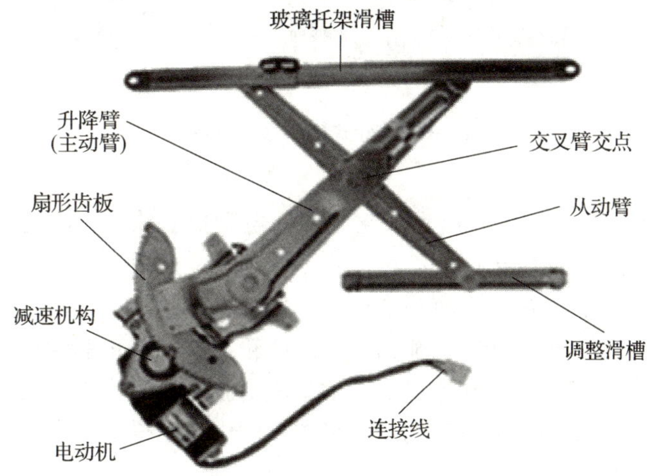

图 10-3　X 形双臂式玻璃升降器

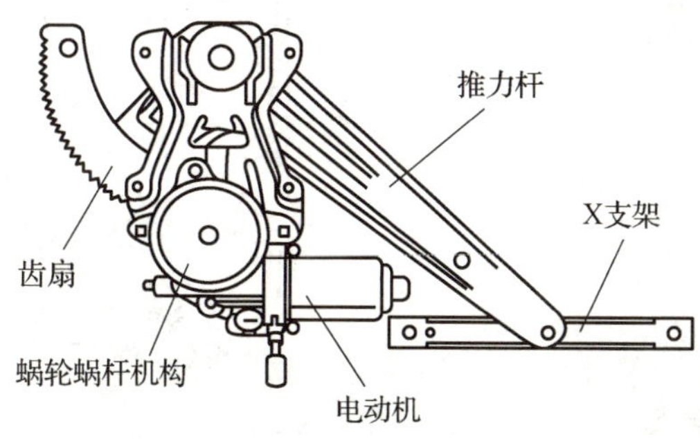

图 10-4　单臂式玻璃升降器

绳轮式电动玻璃升降器在欧洲被广泛采用。它主要由电动机、减速器、钢丝绳、卷丝筒、滑动支座、导轨、玻璃夹持器等零部件组成，安装时门窗玻璃固定在玻璃夹持器上，玻璃导槽与滑动支座导轨平行。

如图 10-5 所示，绳轮式门窗玻璃升降器是通过驱动电动机拉动钢丝绳来控制门窗玻璃的升降，电动机的输出部分是一个塑料绳轮，绳轮上绕有钢丝绳，钢丝绳上装有滑动支座。当电动机作正转或反转时，电动机输出轴经蜗轮蜗杆减速带动卷丝筒正反向旋转。带动钢丝绳卷绕，钢丝绳上的滑动支座（连同玻璃夹持器）带动玻璃，沿导轨作上下运动。

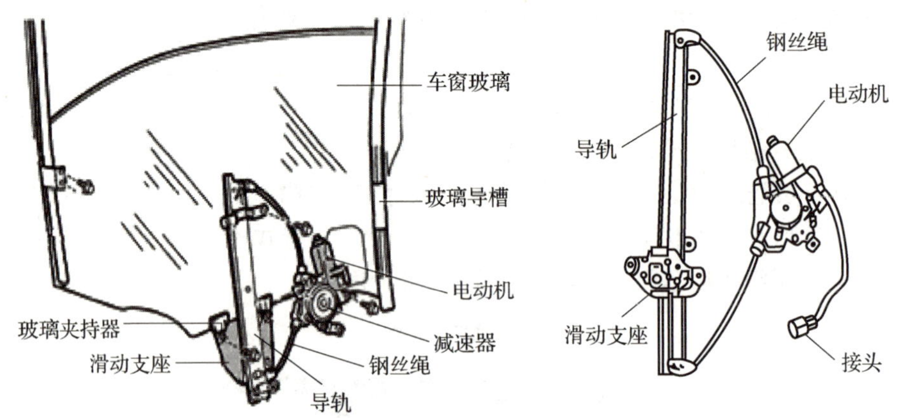

图 10-5 绳轮式门窗玻璃升降器

软轴式玻璃升降器如图 10-6 所示。它主要由电动机、软轴、滑动支座、支架机构以及护套等组成。电机的蜗轮输出端装有一链轮，软轴一般是用一根钢丝缠绕在由几根细钢丝绕成的软钢丝上，软钢丝的外层有一层植绒，植绒可以储油，起润滑作用，软轴的外轮廓相当于一根链条，当电机旋转时，输出端上的链轮与软轴外轮廓啮合，带动软轴在成形轴套内移动，从而使与门窗玻璃相连接的滑动支座沿着支架机构中导轨上下运动，达到了升降玻璃的目的。软轴式结构的电动门窗升降器，国内使用得很少。

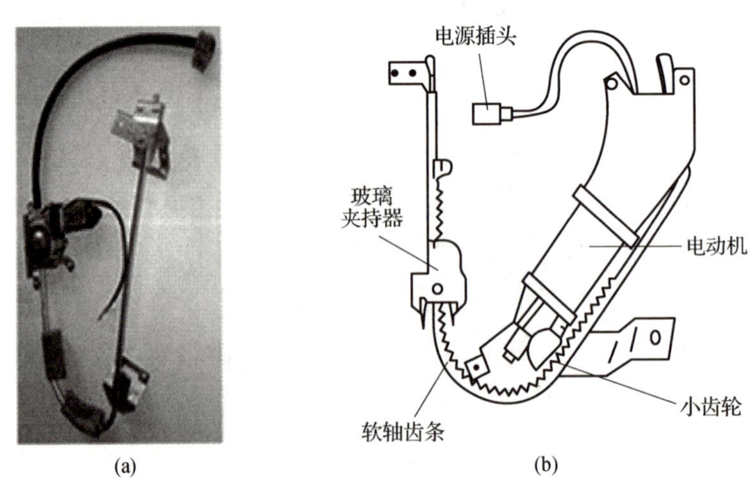

图 10-6 软轴式玻璃升降器

（a）切诺基装用的软轴式玻璃升降器；（b）软轴齿条式玻璃升降器

软轴也有做成带形齿条式的，当电动机转动时，电动机的小齿轮通过与软轴上的带形齿条（近似于齿条）相啮合，驱动软轴卷轴卷绕，带动玻璃沿导轨上下运动。如图 10-6（b）所示，软轴式齿条式玻璃升降器的特点是其传动结构相当紧凑，所占空间小。

4. 车窗电动机

电动机是用来为车窗的升降提供动力的装置，车窗升降电动机均采用双向转动的电动机。电动车窗用电动机的类型按结构不同分为永磁式和双绕组式两种；按电动机是否直接搭铁分为电动机不直接搭铁（外搭铁）和电动机直接搭铁（内搭铁）两种，这两种电动机都是通过改变电流方向来实现正反转以实现门窗的升降的。

5. 电动车窗 ECU 与防夹电动车窗

目前，大多数的高档汽车都装用防夹电动车窗，其作用是当车窗玻璃在上升过程中遇到有异物在玻璃上时，能自动地检测出由异物所引起的阻力，并自动停止车窗玻璃的上升操作，避免夹伤乘员（特别是儿童）。

防夹电动玻璃升降器是在原电动玻璃升降器基础上增加电动车窗 ECU（又称电子模块）及传感器等构成的，其基本原理是：当玻璃上升到一定距离（一般为 120~220mm）时，如图 10-7（b）所示，便进入防夹区。在防夹区内，如果玻璃遇到一定的外来阻力，如图 10-7（a）所示，则玻璃停止上升并立即下降 120mm（下降距离可由汽车制造厂家确定）；如果玻璃没有遇到外来阻力，则玻璃继续上升。

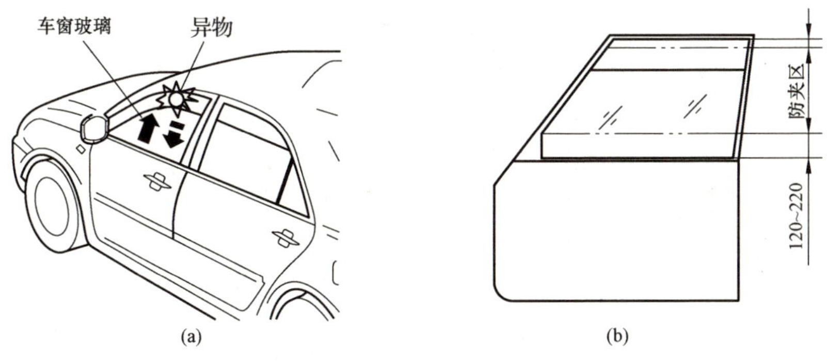

图 10-7 防夹电动玻璃升降器

电动车窗 ECU 还具有自学习功能，它能够根据不同车窗玻璃运行的实际情况，对升降器的性能参数作相应调整（即电动车窗初始化设定）。

三、电动车窗的电路分析

丰田雷克萨斯 LS400 汽车电动车窗控制电路如图 10-8 所示。

1. 电动车窗电源电路

当点火开关转至点火挡 IG1 时，电动车窗主继电器线圈通电，其电流方向为：

蓄电池正极→FLALT 易熔线→FLAM1 易熔线→点火开关 AM1→点火开关 IG1→GAUGE 熔断丝→电动车窗主继电器 1 号端子→主继电器线圈→主继电器触点 3→搭铁→蓄电池负极。此时，主继电器线圈通电，使其常开触点闭合，从而接通电动车窗电源电路。

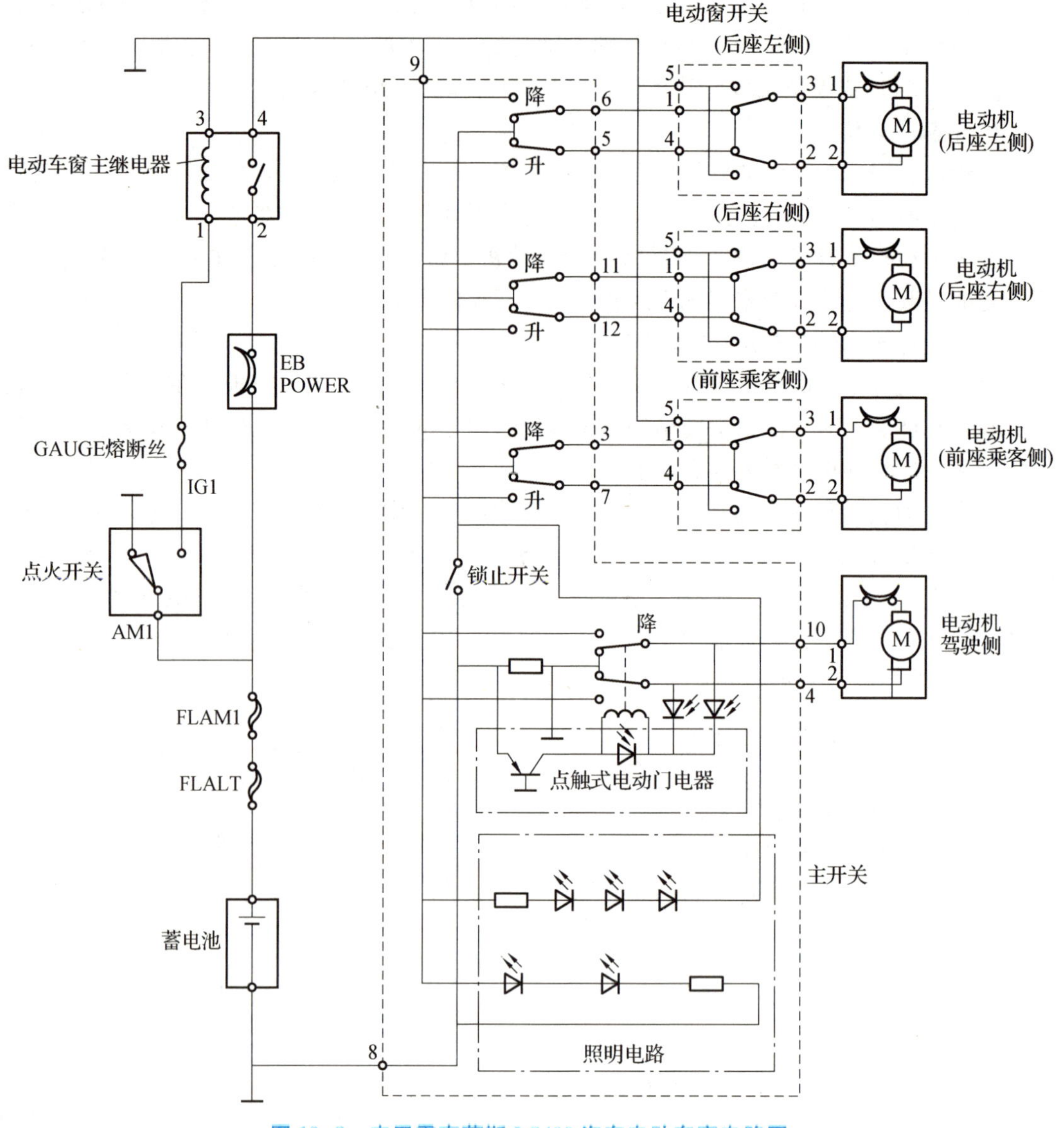

图 10-8　丰田雷克萨斯 LS400 汽车电动车窗电路图

2. 前右侧车窗升降控制电路

当驾驶员操控主开关上的前座乘客侧车窗开关为上升时，其电流方向为：

蓄电池正极→FLALT 易熔线→FLAM1 易熔线→GAUGE 熔断丝→电动车窗主继电器 2 号端子→主继电器触点→主继电器触点 4→主开关 9 号端子→主开关上的前乘员开关升触点→主开关 7 号端子→前座乘客侧分开关 4 号端子→分开关 2 号端子→电动机 2 号端子→电动机→断路器→电动机 1 号端子→前座乘客侧分开关 3 号端子→分开关触点→分开关 1 号端子→主开关 3 号端子→主开关触点→锁止开关→主开关 8 号端子→搭铁→蓄电池负极。

上述控制电路，使前座乘客侧车窗电动机有从下向上的电流流过，电动机转动，从而带动前乘员侧车窗上升。

当需要该车窗下降时，只要驾驶员操控主开关上的前乘客侧车窗开关为下降位置，这时通过电动机的电流方向与车窗上升时相反，电动机反转，从而使该车窗下降。

前乘客通过分开关接通前右车窗为上升时，其电流方向为：

蓄电池的正极→FLALT 易熔线→FLAM1 易熔线→GAUGE 熔断丝→电动车窗主继电器 2 号端子→主继电器触点→主继电器触点 4→前座乘客侧分开关 5 号端子→前座乘客侧分开关触点→分开关 2 号端子→电动机 2 号端子→电动机→断路器→电动机 1 号端子→前座乘客侧分开关 3 号端子→分开关触点→分开关 1 号端子→主开关 3 号端子→主开关触点→锁止开关→主开关 8 号端子→搭铁→蓄电池的负极。

上述控制电路，使前座乘客侧车窗电动机也有从下向上的电流流过，电动机转动，从而带动前乘客侧车窗上升。

当需要该车窗下降时，只要乘客操控分开关为下降位置，这时通过电动机的电流方向与车窗上升时相反（从上向下），电动机反转，从而使该车窗下降。

四、电动车窗系统的检测

1. 车窗主开关的检测

（1）主开关各端子导通性的检测。电动车窗主开关各端子之间的导通性检测见表 10-1。

表 10-1　电动车窗主开关各端子之间导通性的检测

<table>
<tr><td colspan="2" rowspan="2">检测条件</td><td colspan="8">前</td><td colspan="8">后</td></tr>
<tr><td colspan="4">驾驶员侧</td><td colspan="4">乘客侧</td><td colspan="4">左</td><td colspan="4">右</td></tr>
<tr><td colspan="2">连接器端子
开关位置</td><td>8</td><td>4</td><td>9</td><td>10</td><td>8</td><td>3</td><td>9</td><td>7</td><td>8</td><td>9</td><td>6</td><td>5</td><td>8</td><td>9</td><td>12</td><td>11</td></tr>
<tr><td rowspan="3">车窗未锁</td><td>UP</td><td colspan="4">4、9 导通
8、10 导通</td><td colspan="4">8、3 导通
9、7 导通</td><td colspan="4">8、6 导通
9、5 导通</td><td colspan="4">8、11 导通
9、12 导通</td></tr>
<tr><td>OFF</td><td colspan="4">8、4、10 导通</td><td colspan="4">8、3、7 导通</td><td colspan="4">8、6、5 导通</td><td colspan="4">8、12、11 导通</td></tr>
<tr><td>DOWN</td><td colspan="4">8、4 导通
9、10 导通</td><td colspan="4">3、9 导通
8、7 导通</td><td colspan="4">9、6 导通
8、5 导通</td><td colspan="4">8、12 导通
9、11 导通</td></tr>
<tr><td rowspan="3">车窗闭锁</td><td>UP</td><td colspan="4">4、9 导通
8、10 导通</td><td colspan="4">9、7 导通</td><td colspan="4">9、5 导通</td><td colspan="4">9、12 导通</td></tr>
<tr><td>OFF</td><td colspan="4">8、4、10 导通</td><td colspan="4">3、7 导通</td><td colspan="4">6、5 导通</td><td colspan="4">12、11 导通</td></tr>
<tr><td>DOWN</td><td colspan="4">8、4 导通
9、10 导通</td><td colspan="4">3、9 导通</td><td colspan="4">9、6 导通</td><td colspan="4">9、11 导通</td></tr>
</table>

（2）主开关的检测。

1）从主开关上脱开连接器。

2）将电流表正极（+）引线接到连接器上的端子 4，负极（-）引线接到蓄电池的负极。

3）将蓄电池的正极（+）引线接到连接器上的端子 10。

4）随着车窗下落，检测电流应约为 7A。

5）车窗停止下落时，检测电流应增至约 14.5A 或者以上，且当下落停止后 4~40s，断路器自动断开。

如果检测结果与上述数值不符，则应更换主开关。

（3）主开关照明电路的检测。

1）将窗锁开关（即锁止开关）设置在未锁位置。

2）将蓄电池正极（+）引线接到端子 9，负极（-）引线接到端子 8，检查所有的照明灯，应该全都亮起。

3）将锁止开关设置在锁定位置，乘客侧所有的电动窗开关照明灯应该全都熄灭。

如果检测结果不符合上述情况，则应更换车窗主开关。

2. 车窗分开关的检测

电动车窗分开关工作情况的检测见表 10-2。如检测结果不符合表中标准，说明电动车窗分开关或连接线路有故障。

表 10-2　电动车窗分开关工作情况的检测

开关位置	连接器端子				
	1	5	3	2	4
UP	1、3 导通；5、2 导通				
OFF	1、3 导通；2、4 导通				
DOWN	5、3 导通；2、4 导通				

3. 车窗电动机的检测

（1）驾驶员座车窗电动机的检测。

1）从主开关上脱开连接器。

2）将蓄电池正极（+）引线接到连接器的端子 10 上，蓄电池负极（-）引线接到连接器的端子 4 上，将车窗玻璃上升到完全关闭的位置。

3）反向改变蓄电池极性时，检查车窗玻璃，应在约 60s 内开始下降，否则应更换车窗电动机。

（2）乘客座车窗电动机的检测。

1）从开关上脱开连接器。

2）将蓄电池正极（+）引线连接到连接器的端子 1，蓄电池负极（-）引线接到连接器的端子 2 上，将车窗玻璃上升至完全关闭位置。

3）反向改变蓄电池极性时，车窗玻璃也应在约 60s 开始下降，否则应更换车窗电动机。

4. 车窗主继电器的检测

在电动车窗主继电器的端子 1、3 之间加上蓄电池电压时，端子 2、4 之间应呈现导通，否则应更换新的主继电器。

第二节 汽车电动天窗结构与检测

一、电动天窗的结构

1. 作用

通风换气、节能、除霜、开阔视野、提高汽车的档次。为了使混浊的空气迅速地被排出车外，同时又能使新鲜的空气流入车厢，提升汽车内部环境的舒适性，通常在汽车顶部安装电动天窗。

2. 组成

电动天窗一般由玻璃窗及密封橡胶条、滑动机构、驱动机构、开关和天窗模块等组成，如图 10-9 所示。

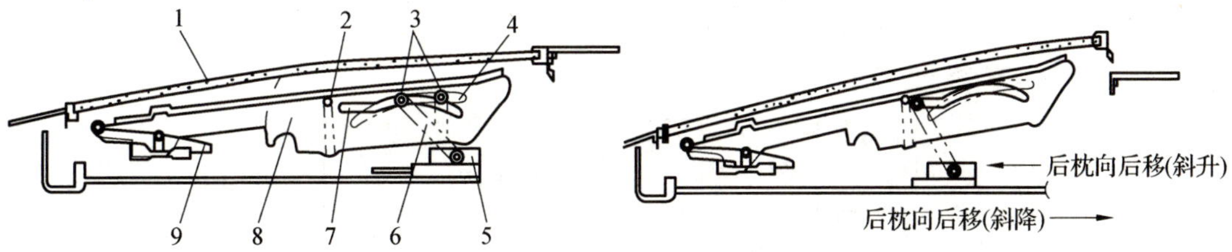

图 10-9 电动天窗结构图

1—天窗玻璃；2—导向块；3—导向销；4—导向槽；5—后枕座；6—连杆；7—导向槽；8—托架；9—前枕座

二、电动天窗的电路分析

1. 点火开关关闭天窗延时工作电路

如图 10-10 所示，控制电路：

多路控制装置（点火开关关闭定时电路）→电动车窗继电器的电磁线圈→G581 搭铁→蓄电池负极。

2. 天窗开启电路

将天窗开关拨至开启位置时，如图 10-10 所示的天窗开启继电器的控制电路：

蓄电池正极→NO. 41 熔丝→NO. 51 熔丝→电动车窗继电器的触点→NO. 7 熔丝→天窗开启继电器的电磁线圈→天窗开关 6 号端子→天窗开关 2 号端子→G501 搭铁点→蓄电池负极。

此时，天窗开启继电器的电磁线圈通电，常开触点闭合如图 10-10 所示。

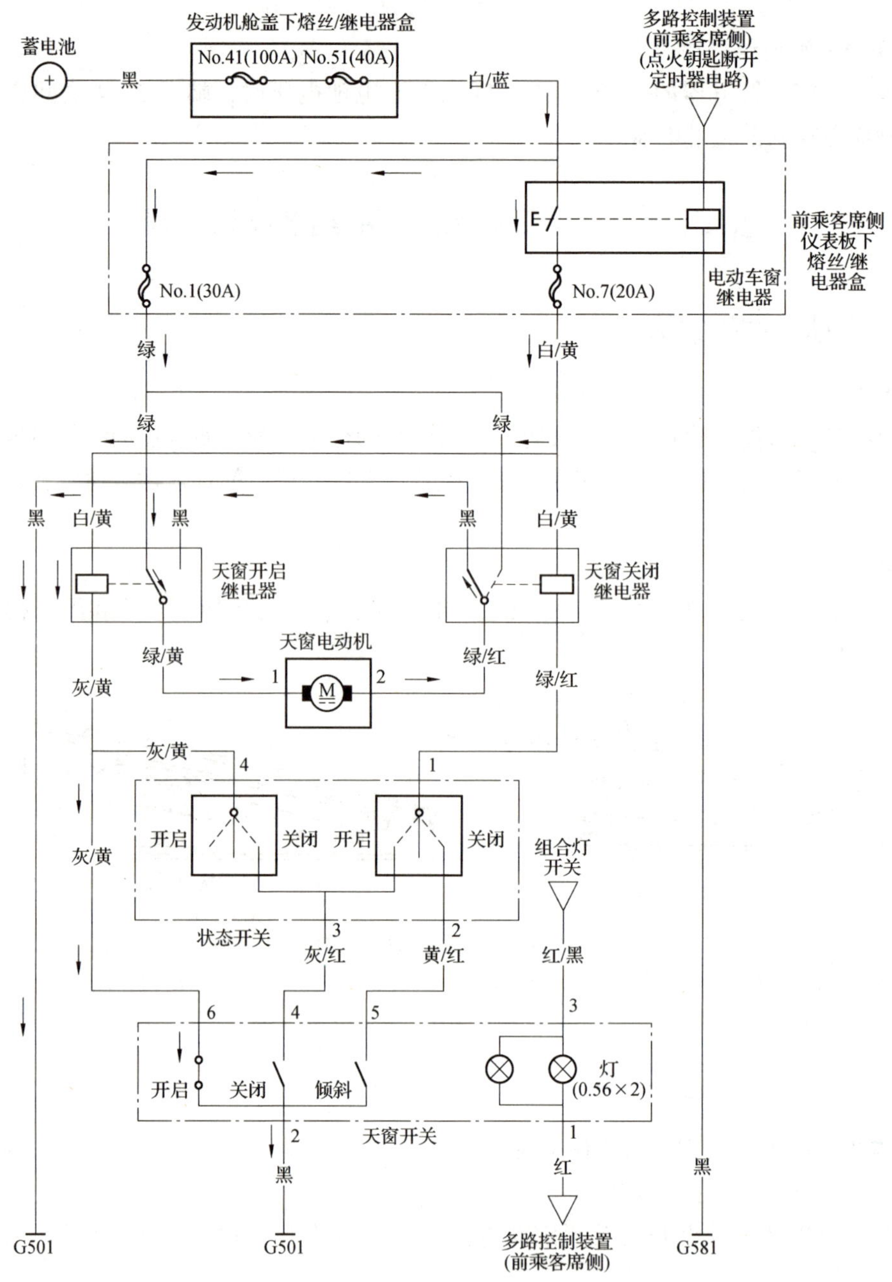

图 10-10　广州本田雅阁汽车电动天窗控制电路图

天窗电动机的主电路：

蓄电池正极→NO. 41 熔丝→NO. 51 熔丝→NO. 1 熔丝→天窗开启继电器的常开触点→天窗电动机 1 号端子→天窗电动机 2 号端子→天窗关闭继电器的常闭触点→G501 搭铁点→蓄电池负极。

3. 天窗倾斜电路

在天窗关闭状态时，如将天窗开关拨至倾斜挡时，如图 10-10 所示，天窗关闭继电器的控制电路：

蓄电池正极→NO. 41 熔丝→NO. 51 熔丝→电动车窗继电器触点→NO. 7 熔丝→天窗关闭继电器的电磁线圈→状态开关端子 1→状态开关的关闭触点→状态开关 2 号端子→天窗开关 5 号端子→天窗开关倾斜触点→天窗开关 2 号端子→G501 搭铁点→蓄电池负极。

天窗关闭继电器的电磁线圈通电，常开触点闭合。

此时，天窗电动机的主电路：

蓄电池正极→NO. 41 熔丝→NO. 51 熔丝→NO. 1 熔丝→天窗关闭继电器已闭合的常开触点→天窗电动机 2 号端子→天窗电机 1 号端子→天窗开启继电器的常闭触点→G501 搭铁点→蓄电池负极。

三、电动天窗的检测

1. 电动天窗开关的检测

（1）拆下螺钉和卡夹，拆下点烟器插头，然后拆下中间仪表板下盖。

（2）拆下卡夹，松开锁片，然后拆下左熔丝盒盖。

（3）拆下螺钉和卡夹，然后拆下驾驶席侧的仪表板下盖。

（4）小心地从仪表板中撬出天窗开关，并从天窗开关上拆开其 6 芯插头。

（5）根据表 10-3 所列，检测天窗开关处于不同位置时，其各端子之间的导通情况。

表 10-3 天窗开关处于不同位置时其各端子之间的导通情况

开关位置	导通端子	
关闭	1 号端子和 3 号端子	2 号端子和 4 号端子
倾斜		2 号端子和 5 号端子
开启		2 号端子和 6 号端子

2. 电动天窗电动机的检测

（1）拆卸车辆两侧的遮阳板和化妆镜灯插头等附件。

（2）拆下凹头塞和车顶装饰条，再拆下卡夹，然后从前乘客席侧车门处取下车顶内衬。

（3）从天窗电动机上拆开其 2 芯插头。

（4）根据表 10-4 所列，将 2 芯插头的两端子分别与蓄电池的正、负极相连接，以检测天窗电动机的工作状况。如果天窗电动机不运转，则说明其有故障，应予更换。

表 10-4 天窗电动机工作情况的检测

开关位置	1	2
开启	(+)	(−)
关闭	(−)	(+)

3. 电动天窗关闭力及开启力的检测

（1）电动天窗关闭力的检测。

1）将一块维修用布放在打开的天窗玻璃前边缘，在维修用布上挂上一只弹簧秤。

2）让助手按下天窗开关使天窗关闭，当天窗玻璃受弹簧秤拉动而停止移动（天窗关闭力等于弹簧秤弹力）时，读出弹簧秤的读数，然后迅速松开天窗开关和弹簧秤。天窗的关闭力应为200~290N。如果天窗关闭力不在规定的范围内，则需拆下天窗电动机，并检查以下内容。

①天窗电动机齿轮和内部拉索是否破裂或损坏。

②天窗电动机工作是否正常，运转是否平顺。

（2）天窗开始力的检测。

1）使用天窗开关前，先将天窗玻璃打开少许，然后在天窗玻璃前边缘垫放维修用布并固定好弹簧秤。

2）用手拉动弹簧秤，观察天窗玻璃被弹簧秤拉开所需的开启力。天窗的开启力应小于等于40N。如果所测的开启力超过40N，则应检查以下内容。

①天窗玻璃导块与滑块之间是否存在异物阻滞。

②天窗玻璃导块与其框架之间是否间隙过小。

四、电动天窗的故障诊断与排除

1. 电动天窗漏水

（1）故障现象。电动天窗漏水。

（2）故障确认。外面下雨时天窗漏水。

（3）故障原因。

1）电动天窗排水管堵塞。

2）电动天窗密封橡胶条老化。

（4）故障诊断与排除。

1）清理电动天窗排水管路。

2）检查电动天窗密封橡胶条老化情况。

2. 电动天窗不工作

（1）故障现象。电动天窗不工作。

（2）故障确认。打开点火开关“ON”挡，将天窗开关置于“打开”位置时，电动天窗不工作。

（3）故障原因。

1）电动天窗熔断丝烧坏。

2）天窗控制模块损坏。

3）工作电动机损坏。

4）相关线路短路或断路。

（4）故障诊断与排除。

1）检测电动天窗熔断丝的好坏。

2）检测天窗控制模块工作是否正常。

3）检测电动天窗电机工作是否正常。

4）检测相关线路是否有短路或断路。

思考题

1. 简述驾驶员侧的电动车窗不运转的故障诊断。
2. 电动车窗主要由哪些部件组成？其中升降机构有哪几种？
3. 简述电动天窗的工作原理。
4. 简述电动车窗的防夹动能。

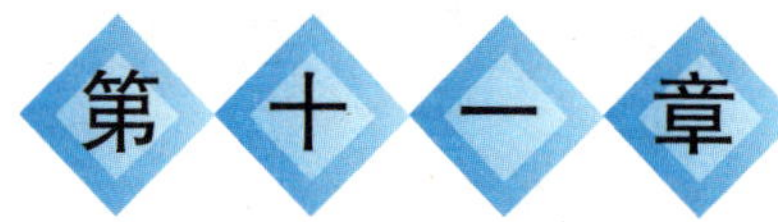

汽车仪表、报警系统

第一节　汽车仪表系统

一、汽车仪表系统概述

为使驾驶员随时了解观察汽车各系统的工作状况，汽车仪表板上都装有各种指示仪表，常用的有电流表（或电压表）、机油压力表、水温表、转速和里程表、燃油表等。

二、常见各种仪表构成及工作原理

1. 机油压力表

机油压力表（见图 11-1）用来显示发动机主油道机油压力的大小，从而监视润滑系统的工作情况。常用的机油压力表有电热式、电磁式和动磁式三种。其中应用最广泛的是电热式机油压力表，结构和工作原理如图 11-2 所示。

图 11-1　机油压力表

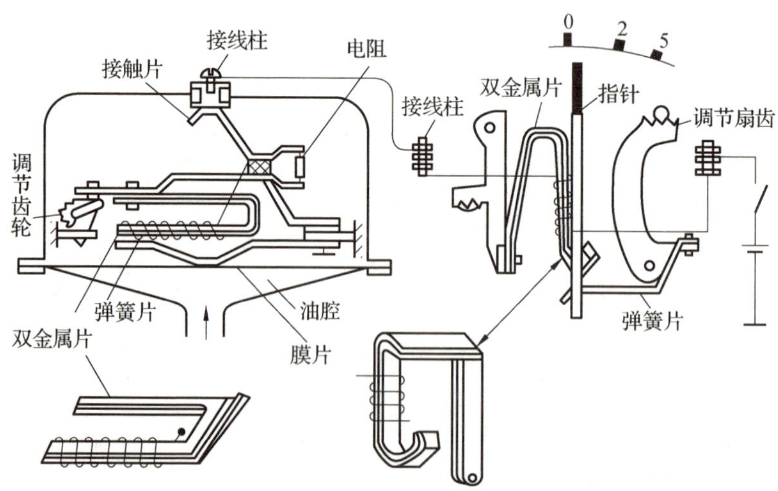

图 11-2　电热式机油压力表

（1）结构。结构由装在发动机主油道上的机油压力传感器和仪表板上的机油压力显示表组成。

（2）工作原理。接通点火开关时，电流由蓄电池正极→点火开关→接线柱→表内双金属片上的加热线圈→接线柱→传感器内接触片→分两路（一路流经传感器内双金属片上的加热线圈；另一路流经电阻→双金属片）→传感器内双金属片的触点→弹簧片→搭铁→蓄电池负极构成回路。

（3）特点。表内双金属片为“η”形，目的是使机油压力的显示值不受外界温度的影响。

2. 水温表

水温表（见图 11-3）用来显示发动机冷却水的工作温度。常用的有电热式和电磁式两种。其中电热式水温表与电热式机油压力表结构工作原理相似。电磁式水温表结构、原理如图 11-4 所示。

图 11-3　水温表

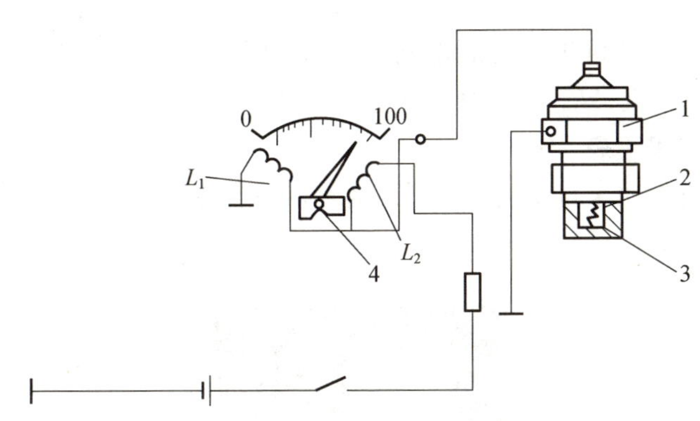

图 11-4　电磁式水温表

1—热敏电阻；2—弹簧；3—传感器壳体；4—衔铁

（1）结构。由装在气缸盖水套中的热敏电阻传感器和装在仪表板上的水温显示表两部分组成。

温度传感器：装在气缸盖水套中。

水温指示表：装在仪表板上。

（2）工作原理。当电源开关接通时，电流由蓄电池正极→点火开关→线圈 L_2→分两路（一路流经热敏电阻，另一路流经线圈 L_1）→搭铁→蓄电池负极构成回路。

3. 发动机转速表

发动机转速表用来显示发动机运转速度，常用的是电子式转速表，如图 11-5 所示。

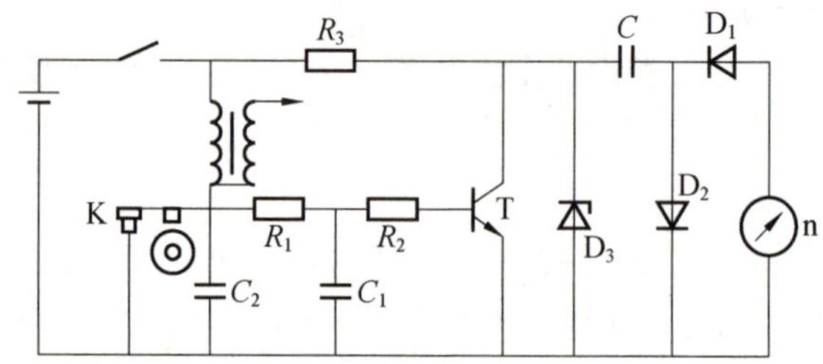

图 11-5　电子式转速表及结构

（1）特点。

1）转速信号来源于点火系一次侧电路的断开时的脉冲信号，须经数字集成电路换算再偏转指针指示。

2）转速信号来源于飞轮侧的转速传感器的转速脉冲信号。直接输入表头转换成发动机转速仪器号。

3）转速信号来源于发动机。

（2）结构。由 R_1、R_2、C_1 组成的积分电路（作用是给开闭脉冲信号整形）、充放电电容 C、放大管 T、稳压管 D_2（使电容 C 充电电压稳定，提高转速表的测量精度）及转速表 n 等组成。

（3）工作原理。发动机工作使断电器触点 K 闭合时，三极管 T 的基极搭铁无偏压，处于截止状态，电源正极→R_3→C→D_2→搭铁→电源负极。

4. 车速表和车速里程表

（1）车速表指针按照来自车速传感器的信号移动或转速传感器的计算，表示车辆行驶速度，如图 11-6 所示。

图 11-6　车速表

（2）车速里程表。

1）磁感应式车速里程表。磁感应式车速里程表分为车速表和里程表两部分。它没有电路连接，由汽车的变速器或分动器经软轴驱动仪表的主动轴，如图 11-7 所示。

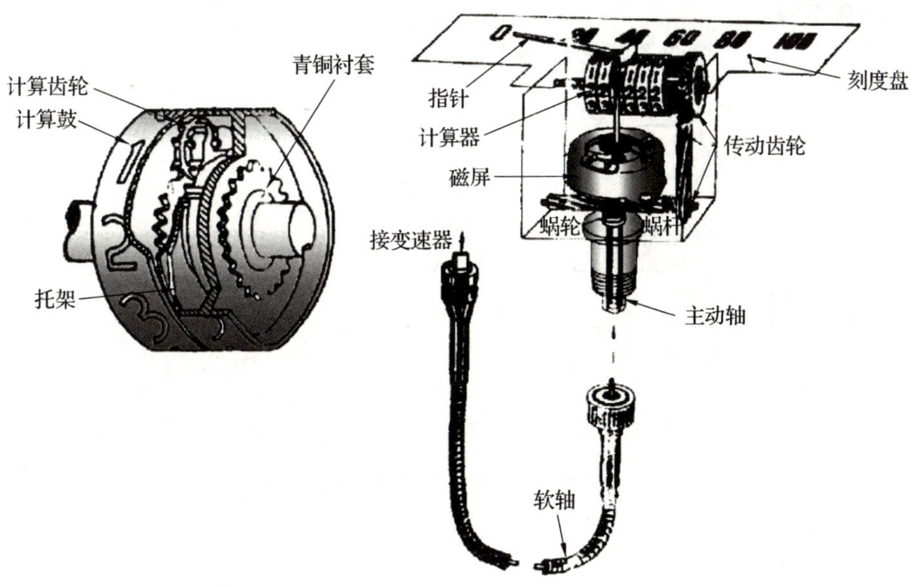

图 11-7　磁感应式车速里程表

车速表为磁力式车速表，由软轴、三对蜗轮蜗杆、中间齿轮、单程里程计数器、总里程计数器和复零机构组成，软轴与变速器输出轴齿轮相啮合。

2）电子式车速里程表。车速表由永久磁铁、矩形塑料框内线圈、针轴、游丝组成。里程表由电子模块、步进电动机、机械计算器组成，如图 11-8 所示。

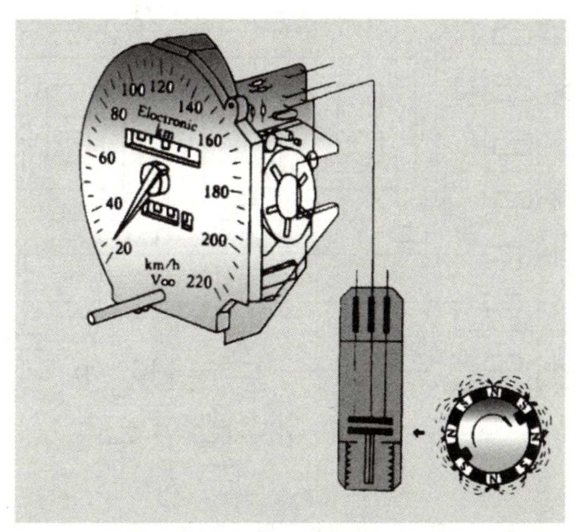

图 11-8　电子式车速里程表

5. 燃油表（油量表）

燃油表用来显示燃油箱内燃油的多少，常用的有电热式、电磁式、电子式三种。其中，电热式燃油表的结构与原理与电热式机油压力表基本相同。下面，主要介绍电磁式燃油表和电子燃油表。

（1）结构。电磁式燃油表如图 11-9 所示。

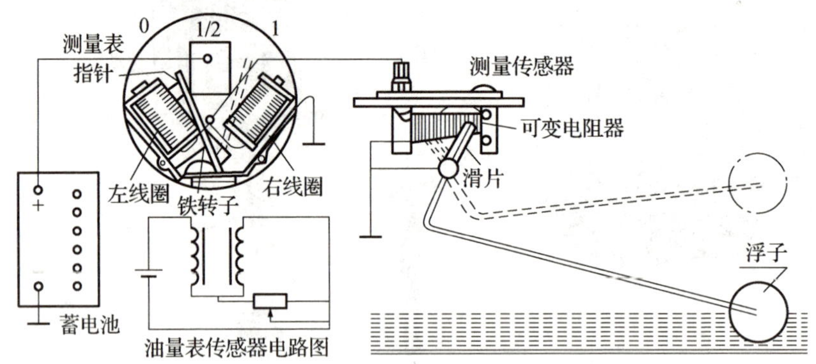

图 11-9　电磁式燃油表与可变电阻式传感器结构

（2）工作过程。

1）电磁式（无铁芯动磁式）。当油减少时，可变电阻上滑片置最右端，被短路的有可变电阻、右线圈，转子在左线圈磁力作用下左偏转，指示油量为“0”。

优点：不受电源电压波动影响；无铁芯，无漏磁现象。

2）电子燃油表。电子燃油表的电路图如图 11-10 所示。

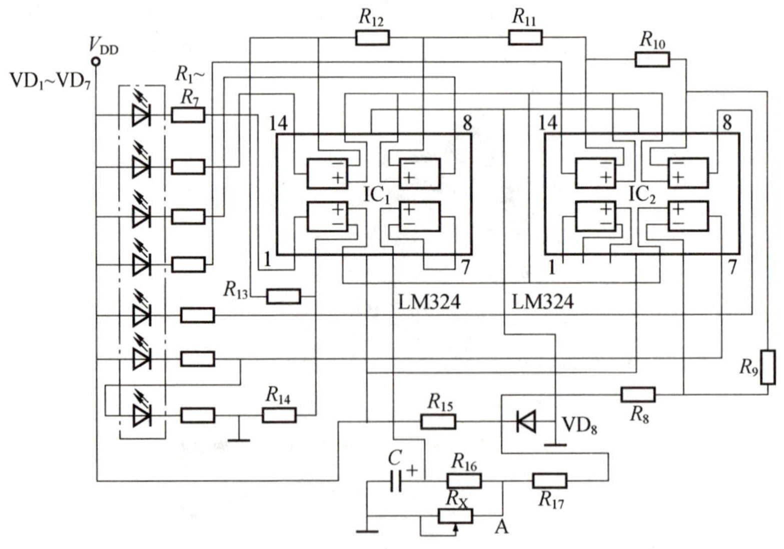

图 11-10　电子燃油表电路图

6. 电流表

汽车上一般使用电磁式电流表，其结构和工作原理如图 11-11 所示。

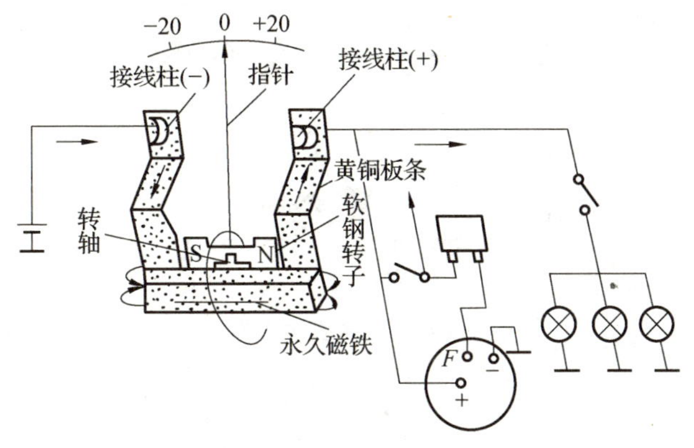

图 11-11　电流表

（1）电流表接线原则。

1）电流表应与蓄电池串接，电流表负极应与电池正极相连接。

2）电流表只允许通过较小电流，故起动机、转向灯、电喇叭等均不通过电流表。

（2）电磁式电流表一。

1）结构组成。黄铜板条固定在绝缘底板上，两端与接线柱两端相连，下面夹有永久磁铁，磁铁的内侧在软轴上装有带指针的软钢转子。

2）工作原理。没有电流流过电流表时，软钢转子在永久磁铁的作用下被磁化，转子磁化后的极性与永久磁铁的极性相反，两者相互吸引，指针保持在中间“0”的位置。

（3）电磁式电流表二。

1）结构组成。导电板固定在绝缘底板上，两端与接线柱相连，中间夹有磁轭，与导电板固定装在一起的针轴上指针和总成（磁钢指针）。

2）工作原理。无电流流过电流表时，永久磁铁转子通过磁轭构成磁回路，使指针保持在中间的位置。当电流由接线柱通过导电板流向接线柱时，周围产生磁场，使导电板中心的磁钢指针发生偏转，电流越大，偏转的角度也越大，如果电流反方向通过，指针也反方向偏转。

7. 仪表稳压器

仪表稳压器常用的有电热式和电子式两类。

（1）电热式仪表稳压器。

1）结构。电热式仪表稳压器由双金属片、常闭触点、电热丝、座板和外壳等组成，如图 11-12 所示。

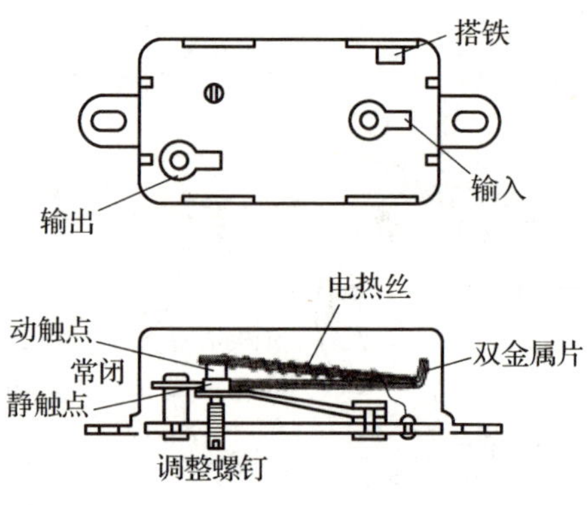

图 11-12　电热式仪表稳压器

2）工作原理。

电热式仪表稳压器的工作原理如图 11-13 所示。

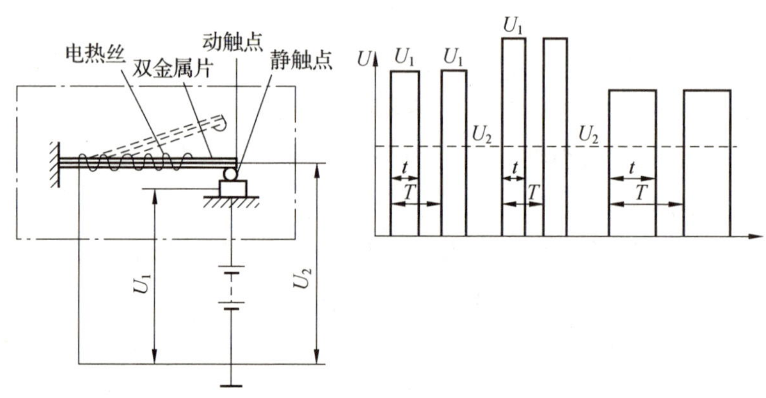

图 11-13　电热式仪表稳压器工作原理

3）使用中应注意的问题。

①安装仪表稳压器时，两接线柱的接线不得接错。

②凡使用仪表稳压器的燃油表及水温表，不允许直接与电源相接，否则会烧坏仪表。

（2）电子式仪表稳压器。电子式仪表稳压器主要是采用汽车专用的三端集成稳压块，它具有结构简单、成本低、稳压效果好、使用寿命长等优点，故被广泛应用。

8. 数字式仪表

数字式仪表的组成如图 11-14 所示。

（1）数字式仪表的优点。

1）能提供大量、复杂的信息，显示直观。

2）具有高精度和高可靠性。

3）可满足小型、轻量化的要求。

4）具有一表多用的功能。

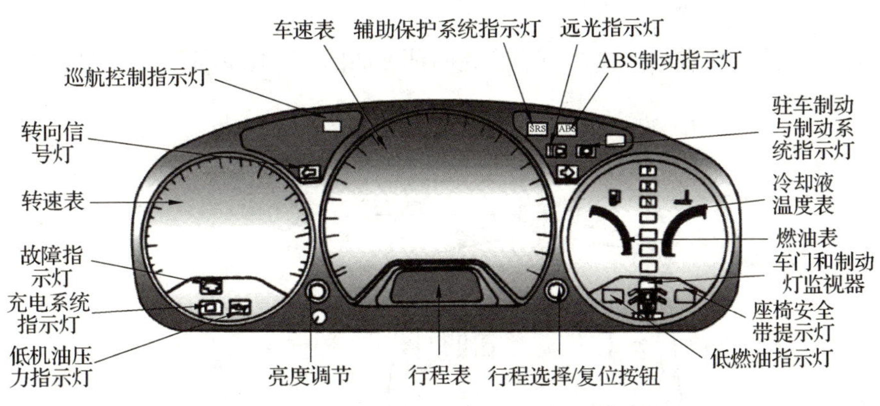

图 11-14 数字式仪表

（2）常用显示器件。常用显示器件包括发光二极管（LED）、液晶显示器件（LCD）和真空荧光管（VFD）。

（3）数字组合仪表。如图 11-15 所示为杆图式数字仪表，仪表有车速里程表、发动机转速表、机油压力表、电压表、冷却液温度表、燃油表等。组合仪表不可分解，只有普通灯泡的指示灯可以单独更换。

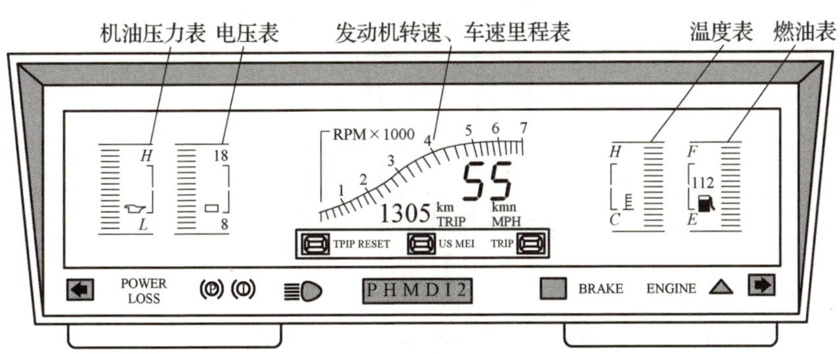

图 11-15 杆图式数字组合仪表

第二节 汽车报警系统

一、报警灯系统概述

为了保证行驶安全和提高车辆的可靠性，现代汽车安装了许多报警装置。这些装置一般由报警开关（传感器）、报警灯（或蜂鸣器）等组成。

1. 机油压力报警装置

机油压力报警装置有膜片式和弹簧管式两种，如图 11-16 所示为最常见的弹簧管式机油压力报警装置。

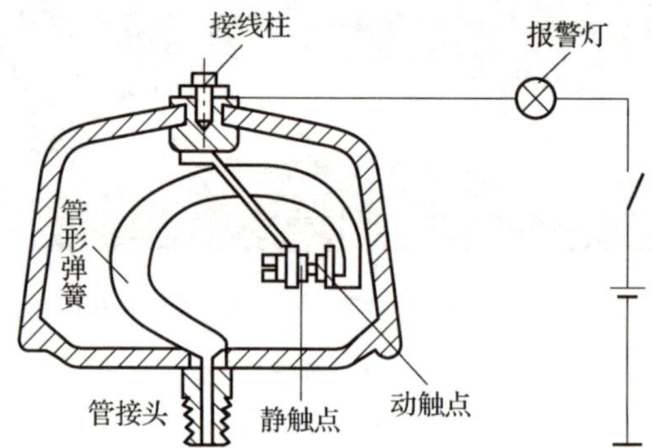

图 11-16　弹簧管式机油压力报警装置图

2. 冷却液温度报警装置

如图 11-17 所示为常见的冷却液温度报警装置。

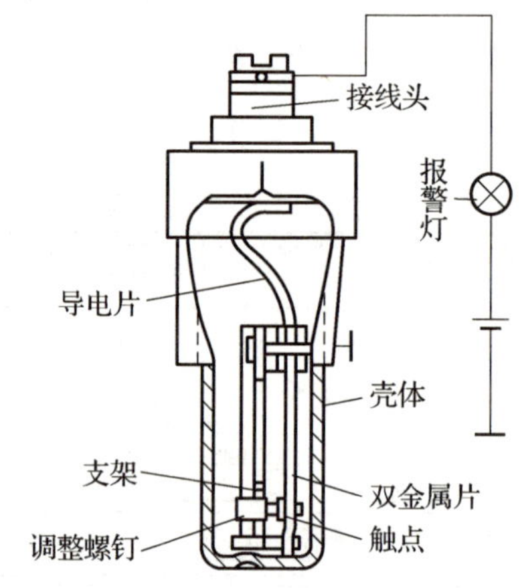

图 11-17　冷却液温度报警装置图

3. 制动液面报警装置

制动液面报警装置由传感器和报警灯组成，如图 11-18 所示。传感器安装在制动液储液罐内。

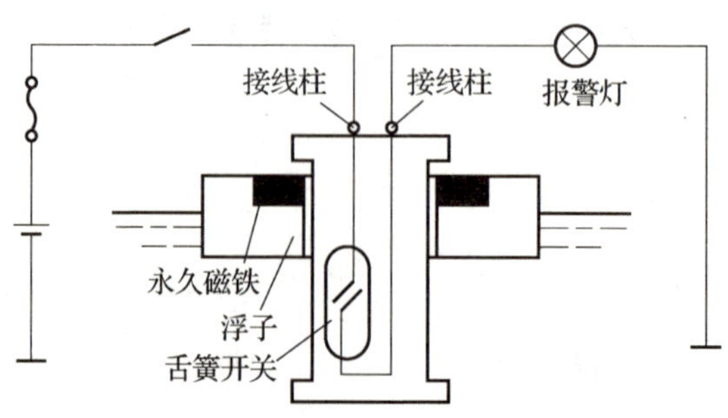

图 11-18　制动液面报警装置图

4. 制动信号灯断线报警装置

制动信号灯断线报警装置电路如图 11-19 所示。

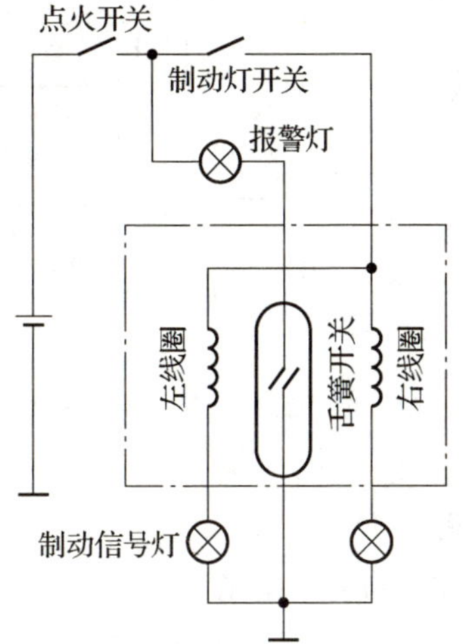

图 11-19 制动信号灯断线报警装置图

5. 蓄电池液面过低报警装置

蓄电池液面过低报警装置如图 11-20 所示。

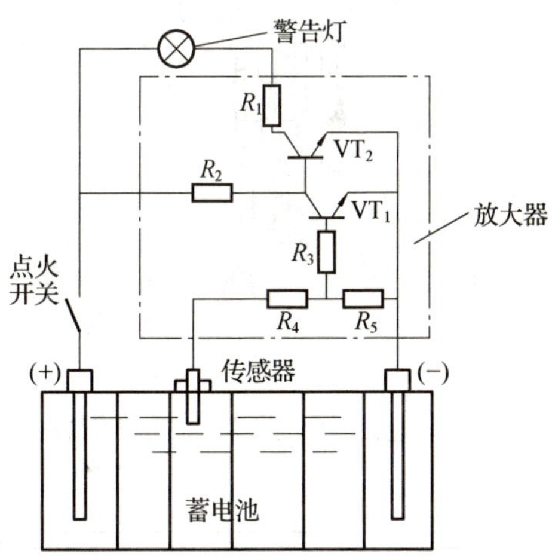

图 11-20 蓄电池液面过低报警装置图

6. 制动蹄片磨损过量报警装置

在图 11-21（a）所示的装置中，是将一个金属触点埋在摩擦片内部。

在图 11-21（b）所示的装置中，则是将一段导线埋设在摩擦片内部，该导线与电子控制装置相连。

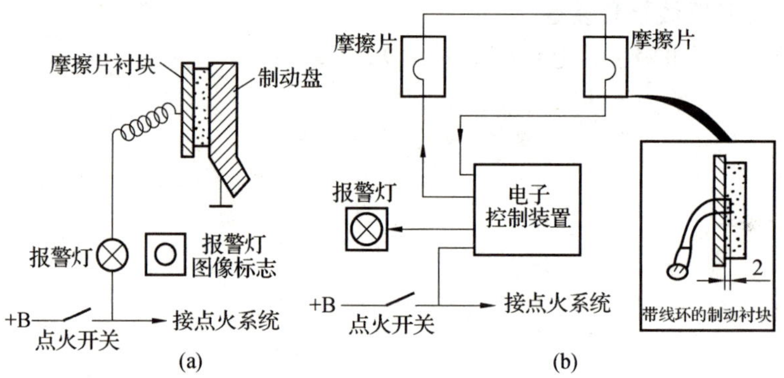

图 11-21　制动蹄片磨损过量报警装置图

7. 空气滤清器堵塞报警装置

空气滤清器堵塞报警装置如图 11-22 所示。

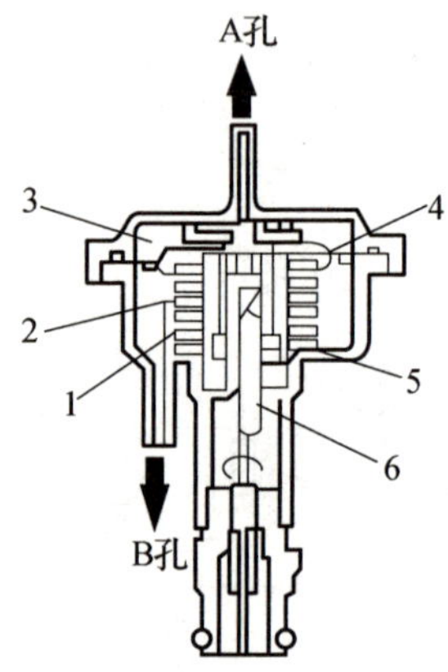

图 11-22　空气滤清器堵塞报警装置图

1—弹簧；2—下气室；3—上气室；4—膜片；5—磁铁；6—舌簧开关

将负压传感器的 A 孔或 B 孔用连通管分别与空气滤清器滤芯的内外侧相连通，如图 11-23 所示。

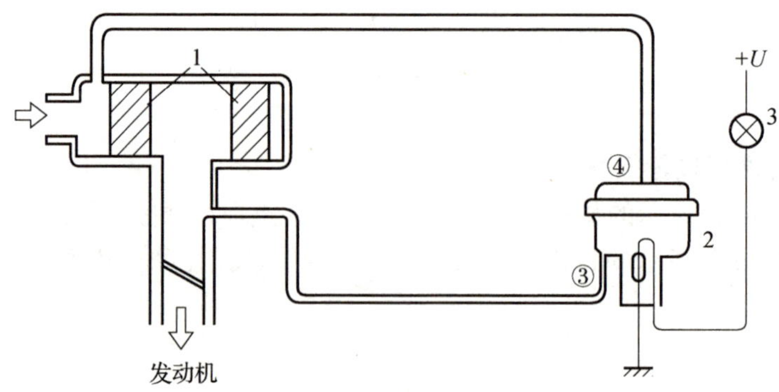

图 11-23　负压传感器

1—滤芯；2—空气滤清器堵塞报警装置；3—报警灯

二、故障诊断与排除

1. 电热式机油压力表的故障诊断与排除

（1）指针不动。按电热式机油压力表指针不动的故障诊断方法进行。

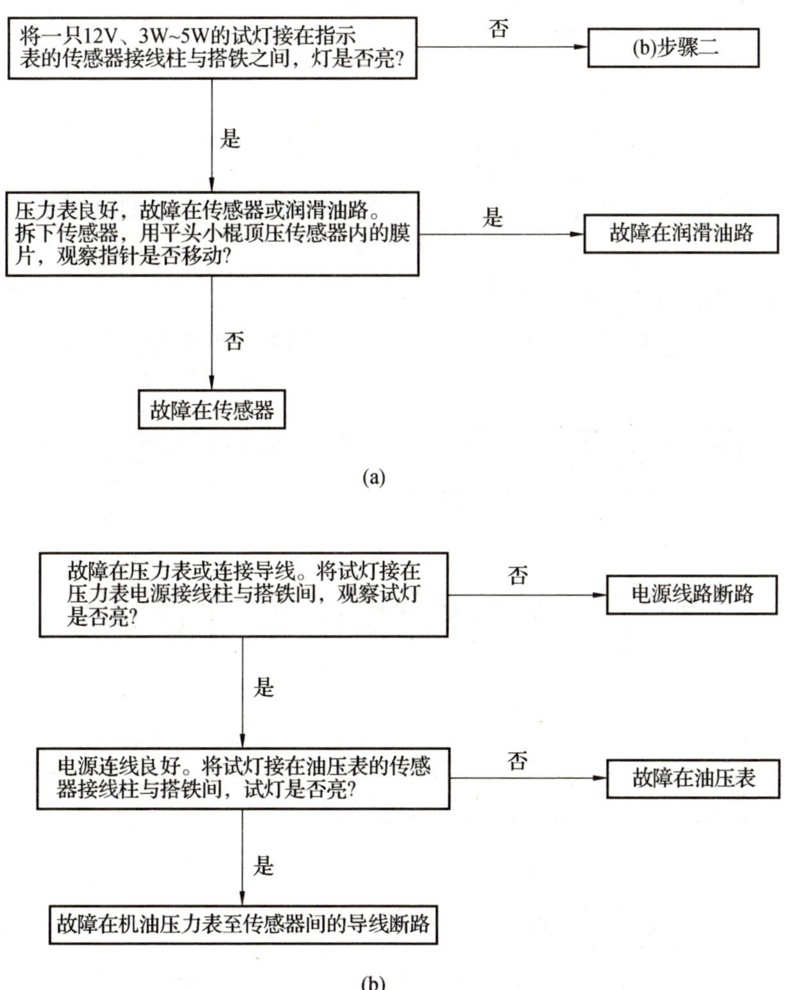

图 11-24 电热式机油压力表指针不动的故障诊断流程图

（a）步骤一；（b）步骤二

（2）发动机未起动指针就动。按如图 11-25 所示（发动机未动，电热式机油压力表指针就动的故障诊断）的方法进行。

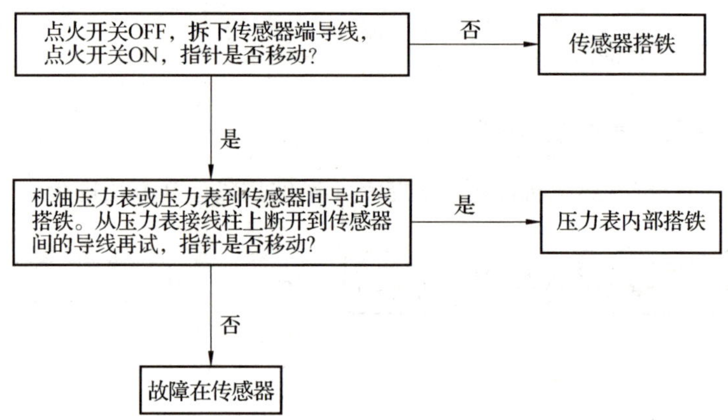

图 11-25　发动机未动，电热式机油压力表指针就动的故障诊断流程图

2. 电热式冷却液温度表的故障诊断

（1）指针不动。按如图 11-26 所示（电热式冷却液温度表指针不动的故障诊断）的方法进行。

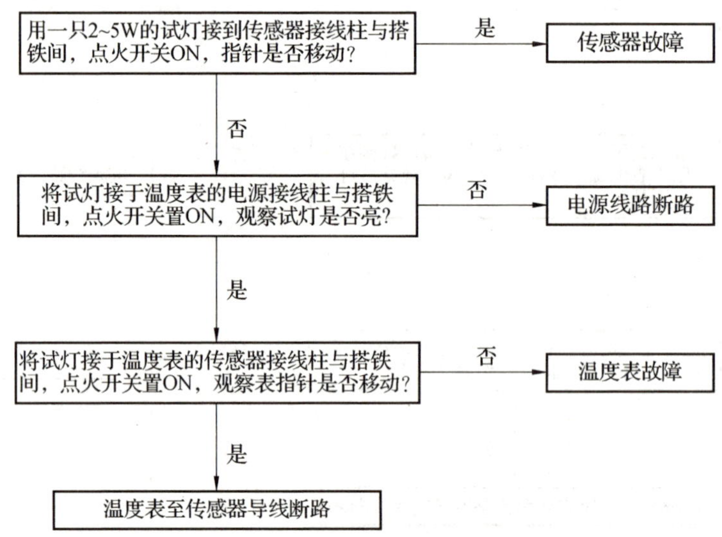

图 11-26　电热式冷却液温度表指针不动的故障诊断流程图

（2）指针指向最大值不变。按如图 11-27 所示（电热式冷却液温度表指针指向最大值不变的故障诊断）的方法进行。

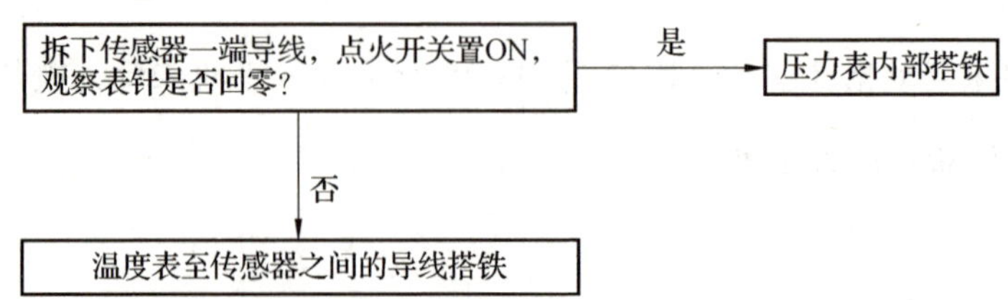

图 11-27　电热式冷却液温度表指针指向最大值不变的故障诊断流程图

3. 燃油表的故障诊断

（1）燃油表指针总指示“1”。按如图 11-28 所示（燃油表指针总指示“1”的故障诊断）的方法进行。

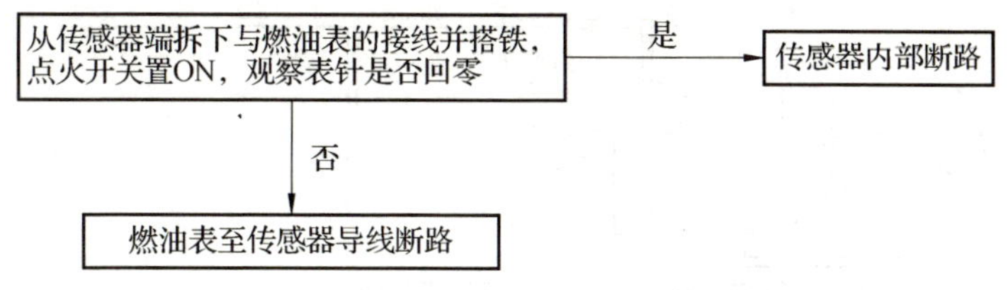

图 11-28　燃油表指针总指示“1”的故障诊断流程图

（2）燃油表指针总指向“0”，按如图 11-29 所示（燃油表指针总指示“0”的故障诊断）的方法进行。

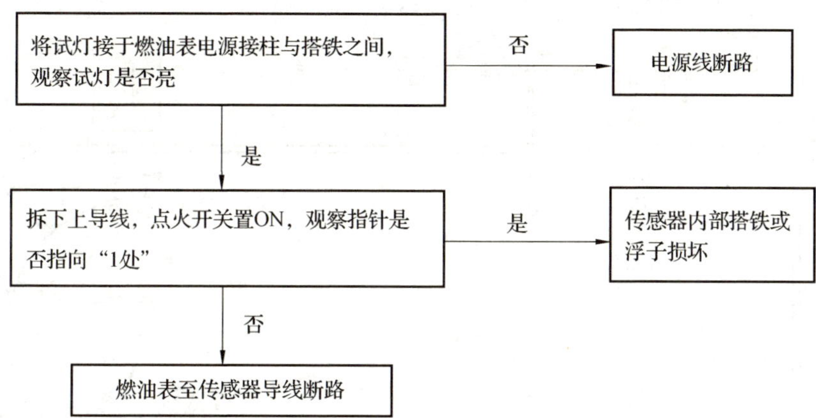

图 11-29　燃油表指针总指示“0”的故障诊断流程图

4. 电子式车速里程表的故障诊断

电子式车速里程表常见故障是不工作。一般按如图 11-30 所示（电子式车速里程表不工作的故障诊断）的方法进行。

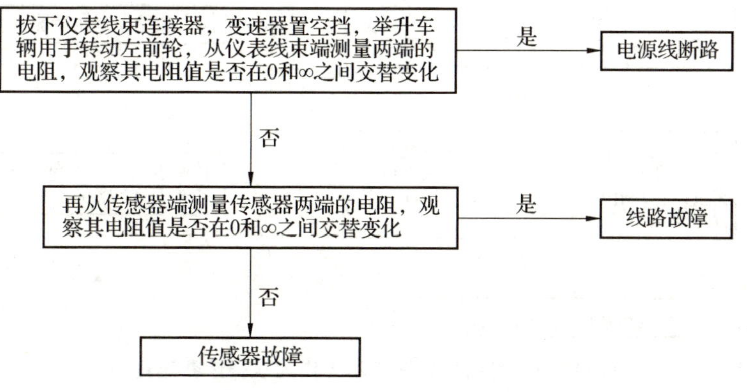

图 11-30　电子式车速里程表不工作的故障诊断流程图

5. 发动机转速表的故障诊断

发动机转速表的常见故障是不工作，下面以桑塔纳汽车转速表（原理图见图 11-31）为例说明其故障诊断方法（见图 11-32）。

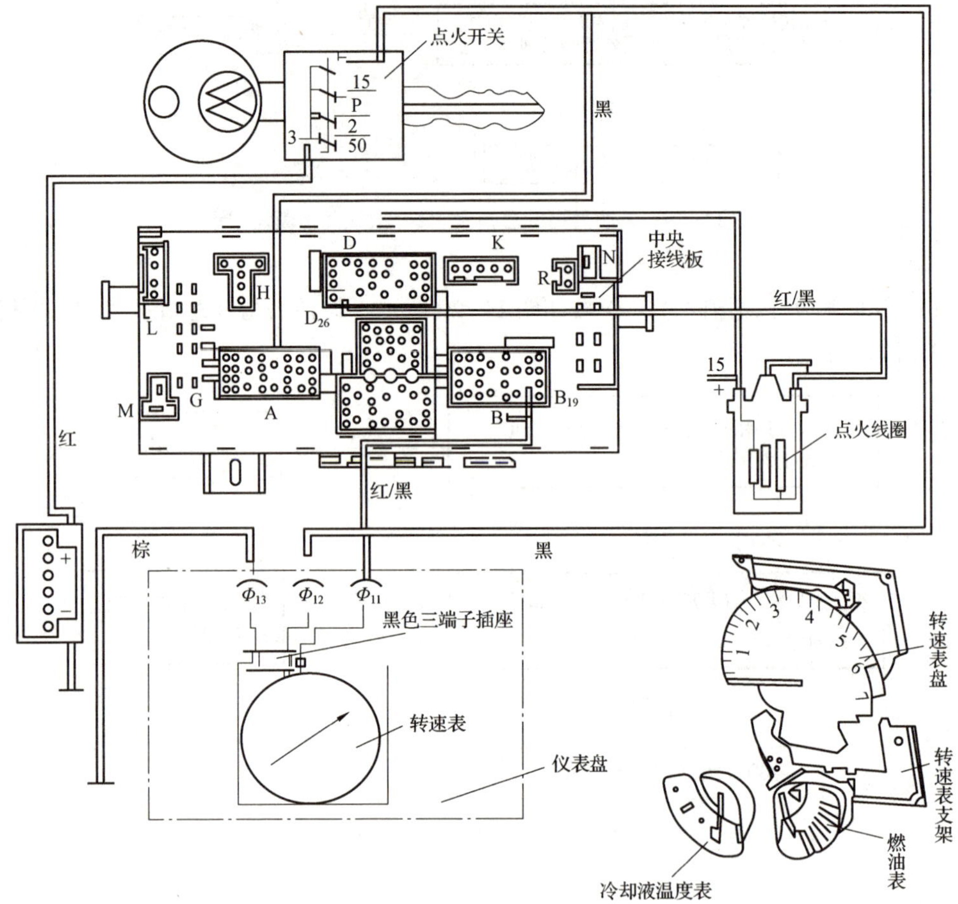

图 11-31　转速表的结构原理图

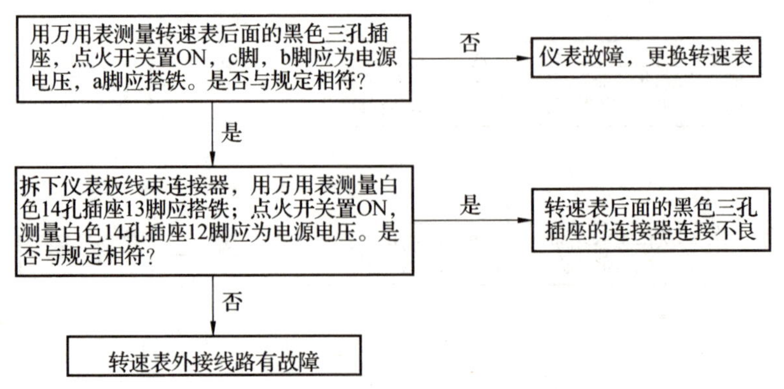

图 11-32　发动机转速表不工作的故障诊断流程图

思考题

1. 汽车仪表有哪些？各自有何功能？
2. 仪表盘上常见报警灯及指示灯有哪些？
3. 冷却液温度表的作用是什么？
4. 电流表在汽车上有何作用？

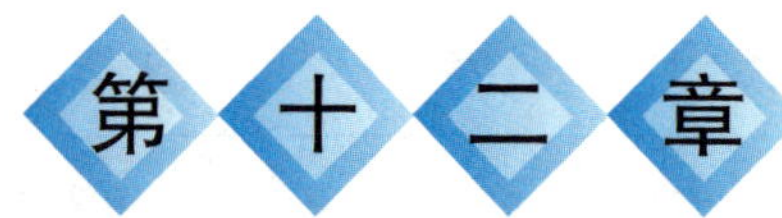

第十二章 汽车照明控制系统

第一节 汽车照明控制系统结构

一、灯光照明系统中照明灯的位置和特征

1. 照明灯的位置

外部和内部照明灯的位置参考如图 12-1 和图 12-2 所示。

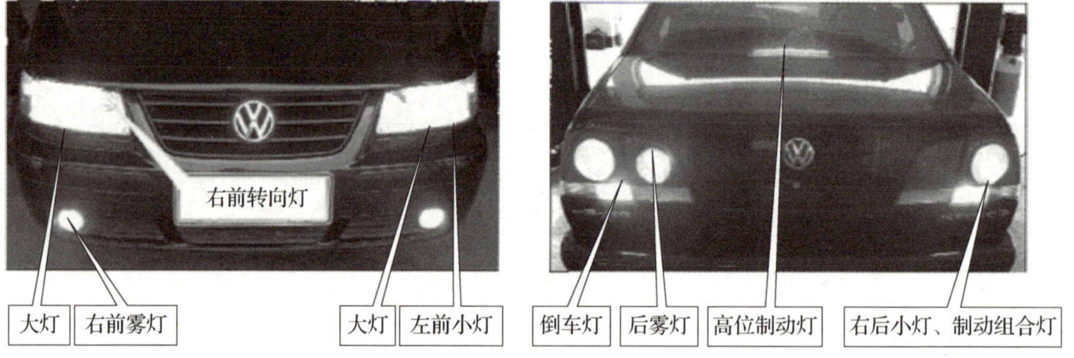

图 12-1 外部照明灯位置

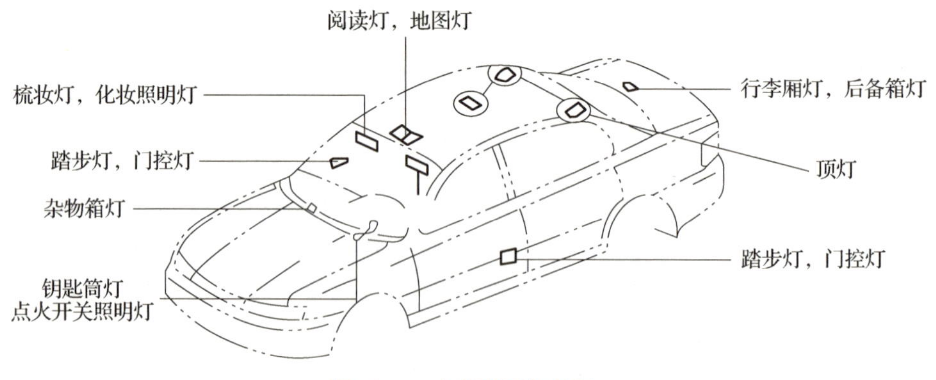

图 12-2 内部照明灯位置

2. 照明装置的名称及特征

照明装置的名称及特征见表 12-1。

表 12-1　各照明装置名称及特征

名称	位置	功率/W	用途	光色
前照明	汽车头部两侧	远光灯：40~60 近光灯：20~55	夜间行驶时，照亮车前的道路及物体；用远近光的变换，防止会车时对方驾驶员炫目	白色
雾灯	汽车头部和尾部	前雾灯：45 后雾灯：20	前雾灯：雨雾天改善车前道路照明；后雾灯：警示尾随车辆保持安全距离	前黄色；后红色
牌照灯	汽车尾部上方或左右两侧	5~10	用于夜间照明汽车牌（光束不应外射，保证在 25m 外能认清牌照上的号码）	白色
顶灯	驾驶室顶部	5~10	用作驾驶室内照明及监视车门照明，监视车门关闭是否可靠	白色
阅读灯	乘客座位前部或顶部	—	供乘员阅读时使用	白色
行李箱灯	汽车行李箱内	5	当开启行李箱时，该灯自动点亮，照亮行李箱空间	白色
踏步灯	大中型客车乘客门内的踏步上	3~5	用于夜间乘客安全上下	白色
仪表照明灯	仪表板面上	2	用来照明仪表指针即刻度板	白色
工作灯	发动机罩上	2~20	方便检修发动机	白色

3. 前照灯

前照灯为照明灯，俗称大灯，有两灯制和四灯制之分。四灯制的前照灯装于外侧的一对使用双丝灯泡，装于内侧的一对为远光单光束灯。汽车多采用两灯制。

如图 12-3 所示的前照灯系统，双前照灯系统中，远、近光灯泡装在同一个反射镜内，光照由双灯丝灯泡产生，它们使用共同的反射镜（双灯丝灯泡，H4 卤素灯）。四组件前照灯系统中，一是有一对近光/ 远光前照灯，或者只有近光前照灯；二是有一对远光前照灯。六组件前照灯系统在四组件前照灯系统的基础上，根据布置的不同或者增加一对前雾灯，或者增加一对远光灯。

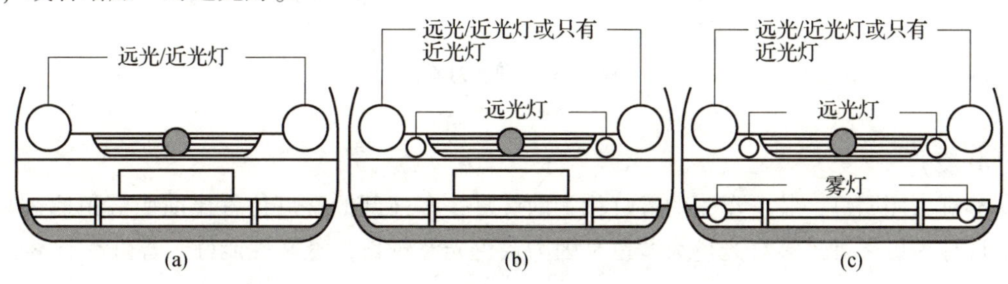

图 12-3　前照灯系统

汽车前照灯的灯泡种类：

（1）白炽灯泡。钨丝在使用时会蒸发损耗，使灯泡的使用寿命缩短，为延长其寿命，须将玻璃泡中的空气抽出，然后充入其他气体。若充入玻璃泡中的气体为惰性气体，即为白炽灯泡。

（2）卤钨灯泡。若充入玻璃泡中的是卤族元素（碘、氯、氟、溴），即为卤钨灯泡。卤素灯泡从外形上分 H1、H2、H3、H4 四种，其中 H4 为双丝灯泡，广泛用于前照灯；H1、H2、H3 灯泡为单丝灯泡，常用于辅助前照灯（如雾灯等），如图 12-4（a）所示。

安装新灯泡时，在灯泡上不能留下污迹，特别是在更换卤钨灯泡时，切勿用手指触及灯泡玻璃壳部分，因为受皮肤脂肪玷污过的玻璃壳会大大缩短寿命，因此拿灯泡应拿底座。

（3）气体放电灯。如图 12-4（b）所示，在抗紫外线水晶石英玻璃管内，以多种化学气体充填，其中大部分为氙气（Xenon）与碘化物等，然后再透过增压器（Ballast）将车上 12V 的直流电压瞬间增压至 24 000V，经过高压振幅激发石英管内的氙气电子游离，在两电极之间产生光源，即所谓的气体放电。而由氙气所产生的白色超强电弧光，可提高光线色温值，类似白昼的太阳光芒，HID 工作时所需的电流量仅为 3.5A，亮度是传统卤素灯泡的 3 倍，使用寿命是传统卤素灯泡的 10 倍。

现代高速汽车前照灯的照明距离应达到 200～250m，交通法规规定，夜间会车时，须在距对面来车 150m 以外关闭远光灯，改用近光灯，防止炫目。前照灯一般为双丝灯泡，其中远光灯丝功率较大（45～60W），位于反射镜的焦点位置，射出的光线远而亮。近光灯丝功率较小（22～55 W），位于反射镜焦点的上方或前方并稍向右偏斜，由于光线弱，且经反射后光线大部分向下倾斜，从而减少了对迎面来车的驾驶员的炫目作用。

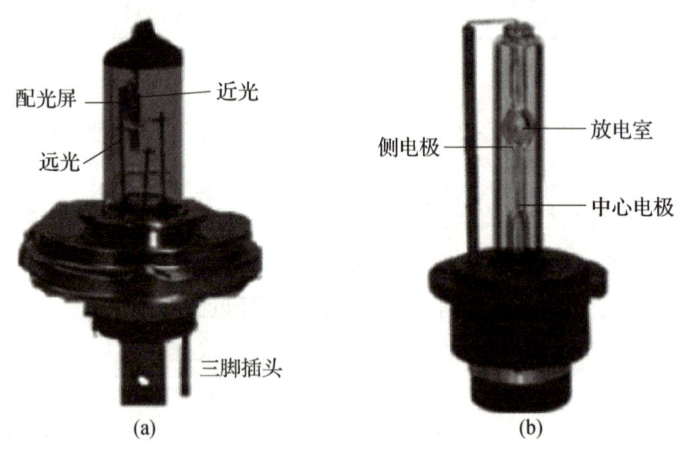

图 12-4　前照灯灯泡

4. 雾灯

雾灯为照明灯，装于车头的雾灯称为前雾灯，车前部的雾灯位置比前照灯稍低，车尾的雾灯称为后雾灯。雾灯光色为黄色是因为黄色光波较长，透雾性能好。雾灯在有雾、下雪、暴雨或尘埃等恶劣条件下能改善道路照明情况。目前，一些低档车采用后部只装一个雾灯或前部根本不装前雾灯的结构。

5. 牌照灯

牌照灯为后部照明灯，用于照亮尾部车牌，当尾灯点亮时，牌照灯也点亮。牌照灯安装于汽车牌照的上方或两侧，其亮度应保证在 25m 外能认清车牌照号码。

6. 仪表灯

仪表灯为室内照明灯，用于夜间照亮仪表盘，使司机能迅速容易地看清仪表。尾灯点亮时，仪表灯也同时点亮。大多数车还加装了灯光控制变阻器，使司机能调整仪表灯的亮度。

7. 顶灯（阅读灯）

顶灯为室内照明灯，用于车内乘客照明，亮度不致使司机炫目。阅读灯受阅读灯开关和门控灯开关控制。当车门打开时，门控开关将顶灯的电路接通，使顶灯点亮。当关闭车门时，门控开关将电路断开，顶灯熄灭。若进入汽车后仍需照明，则可由阅读灯开关控制。

8. 发动机舱灯

发动机舱灯为照明灯，在夜间，为了便于对发动机舱故障进行修理，通常在前机器盖内侧装有发动机舱灯，发动机舱灯由发动机舱灯边上的开关控制。

二、汽车信号灯的特征

汽车信号灯的位置及特征见表 12-2。

表 12-2 汽车信号灯的位置及特征

名称	位置	功率/W	用途	光色
转向灯、危险警告灯	汽车头部、尾部及两侧	21	汽车转弯时发出明暗交替的闪光信号；车辆遇到危险时作为危险警灯发出警示信号	淡黄色光
倒车灯	汽车尾部	21	照明车辆后侧，同时警告后方的车辆及行人注意安全	白色光
制动灯	汽车尾部	21	当汽车制动或减速停车时，向车后发出灯光信号，以警示随后车辆及行人	红光
示位灯	汽车前面、后面和侧面	5	标志汽车夜间行驶或停车时的宽度轮廓	前：白色或黄色光 后：红色光 侧：淡黄色光
示廓灯	车身的前后左右四角	3~5	标志车辆轮廓	红色光
驻车灯	车前、车尾和两侧	3	标示车辆形状位置，警示车辆及行人注意避让，以防碰撞	前：白色光 后：红色光
电扬声器	发动机室内	—	发出声响，警示行人及车辆，以确保行车安全	—

第二节　汽车照明系统电路分析与检测

一、汽车照明系统检查

（1）前照灯光束照射位置。

1）在检验前照灯的近光光束照射位置时，前照灯在距离屏幕前 10m 处，光束明暗截止线转角或中点的高度应为 0.2H~0.6H（H 为前照灯基准中心高度），其水平方向位置要求向左向右偏均不得超过 100mm。

2）四灯制前照灯其远光单光束的照射位置，前照灯在距离屏幕 10m 处，光束中心离地高度为 0.25H~0.90H，水平位置要求左灯向左偏不得大于 100mm，向右偏不得大于 170mm；右灯向左或向右偏均不得大于 170mm。汽车装用远光和近光双光束灯时以调整近光光束为主。对于只能调整远光单光束的灯，调整远光单光束。

（2）汽车每只前照灯远光光束发光强度应达到如下要求。

两灯制：12 000cd；四灯制：10 000cd。

测试时，电源系统可处于充电状态。采用四灯制的汽车，其中两只对称的灯达到两灯制的要求时，视为合格。

（3）汽车的灯具应安装牢靠，完好有效，不得因车辆震动而松脱、损坏，失去作用或改变光照方向；所有灯光的开关应安装牢固、开关自如，不得因车辆震动而自行开关。

（4）所有前照灯的近光都不得眩目。

（5）汽车和挂车的外部照明和信号装置的数量、位置、光色、最小几何可见角度等应符合 GB4785 的有关规定。

（6）全挂车应在挂车前部的左右各装一只红色标志灯，其高度应比全挂车的前栏板高出 300~400mm，距车箱外侧应小于 150mm。

（7）车辆应装置后回复反射器，车长大于 10m 的车辆应安装侧回复反射器，汽车列车应装有侧回复反射器。回复反射器应能保证夜间在其正面前方 150m 处用汽车前照灯照射时，在照射位置就能确认其反射光。

（8）装有前照灯的车辆应有远近光变换装置，并且当远光变为近光时，所有的远光应同时熄灭。同一辆车上的前照灯不允许左、右的远、近灯光交叉开亮。

（9）车辆的前位灯、后位灯、示廓灯、挂车标志灯、牌照灯和仪表灯应能同时启闭，当前照灯关闭和发动机熄火时仍能点亮。

（10）空载高为 3m 以上的车辆应安装示廓灯。

（11）车辆应安装一只或两只后雾灯，只有当远光灯、近光灯或前雾灯打开时，后雾灯才能打开。后雾灯可以独立于任何其他灯而关闭。后雾灯可以连续工作，直至位置灯关闭时为止，之后一直处于关闭状态，直至再次打开。车辆（挂车除外）可以选装前雾灯。

（12）车辆应装有危险报警闪光灯，其操纵装置应不受电源总开关的控制。危险报警闪光灯和转向信号灯的闪光频率为 1.5Hz±0.5Hz；起动时间应不大于 1.5s。

（13）汽车及挂车均应安装侧转向灯，若汽车前转向灯在侧面可见时则视为满足要求。铰接式车辆每一刚性单元必须装有至少一对侧转向灯。

（14）车辆仪表板上应设置与行驶方向相适应的转向指示信号灯和蓝色远光指示信号灯。

（15）仪表板上应设置仪表灯。仪表灯点亮时，应能照清仪表板上所有仪表并不得炫目。

（16）各种客车应设置车厢灯和门灯。车长大于 6m 的客车应至少有两条车厢照明电路，仅用于进出口处的照明电路可作为其中之一。当一条电路失效时，另一条应能正常工作，以保证车内照明，但不得影响驾驶员的视线和其他机动车的正常行驶。

（17）车辆照明和信号装置的任一条线路出现故障，不得干扰其他线路的正常工作。

（18）车辆前、后转向信号灯，危险报警闪光灯及制动灯白天距 100m 可见，侧转向信号灯白天距 30m 可见；前、后位置灯，示廓灯和挂车标志灯夜间好天气距 300m 可见；后牌照灯夜间好天气距 20m 能看清牌照号码。制动灯的亮度应明显大于后位灯。

（19）车长大于 6m 的客车应设置电源总开关，分线路保险完善的客车除外。

（20）车速里程表、水温表、机油压力表、电流表、燃油表、气压表等各种仪表和信号装置应齐全有效。

（21）发电机技术性能应良好。蓄电池应保持常态电压。所有电气导线应捆扎成束、布置整齐、固定卡紧、接头牢固，并有绝缘套，在导线穿越孔洞时需设绝缘套管。

举例说明：用屏幕检测前照灯的光束照射位置。

如图 12-5 所示，在距前照灯 10m 处设有一专用屏幕，按前述规定的检验条件，在屏幕上画有三条垂直线和三条水平线，中间垂直线 V-V 与被检车辆的纵向中心线对正。两侧的垂直线 V 左-V 左和 V 右- V 右分别为被检车辆的左右前照灯的中心线；水平线 h-h 与被检车辆的前照灯的中心等高，距地面高度为 H（mm）；其下一条水平线的高度为 H_1，与被检车辆的前照灯远光光束中心的上限值（0.9H）等高，最下面的一条水平线的高度为 H_2，与被检车辆的前照灯近光光束中心的上限值（0.2H）等高。标准规定远近光光束中心高度的偏差范围分别为 0.05H 与 0.2H，即其下限值分别为 0.25H 和 0.6H。

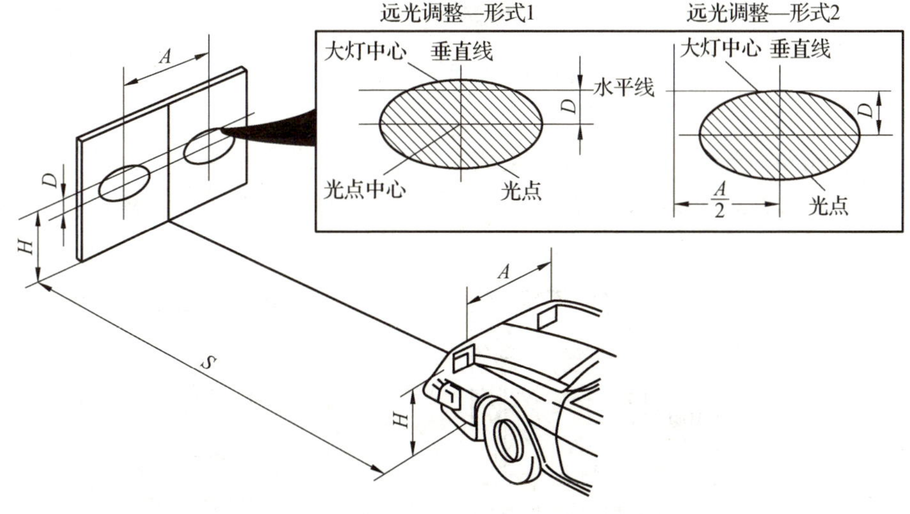

图 12-5　屏幕检测前照灯的光束照射位置

检测时，先遮住一边的前照灯，然后打开前照灯的近光开关，未遮盖的前照灯的近光明暗截止线转角或光束中心应落在由高度为 H_2、$H_2 \sim 0.2H$ 的两条水平线及距汽车纵向中心线为 $\frac{1}{2}S+100$（mm）、$\frac{1}{2}S-100$（mm）两条垂线所围的矩形面积内，否则表明近光光束照射位置偏斜不合格。

对于远光单光束前照灯，则要检测远光光束的照射位置，检测方法与前面相同，但其光束中心应落在由高度为 H_1、$H_1-0.05\text{H}$ 的两条水平线及距汽车纵向中心线为 $\frac{1}{2}S+170$（mm）、$\frac{1}{2}S-170$（mm）（为右灯，左灯左为 $\frac{1}{2}S+100$（mm），右灯右为 $\frac{1}{2}S-170$（mm）两条垂线所围的矩形面积内，方为合格。

用屏幕法检测前照灯，其方法简单易行，但它只能检测出光束的偏斜方向和偏斜量，不能检测发光强度，而且为适应不同车型，还需经常更换屏幕，检测效率较低。

二、汽车前照灯电路分析

1. 前照灯控制电路

前照灯控制电路主要由灯光开关、变光开关、前照灯继电器和前照灯组成。

（1）组合式灯光开关。转动开关端部，可依次接通尾灯和前照灯，如图 12-6 所示。

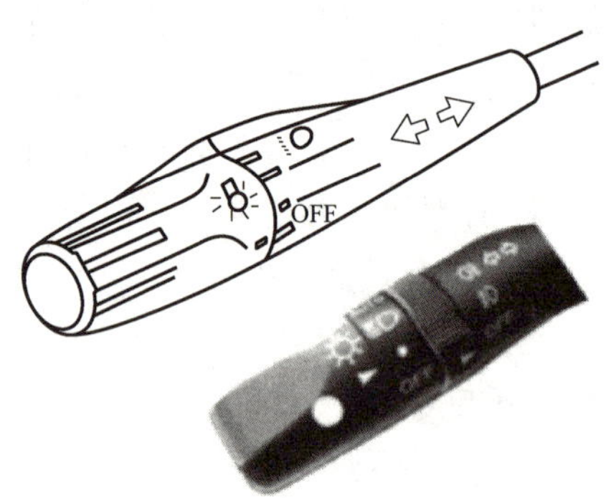

图 12-6 组合式灯光开关

（2）前照灯继电器。前照灯的工作电流大，特别是四灯制的汽车，如果车灯开关直接控制前照灯，车灯开关易损坏，因此在灯光电路中设有灯光继电器，如图 12-7 所示。

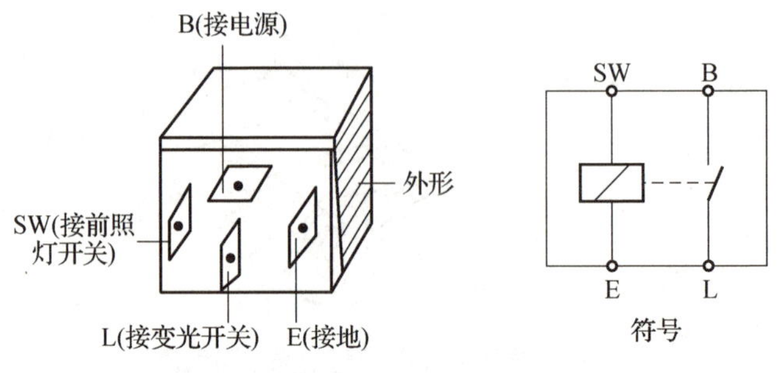

图 12-7 前照灯继电器

前照灯电路如图 12-8 所示。

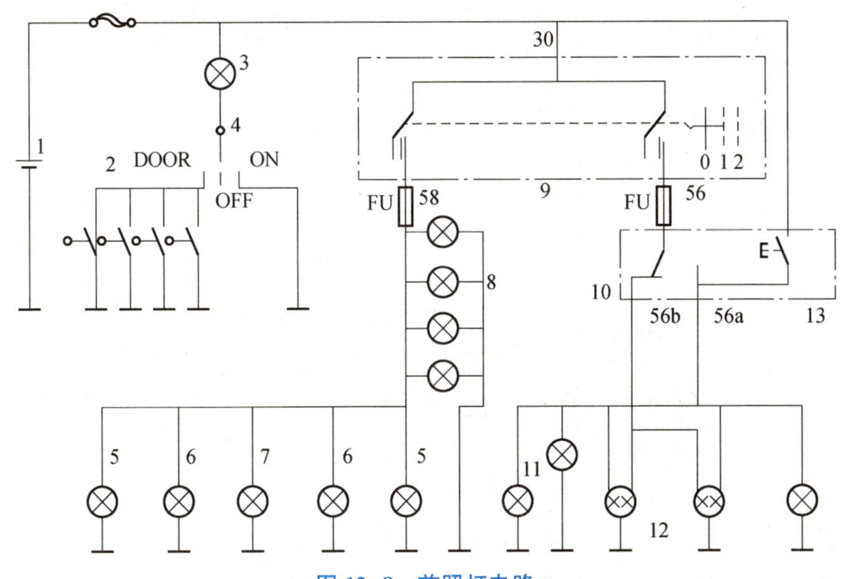

图 12-8 前照灯电路

1—蓄电池；2—门控开关；3—室内灯；4—室内灯手控开关；5—示宽灯；6—尾灯；7—牌照灯；8—仪表灯；9—灯光开关；10—变光开关；11-远光指示灯；12—前照灯（4 灯亮远光、2 灯亮近光）；13—超车灯开关

（3）照明系统工作情况如下。

1）照明灯由灯光开关控制，灯光开关位于一挡，示宽灯、尾灯、仪表灯及牌照灯亮；二挡、一挡接通的灯仍发亮的同时前照灯发亮。

2）超车灯信号常用远光灯亮灭来表示，发出此信号时不通过灯光开关，属于短时接通式。

3）在有些车辆中，为了保证发动机顺利起动，当点火开关打至起动挡时，前照灯及空调系统等耗电量较大的用电设备将被断电。

4）由于前照灯远光功率较大，为了减少照明开关的烧蚀，常用灯光继电器来控制。

2. 举例分析电路

（1）汽车灯系主要有转向灯、大灯（远光和近光）、雾灯、倒车灯、室内灯、制动灯等，与它们有联系的电路如图 12-9 所示。

1）照明与信号系统的接线规律。汽车照明系统一般由前照灯、示宽灯（位置灯）、尾灯（后示宽灯）、牌照灯、仪表灯、室内灯等组成，其中前照灯又分为远光灯与近光灯，用变光开关控制。照明灯由灯光开关控制：灯光开关在 0 挡关断、1 挡未小灯亮（包括示光灯、尾灯、仪表灯、牌照灯）、2 挡为前照灯、小灯同时亮。灯光系统的电流一般来自蓄电池正极，不受点火开关控制（由于前照灯远光功率较大，常用灯光继电器来控制通断，开关的 2 挡用于控制继电器线圈）。超车灯信号常用远光灯亮灭来表示，发出此信号时不通过灯光开关，属于短时接通按钮式。现代汽车的照明系统常用组合开关集中控制，组合开关多装在转向柱上，位于转向盘下侧，操作时驾驶员的手可以不离开转向盘。

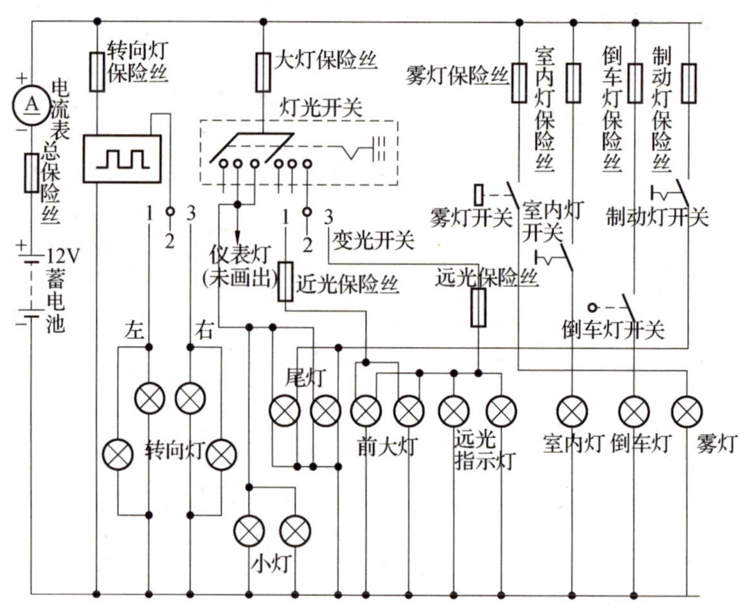

图 12-9　灯光电路的简化原理图

信号系统主要由转向信号、危险警告信号、制动信号、倒车信号、喇叭等组成，这些信号都是由驾驶员根据道路交通情况向别的车辆和行人发出的，带有较强的随机性。一般自身开关控制如制动信号多由制动踏板联动控制。倒车灯多由变速杆倒挡轴联动控制，不用驾驶员特意操作即可接通。喇叭按钮多在转向盘上，驾驶员手不离方向盘即可发出信号。

转向信号灯具有一定的闪频，国标中规定为 60～120 次/min，日本规定在（85+10）次/min，转向灯功率常为 21～25W，前后左右均设，大型车辆往往在侧面还有一个转向信号灯。其电路一般接法是：转向灯与转向灯开关以及转向闪光继电器经危险警告灯开关的常闭触点与点火开关串联，即转向信号灯是在点火开关处于工作挡（ON）时使用。

危险警告灯的使用场合主要有：本车有故障或因危险不能行驶；本车有牵引别车的任务，需要他车注意；本车需要优先通过，需要他车避让。因此，危险警告灯可以在发动机不工作时使用，此时无需接通点火系统及仪表报警灯，为此设有危险警告开关，它是一个多刀联动开关，在断开点火开关接线的同时，接通蓄电池接线，闪光继电器及灯泡电源直接来自蓄电池，并将闪光继电器的输出端与左右转向灯连在一起。即在闪光继电器动作时，左右转向灯及指示灯同时发出危险信号。

2）灯光系统的电路分析。转向灯电源电路通路如下：

蓄电池正极 → 总保险丝 →电流表 → 转向灯保险器→闪光灯的 1 脚、2 脚 → 转向灯开关的 2 接柱 → 转向灯开关 3 接柱→右转向灯→搭铁→蓄电池负极

蓄电池正极 → 总保险丝 →电流表 → 转向灯保险丝→闪光灯的 1 脚、2 脚 → 转向灯开关的 2 接柱 →转向灯开关 1 接柱→左转向灯→搭铁→蓄电池负极。

大灯电流通路：蓄电池正极电流→总保险丝→电流表→大灯保险丝→灯光开头第 2 挡→变光开头的 2 接线柱。

由变光开头选择是使用近光灯还是远光灯，其电流通路为：变光开头的 2 接线柱→近光保险丝→近光灯→搭铁→蓄电池负极。

光开关的 2 接线柱→变光开关的 3 接线柱→→远光灯保险丝→远光大灯及指示灯→搭铁→蓄电池负极。

3）雾灯电流通路。雾灯又称防雾灯，用于在雾中照亮车前道路，分为前雾灯和后雾灯。前雾灯左右各一只，后雾灯只有一个，图 12-9 中雾灯电流通路为（接通雾灯开关时）：蓄电池正极→电流总保险丝→电流表→雾灯保险丝→室内灯开关接通的触点→雾灯→搭铁→蓄电池负极。

4）室内灯电流通路。室内灯供车内照明用，当接通室内灯开关后，就形成电流通路：蓄电池正极电流→总保险丝→电流表→室内灯保险丝→室内灯开关接通的触点→室内灯→搭铁→蓄电池负极。

5）制动灯电流通路。制动灯与汽车制动系统同步工作，它通常由装在制动系统管路中的制动信号灯开关控制。当制动灯开关接通后，制动灯点亮，其电流通路为：蓄电池正极电流→总保险丝→电流表→制动灯保险丝→制动灯开关接通的触点→制动灯→搭铁→蓄电池负极。

6）倒车灯电流通路。倒车灯的作用是在倒车的时候提醒车后的行人和车辆驾驶员，以保证倒车的安全性。倒车灯一般与各种倒车报警器共同受倒车灯开关的控制。倒车灯开关通常装在变速器盖上，当变速杆把倒挡变速叉轴拨到倒挡位置时，就会使倒车灯点亮（图 12-9 中未画出倒车报警器，如与倒车灯两端并接有倒车报警器，则此时倒车报警器也同时报警），其电流通路为：蓄电池正极电流→总保险丝→电流表→倒车灯保险丝→倒车灯开关接通的触点→倒车灯（并接倒车报警器）→搭铁→蓄电池负极。

以桑塔纳汽车照明电路为例说明，桑塔纳汽车的照明电路如图 12-10 所示。

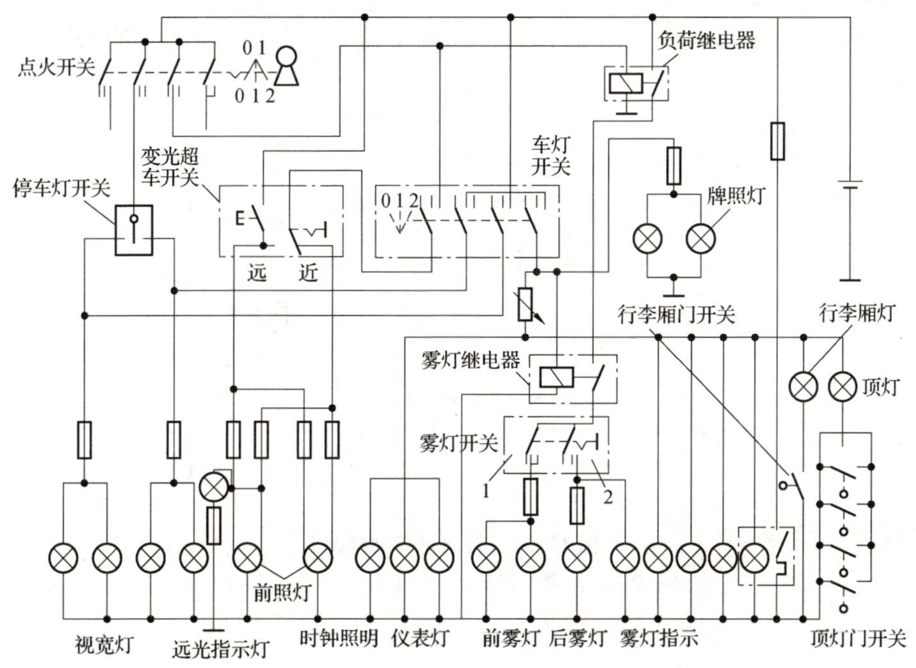

图 12-10 桑塔纳汽车照明电路

电路分析如下：前照灯由点火开关和车灯开关共同控制，当点火开关置于1挡、车灯开关置2挡时，电流由电源正极→点火开关1挡→车灯开关0挡→变光开关→熔丝→前照灯→搭铁，前照灯亮。

通过变光开关控制远、近光变换。此外，远光灯还由超车开关直接点动控制，在汽车超车时当作超车信号灯用。

雾灯由点火开关、雾灯继电器、车灯开关控制，雾灯继电器线圈由车灯开关控制，雾灯继电器触点由负荷继电器控制，负荷继电器由点火开关控制。

若要使用雾灯，点火开关必须置于1挡使负荷继电器接通，为雾灯继电器触点供电；车灯开关必须置于1挡或2挡使雾灯继电器接通，这时，雾灯开关就可以控制雾灯了。雾灯开关置于1挡接通前雾灯的电路，2挡同时接通前、后雾灯和雾灯指示灯的电路。

牌照灯由车灯开关直接控制，不受点火开关控制，在车灯开关置于1挡或2挡时亮。

仪表板、时钟、点烟器、雾灯开关、后风窗除霜器开关、空调开关等的照明灯均由车灯开关直接控制。

当车灯开关在1挡或2挡时，上述照明灯均被接通。其亮度可通过仪表灯调光电阻进行调节。

顶灯由顶灯开关和门控开关共同控制，当顶灯开关接通时（手动），顶灯亮。当顶灯开关断开时，顶灯由4个门控开关控制，只要有一个门关闭不严，这个门控开关就接通，顶灯就亮。行李厢灯由行李厢灯门控开关控制，当行李厢门打开时，门控开关闭合，行李厢灯亮。

三、各信号装置的结构和控制电路

1. 汽车转向灯及闪光器

转向信号装置由转向灯、转向灯开关和闪光继电器等组成。转向灯控制电路如图12-11所示。

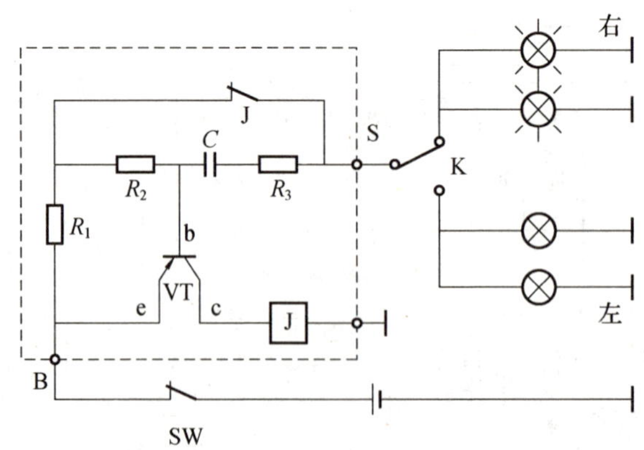

图12-11　转向灯控制电路

SW—电源开关；J—继电器触点；S—接线柱；K—转向灯开关

当汽车打开右转向信号灯时，电流由蓄电池正极→电源开关 SW→接线柱 B→电阻 R_1→继电器的常闭触点 J→接线柱 S→转向灯开关 K→右转向信号灯→搭铁→蓄电池负极，形成回路，右转向信号灯亮。当电流通过电阻 R_1 时，在电阻 R_1 上产生电压降，三极管 VT 因正向偏压而导通，集电极电流通过继电器线圈 J，使继电器的常闭触点立即打开，右转向信号灯随之熄灭。

三极管导通的同时，其基极电流向电容器 C 充电。电流由蓄电池正极→电源开关 SW→接线柱 B→三极管的发射极 e→基极 b→电容器 C→电阻 R_3→接线柱 S→转向灯开关 K→右转向灯→搭铁→蓄电池负极，形成回路。随着电容器电荷的积累，充电电流逐渐减小，三极管的集电极电流也随之减小，当电流减小，线圈中产生的电磁力不足以维持衔铁的吸合而释放时，继电器触点重又闭合，转向灯又再次发亮。这时电容器 C 通过电阻 R_2、继电器触点 J、电阻 R_3 放电。放电电流在 R_2 上产生的电压降为三极管提供反向偏压，加速三极管的截止。当放电电流接近零时，R_1 上的电压降为三极管 VT 提供正向偏压使其导通。这样，电容器不断地充电和放电，三极管也就不断地导通与截止，控制继电器触点反复地打开、闭合，使转向信号灯闪烁。

2. 液压式制动信号灯开关

图 12-12 为液压式制动信号灯开关的结构图。当踩下制动踏板时，制动系中的油液压力增大，膜片向上拱曲，克服弹簧的作用力使动触片接通接线柱，制动信号灯通电发亮。松开制动踏板时，油液压力降低，动触片在弹簧 5 的作用下复位，制动信号灯熄灭。

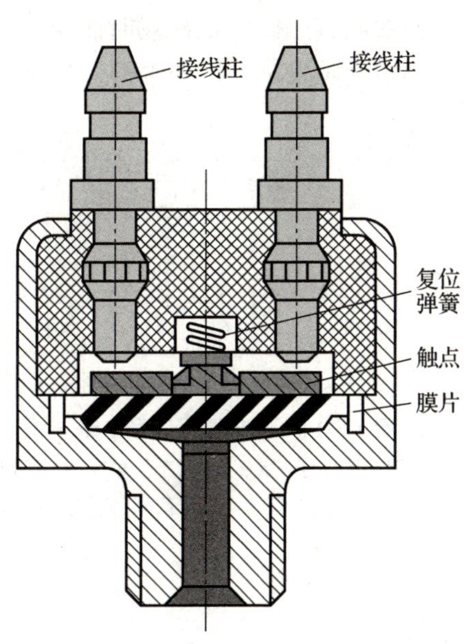

图 12-12　液压式制动信号灯开关

3. 倒车灯开关

倒车信号装置由倒车灯开关控制。倒车信号开关的结构见图 12-13。钢球 2 平时被顶起，而当变速杆拨至倒车挡时，钢球被松开，在弹簧 4 的作用下，触点 5 闭合，将倒车信号电路接通。

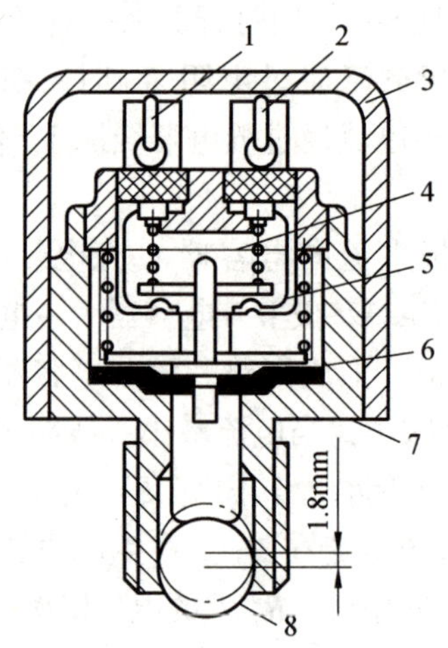

图 12-13 倒车灯开关

1、2—导线；3—壳体；4—弹簧；5—触点；6—膜片；7—底座；8—钢球

4. 倒车信号电路

倒车警报信号电路如图 12-14 所示，其工作原理如下：

倒车时，倒车信号开关触点接通倒车信号灯电路，倒车信号灯亮。与此同时，倒车蜂鸣器利用电容的充电和放电，使线圈 N_1 和 N_2 的磁场时而相加、时而相减，使触点 4 时开时闭，从而控制电磁振动式蜂鸣器间歇发声，以警告行人和其他车辆的驾驶员注意。

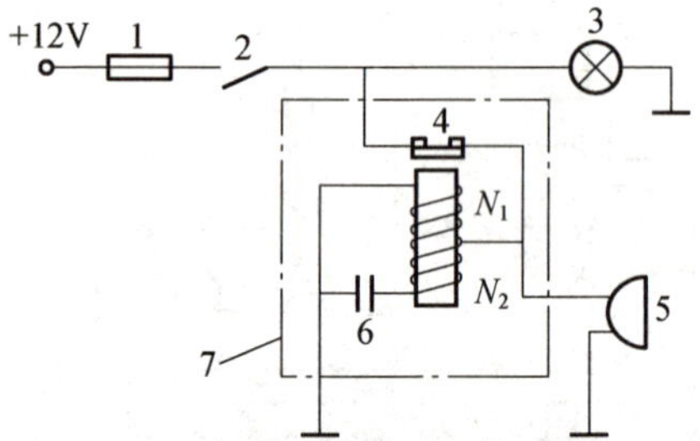

图 12-14 倒车警报信号电路

1—熔断丝；2—倒车信号灯开关；3—倒车信号灯；4—继电器触点；
5—蜂鸣器；6—电容器；7—倒车信号间歇发声控制器

5. 闪光继电器的检测

（1）闪光继电器的就车检查。

1）在点火开关置于“ON”位时，将转向灯开关打开，观察转向灯的闪烁情况：如果闪光继电器正常，相应转向灯及转向指示灯应随之闪烁；如果转向灯不闪烁（常亮或不亮），则为闪光继电器自身或线路故障。

2）此时，用万用表检测闪光继电器电源接柱 B 与搭铁之间的电压，正常值为蓄电池电压；如果无电压或电压过小，则为闪光继电器电源线路故障。

3）用万用表 R×1 挡检测闪光继电器的搭铁线柱 E 的搭铁情况，正常时电阻为零；否则为闪光继电器搭铁线路故障。

4）在闪光继电器灯泡接线柱 L 与搭铁之间接入一个二极管试灯，正常情况下灯泡应闪烁，否则为闪光继电器内部晶体管元件故障。

（2）闪光继电器的独立检测。将蓄电池、闪光继电器、试灯按照如图 12-15 所示接入试验电路，检测闪光继电器工作情况。将蓄电池的输出电压接通试验电路，观察灯泡闪烁情况。如果灯泡能够正常闪烁，则闪光继电器完好；如果灯泡不亮，则表明闪光继电器损坏。

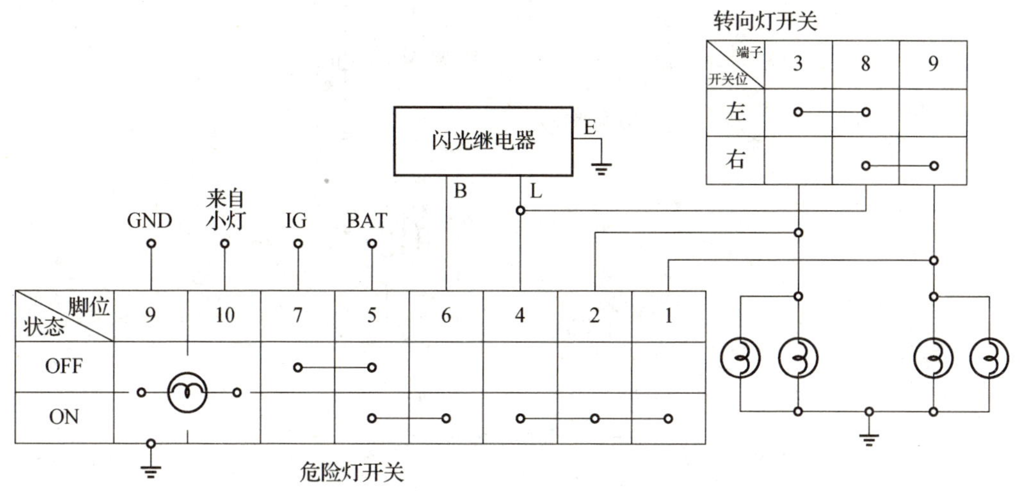

图 12-15　闪光继电器与转向灯和危险灯连接图

6. 电喇叭的调整及继电器的检测

（1）电喇叭的调整。喇叭的调整部位有两处，一是改变铁芯间隙，二是改变触点压力。电喇叭的调整包括音量和音调调整两部分。

1）音调的高低取决于膜片振动的频率，改变铁芯间隙可以改变膜片的振动频率，从而改变音调（有的在制造时已经调好，工作中不用调整）；松开锁紧螺母，旋转铁芯，（间隙减小时音调提高，间隙增大时音调降低）调至合适音调时，旋紧螺母即可。

2）音量的大小与通过线圈的电流大小有关，通过的工作电流大，喇叭发出的音量也就大。线圈通过的电流大小，可以通过改变喇叭触点的接触压力来调整（压力增大，通过线圈的电流增大，喇叭的音量增大，反之音量减小）。盆形电喇叭音量的调整可通过调整螺钉来调整触点压力，进而实现对音量的调整。

（2）喇叭继电器的检测。

1）喇叭继电器线圈的检查。用万用表电阻挡检测喇叭继电器的“按钮”与“电源”两接线柱之间的电阻，如果电阻过大或过小或断路均需更换喇叭继电器。

2）喇叭继电器触点的检查。如果喇叭继电器线圈正常，在喇叭继电器的“按钮”与“电源”两接线柱之间连接上蓄电池，再检测“喇叭”与“电源”两接线柱之间的电阻，此时应为通路，如果不通或电阻较大均说明触点接触不良，也需要更换喇叭继电器。

（3）电路分析。如图 12-16 所示的辅助电路只有电喇叭和雨刮器两种。实际上，现代汽车上的辅助电器较多，例如还有点烟器、安全气囊、电动燃油泵、预热起动装置、巡航电子控制系统及防盗报警系统等。

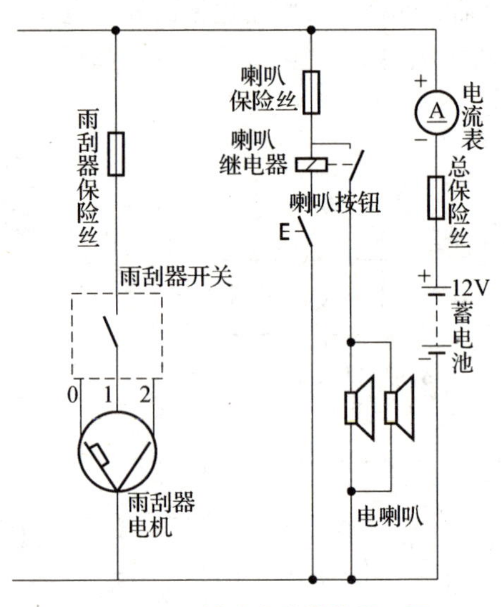

图 12-16　辅助电路简化原理图

1）电喇叭电流通路。汽车上均装有电喇叭，用来警告行人和其他车辆，以引起注意，保证交通安全。

当按下喇叭按钮时，就会使喇叭继电器线电流通过，其电流通路为：

蓄电池正极电流→总保险丝→电流表→电喇叭电器线圈→喇叭按钮开关接通的触点→搭铁→蓄电池负极。

这时继电器因有电流通过而产生电磁力，使继电器的常开触点闭合，就形成了如下的电流通路：

蓄电池正极→电流总保险丝→电流表→电喇叭保险丝→电喇叭继电器的闭合触点→电喇叭→搭铁→蓄电池负极。

这一电流回路使电喇叭发声，松开喇叭按钮时，喇叭继电器线圈断电，其触点断开，电喇叭电流回路断开，电喇叭停止发声。

2）雨刮器电流通路。汽车前挡风玻璃上都装设有电动刮水器（或称雨刮器），其电路如图 12-16 所示。雨刮器电机受雨刮器开关的控制，雨刮器开关有三挡，“0”为停止挡，“1”为低速挡，“2”为高速挡。雨刮器电流通路为：

蓄电池正极电流→总保险丝→电流表→雨刮器保险丝→雨刮器开关选择低速挡或高速挡→搭铁→蓄电池负极。

7. 仪表系统电路分析

（1）仪表报警系统接线规律。

1）所有电气仪表都受点火开关控制。

2）各仪表的表头与其传感器串联，燃油表、水温表一般还接有仪表稳压器。

3）电流表串联在发电机正极与蓄电池正极之间。发电机充电电流从电流表正极进去，指针偏向正端，而在蓄电池往外放电时，指针偏向负端。以下两种电流不通过电流表：超过电流表量程的负载电流，如起动电机、预热塞、喇叭灯电流；发电机正常工作时向其他负载的供电电流。

注意：当发电机不工作时，蓄电池向其他负载供电的电流必须经过电流表。现代汽车多用充电指示灯代替电流表，其缺点是不知充放电流大小，过充电不易发现。

4）电压表并接在点火开关之后，只在点火开关接通时显示系统电压。12V 系统常使用 10~18V 的电压表，24V 系统常使用 20~36V 的电压表。

5）指示灯、报警灯常与仪表装配在一个总成内或在附近布置，它们与仪表一同受点火开关的工作挡（ON）和起动挡（ST）控制。在 ON 挡应能检验大多数仪表、指示灯、报警灯是否良好。指示灯和报警灯按照电路接法可分为两种：一种是灯泡接点火开关火线，外接传感开关：开关接通则与搭铁构成通路，灯亮。如：充电指示灯、手制动指示灯、制动液面报警灯、门未关报警灯、机油压力报警灯、水位过低报警灯等。另一种接法是指示灯泡接地，控制信号来自其他开关的火线端。如：远光指示灯、转向指示灯、座椅安全带未系指示灯，防抱死制动指示灯（ABS）、巡航控制指示灯等。

6）汽车仪表常用双金属片电热丝式结构，表头一般只有 2 根线。例如，燃油指示表的两个接线柱是上下排列的，一般情况下应将上接线柱与电源线相连，下接线柱与传感器相连，否则将不会正常工作。此外，还有双线圈十字交叉、中间有一个磁性指针的仪表，多为 3 线引出，其中一条线接点火开关，另一条线搭铁，还有一条线接传感器。机械式仪表不与电路相接，如软轴传动的车速里程表，直接作用的弯管弹簧式制动气压表、油压表以及乙醚膨胀式水温表、油温表等，这些仪表读数精度较高，但要引入许多管路、软轴进入仪表盘，拆装麻烦，甚至易于泄漏，正在逐步被电子控制仪表所代替。

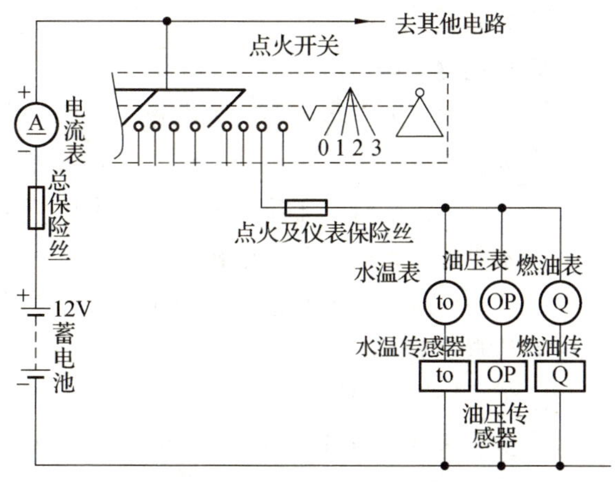

图 12-17　仪表电路的简化原理图

（2）仪表系统电路分析。仪表电路通常是指水温表、油压警告灯、发动机转速表、燃油表、油压表。在如图 12-17 所示中画出了仪表电路的简化原理图。该电路用以指示发电机的工作状态，并与点火系统电路同步工作。发电机工作时的最佳水温是 75~90℃，发电机正常工作时的油压为 0. 15~0. 4MPa。

第三节 汽车照明系统故障诊断与排除

一、照明及信号系统的故障分析

汽车照明系统的故障分为两类：一类是器件本身的故障；另一类是线路存在的故障。

汽车灯光的常见故障一般有灯光不亮、灯光亮度低、灯泡频繁烧坏等。在进行故障诊断时，应根据电路图对电路进行检查，判断出故障的部位。

1. 灯光不亮

引起灯光不亮的原因主要有灯泡损坏、熔断丝熔断、灯光开关或继电器损坏及线路短路或断路故障等。如果只有一只灯不亮，一般为该灯的灯丝烧断，可将灯泡拆下后检查。如果是几只灯都不亮，再按喇叭，喇叭也不响，则是总熔断器熔断。若同属一个熔断丝的灯泡都不亮，则可能是该支路的熔断丝被熔断。处理熔断器熔断故障时，在将总熔断器复位或更换新的熔断丝之前，应查找出超负荷的原因。

其方法是：将熔断丝所接各灯的接线从灯座拔掉，用万用表电阻挡测量灯端与搭铁之间的电阻，若电阻较小或为0，则可断定线路中有搭铁故障。排除故障后，再把熔断器复位或更换新的熔断丝。

另外，其他部位的检查方法有：

1）继电器的检查。将继电器线圈直接供电，可检查出继电器是否能正常工作，如不能正常工作，应更换继电器。

2）灯光开关的检查。可用万用表检查开关各挡位的通断情况，若与要求不符，应更换灯光开关。

3）线路的检查。在检查线路时，可用万用表或试灯逐段检查线路，以便找出短路或断路故障的部位。

2. 灯光亮度下降

若灯光亮度不够，多为蓄电池电量不足或发电机和调节器的故障所致。另外，导线接头松动或接触不良、导线过细或搭铁不良、散光镜坏或反射镜有尘垢、灯泡玻璃表面发黑或功率过低及灯丝没有位于反射镜的焦点上，均可导致灯光暗淡，需要逐一检查排除。检查时，首先要检查蓄电池和发电机的工作状态，若不符合要求，应先恢复电源系统的正常工作电压。在电源正常的状态下，再检查线路的连接情况及灯具是否良好。

3. 灯泡频繁烧坏

灯泡频繁烧坏的原因一般是电压调节器不当或失调，使发电机输出电压过高所致，应重新将输出电压调整到正常工作范围。此外，灯具的接触不良也是造成灯泡频繁损坏的原因。

4. 转向信号灯电路的常见故障

（1）转向开关打到左侧或右侧时，转向指示灯闪烁比正常情况快。这种故障现象说明这一侧的转向灯灯泡有烧坏的，或转向灯的接线、搭铁不良。

排除方法：更换灯泡。若接线搭铁不良时，视情况处理。

（2）左、右转向灯均不亮，这种故障的原因可能是熔丝烧断、闪光器坏、转向开关出现故障或线路有断路的地方。

排除方法如下：

1）检查熔丝，断了予以更换。

2）检查闪光器。

3）若以上正常，检查转向灯开关及其接线，视情况修理或更换。

左、右转向灯均不亮，除以上检查方法外，还可以先打开危险警告开关，若左、右转向灯不亮，说明闪光器有故障。

5. 倒车灯不工作的故障

（1）故障现象。倒车灯不工作的故障表现为：倒车时倒车灯不亮。

（2）故障原因。

1）倒车灯的灯泡损坏。

2）倒车灯开关损坏。

3）线路有断路。

（3）故障诊断与排除。首先检查熔断器是否熔断。若熔断，则串接一试灯找出搭铁处，排除故障；若未熔断，可拔下倒车灯开关上所接的两根接线并短接，如短接后倒车灯亮，说明倒车灯开关损坏，应更换新开关。若短接后倒车灯仍不亮，则检查灯泡是否烧坏，搭铁是否良好。如有一只倒车灯不亮，则可能是该车灯灯泡损坏。

6. 尾灯不亮

（1）故障现象。汽车行驶中，其他灯光工作正常，只有尾灯不亮。

（2）故障原因。尾灯灯丝烧断，尾灯搭铁不良或尾灯线路有断路。

（3）故障诊断与排除。检查时，应首先拆下尾灯灯泡，检查灯丝是否烧断。若灯丝完好。再用试电笔或螺丝刀将尾灯火线接线柱对铁刮火，若无火花，表明尾灯线路中有断路处；找出断路处，连通导线；若有火花，则表明尾灯搭铁不良。

7. 制动灯不亮

（1）故障现象。行车制动时，汽车的制动灯不亮。

（2）故障原因。灯丝烧断、搭铁不良、制动灯开关失灵或线路中有断路。

（3）故障诊断与排除。检查时，先拆下制动灯灯泡。检查灯丝。若灯丝完好，可在踏下制动踏板的同时，用螺丝刀或导线将制动灯火线接线柱与搭铁刮火：若有火，制动灯不亮，表明搭铁不良；若无火，表明可能是制动灯开关失灵或线路有断路处。再用螺丝刀或导线将制动灯开关的两接线柱短路；若制动灯亮，则说明制动灯开关有故障，应予更换或修理；若制动灯仍不亮，表明线路中有断路处，找出后予以排除。

二、前大灯不亮故障诊断与排除流程

前大灯不亮故障诊断与排除流程如图 12-18 所示。

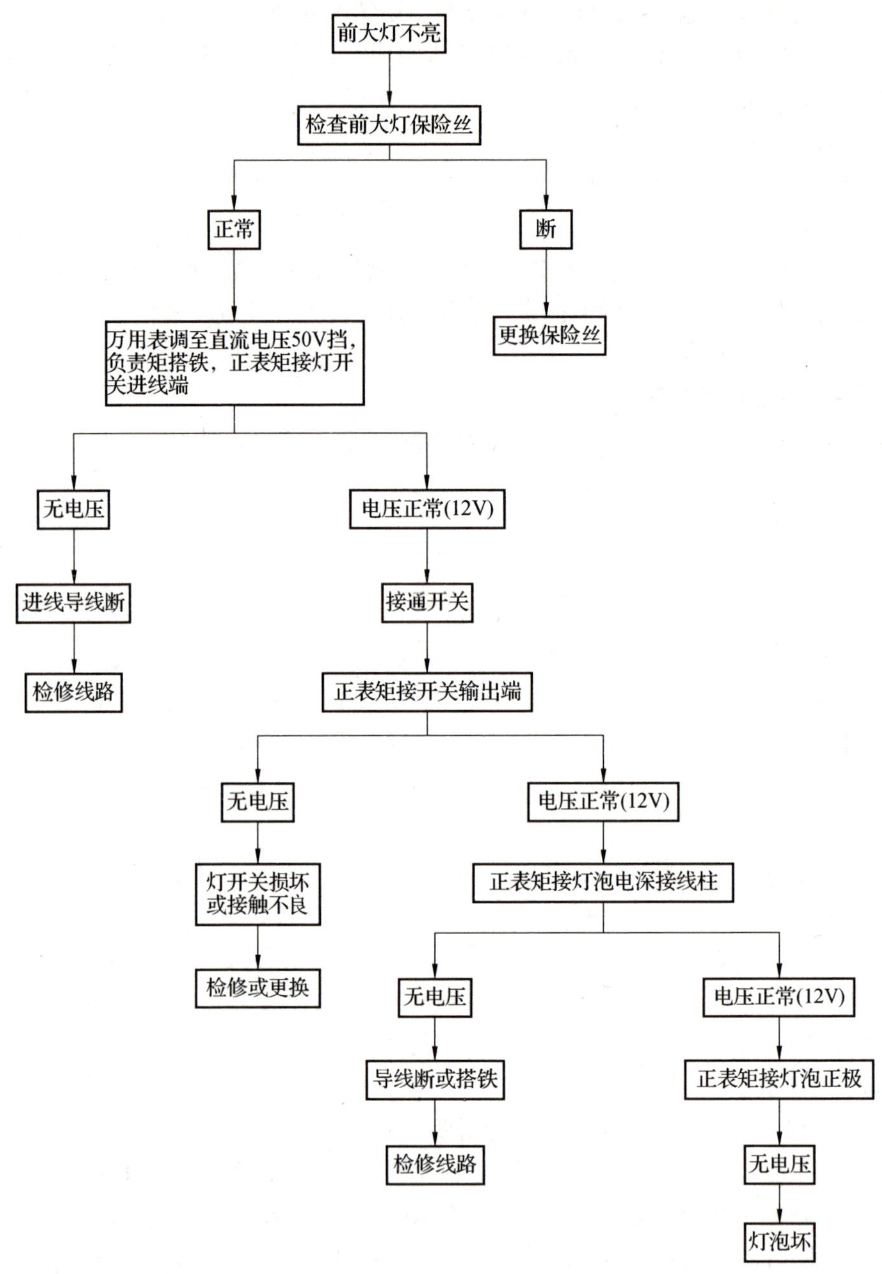

图 12-18　前大灯不亮故障诊断与排除流程图

三、转向灯不亮故障诊断与排除流程

转向灯不亮故障诊断与排除流程如图 12-19 所示。

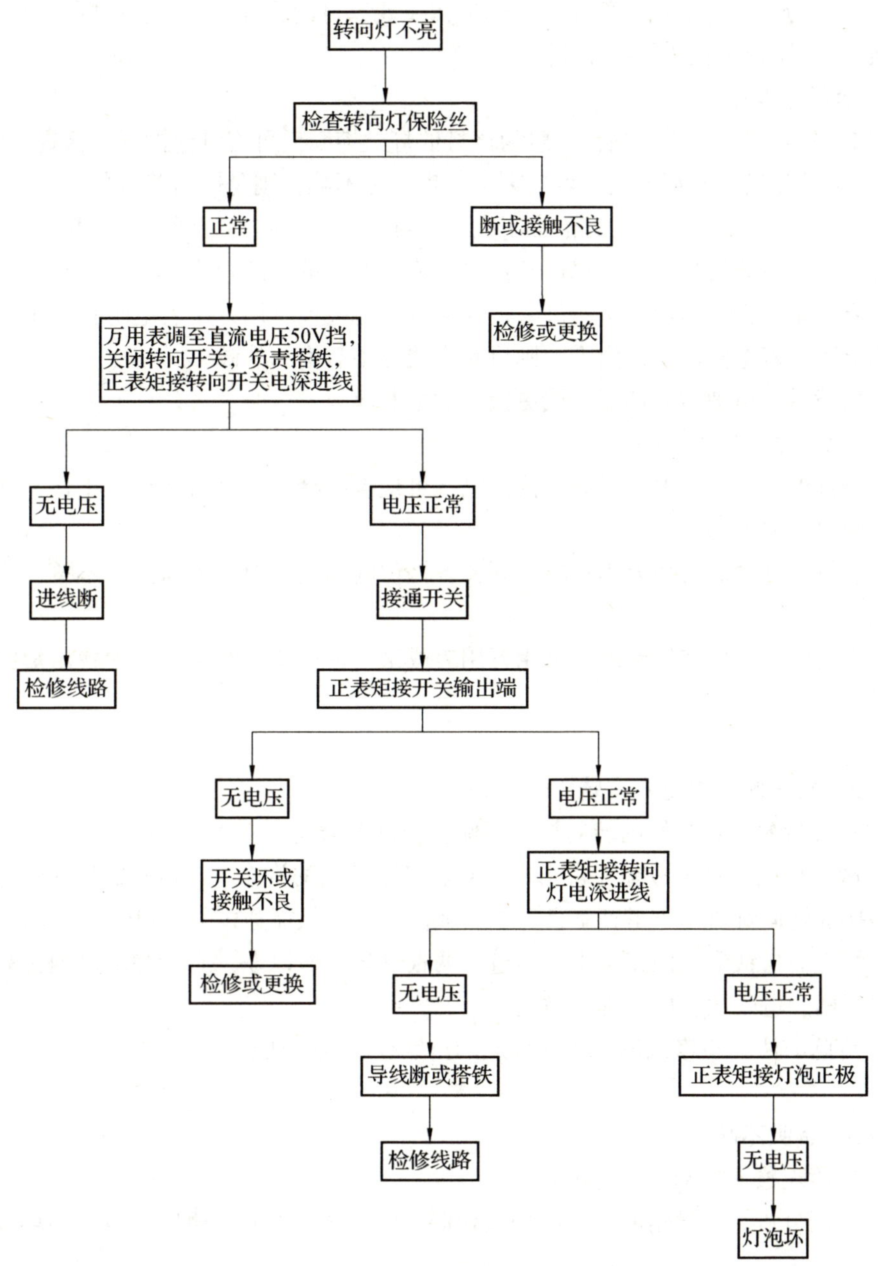

图 12-19 转向灯不亮故障诊断与排除流程图

第四节 汽车照明系统故障案例

案例 1：前照灯不发亮

（1）故障现象。打开前照灯开关，前照灯不发亮。

（2）原因分析。引起前照灯不发亮的原因主要有灯泡损坏、熔断丝熔断、灯光开关或继电器损坏及线路短路或断路等故障。

（3）诊断与排除。

1）如果只有一只灯泡不亮，一般为该灯的灯丝熔断，可将灯泡拆下后检查。

2）如果是几只灯泡都不亮，可按喇叭，喇叭也不响，则是熔断器熔断。

3）如果同属一个熔断丝的灯泡都不亮，则可能是该支路的熔断丝被熔断。

处理熔断器熔断故障时，在总熔断器复位或更换新的熔断丝之前，应查找出超负荷的原因。其方法是：将熔断丝所接各灯的接线从灯座上拔掉，用万用表电阻挡测量灯端与搭铁之间的电阻，若电阻较小或为零，则可断定线路中有搭铁故障。

排除故障后，再把熔断器复位或更换新的熔断丝。

4）如果前照灯均不发亮

①检查继电器。将继电器线圈直接供电，可检查出继电器是否能正常工作，如不能正常工作，应更换继电器。

②检查灯光开关。可用万用表检查开关各挡位的通断情况，若与要求不符，应更换灯光开关。

③检查线路。在检查线路时，可用万用表或试灯逐段检查线路，以便找出短路或断路故障的部位。

案例 2：打一侧转向灯左右转向灯都微亮

（1）故障现象。打某侧的转向灯，两侧转向灯都微亮。

（2）故障原因。这种故障通常出现在双丝灯泡结构的汽车上，该侧的转向灯总成搭铁不良，当接通转向灯时由于搭铁不良，电流无法通过，只能通过另一根灯丝（示宽灯）到另一侧的灯光而搭铁形成回路。由于通过了两根灯丝，所以左、右两侧的灯泡都亮，但因电阻是串联的，电阻大，所以都是微亮。

（3）排除方法。检修该侧的侧灯总成的搭铁线路或搭铁点。

案例 3：喇叭不响

（1）故障现象。按喇叭没有声音。

（2）原因分析。熔丝熔断、喇叭插头松脱、喇叭线束断路、喇叭继电器损坏和喇叭触电烧蚀。

（3）诊断与排除。首先检查熔丝是否熔断，然后按下喇叭插头，用万用表测量在按喇叭开关时此处是否有电。如果没有电，应检查喇叭线束和喇叭继电器；如果有电，则是喇叭本身的问题，此时也可以试着调节喇叭的调节螺母看是否能发声，如果还是不响，则需要更换喇叭。

案例 4：迈腾汽车灯光故障警告灯点亮

（1）故障现象。一辆 2007 年产一汽大众迈腾 1. 8TSI 汽车，行驶里程约 5×10^4km，该车装备了氙气智能前照灯系统。据用户反映，夜间打开前照灯行车一段时间后，仪表板上的灯光故障警告灯开始闪亮，熄火后重新起动就不亮了。但是再打开前照灯行车一段时间后，灯光故障警告灯又点亮。如果不打开前照灯，行车中灯光故障警告灯就不会点亮。

（2）故障分析。首先检查全车灯光，查看是否有灯泡不亮，检查结果确定所有灯光都正常。使用故障诊断仪 V. A. S5051 进行检查，在自动前照灯垂直照射距离控制系统（地址码 55）内存储有故障码 02628，含义是“右侧旋转模块位置传感器有故障/偶发”。清除故障码后，打开前照灯路试，在一处较大弯道行驶时，灯光故障警告灯开始闪亮了，当时车速约为 50km/h。再次使用 V. AA5051 检查，又调出了偶发故障码 026280，旋转模块位置传感器是前照灯内检测车灯旋转角度的传感器。

智能前照灯系统具有动态转弯灯光、静态转弯灯光以及前照灯照程自动调节等功能。

1）静态转弯灯光是在传统近光灯的基础上又增加了 1 个灯泡——静态转弯灯灯泡，用于在车辆转向角度较大时照亮弯道侧面，可以帮助驾驶人提前发现弯道上的车辆或障碍物，附加的 H7 灯泡和反光灯罩从前照灯的外观可以看到。静态转弯灯光系统在近光灯点亮、车速低于 50km/h 以及转弯半径较大时开始工作。

2）前照灯照程自动调节功能是指前照灯控制单元根据车辆的负载情况、自动调节前照灯照射离地角度。控制单元接收来自前、后轴水平位置传感器的信号，来确定车辆的负载情况，然后控制前照灯内的电动机动作，使前照灯始终处于最佳状态。

3）动态转弯灯光系统通过集成在前照灯上的电动机来调节近光灯的左右角度，使车灯绕着转动轴旋转一定角度。旋转角度范围从靠转弯外侧最大约为 7. 5°到靠转弯内侧最大约为 15°，转弯时靠弯道内侧灯光的旋转角度是外侧灯光的 2 倍，这样，转弯时不同的旋转角度可以增加照明的范围。动态转弯灯光系统在近光灯点亮、车速超过 10km/h 以及转弯半径达到设定值开始工作。

拆下右前照灯总成，检查旋转模块控制单元和其线束插头。插头和旋转模块控制单元都很干净，没有进水和锈蚀等异常现象。找到事故车更换下来的旋转模块控制单元，替换后进行路试，故障又再次出现，看来是灯内的旋转模块位置传感器有故障，如果确实有问题，就要更换整个前照灯总成，因为前照灯内的零件没有单独供应。于是再次检查旋转模块的位置传感器，看具体损害情况。旋转模块位置传感器与动态转弯灯光伺服电动机装在同一个塑胶支架上，检查时发现前照灯旋转模块可以左右轻微转动，仔细检查后看到动态转弯灯光伺服电动机的调节拉索固定螺栓松动，拉索上的螺栓孔呈椭圆形，造成前照灯旋转模块可以左右轻微转动。这样，动态转弯灯伺服电动机就不能有效地调节灯光。会不会是螺栓松动引起的故障呢?

（3）故障排除。将调节拉索固定螺栓拧紧，装复后进行路试。故障没有再出现。

（4）故障总结。动态转弯灯光伺服电动机的调节拉索固定螺栓松动，当车辆转向时，动态转弯灯光伺服电动机进行调节，因螺栓松动导致前照灯并没有转动相应的角度。右侧旋转模块位置传感器检测到的前照灯位置并没有变，和动态转弯灯光伺服电动机的动作相矛盾，于是认为右侧旋转模块位置传感器故障而使警告灯闪亮。

思考题

1. 前照灯亮度不够的原因有哪些？

2. 前照灯由哪几部分组成？前照灯的电路由哪几部分组成？前照灯继电器的作用是什么？

3. 前述灯光不亮的原因和排除方法。

4. 前照灯的防炫目措施是什么？

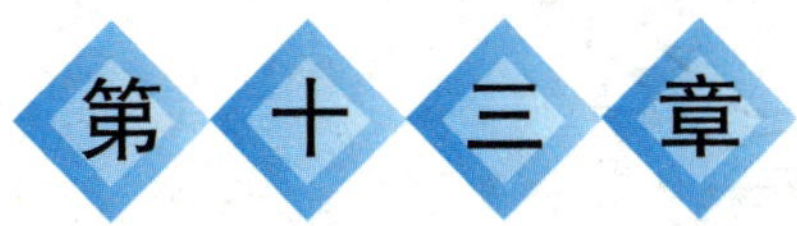

第十三章

汽车安全气囊控制系统

第一节　汽车安全气囊控制系统结构

一、组成

凌志 LS400 汽车安全气囊系统是两次动作的安全气囊系统（即前排左、右安全带均设有安全带预紧器），主要由电控单元（SRS ECU）、碰撞传感器、气囊组件、安全带预紧器、SRS 指示灯、螺旋管线等组成，如图 13-1 所示。

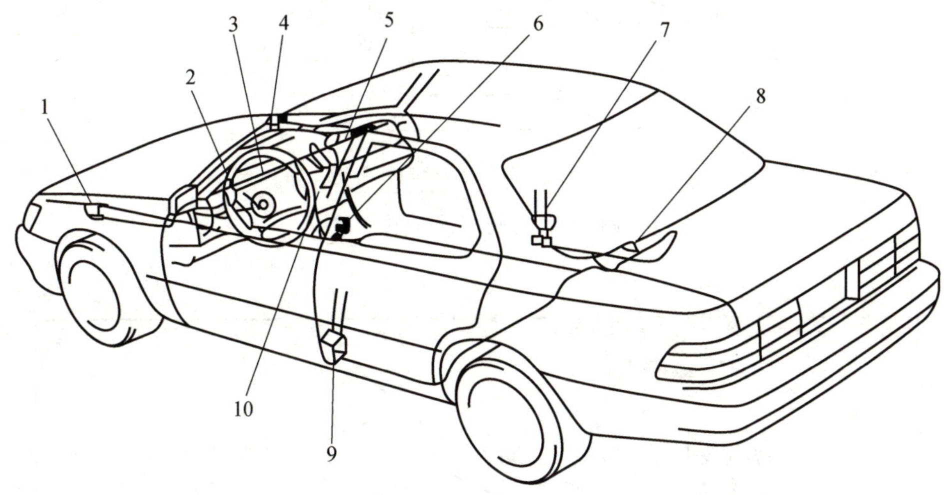

图 13-1　安全气囊的构成

1—左前安全气囊传感器；2—故障警告灯；3—转向盘安全气囊；4—右前安全气囊传感器；5—副驾驶员座安全气囊；6—中央控制器；7—右安全带预紧器；8—安全预紧检测口；9—左安全带预紧器；10—线路接头

二、安全气囊系统主要元件功能

（1）SRS 的 ECU（见图 13-2）。接收碰撞传感器及其他各个传感器的输入信号，判断是否点火引爆气囊及预紧器，并对 SRS 系统的故障进行自诊断，其中设有紧急辅助电源、中央加速度传感器、安全传感器等，确保安全气囊系统工作的准确性和可靠性。

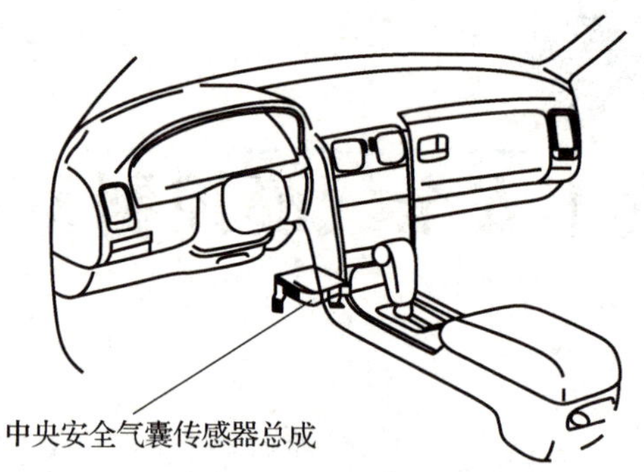

图 13-2 SRS 的 ECU

（2）碰撞传感器即前安全气囊传感器。感受汽车碰撞强度，当碰撞强度达到设定值时，向 ECU 输入碰撞信号。其结构见图 13-3，位置见图 13-4。

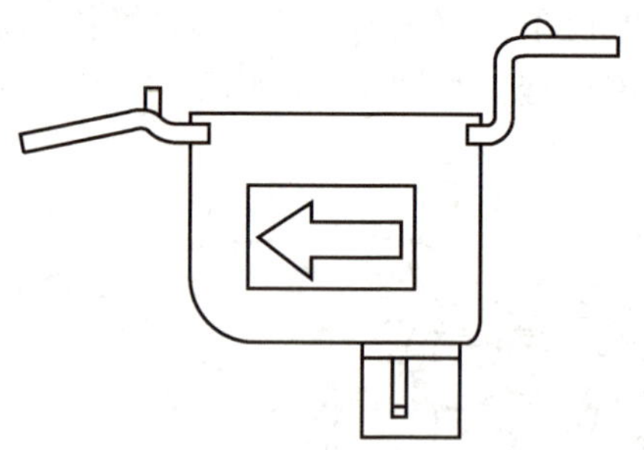

图 13-3 前安全气囊传感器

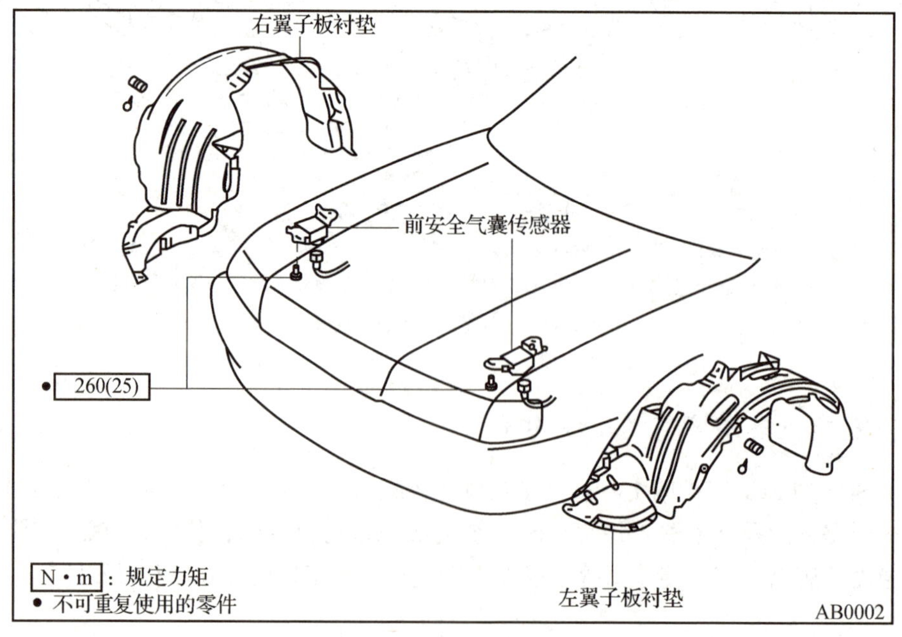

图 13-4 前安全气囊传感器位置图

（3）点火器。安全气囊系统的执行元件，接收 ECU 的点火指令，引爆点火剂，引爆炸药，瞬间产生大量热量和气体，使安全带预紧器动作和气囊充气。

（4）螺旋型电缆（在组合开关内）。螺旋型电缆用来作为车身和方向盘之间的连接，如图 13-5 及图 13-6 所示。

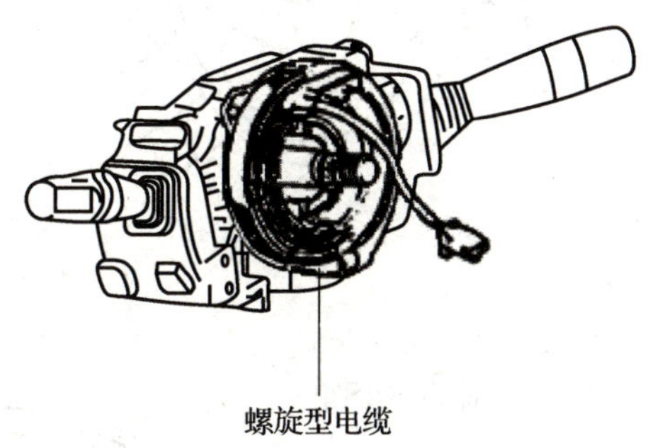

图 13-5 螺旋型电缆

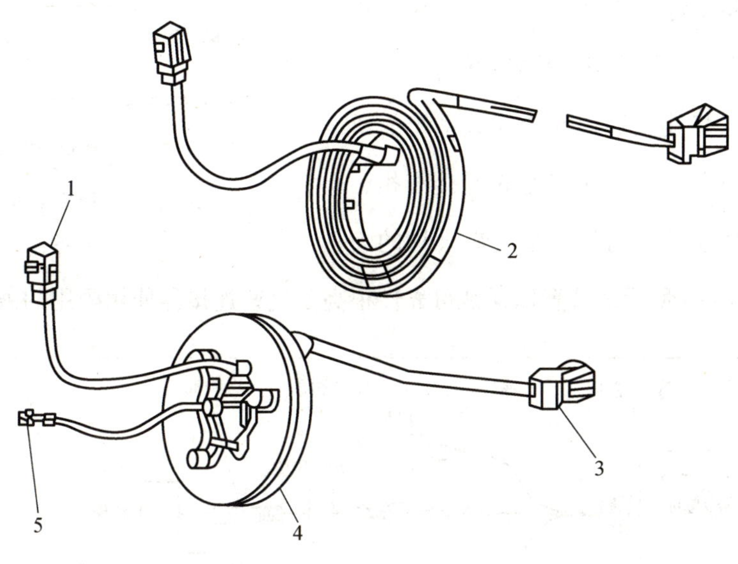

图 13-6 螺旋弹簧与螺旋线束

1、3—线束连接器；2—螺旋弹簧；4—弹簧壳体；5—搭铁连接器

（5）方向盘衬垫（带安全气囊）。安全气囊系统的充气器和气囊存放在方向盘衬垫内，并且不能分解。充气器内有传爆管、点火器燃料、气体发生剂等，能在发生正面碰撞的情况下向气囊充气，如图 13-7 所示。

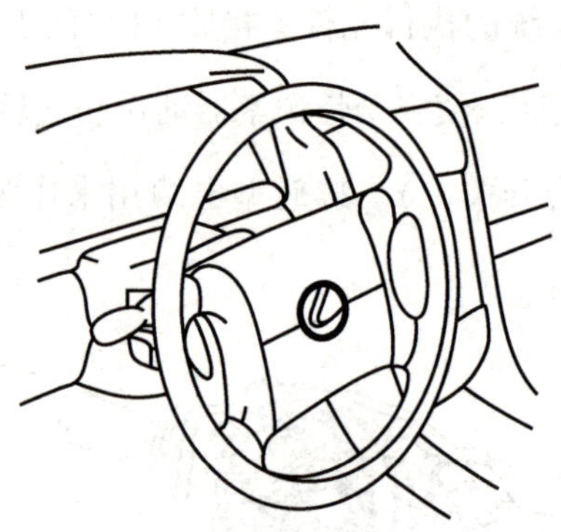

图 13-7　方向盘衬垫

（6）诊断接头。诊断接头用于调阅 SRS 的 ECU 储存的故障信号，便于对系统进行维护和修理。

（7）SRS 指示灯。如图 13-8 所示，SRS 指示灯用于显示系统工作状态及故障代码。

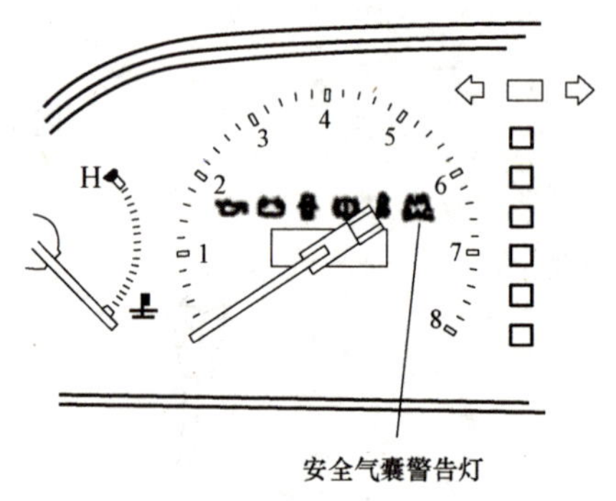

图 13-8　SRS 指示灯

（8）安全气囊连接器。安全气囊系统的所有连接器均为黄色，以便同其他的连接器相区别。具有特殊功能并专门为安全气囊设计的连接器用在如图 13-9 所示的位置以保证可靠性很高。这些连接器使用耐用的镀金端子。

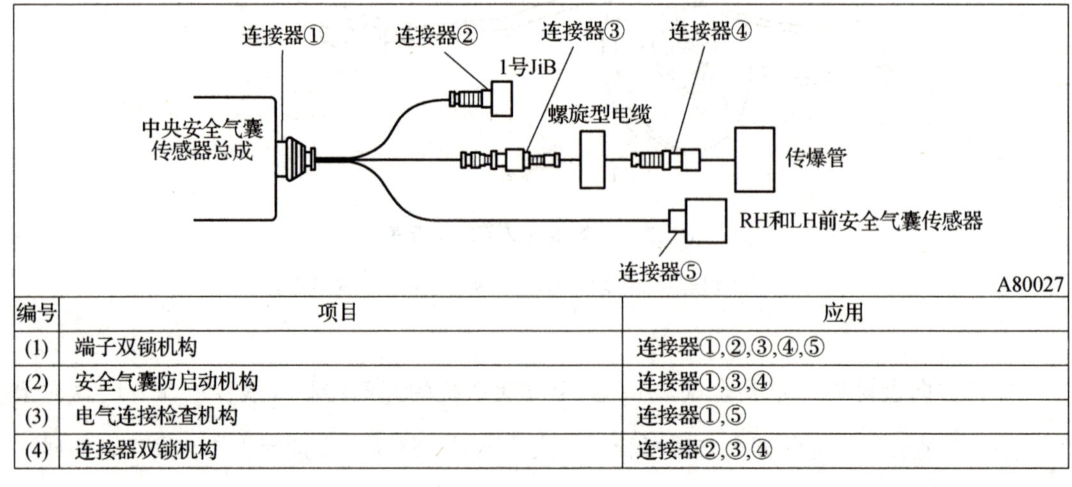

编号	项目	应用
(1)	端子双锁机构	连接器①,②,③,④,⑤
(2)	安全气囊防启动机构	连接器①,③,④
(3)	电气连接检查机构	连接器①,⑤
(4)	连接器双锁机构	连接器②,③,④

图 13-9　安全气囊连接器

三、结构

1. 端子双锁机构

如图 13-10 所示，每个连接器都有一个由壳体和分隔片组成的两件式机构，这种设计可使端子由两个锁紧装置（分隔片和锁柄）锁定，可防止端子滑出，即端子双锁机构。

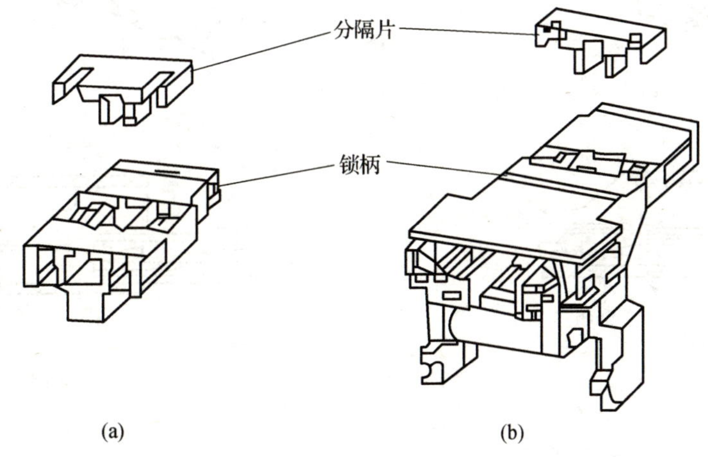

图 13-10 端子双锁机构

（a）插头；（b）连接器

2. 安全气囊防启动机构

如图 13-11 及 13-12 所示，每一个连接器都有一个短路簧片，当连接器脱开时，短路簧片就自动地将电源与传爆管的接地端子接通，即安全气囊防启动机构启动。

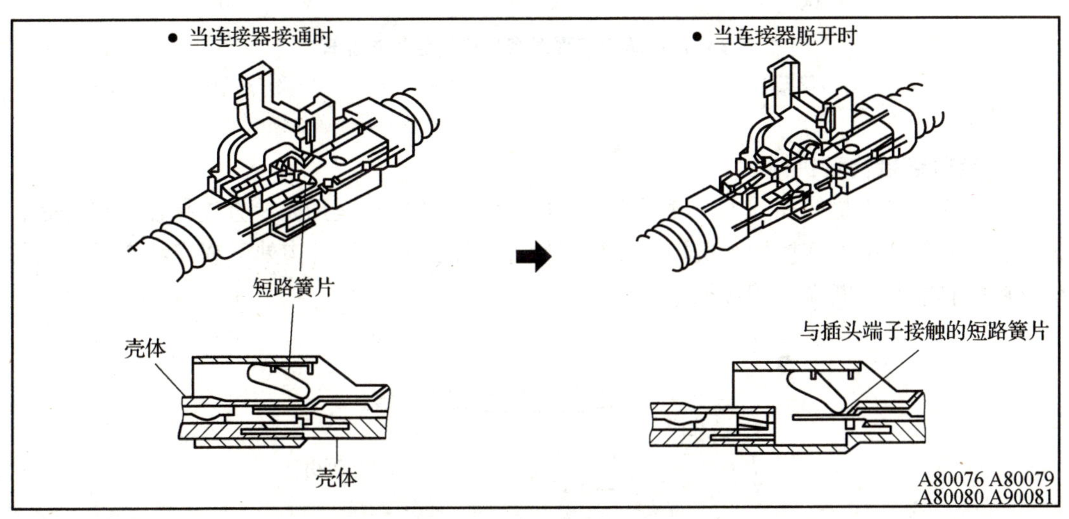

图 13-11 安全气囊防启动机构

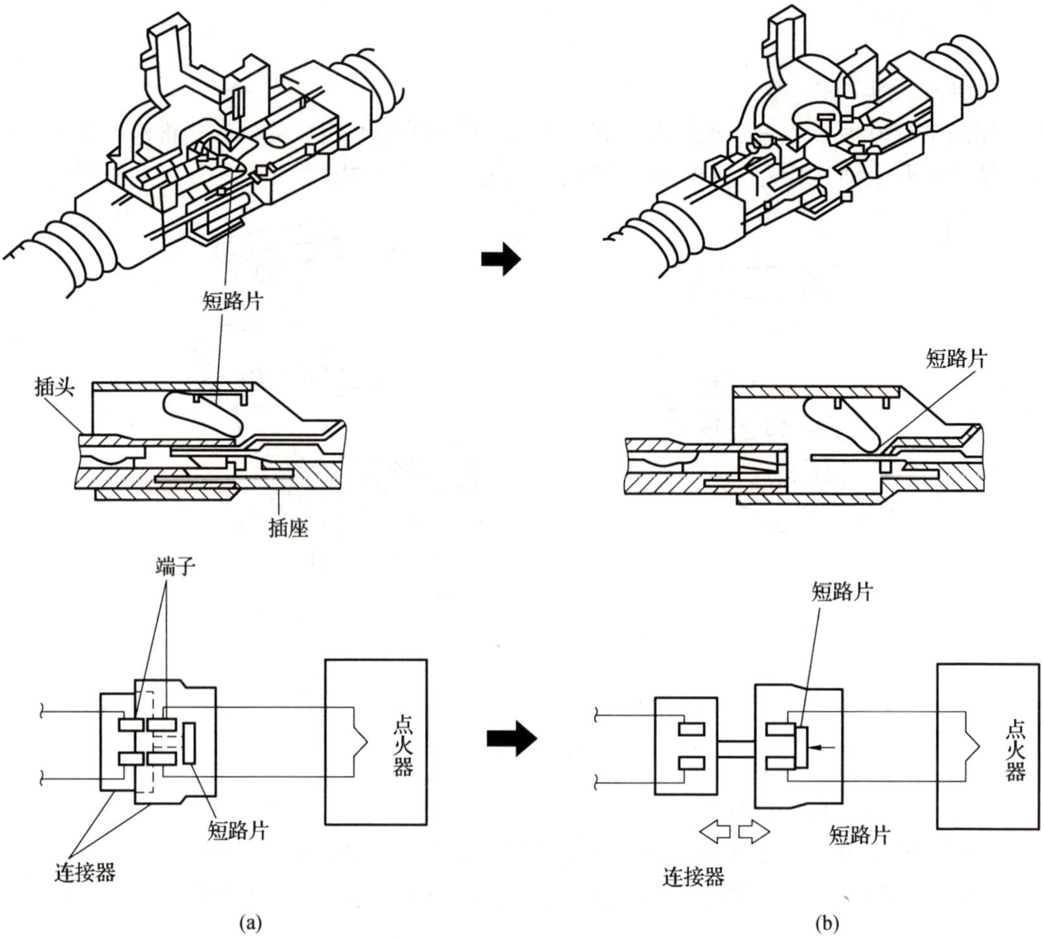

(a) (b)

图 13-12 防止气囊误爆机构的结构与原理

(a) 连接器正常连接，短路片与端子脱开；(b) 连接器拔下时，短路片端子短接

3. 电气连接检查机构

电气连接检查机构如图 13-13 及图 13-14 所示。该机构是用来检查连接器连接得是否正确和牢固的。电气连接检查机构设计得可使连接器壳的锁紧机构处于锁定状态时，它的检查用引脚能与诊断端子相接触。

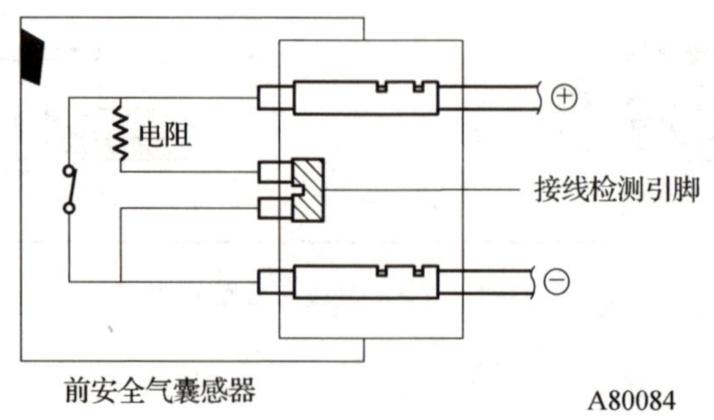

图 13-13 电气连接检查机构连接原理

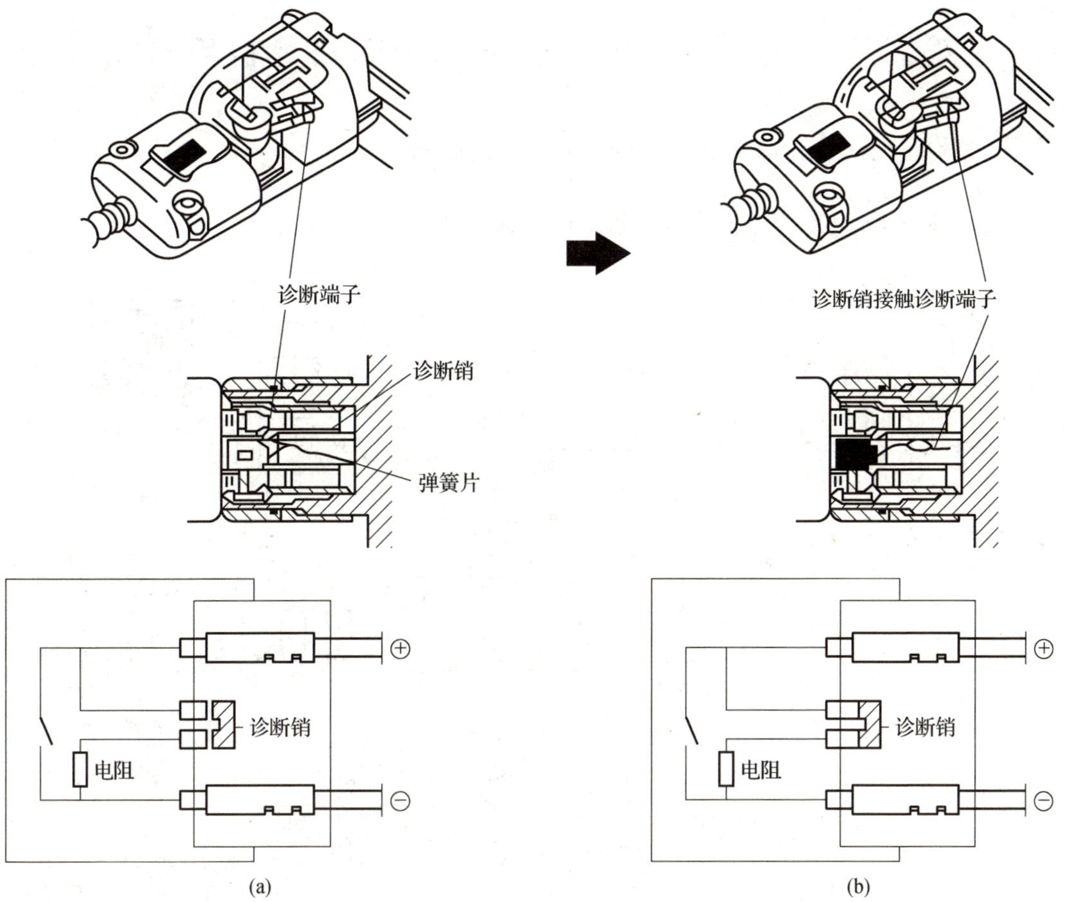

图 13-14　电路连接诊断机构结构与原理

（a）半连接；（b）可靠连接

4. 连接器双锁机构

连接器双锁机构如图 13-15 所示。具有这种机构的连接器（插头和插座）是由两个锁紧装置锁定的，增加了连接的可靠性。

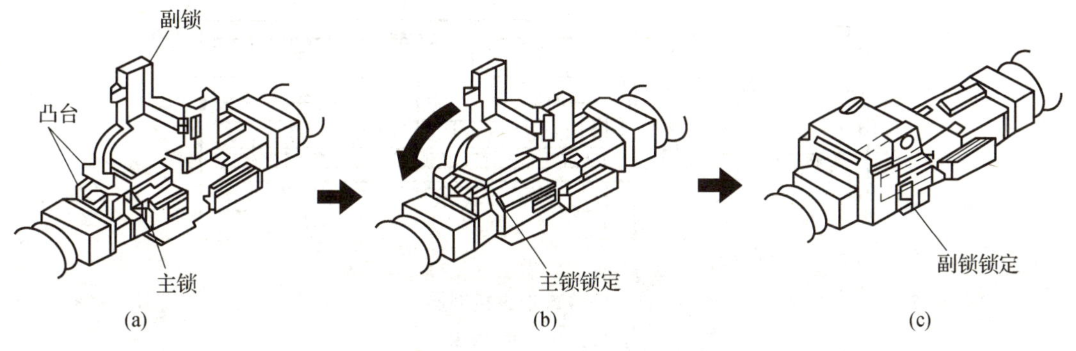

图 13-15　连接器双锁机构

（a）主锁打开，副锁被挡住；（b）主锁锁定，副锁可以锁定；（c）双重锁定

第二节　汽车安全气囊控制系统电路分析与检测

一、凌志 LS-400 汽车安全气囊系统控制电路

（1）凌志 LS-400 汽车安全气囊系统控制电路图如图 13-16 所示。

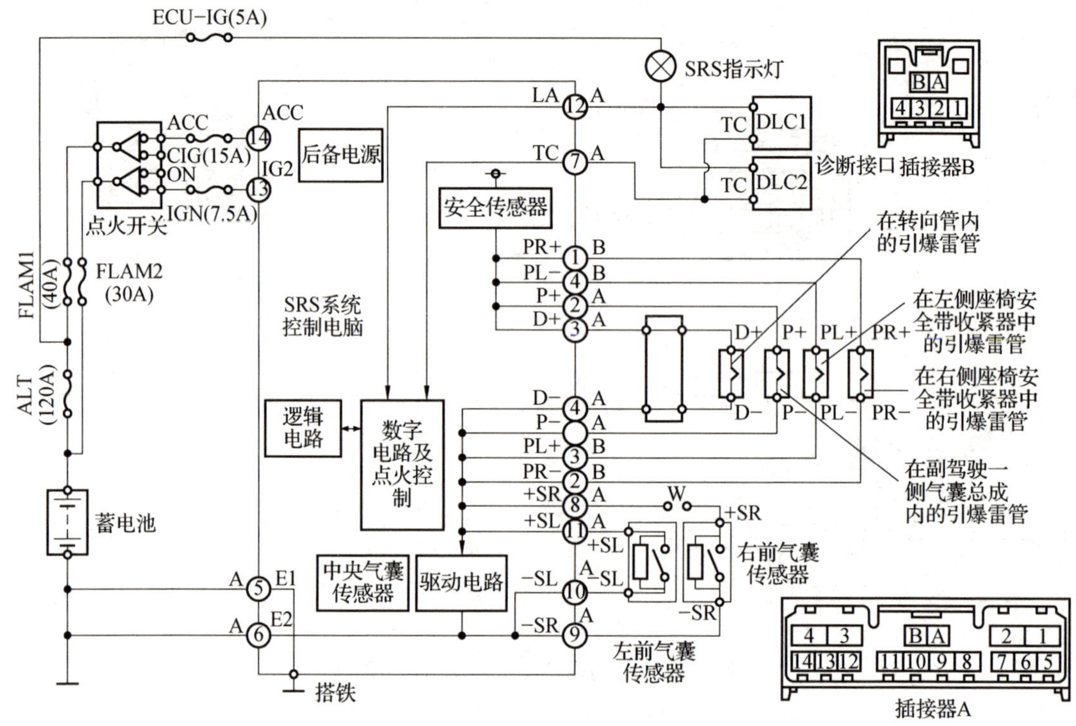

图 13-16　凌志 LS-400 汽车安全气囊系统控制电路图

（2）中央控制器（电脑）接头、连接脚说明。中央控制器（见图 13-17）接头 B 的连接脚说明见表 13-1，接头 A 的连接脚说明见表 13-2。

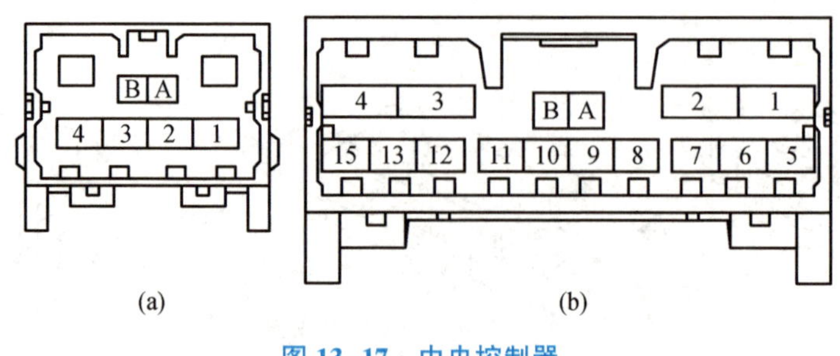

图 13-17　中央控制器

（a）接头 B；（b）接头 A

表 13-1　接头 B 的连接脚

序号	代码	连接脚
1	PR^+	右安全带雷管
2	PR^-	右安全带雷管
3	PL^-	左安全带雷管
4	PL^+	左安全带雷管

表 13-2　接头 A 的连接脚

序号	代码	连接脚
1	P^-	前副驾驶座雷管
2	P^+	前副驾驶座雷管
3	D^+	驾驶座雷管
4	D^-	驾驶座雷管
5	E1	接地
6	E2	接地
7	Tc	诊断
8	+SR	右前安全气囊感应器
9	-SR	右前安全气囊感应器
10	-SL	左前安全气囊感应器
11	+SL	左前安全气囊感应器
12	CA	SRS 故障警告灯
13	IG_2	电源
14	ACC	电源

（3）工作原理。安全气囊的基本引爆工作原理如图 13-18 所示。当汽车碰撞速度达到规定限度，在一定角度范围内，SRS 的 ECU 按预先设置的程序经过数学计算和逻辑判断后，立即向 SRS 气囊组件内的电热点火器（电雷管）发出点火指令，引爆电雷管，点火剂受热爆炸，迅速产生大量的热量使充气剂（叠氮化钠固体药片）受热分解释放大量氮气充入气囊，气囊便冲开气囊组件装饰盖板鼓向驾驶员，使驾驶员头部和胸部压在充满气体的气囊上。

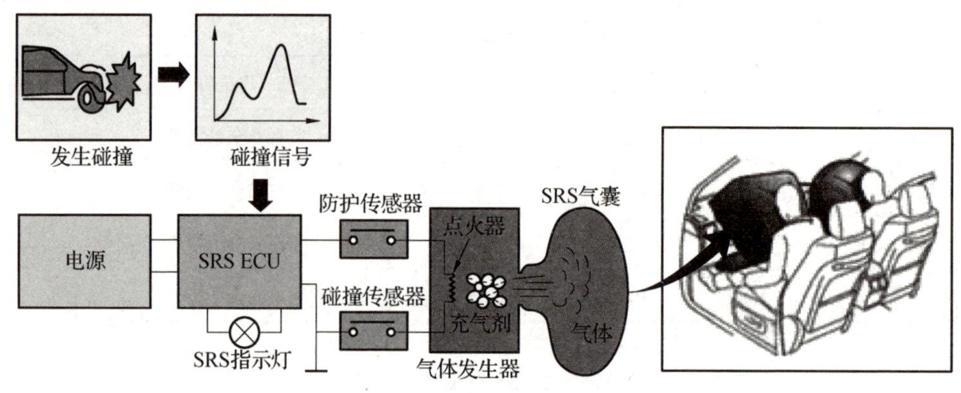

图 13-18 安全气囊的基本引爆工作原理

座椅安全带收紧器的工作原理如图 13-19 所示。当安全带收紧器点火器电路接通电源时，点火器引爆点火剂，充气剂受热分解，活塞在膨胀气体的作用下迅速移动，并推动收紧器的弹簧装置将安全带迅速收紧，使驾驶员和乘员向前移动距离缩短，从而防止其面部、胸部与转向盘、挡风玻璃或仪表板发生碰撞。

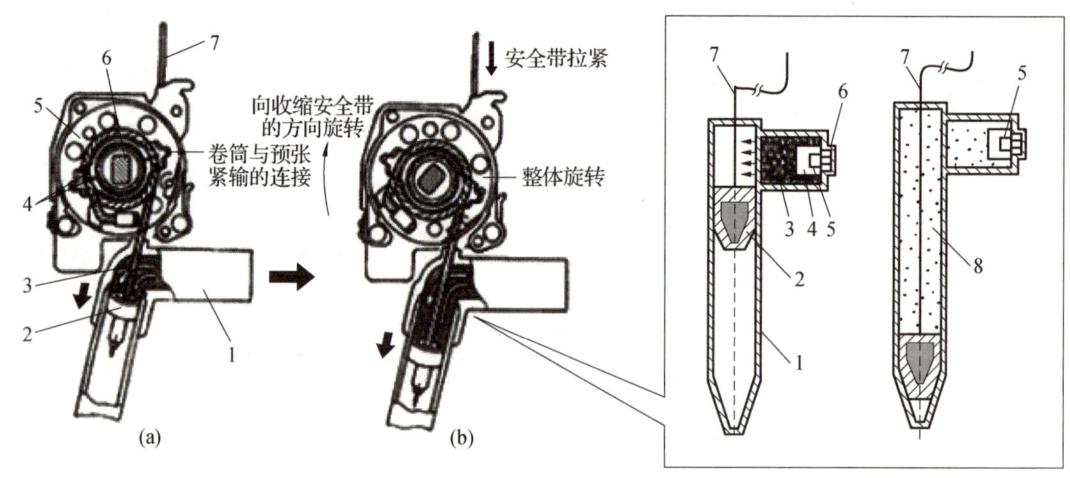

图 13-19 安全带收紧器工作原理

（a）1—气体发生器；2—活塞；3—拉索；4—离合器；5—安全带卷筒；6—安全带卷轴；7—安全带；

（b）1—缸筒；2—活塞；3—充气剂；4—引爆炸药；5—电热丝；6—端子；7—拉索；8—爆炸气体

二、安全气囊系统及线路的检修

1. 碰撞传感器及线路的检测

（1）前碰撞传感器电路检查。拔下 SRS ECU 电脑连接器插头，见图 13-20 和表 13-3，检测插头上+SR 与-SR 端子、+SL 与-SL 端子间电阻，如图 13-21 所示，正常电阻值应为 755~885Ω。如果电阻值不在规定范围内，说明端子+SR、-SR、+SL 或-SL 至前碰撞传感器之间的线束搭铁或前碰撞传感器电路故障。

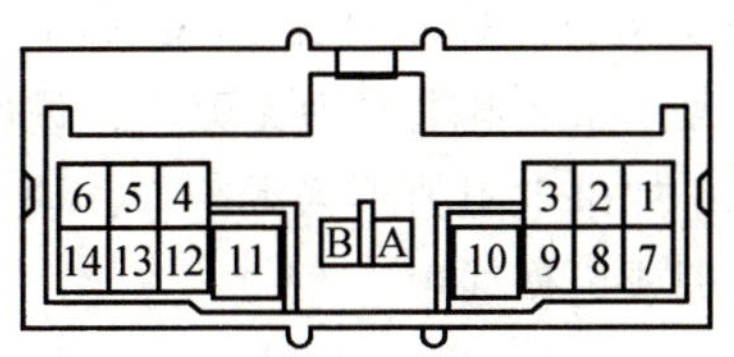

图 13-20　SRS ECU 电脑连接器插头

表 13-3　雷克萨斯 LS400 汽车 SRS 的 ECU 连接器端子名称

编号	符号	端子名称	电路参数
1	IG1	电源（ECU-IG 熔断器）	点火开关断开时：0V 点火开关接通 ACC 时：12V
2	-SR	RH 前气囊传感器-	两端子间电阻为：755~885Ω
3	+SR	RH 前气囊传感器+	
4	+SL	LH 前气囊传感器+	两端子间电阻为：755~885Ω
5	-SL	LH 前气囊传感器-	
6	+B	蓄电池（ECU-B 熔断器）	12V
7	IG2	电源（IGN 熔断器）	点火开关断开时：0V 点火开关接通 ON 时：12V
8	E2	接地	0V
9	LA	SRS 警告灯	灯亮时：0V；灯灭时：12V
10	D-	气囊组件点火器（引爆管）-	-
11	D+	气囊组件点火器（引爆管）+	-
12	TC	诊断	12V
13	E1	接地	0V
14	ACC	电源（CIG 熔断器）	点火开关断开时：0V 点火开关接通 ACC 时：12V
A	-	电器连接诊断端子	-
B	-	电器连接诊断端子	-

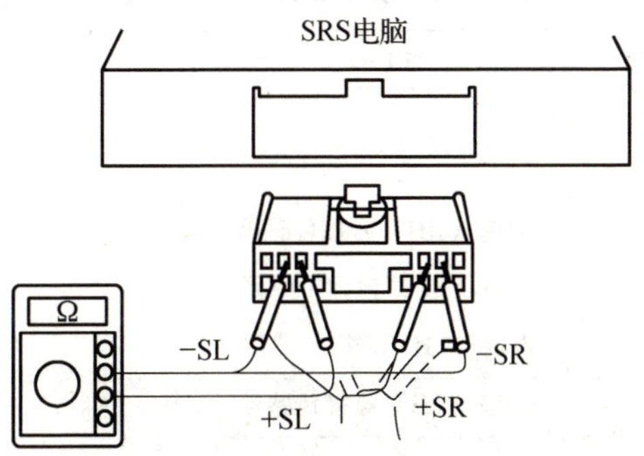

图 13-21　前碰撞传感器的检测

（2）前碰撞传感器搭铁情况检查。检测+SR、+SL 端子与车身搭铁之间的电阻，如图 13-22 所示，正常值应为无穷大。如果电阻值为无穷大，说明线束良好，故障发生在传感器，即前碰撞传感器需要更换；如果电阻值不为无穷大，说明端子+SR 或+SL 至前碰撞传感器之间的线束搭铁，需要修理或更换线束。

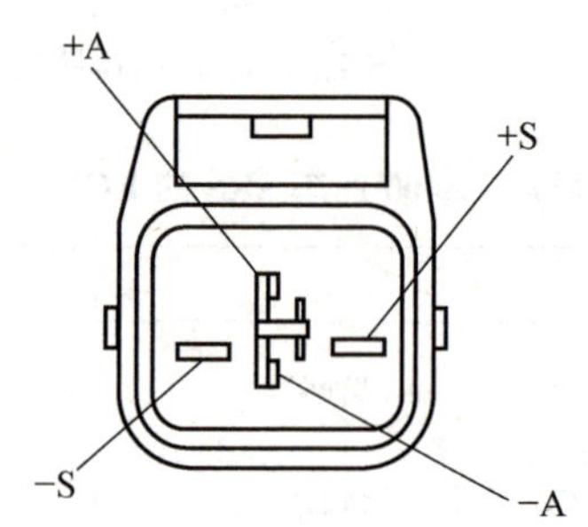

图 13-22　前碰撞传感器搭铁检查

（3）前碰撞传感器电阻检查。脱开前碰撞传感器线束连接器插头，用万用表测量传感器插头各端子之间的电阻值，如图 13-23 所示。各端子间电阻值应符合表 13-4 的规定值。如果电阻不符合规定，则应更换碰撞传感器。

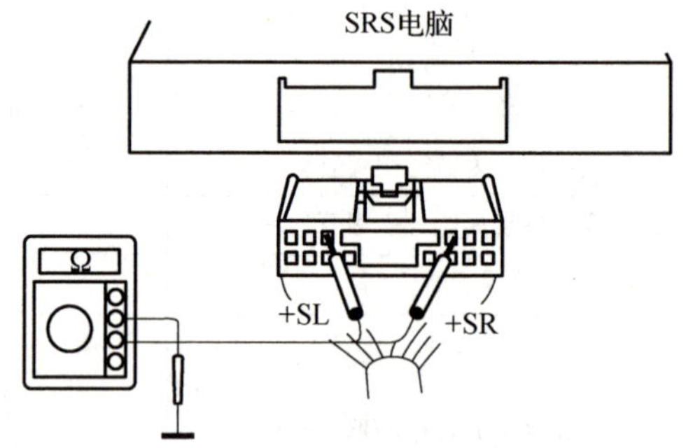

图 13-23　前碰撞传感器电阻检查

表 13-4　前碰撞传感器电阻值

代号	端子代号	端子名称	电路参数
1	IG1	电源（ECU-IG 熔丝）	点火开关 OFF 时：0V 点火开关 ON 时：12V
2	-SR	右前（RH）碰撞传感器-	两端子间电阻为： 755～885Ω
3	+SR	右前（RH）碰撞传感器 +	
4	+SL	左前（LH）碰撞传感器 +	两端子间电阻为： 755～885Ω
5	-SL	左前（LH）碰撞传感器-	

（4）前碰撞传感器电压检测。将蓄电池负极电缆端子接好，打开点火开关，用电压表在 SRS 电脑线束插头上检测+SR、+SL 端子与车身搭铁之间的电压，如图 13-24 所示，正常电压应为 0V。如果电压超过 0V，说明端子+SR 或+SL 至前碰撞传感器之间的线路与电源线搭铁短路，需要修理或更换线束与连接器。

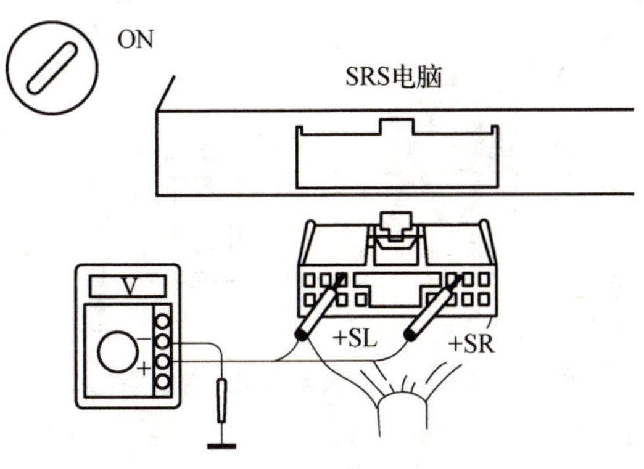

图 13-24　前碰撞传感器电压检测

（5）SRS ECU 电脑至前碰撞传感器之间线路检查。拔下 SRS 电脑线束连接器插头，分别用导线将插头上端子+SR 与-SR、+SL 与-SL 连接起来。然后拔下前碰撞传感器线束插头，用万用表检测传感器插头上端子+SR 与-SR、+SL 与-SL 之间的电阻值，如图 13-25 所示，正常值应小于 1Ω。如果电阻值大于 1Ω，说明前碰撞传感器至 SRS 电脑之间线束断路或接触不良，应当修理或更换。

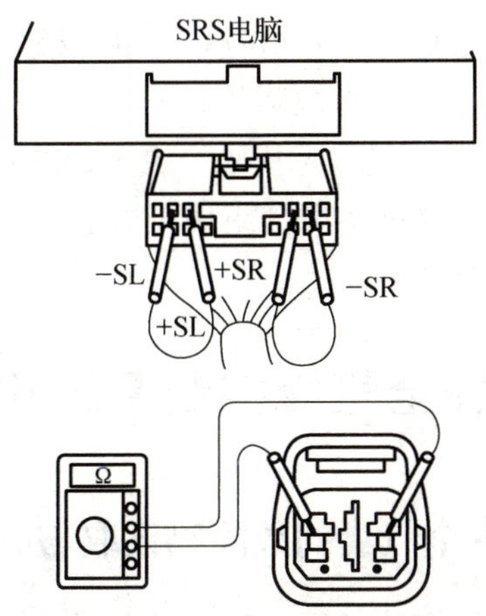

图 13-25　SRS ECU 电脑至前碰撞传感器之间线路检查

2. 检查 SRS 点火器线路和螺旋型电缆

SRS 点火器线路和螺旋型电缆如图 13-26 所示。

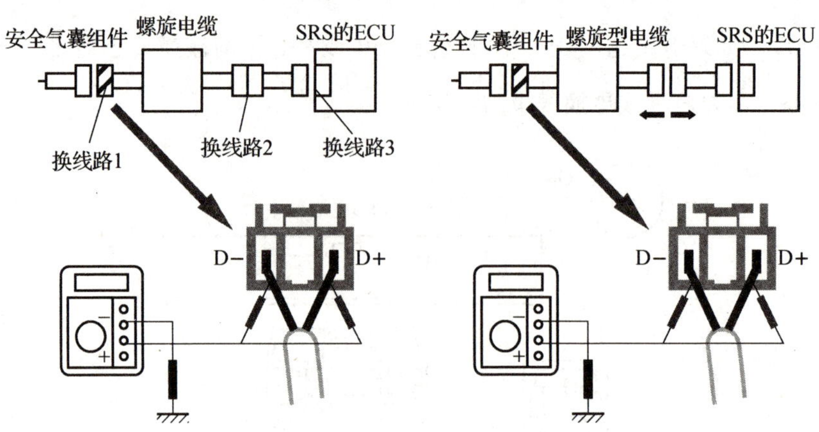

图 13-26 SRS 点火器线路和螺旋型电缆

3. 检查 SRS 的 ECU

先将 SRS 的 ECU 线束插头插上，然后用导线将靠近 SRS 组件一端的螺旋弹簧插头端子 D+、D-连接起来，再将蓄电池负极电缆接上。

20s 以后，接通点火开关，过 2s 后，用跨接线将诊断连接器 TDCL 上的端子 Tc、E_1 跨接，同时利用 SRS 提示灯读取故障代码。

若无故障代码输出或不输出 11 号故障代码，则说明 SRS 的 ECU 正常；若输出 11 号故障代码，则说明 SRS 的 ECU 安装在一起的碰撞传感器有故障，需要更换 SRS 的 ECU。当输出代码 11 以外的故障代码时，可按故障代码表示的故障进行检查

4. 检查 SRS 气囊点火器

关闭点火开关，拆下蓄电池负极电缆，至少 20s 后将 SRS 组件连接器插上，再将蓄电池负极电缆接上。

等待 20s 后，将点火开关接通。再等 20s 后，用跨接线将诊断连接器 TDCL 上的端子 Tc、E_1 跨接，同时利用 SRS 提示灯读取故障代码。

如无故障代码输出或不输出 11 号故障代码，说明 SRS 点火器正常；如输出 11 号故障代码，说明 SRS 点火器故障，需要更换 SRS 组件。当输出代码 11 以外的故障代码时，可按故障代码表示的故障进行检查。

第三节　汽车安全气囊控制系统故障诊断与排除

一、雷克萨斯 LS400 安全气囊的故障码读取与清除

（1）安全气囊系统故障警示灯的显示功能。在起动发动机之前，点火开关位于 ACC 或 ON 位时，位于仪表板上 SRS 指示灯应该亮起。大约 6s 后，指示灯应自动熄灭，且在发动机起动后及正常行驶中，SRS 指示灯都不亮，这时系统是正常的。当点火开关位于 ACC

或 ON 位时，SRS 指示灯一直亮或是闪烁，说明气囊中心控制单元已经检测出了系统的故障并存储了故障码。如果 6s 后，SRS 指示灯有时还亮或点火开关位于 OFF 位时还亮，很可能是 SRS 指示灯电路出现了短路。

如果点火开关打开后，故障灯长期不灭，则表明系统有故障，见表 13-5。

表 13-5　凌志 LS400 汽车安全气囊系统故障症状

安全气囊系统故障症状	怀疑部位
1. 点火开关在 ACC 或 ON 位置，SRS 警告灯有时在约 6s 过后亮 2. 即使点火开关在 LOCK 位置，SRS 警告灯常亮	SRS 警告灯电路
点火开关在 ACC 或 ON 位置时，SRS 警告灯不亮	SRS 警告灯电路或指示灯损坏
1. 不显示诊断故障码 2. 诊断故障码检查过程中，SRS 警告灯常亮 3. Te 和 E_1 端子不连接时，显示诊断故障码	Tc 端子电路

（2）故障码的读取。如果点火开关打开后，故障灯长期不灭，则表明系统有故障，可以按以下方法读取故障码。

1）打开点火开关到 ACC 或 ON 挡位，等待约 20s。

2）用一短接线将自诊断接头上 Tc 脚及 E_1 脚短接，如图 13-27 所示。

3）观察 SRS 故障灯闪烁规律，便可获得故障信息。

安全气囊故障码是依据指示灯闪烁而显示的十进制故障码，其闪烁代码 11 和 31 如图 13-28 所示。

一般在 4s 以后，SRS 故障灯开始闪烁显示故障代码，先以 0.5s 的间隔闪烁显示故障代码的十位数，在十位数闪烁显示结束后，再隔 1.5s 开始以 0.58 的间隔闪烁显示个位数，两个故障代码之间的闪烁间隔为 2.5s。

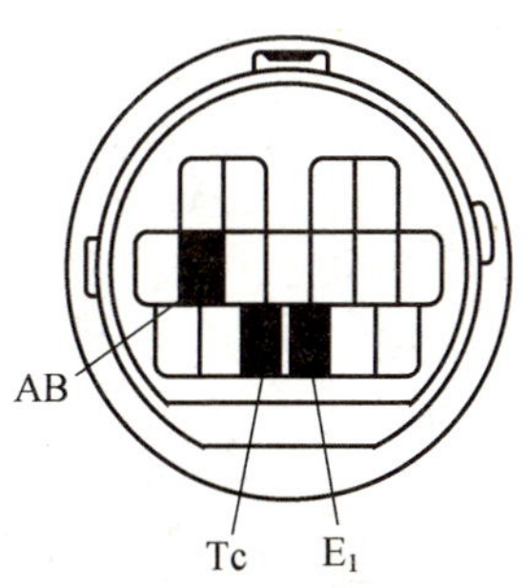

图 13-27　自诊断接头

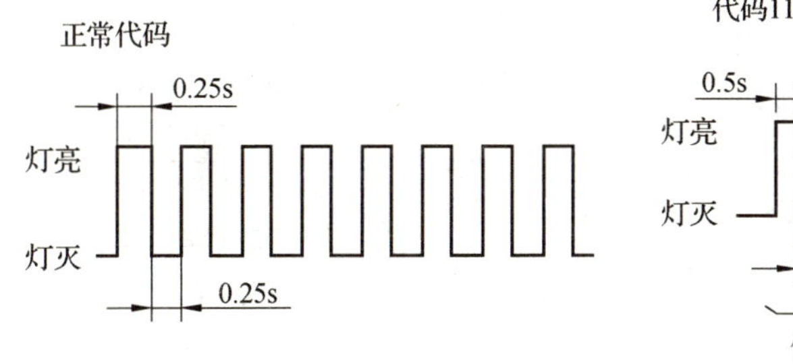

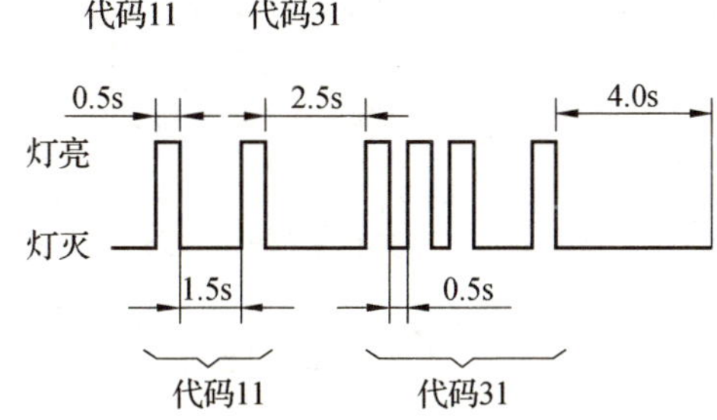

图 13-28　代码 11 和 31

（3）故障码的清除。根据故障码内容（见表 13-6）逐一排除故障后，可按以下操作步骤清除故障代码。

1）用跨接线短接 Tc、AB 端子。

2）点火开关开至 ON 或 ACC 位置。

3）按顺序依次将 Tc、AB 与 E_1 端子短接两次（注意短接时间不得少于 1s），最后将 Tc 与 E_1 一直短接，SRS 故障灯会以间隔 0.2s 的频率闪烁，表示故障码已被清除。

表 13-6 雷克萨斯 400 型汽车安全气囊故障代码

代码	故障码内容	故障区域
11	前安全气囊感应器或线路短路（或雷管） 主控制电脑故障	雷管 前安全气囊感应器 中心回转接盘 中央回转控制电脑线路
12	雷管线路短路（至 B+）	雷管（转向盘、驾驶员副座安全气囊、安全带收紧装置） 中心回转线盘 中央回转控制电脑线路
13	转向盘安全气囊雷管短路，CD+G 至 D 之间	转向盘 中心回转线盘 中央回转控制电脑线路
14	转向盘安全气囊雷管线路开路	转向盘 中心回转线盘 中央回转控制电脑线路
15	前安全气囊感应器开路 前安全气囊感应器短路	前安全气囊感应器 中心回转线盘 中央回转控制电脑线路
22	SRS 故障警告灯故障	SRS 故障警告灯 中央回转控制电脑线路
31	中央控制电脑	中央控制电脑
53	驾驶员副座安全气囊雷管线路短路	驾驶员副座安全气囊 中央主控制电脑
54	驾驶座安全气囊雷管开路	驾驶员副座安全气囊 中央主控制电脑线路
63	PL 雷管线路短路	LH 安全带收紧器 中央主控制器线路
64	PL 雷管线路开路	LH 安全带收紧器 中央主控制器线路
73	PL 雷管线路开路	LH 安全带收紧器 中央主控制器线路
74	PL 雷管线路短路	LH 安全带收紧器 中央主控制器线路

（4）安全气囊检修的注意事项。在检修安全气囊系统时，由于气囊和安全带预紧装置中有雷管引爆器，所以在检修时要特别小心，具体应注意以下事项。

1）在检修系统故障前应断开电源负极。

2）在更换零件时，严禁使用旧件、修复件或其他车辆上的系统元件。

3）所有系统元件尽量避免放置于高温、潮湿环境中。

4）使用万用表时应使用 10kΩ/V 挡。

5）安装中心回转接线盘时，必须进行分中，若分中不良会导致线路断路。

6）检修和放置安全气囊时，应注意将安全气囊面朝上，并使接头锁扣处于锁扣状态。

第四节　汽车安全气囊系统故障案例

案例 1：宝来安全气囊报警灯报警

（1）故障现象。宝来 1.8 汽车安全气囊灯常亮。

（2）诊断与排除。

1）安全气囊故障灯常亮，说明气囊控制单元存储有故障码。

2）首先用 V. A. G1551 进入安全气囊控制单元，查询故障码为“00595”，即碰撞数据已存储，经反复清除，该故障码依然存在。

3）故障码说明安全气囊控制单元已经存储了一个碰撞数据，经检查该车无碰撞痕迹，用户也说未发生过碰撞事故，由此可见，故障原因应在控制单元内部。

4）更换安全气囊控制单元并进行编码，警告灯熄灭，故障排除。

案例 2：捷达 GiX 气囊报警灯不熄灭

（1）故障现象。捷达 GiX 汽车由于交通事故，导致转向盘气囊引爆。更换安全气囊后气囊报警灯不熄灭。

（2）诊断与排除。

1）更换转向盘气囊、螺旋型电缆、气囊控制单元后，清除故障码。

2）当打开点火开关时，安全气囊控制单元进行系统自检后，气囊报警灯不熄灭，说明安全气囊系统存在故障。

3）用 V. A. G1551 查询故障码为“00588”，即驾驶员安全气囊点火器 N95 或电路故障。

4）由于转向盘气囊、螺旋型电缆、控制单元都是新的，暂且不怀疑有故障。

5）线束没有更换，故障点可能在线束或者连接器上，所以应该对连接器和线束进行检查。

6）当拨开控制单元连接器，发现线束连接器上有一些胶质物附着，控制单元插座上也有透明胶质物附着。

7）将两者清洁干净，重新插上控制单元连接器，清除故障码。

8）再次打开点火开关，控制单元进行自检后报警灯熄灭，故障排除。

（3）故障结论。控制单元插座有胶质物附着使其接触不良，导致气囊报警灯报警。

案例 3：比亚迪 F6 安全气囊灯常亮

（1）故障现象。QCJ7200/QCJ7240 安全气囊故障指示灯常亮（行驶里程：3 000km）。

（2）检修过程。

1）点火开关处于“ON”挡，检查故障闪码。发现气囊灯亮 5s 闪烁 7 次后常亮。该故障闪码定义为：副驾驶安全气囊模板及其线束或接插件、SRS 的 ECU 可能存在问题。

2）利用 ED300 诊断仪检测发现故障码为：B161C 副安全气囊阻值过大；B1610 副安全气囊未连接。故将检修范围锁定在副驾驶安全气囊模块线束或接插件、SRS 的 ECU。

3）副驾驶安全气囊模块是通过自身携带的小线、仪表板线束与 ECU 连接到一起的，总共有 3 个连接点。副驾驶安全气囊模块小线与仪表板线束连接处，为仪表板线束 X246，装配在仪表板杂物箱后面管梁上。

4）检查 X246 处端子 1、2 及连接情况。将此处重新装配后，故障消除，但是在试车时又重新出现相同故障。

5）检查副驾驶安全气囊模块与小线连接处，发现此处有接触不良的情况，才会导致故障反复出现。将此处重新装配，要求接线端的黑色卡扣要低于接线端，平齐、高出均为安装不到位。

6）对此两处连接点进行重新装配固定，试车中无故障出现，确认故障排除

案例 4：新赛欧气囊故障灯常亮

（1）故障现象。2010 款新赛欧，配置 1. 4LLCU 发动机、Y4M 手动变速器，组合仪表上气囊故障灯常亮。

（2）故障诊断。连接 RDS，读取气囊系统的故障码，故障码为“B0048”，表示碰撞输出电路对地短路，故障状态为当前故障。首先怀疑是连接器接触不良，断开蓄电池负极线，等待 1min。然后拆开中央控制台，断开气囊控制模块连接器，检查连接器和气囊控制模块端子，无异常，再将连接器插回气囊模块，连接好蓄电池负极线，故障依旧。查阅维修手册，根据维修手册对 B0048 的指导，再次断开蓄电池负极线，等待 1min 后断开气囊控制模块连接器，测量连接器端子 5 和接地之间的电阻，没有短路。根据电路图（见图 13-29）断开转向柱右侧的中控锁控制模块连接器，测得中控锁控制模块有一路线和气囊控制模块端子 5 相通。再继续测得中控锁控制模块另有一路线和气囊模块相通，且这路线也没有对地短路。

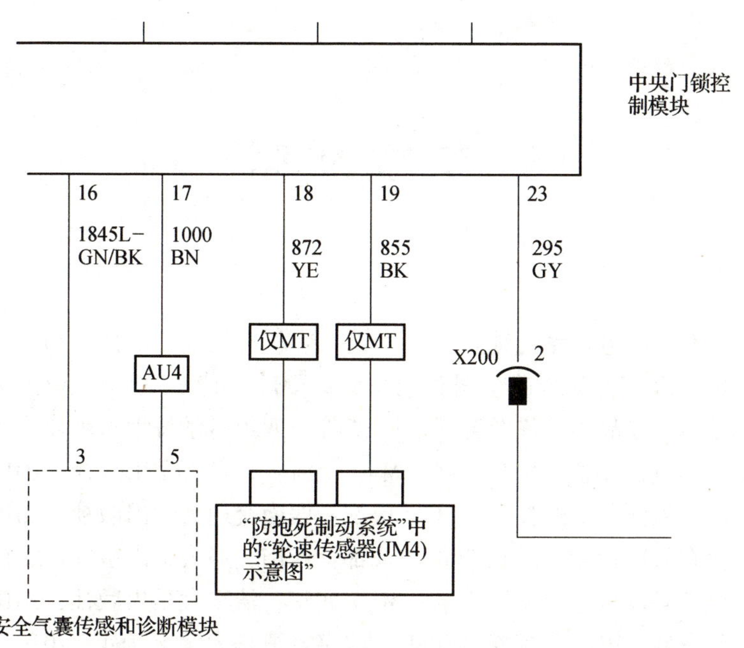

图 13-29　中控锁控制模块电路图

最后用 RDS 对气囊控制模块配置与设定，组合仪表气囊故障灯熄灭，故障排除。

思考题

1. 碰撞传感器和安全传感器的作用与安装位置是什么？
2. 安全气囊系统为什么要设有备用电源？
3. 安全气囊系统的保险机构的作用和结构特点是什么？
4. 什么是一次碰撞？什么是二次碰撞？

参考文献

[1] 岑业泉. 汽车车身电控系统维修 [M]. 北京：机械工业出版社，2011.
[2] 张凤山. 国产汽车故障诊断与排除实例精选 [M]. 北京：机械工业出版社，2012.
[3] 蔡伟维. 捷达汽车故障检修图解 [M]. 成都：四川科学技术出版社，1999.
[4] 王宝根. 汽车电器设备结构与维修 [M]. 上海：复旦大学出版社，2012.
[5] 兰新武. 汽车检测与诊断技术 [M]. 成都：西南交通大学出版社，2014.
[6] 贾建波. 汽车故障诊断与排除 [M]. 成都：西南交通大学出版社，2014.
[7] 宋作军. 汽车发动机电控系统检修 [M]. 北京：清华大学出版社，2010.
[8] 赵良红. 汽车底盘电控系统检修 [M]. 北京：清华大学出版社，2010.
[9] 谢永光. 汽车空调结构与维修 [M]. 北京：人民邮电出版社，2011.
[10] 曹红兵. 汽车发动机电控技术与维修 [M]. 北京：机械工业出版社，2014.
[11] 纪光兰. 汽车电器设备构造与维修 [M]. 北京：机械工业出版社，2008.
[12] 张朝许. 汽车电气设备构造与维修 [M]. 成都：西南交通大学出版社，2014.